LE DESSOUS DES CARTES

Le retour de la guerre

À la mémoire de Jean-Christophe Victor.

À Jean-Philippe, à nos voyages…
À nos enfants, Adrien, Lucas, Marie.
É. A.

À Catherine et nos trois enfants.
À tous mes élèves et étudiants,
inspirateurs de ma volonté d'expliquer le monde.
F. T.

Direction éditoriale : Maëva Duclos (Tallandier), Isabelle Pailler (Arte)
Cartographie : Thomas Ansart
Création graphique et mise en pages : Line Célo assistée de Guillaume Pavius
Iconographie : Nicole Nogrette

Fabrication : Alexandra Tenenbaum
Photogravure : Nord Compo

www.tallandier.com / www.arte.com

Émilie Aubry
Frank Tétart

LE DESSOUS DES CARTES

Le retour de la guerre

Cartographie : Thomas Ansart

Tallandier arte EDITIONS

« Nul ne peut ignorer le reste du monde »

Le 24 février 2022, Vladimir Poutine a donné l'ordre à son armée de violer les frontières d'un État souverain et démocratique, l'Ukraine du président Zelensky.

Le retour de la guerre au cœur de notre continent a d'abord provoqué un effet de sidération. Puis nous avons suivi jour après jour les images cauchemardesques de bombardements, de combats de rue, de villes en ruines, de cohortes d'exilés, écouté les témoignages de viols, de crimes de guerre : un « conflit à l'ancienne », qui n'avait plus rien d'hybride, avec le retour de la menace nucléaire, explicitement brandie par le maître du Kremlin.

Ce fut aussi le retour de la cartographie à la « une » de l'actualité, cartes de Kiev, la capitale résistante, la façade maritime ukrainienne (Poutine planifiant la jonction avec la Crimée déjà annexée en 2014), jusqu'au Donbass, terre de repli d'une armée russe confrontée à une résistance ukrainienne sous-évaluée.

Le conflit ukrainien ou l'histoire d'un tournant stratégique dans la manière de « faire la guerre » : les chars russes mis en difficulté par les drones, lance-roquettes, lance-missiles antiaériens et antichars, renseignements stratégiques fournis par les soutiens de Kiev.

La guerre en Ukraine a provoqué, en quelques semaines, un vaste « chamboule-tout » géopolitique :

– l'OTAN a retrouvé une raison d'être perdue depuis la fin de la guerre froide, avec de nouveaux pays candidats, Suède, Finlande (et la fin de leur neutralisme culturel) ;

– les États-Unis ont fait leur grand retour sur le sol européen ;

– l'Union européenne s'est « réarmée », dans tous les sens du terme, l'Allemagne elle-même, contrainte de renoncer à son pacifisme identitaire et de renforcer sa stratégie de Défense ;

– les flux commerciaux de matières premières ont été bouleversés, les embargos sur les hydrocarbures russes notamment, contraignant de nombreux États à repenser leurs approvisionnements, à constater leur dépendance et à se soucier plus fortement de leur souveraineté, voire de leur sobriété.

La pandémie de Covid-19 avait déjà été l'occasion de mesurer comme jamais nos interdépendances, depuis les masques produits en Chine, qui furent pendant plusieurs semaines notre seule arme contre le virus, jusqu'au paracétamol fabriqué en Inde.

Ainsi, de la pandémie à la guerre en Ukraine en passant par l'accélération du dérèglement climatique, la géopolitique s'est invitée dans nos vies de tous les jours, cet enchaînement de crises a conduit chacun d'entre nous à constater qu'au XXIe siècle, nul ne peut ignorer le reste du monde.

Signe des temps : la géopolitique est devenue une spécialité prisée des lycéens et des étudiants de France et tous les contenus audiovisuels et numériques qui décryptent l'actualité internationale rencontrent un franc succès.

Pour cette nouvelle édition, nous avons choisi de commencer notre tour du monde par l'Europe qui, comme le pressentait Jean Monnet, se construit et n'avance jamais autant que par les crises ; tant pis pour Vladimir Poutine qui, en envahissant l'Ukraine, pensait diviser définitivement les Européens et qui a obtenu l'effet exactement inverse : unité et attractivité retrouvées de l'Union européenne, mais aussi réactivation d'un certain leadership américain et du clivage entre monde « libre » et monde « autoritaire ». Un clivage qui disparaît bien vite derrière certaines contraintes relevant de la Realpolitik, comme lorsque Washington renoue avec les régimes vénézuélien ou saoudien pour contourner le pétrole russe...

En parallèle, une autre guerre, la fameuse « guerre des récits », bat elle aussi son plein, entre Chine-Russie d'un côté, Occident de l'autre, chaque camp visant à diffuser dans le reste du monde son modèle, ses « valeurs ». Arme fatale de cette nouvelle guerre : les réseaux sociaux, qui n'ont jamais connu une telle influence politique. Ainsi les vidéos postées par le président Zelensky soudent l'opinion publique occidentale, de même que la nouvelle influence russe en Afrique et l'activisme numérique qui l'accompagne amplifient, de la Centrafrique au Mali, un rejet des anciennes puissances coloniales et tout ce qu'elles représentent.

La guerre en Ukraine met aussi en lumière le « monde des non-alignés », ces pays d'Afrique, d'Amérique du Sud, le sous-continent indien, qui n'ont voulu ni sanctionner ni soutenir – lors des votes à l'ONU – l'invasion de l'Ukraine. Ainsi s'affirme un monde démographiquement incontournable, qui ne veut plus se laisser enrôler dans les affaires des grandes puissances.

Et puis, bien sûr et avant tout, vous retrouverez au fil de ces pages la nouvelle centralité de l'enjeu climatique, la hausse mondiale des températures et tout ce qui en découle accélérant la prise de conscience de notre appartenance au même « village global ».

Cette planète que nous avons en commun, les nouvelles générations s'en soucient davantage que leurs aînés et il est signifiant qu'elles se passionnent simultanément pour la géopolitique et pour l'environnement, deux sujets qui obligent à faire tomber les frontières.

Enfin, je n'oublie jamais cette phrase du géographe Yves Lacoste, pionnier de la démocratisation d'une discipline qu'il a décloisonnée et ouverte à tous, qui écrivait au début de notre siècle : « La géopolitique, c'est aussi une manière d'éviter les guerres. »

Émilie Aubry

Découvrir et comprendre le monde en 28 destinations

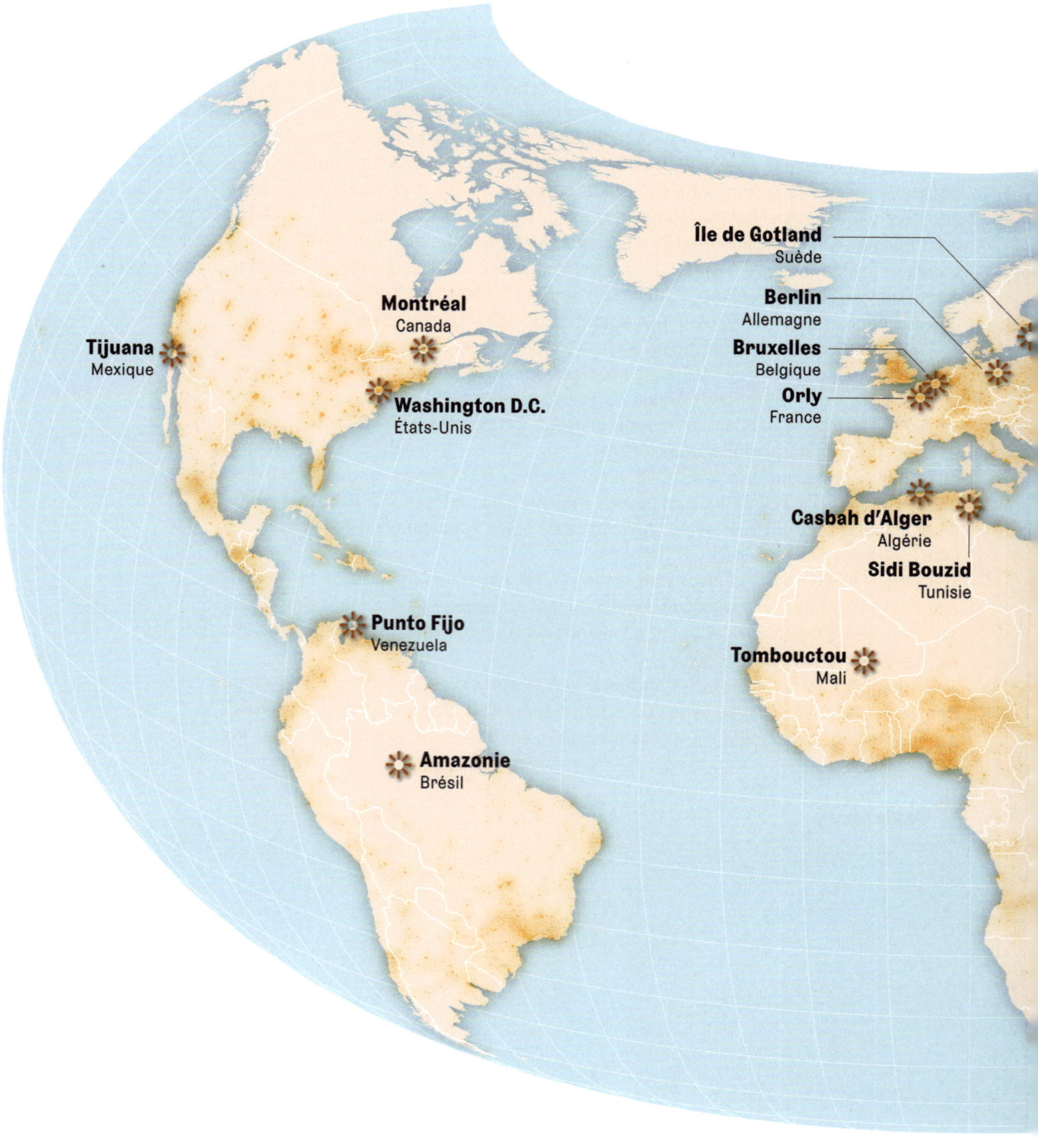

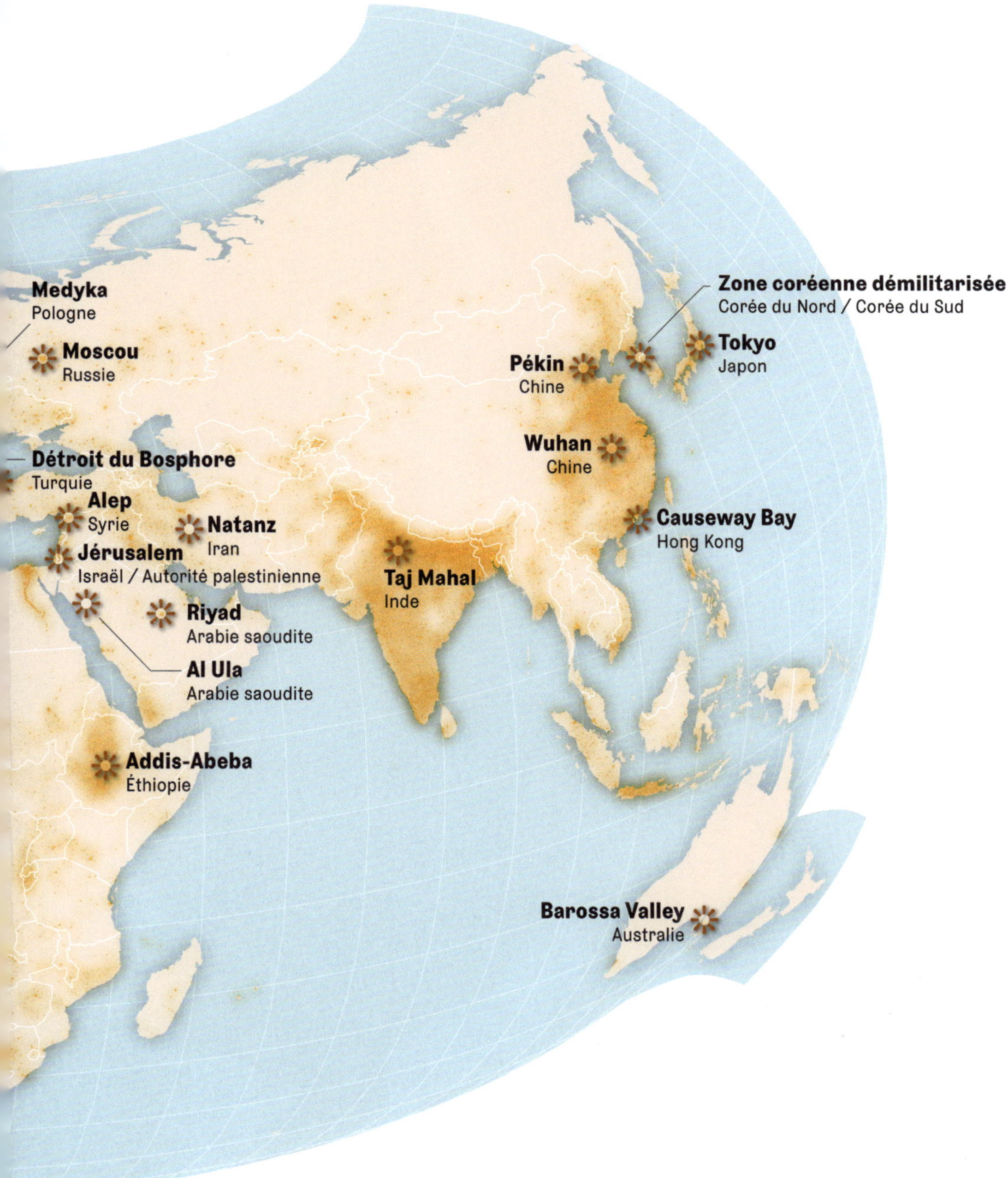

Medyka
Pologne
Moscou
Russie
Détroit du Bosphore
Turquie
Alep
Syrie
Natanz
Iran
Jérusalem
Israël / Autorité palestinienne
Riyad
Arabie saoudite
Al Ula
Arabie saoudite
Addis-Abeba
Éthiopie
Taj Mahal
Inde
Pékin
Chine
Wuhan
Chine
Zone coréenne démilitarisée
Corée du Nord / Corée du Sud
Tokyo
Japon
Causeway Bay
Hong Kong
Barossa Valley
Australie

I. EUROPE

Le temps des crises

La pandémie avait déjà été l'occasion de renforcer l'esprit de solidarité européen, avec la mutualisation des moyens pour l'achat de vaccins et le plan de relance post-Covid en 2020. En février 2022, la guerre en Ukraine a de nouveau donné raison à Jean Monnet, lequel prophétisait, au siècle dernier, que « l'Europe se fera dans les crises et sera la somme des solutions apportées à ces crises ». Aides financières, humanitaires, militaires, les institutions européennes et les États membres de l'UE ont répondu aux appels du président Zelensky. Avec le retour de la guerre à ses frontières et l'adhésion des opinions publiques à la cause ukrainienne, l'UE a fait bloc, décevant Vladimir Poutine dans ses manœuvres de divisions du continent européen. Mais si la guerre s'inscrit dans le temps long, comment évoluera le rapport de force ?

Destination 1

Moscou

Bienvenue au Kremlin, un ensemble de 28 hectares construit à partir du XVe siècle, comprenant notamment le Grand Palais et le palais du Sénat où siège l'administration présidentielle avec le bureau de Vladimir Poutine. Du Kremlin, forteresse des tsars comme des présidents, on connaît désormais la fameuse salle dite « de la grande table », qui a vu défiler les dirigeants européens en février 2022, juste avant que l'armée russe ne viole les frontières de l'Ukraine. Au-delà des mesures de distanciation imposées par la Covid-19, beaucoup d'observateurs y ont reconnu le goût du maître du Kremlin pour le rapport de force et la « mise à distance » de l'Occident.
Vladimir Poutine justifie l'invasion de l'Ukraine par son projet de faire reculer l'OTAN, laquelle, selon le narratif russe, se serait, après l'explosion de l'URSS et l'émergence de nouveaux États, dangereusement rapprochée des frontières de la Fédération de Russie, menaçant sa sécurité (c'est déjà ce qui avait « justifié » en 2008 l'intervention russe en Géorgie). Mais en agressant l'Ukraine, l'autocrate russe aura, à l'inverse, favorisé l'élargissement de l'Alliance atlantique.
Nul ne sait dire aujourd'hui si Vladimir Poutine, en envahissant le territoire ukrainien, après l'annexion de la Crimée en 2014, mène là sa dernière guerre : va-t-il trop loin dans son projet impérialiste ? A-t-il surestimé sa puissance militaire ? Sous-évalué la résistance des Ukrainiens et la réponse des Européens comme celle des Américains ? À moins qu'il n'ait supposé que le temps jouerait en sa faveur…
Ce conflit (et les nouvelles lignes de partage qu'il induit avec une partie du monde qui refuse de choisir son camp) pourrait aussi acter la rupture définitive entre deux pôles, l'Occident libéral face à un Orient autoritaire. Avec la menace d'une complicité possible entre Moscou et Pékin qui plongerait le monde dans un nouveau rapport de force politique, économique, militaire et civilisationnel dont nul ne pourrait alors prédire l'issue.

Russie-Ukraine : la dernière guerre de Vladimir Poutine ?

La chute de l'URSS, a un jour déclaré Vladimir Poutine, a été « la plus grande catastrophe géopolitique du siècle dernier». Et c'est cette « catastrophe » que, depuis 1999, Vladimir Poutine, l'homme fort du Kremlin, entend surmonter pour redonner à la Russie son rang de puissance. Héritière de l'Union soviétique, qui était l'une des superpuissances de la guerre froide avec les États-Unis, la Russie est une puissance nucléaire et dispose d'un siège permanent au Conseil de sécurité de l'ONU. Mais c'est sous l'impulsion de Vladimir Poutine à partir des années 2000 que la Russie s'affirme de nouveau comme une puissance globale, forte de ses capacités retrouvées et d'une politique étrangère plus offensive. Celle-ci est instrumentalisée à des fins de politique intérieure : faire oublier l'absence de véritable pluralisme politique, le musèlement de l'opposition et la précarité économique croissante de la population russe.

En raison de son immensité territoriale, la Russie est frontalière d'une quinzaine d'États, dont les grandes puissances mondiales que sont les États-Unis au-delà du détroit de Béring et de l'océan Glacial arctique, la Chine et l'Union européenne. Cette situation influence bien sûr la façon dont la Russie regarde le monde, ainsi que sa politique étrangère.

→ L'étranger proche

Pour comprendre la logique de la politique étrangère russe, il semble nécessaire de se rappeler que la Russie se voit comme une grande puissance, en tant qu'héritière de l'Union soviétique dissoute en 1991. Elle considère les anciennes républiques soviétiques comme sa zone d'influence directe et inviolable. Moscou les appelle « l'étranger proche ». La Russie y défend des intérêts économiques et stratégiques, tel le site de lancement spatial de Baïkonour au Kazakhstan. Elle entretient aussi des liens culturels avec les populations russes ou russophones, qui représentent par exemple un tiers de la population du Kazakhstan.

Dans cette sphère d'influence, Moscou instrumentalise des conflits séparatistes qui lui permettent de garder son emprise sur ces différents États. C'est le cas en Transnistrie, région de Moldavie peuplée de russophones, ou encore en Abkhazie et en Ossétie du Sud, deux territoires de Géorgie.

En 2004, le camp occidental salue en Géorgie, la « révolution des roses » qui porte le pro-européen Mikheïl Saakachvili au pouvoir et galvanise les forces démocratiques dans la région. Afin de recouvrer la souveraineté sur l'intégralité du territoire géorgien, Saakachvili engage à l'été 2008 l'armée en Abkhazie et surtout en Ossétie du Sud, déclenchant immédiatement une cinglante réplique du Kremlin qui mènera l'armée russe jusqu'aux portes de Tbilissi. Cette démonstration de force de Vladimir Poutine lui permet d'obtenir le maintien des bases russes en Ossétie du Sud et en Abkhazie tout en envoyant un message clair à l'OTAN qui voit s'éloigner la possibilité d'une candidature géorgienne. Ces événements portent enfin préjudice à la « politique de voisinage » de l'UE dans le Caucase du Sud.

→ L'obsession ukrainienne

Dans cet « étranger proche », l'Ukraine tient une place particulière : elle est pour la Russie un pilier de la zone tampon qui protège son territoire et qu'elle considère comme son « berceau historique ».

Ces deux éléments permettent de mieux comprendre les événements de 2004. Des manifestations pro-démocratiques agitent

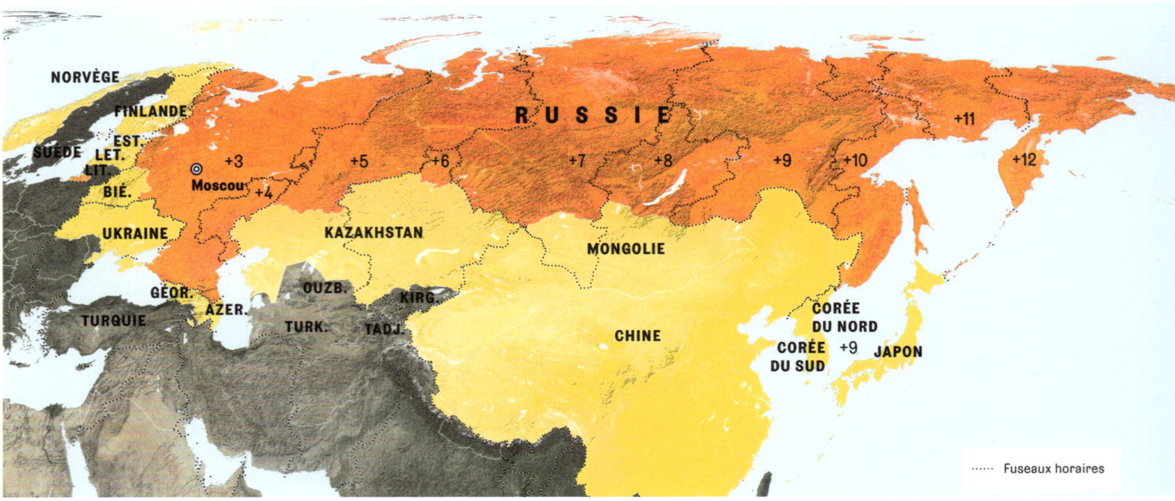

GIGANTESQUE ET FRAGILE

La Fédération de Russie est forte de son immensité : elle s'étend sur 10 000 kilomètres depuis Kaliningrad, situé sur le littoral de la Baltique, jusqu'au Pacifique. C'est le plus vaste État du monde avec 17 millions de kilomètres carrés, c'est-à-dire 35 fois la France. Sauf que la Russie ne compte que 145 millions d'habitants, un peu plus de deux fois la population française. Cette faiblesse démographique est une limite à sa puissance.

alors tout le pays, en réaction à la fraude électorale qui a conduit à la défaite du candidat pro-européen à l'élection présidentielle. Cette « révolution orange » n'est pas du goût de Moscou qui va alors dénoncer une ingérence des Occidentaux. Pour contraindre l'Ukraine à retourner dans son giron, Vladimir Poutine utilise en janvier 2006 l'arme énergétique, par le biais de sa compagnie nationale Gazprom. Celle-ci interrompt l'approvisionnement de gaz russe à l'Ukraine au prétexte de factures impayées. Le Kremlin se lance ensuite dans une politique de soutien aux populations russophones vivant dans l'est du pays.

→ L'annexion de la Crimée

La première étape de cette politique étrangère offensive intervient en 2014. Après la destitution du président pro-Kremlin Viktor Ianoukovitch à la suite de manifestations pro-européennes, Vladimir Poutine annexe la Crimée, péninsule peuplée majoritairement de russophones et hébergeant la base navale russe de Sébastopol. Il fait ensuite envoyer des troupes dans le Donbass, à majorité russophone, pour soutenir les mouvements séparatistes.

Ce premier conflit ukrainien a fait plus de 14 000 morts en six ans, d'un côté comme de l'autre. Les accords de Minsk signés en septembre 2014 servent de feuille de route pour avancer vers des pourparlers de paix. Ils prévoient l'octroi d'un statut d'autonomie provisoire aux territoires contrôlés par les séparatistes prorusses. Mais ils peinent à être appliqués. L'Ukraine entend en effet reprendre le contrôle de ses frontières, condition préalable non négociable à tout accord, selon le président ukrainien Zelensky.

→ La Russie face à l'UE et à l'OTAN

Si l'annexion de la Crimée a renforcé la popularité du président russe, c'est que, pour les Russes, elle a permis d'effacer l'humiliation qu'ont symbolisé la fin de l'Union soviétique et la transition chaotique des années 1990. Pour la Russie, cette annexion se justifie par le nouveau rapport de force avec ses voisins de l'Ouest depuis les années 2000. L'élargissement à l'est de l'Union européenne, mais plus encore l'avancée de l'OTAN vers les frontières russes, a été vécu comme un geste hostile par le pouvoir russe, l'Alliance atlantique étant considérée comme le bras armé des États-Unis.

L'intégration en 2007 des trois pays baltes, anciennes parties de l'URSS, a été le plus dur à accepter par Moscou, car elle porte dès lors l'OTAN à ses frontières et ravive un sentiment d'encerclement. Dans ce contexte, la crise ukrainienne de 2014 qui a conduit à l'annexion de la Crimée a confirmé, après le précédent géorgien en 2008, que la Russie refusait de perdre en influence dans l'ex-espace soviétique, cherchant par tous les moyens à contre-balancer le modèle démocratique et les valeurs occidentales. Cette crise a profondément détérioré les relations des Russes avec l'Union européenne et les États-Unis, entraînant sanctions économiques occidentales et contre-sanctions russes. Et ce, alors même que la Russie dépend depuis la fin de l'URSS de l'Union européenne, son premier

partenaire commercial et son principal investisseur. Mais à partir de 2014, tout accord économique entre Moscou et Bruxelles est bloqué.

La confrontation avec l'Occident est donc devenue structurante sous Vladimir Poutine, non seulement en politique étrangère, mais aussi sur la scène intérieure via la lutte contre l'influence occidentale. Sur le terrain militaire, Moscou accuse alors Washington d'installer des éléments de défense antimissile en Pologne et en Roumanie, en violation du traité sur les forces nucléaires de courte et moyenne portée. Ces difficiles relations avec l'Ouest ont poussé dès cette période le Kremlin à approfondir ses liens avec la Chine.

→ Moscou et Pékin : l'émergence d'un nouvel axe ?

Depuis la fin de la guerre froide, la Russie et la Chine ont cherché à établir de bonnes relations, en commençant par régler leurs problèmes frontaliers. En 2001, ils ont créé l'Organisation de coopération de Shanghai, une alliance avec des pays d'Asie centrale pour lutter contre les menaces islamistes et sécessionnistes. L'Inde et le Pakistan l'ont rejointe en 2017 et c'est désormais une organisation globale réunissant plus de la moitié de la population mondiale.

Les relations sino-russes se resserrent aussi dans la foulée de l'annexion de la Crimée, Pékin s'étant abstenu de réagir, au nom du principe de non-ingérence. Ventes d'armes et exercices militaires communs contribuent à rapprocher les deux États. Pour autant, cette complicité ne fait pas une alliance équilibrée, ni de la Chine une alliée. La relation est profondément asymétrique : la Chine est la deuxième puissance économique mondiale, la Russie n'arrive qu'en douzième position, avec un PIB dix fois inférieur.

LA GUERRE DU GAZ

Depuis le début du conflit avec l'Ukraine, le gaz est une arme pour la Russie, qui est le premier fournisseur des Européens. Après la guerre du gaz, dans les années 2000, la Russie cherche à contourner l'Ukraine en construisant un second gazoduc Nord Stream, via la mer Baltique, et le Turkish Stream, en mer Noire. Pour contourner Bruxelles, le Kremlin privilégie une négociation bilatérale, avec l'Allemagne et la France notamment.

L'AMBITION RUSSE DE LA « GRANDE EURASIE »

Comme l'aigle à deux têtes qui orne son drapeau, la Fédération de Russie a toujours regardé vers l'Asie et le Pacifique. Mais les tensions croissantes avec les Européens la poussent à renforcer ses relations avec les États d'Asie, en priorité avec la Chine devenue au cours des années 2000 la deuxième puissance économique mondiale, rivale des États-Unis. Depuis 2016, son projet de Grande Eurasie vise à renforcer ses relations économiques avec Pékin, notamment avec les « nouvelles routes de la Soie ».

Pour exister face à la Chine, le président Poutine a proposé en 2016 le projet de « Grande Eurasie », en lien avec les routes de la soie chinoises. Il espère, grâce à cette coopération avec Pékin, maintenir le rang international de la Russie.

→ Les ambitions russes au Moyen-Orient

C'est toujours avec l'objectif de grandeur retrouvée que s'est construite la diplomatie russe au Moyen-Orient, en particulier en Syrie. L'intervention pour soutenir Bachar el-Assad en 2015 a marqué le grand retour des Russes dans la région, une première depuis la guerre en Afghanistan. Cette opération russe a profité des divisions et des tergiversations des Européens et des Américains. Si Moscou a pu mettre en scène son rôle de « puissance stabilisatrice et médiatrice » au niveau national et international, elle peine, sur place, à contenir ses partenaires régionaux que tout oppose : l'Iran, la Turquie et Israël.

→ L'Arctique, nouvelle frontière russe ?

La Russie possède la plus longue façade maritime sur l'Arctique et considère cet espace comme une zone d'intérêts prioritaires. Ce littoral lui permet de contrôler la route polaire du nord-est, deux fois plus rapide que celle passant par Suez, notamment pour le transport du gaz de la péninsule de Yamal vers l'Asie. Elle y a installé ou rouvert des bases militaires qui assurent la surveillance de cette route maritime de plus en plus stratégique. Ces bases complètent son dispositif militaire face à l'OTAN (Sébastopol, Mourmansk, Kaliningrad).

La Russie possède aussi d'importantes réserves de gaz et de pétrole au fond de cet immense océan, qu'elle a d'ailleurs commencé à exploiter. Au total, l'espace arctique renfermerait 13 % des réserves pétrolières et 30 % des réserves de gaz encore inexploitées dans le monde. Des réserves qu'elle doit toutefois partager avec ses voisins. Conformément au droit de la mer, Moscou revendique une extension de sa zone économique exclusive jusqu'à la dorsale de Lomonosov, une immense chaîne de

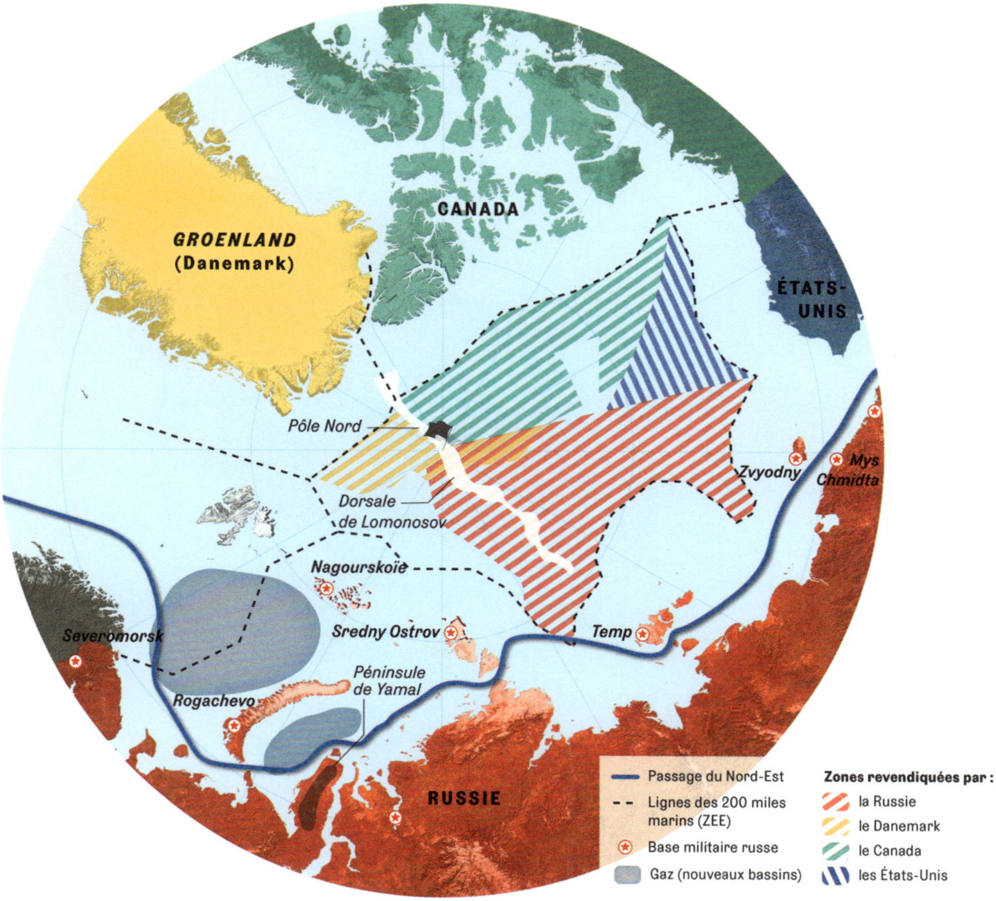

TENSIONS FRONTALIÈRES EN ARCTIQUE

montagnes sous-marine. Pour cela, elle invoque le fait que cette dernière serait localisée sur son plateau continental. Mais Moscou se heurte dans la région aux revendications du Canada et du Groenland danois.

→ Tous les coups sont permis

La diplomatie russe s'avère pragmatique : elle joue sur tous les tableaux, exploitant faiblesses et failles des Occidentaux. Ce fut le cas en Syrie, mais aussi lors de l'élection américaine de 2016, ou de la campagne électorale française en 2017 : le Kremlin aurait cherché à la déstabiliser par une stratégie numérique passant par une guerre de l'information et de la cyberpropagande.

Un autre instrument d'influence récent de Moscou est le financement de la chaîne de télévision Russia Today ou de l'agence de presse Sputnik. Deux médias qui « racontent » le monde vu par le pouvoir russe et visent à affaiblir l'image des Occidentaux sur la scène internationale.

Sur le plan intérieur, l'opposition politique russe vit sous une menace permanente. En témoignent l'assassinat de Boris Nemtsov en février 2015 ou l'empoisonnement d'Alexeï Navalny à l'été 2020 suivi par son arrestation en janvier 2021. Selon l'opposant russe et l'enquête des autorités allemandes, cet empoisonnement porte la signature des services de sécurité russe (FSB) et rappelle la tentative d'assassinat de l'ancien espion Sergueï Skripal en Angleterre en 2018.

L'incarcération de Navalny a suscité un regain de tensions avec l'UE. Celle-ci a condamné cette décision de justice et décrété de nouvelles sanctions contre la Russie. Le muselage de l'opposition par le président Poutine montre la principale faiblesse de la Russie : son déficit démocratique et la crainte pour le pouvoir en place d'une alternance politique.

Par ailleurs, au niveau économique, la Russie se place derrière l'Italie ou la Corée du Sud pour ce qui est du PIB. Sur le plan politique, son influence s'érode dans l'ex-espace soviétique au détriment de la Chine, et elle est presque inexistante dans la région Asie-Pacifique.

→ Ukraine : la dernière guerre de Poutine ?

Depuis la fin du XXe siècle, on la disait tiraillée entre sa composante russophone et russophile et « l'autre Ukraine », tournée vers l'Union européenne, son modèle démocratique et ses valeurs de liberté. Depuis 2014, la communauté internationale semblait s'être résignée *de facto* à l'annexion de la péninsule de Crimée et à la sécession d'une partie du Donbass, orchestrées par le Kremlin. Mais en allant plus loin le 24 février 2022, avec une offensive visant cette fois l'intégralité du territoire ukrainien, Vladimir Poutine a « réveillé » les Européens comme les Ukrainiens, lesquels ont surpris le monde entier par leur volonté de résistance, aidés par de nombreux pays du monde, à commencer par les États-Unis et l'OTAN. Par leur mobilisation, les Ukrainiens ont démontré l'existence d'une identité propre, souveraine et non inféodée à la Russie, malgré une longue histoire commune.

Il n'empêche : après seulement quatre mois de guerre, 20 % du territoire ukrainien est sous contrôle russe, entre 20 et 30 % des infrastructures de transport du pays sont détruites. Selon le Haut-commissariat aux réfugiés, au 22 juin 2022, 4 634 civils ukrainiens ont été tués et 5 769 blessés, et la guerre a provoqué l'une des plus grandes crises de déplacement humain dans le monde : fin juin 2022, 5,5 millions d'Ukrainiens ont trouvé refuge en Europe et 14 millions d'Ukrainiens ont été déplacés.

Pour les Européens, c'est le retour d'une guerre de territoires, une « guerre sale », avec ses crimes de guerre et crimes contre l'humanité. La guerre russo-ukrainienne est un conflit polymorphe, militaire, idéologique et civilisationnel, avec l'inconnu de sa durée et de ses conséquences, pour les deux pays belligérants, pour l'UE et pour le reste du monde.

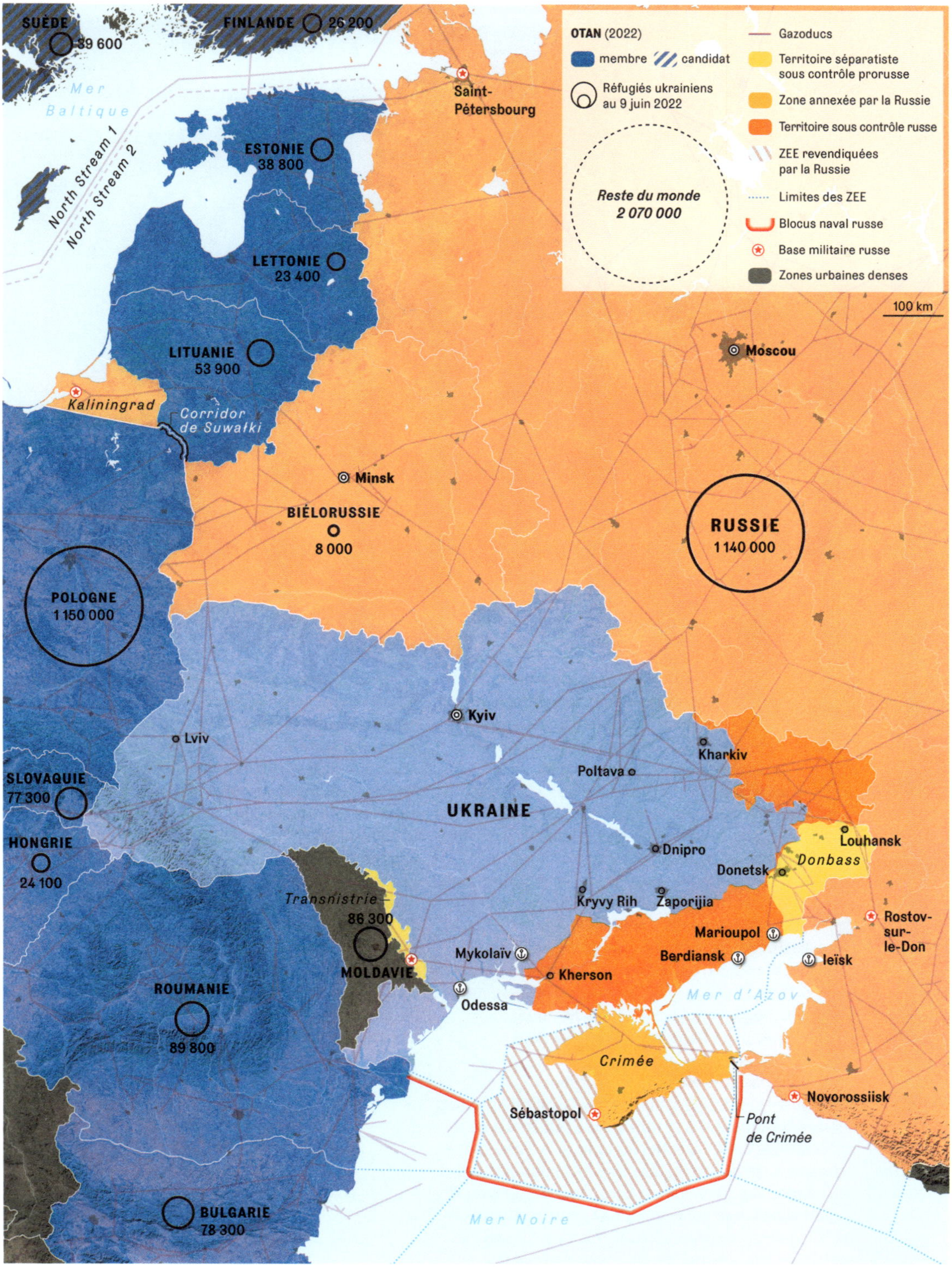
OTAN (2022)
membre
candidat
Réfugiés ukrainiens au 9 juin 2022
Reste du monde 2 070 000
Gazoducs
Territoire séparatiste sous contrôle prorusse
Zone annexée par la Russie
Territoire sous contrôle russe
ZEE revendiquées par la Russie
Limites des ZEE
Blocus naval russe
Base militaire russe
Zones urbaines denses
100 km
SUÈDE 39 600
FINLANDE 26 200
Mer Baltique
North Stream 1
North Stream 2
Saint-Pétersbourg
ESTONIE 38 800
LETTONIE 23 400
LITUANIE 53 900
Kaliningrad
Corridor de Suwałki
Moscou
Minsk
BIÉLORUSSIE 8 000
RUSSIE 1 140 000
POLOGNE 1 150 000
Kyiv
Lviv
Kharkiv
Poltava
UKRAINE
SLOVAQUIE 77 300
HONGRIE 24 100
Louhansk
Donbass
Donetsk
Dnipro
Kryvy Rih
Zaporijia
Transnistrie
86 300
MOLDAVIE
Marioupol
Rostov-sur-le-Don
Berdiansk
Ieïsk
Mykolaïv
Kherson
Odessa
Mer d'Azov
ROUMANIE 89 800
Crimée
Sébastopol
Pont de Crimée
Novorossiisk
BULGARIE 78 300
Mer Noire

Destination 2

Bruxelles

Il règne dans cet hémicycle une atmosphère à nulle autre pareille : bienvenue dans le plus grand parlement transnational du monde ! Cette photo a été prise le 1er mars 2022, lors d'une session extraordinaire du Parlement européen, une semaine après l'invasion russe de l'Ukraine. Événement et ambiance exceptionnels, puisque ce jour-là, le président Zelensky intervient en visioconférence, avec une émotion telle qu'il fera pleurer certains traducteurs : « L'Europe sera beaucoup plus forte avec l'Ukraine en son sein [...]. Sans vous, l'Ukraine sera seule [...]. Nous nous battons pour notre survie [...] mais nous nous battons aussi pour être des membres égaux en droits de l'Europe [...]. Donc, prouvez que vous êtes avec nous, prouvez que vous ne nous abandonnez pas et que vous êtes vraiment des Européens ! »

Juin 2022 : quatre mois après le début de la guerre, les 27 ont octroyé à l'Ukraine le statut espéré de candidat à l'entrée dans l'UE (ainsi qu'à la Moldavie) tandis que la Finlande et la Suède sont admises à rejoindre l'OTAN, une fois surmontées les conditions du dirigeant turc, Recep T. Erdogan, lequel reprochait à ces deux pays leur politique qu'il jugeait trop favorable aux Kurdes. Le conflit ukrainien est devenu, de fait, celui de tous les peuples européens qui en affrontent, ensemble, les conséquences : accueil des réfugiés, remilitarisation intense du continent, mise en place de nouveaux flux commerciaux pour les énergies afin de limiter la dépendance aux hydrocarbures russes mais aussi denrées alimentaires bloquées dans les ports de la mer Noire et retombées économiques défavorables (inflation, pouvoir d'achat...).

La famille européano-atlantiste se ressoude, face à une menace commune : la Russie de Vladimir Poutine. Tant pis pour le dirigeant hongrois Viktor Orbán et son tropisme pro-Kremlin.

De la Covid-19 à la guerre en Ukraine, l'UE ne cesse de démontrer qu'elle ne progresse jamais autant que dans les crises.

De la Covid-19 à la guerre : l'Union européenne face aux crises

→ Une naissance en plusieurs étapes

L'aventure européenne commence en 1951 avec la CECA, la Communauté européenne du charbon et de l'acier, qui réunit la République fédérale d'Allemagne, la France, l'Italie, la Belgique, les Pays-Bas et le Luxembourg. En mettant en commun leur production de charbon et d'acier, la France et la RFA cherchent alors à empêcher une nouvelle guerre et à s'unir face à l'expansion communiste à l'est.

Mais le vrai démarrage de l'Europe des six a lieu en 1957 avec le traité de Rome : il crée la CEE, Communauté économique européenne, et met en place un marché commun, avec des politiques communes dont la PAC, la politique agricole commune, qui vise à satisfaire la demande alimentaire européenne.

Avec la crise du dollar de 1971 puis les crises pétrolières de 1973 et 1979, les Européens cherchent également à favoriser leur stabilité monétaire avec la mise en œuvre du SME, le système monétaire européen. Afin de finaliser le marché commun, l'Acte unique européen est signé en 1986. Il permet la libre circulation des biens, des services, des personnes et des capitaux entre les douze États membres.

→ Approfondir et élargir l'Europe

Depuis sa fondation à six, l'Europe communautaire s'est peu à peu élargie à d'autres pays. Le Royaume-Uni, qui avait créé en 1959 l'AELE, l'Association européenne de libre-échange, une organisation rivale (avec le Portugal, la Suisse, l'Autriche, le Danemark, la Norvège et la Suède), décide de présenter sa candidature à la CEE dans les années 1960. Il intègre finalement la communauté le 1er janvier 1973, en même temps que le Danemark et l'Irlande. La Norvège, également candidate, a finalement renoncé à cette adhésion après un référendum défavorable.

En 1981, la Grèce devient le dixième membre de la CEE, suivie cinq ans plus tard, en 1986, par l'Espagne et le Portugal. Trois adhésions très symboliques, car elles visent d'abord à accompagner ces pays qui sortent de dictatures militaires d'extrême droite – celles des colonels en Grèce, de Franco en Espagne et de Salazar au Portugal –, et ainsi à consolider la démocratie renaissante.

En 1989, une nouvelle étape fondamentale de l'histoire européenne s'ouvre avec la chute du mur de Berlin, qui bouleverse l'ordre européen et mondial établi depuis la Seconde Guerre mondiale. En 1990, l'Allemagne est réunifiée et sa partie orientale intègre automatiquement la CEE, ancrant durablement le pays dans le projet européen.

En contrepartie de la réunification allemande s'opère l'approfondissement de la dimension politique du projet européen, impulsé par le couple franco-allemand. En 1992, le traité de Maastricht transforme la CEE en Union européenne, l'UE. Il pose les bases d'une Europe des citoyens, avec la mise en place d'une citoyenneté européenne comprenant notamment le droit de vote des Européens aux élections municipales et européennes dans toute l'Union. Ce traité prévoit la création d'une monnaie unique, l'euro, entrée en circulation le 1er janvier 2002, et une politique étrangère et de sécurité commune, la PESC, ainsi qu'une politique de coopération

6,28,27 : ET APRÈS ?

À partir d'un noyau fondateur de six États, la construction européenne s'est élargie en six décennies à 28 membres. Mais pour la première fois de son histoire, un pays, le Royaume-Uni, a choisi en 2016 de quitter l'UE. Fin juin 2022, les 27 actent la candidature de l'Ukraine et de la Moldavie tandis que la Macédoine du Nord et l'Albanie entament des négociations en vue de leurs adhésions le 19 juillet.

policière et judiciaire. Il renforce enfin le pouvoir du Parlement européen par la procédure de codécision.

→ L'émergence d'un euroscepticisme

Paradoxalement, c'est pendant cette décennie d'avancées majeures de la construction européenne que se produisent des événements qui vont nourrir crescendo l'euroscepticisme. Tout d'abord, la crise yougoslave, que l'Union européenne s'avère incapable de résoudre sans l'OTAN ; s'ensuit la difficile ratification du traité de Maastricht en 1992. En France, État fondateur de l'Europe, le oui l'emporte avec à peine 51 %, tandis qu'au Danemark le non obtient 50,7 % des voix. Le traité est alors renégocié et un nouveau référendum a lieu, qui voit la victoire du oui avec près de 57 % des voix.

Malgré ces réticences, l'élargissement se poursuit. En 1995, l'Union accueille la Suède, la Finlande et l'Autriche ; puis en 2004 huit pays d'Europe de l'Est : Estonie, Lettonie, Lituanie, Pologne, République tchèque, Slovaquie, Hongrie, Slovénie, ainsi que les îles méditerranéennes de Malte et de Chypre. C'est le plus grand élargissement de son histoire, qui permet de réunir un continent divisé par quarante ans de guerre froide. L'UE est rejointe en 2007 par la Bulgarie et la Roumanie, et en 2013 par la Croatie. Elle compte dès lors 28 membres, de l'Atlantique aux portes de la Russie, de la Baltique à la Méditerranée.

Cet élargissement ne s'accompagne pourtant pas d'un sentiment d'appartenance de tous les citoyens à l'Union. Lancé en 2001, le projet d'établir une Constitution européenne est refusé par une majorité des Français, qui votent à 54,5 % contre, et par les Néerlandais, à 61,5 % contre le projet, lors de référendums organisés en 2005. Ces votes négatifs expriment le plus souvent une réaction à des politiques nationales bien plus qu'à l'actualité européenne.

S'ouvre alors une crise institutionnelle pour l'Europe, qui aboutit en 2007 au traité de Lisbonne, un accord qui reprend les termes de la Constitution et permet son fonctionnement à vingt-sept. Aux Pays-Bas

comme en France, il est ratifié cette fois-ci par voie parlementaire. Mais en contournant l'expression populaire qu'est le référendum, ce mode de ratification nourrit encore un peu plus les critiques sur le déficit démocratique de l'Europe.

→ Crises économique et migratoire

La crise économique et financière de 2008 met à rude épreuve la solidarité européenne. Démarrée aux États-Unis avec la crise des *subprimes*, elle conduit à une crise de la dette publique en Grèce en 2009 et à de graves difficultés économiques en Italie, en Espagne et en Irlande. L'Europe du Nord, et en particulier l'Allemagne, refuse alors de payer indéfiniment pour l'Europe du Sud, jugée moins rigoureuse quant à la question épineuse des déficits publics.

L'autre grande épreuve européenne démarre à partir de 2013 : des centaines de milliers de réfugiés fuient les conflits du Moyen-Orient, notamment la guerre en Syrie, mais également ceux d'Afrique orientale, pour venir chercher asile en Europe. De nouveau, les Européens ne parviennent pas à s'entendre et à mettre en place une politique d'accueil commune et de contrôle des frontières. Cette crise migratoire remet en cause le principe de libre circulation, l'espace Schengen, et entraîne la fermeture des frontières en Hongrie, en Slovaquie, en Pologne et en République tchèque. Dans ces pays, certaines catégories de la population sont stigmatisées : migrants, Roms, SDF.

L'Europe entre alors dans une crise des valeurs.

→ Le tournant des élections européennes de 2014

Les élections de 2014 sont marquées par le plus faible taux de participation de l'histoire des scrutins européens – déjà peu mobilisateurs d'ordinaire –, avec seulement 42,6 % des électeurs qui se déplacent. En 1979, lors de la première élection du Parlement européen au suffrage universel, le taux de participation était de 62 %.

BALKANS, UN AVENIR EUROPÉEN ?

En 2000, l'Union européenne affirmait la vocation des pays des Balkans à devenir membres de l'UE. Après l'admission de la Slovénie et de la Croatie en 2004 et 2013, le Monténégro et la Serbie ont engagé des négociations, suivies en 2022 par la Macédoine du Nord et l'Albanie. Quant à la Bosnie-Herzégovine et le Kosovo, leur sort demeure incertain sur fond de réveil du nationalisme serbe.

Parlement européen, 2019-2024

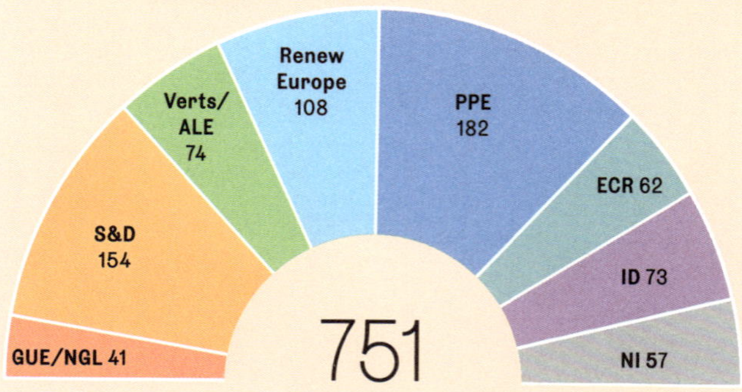

ECR : Conservateurs et réformistes européens
GUE/NGL : Gauche unitaire européenne/Gauche verte nordique
ID : Identité et démocratie
PPE : Parti populaire européen
S&D : Alliance progressiste des socialistes et démocrates au Parlement européen
Verts/ALE : Les Verts/Alliance libre européenne
NI : Non-inscrits à un groupe politique

UNION EUROPÉENNE : NOUVELLE DONNE POLITIQUE

Le nouveau Parlement européen est marqué par une poussée des partis populistes et nationalistes et par le repli du Parti populaire européen (droite) et du Parti socialiste européen (gauche). Ce dernier a été transformé en 2009 en Alliance progressiste des socialistes et démocrates. Toutefois, avec 179 sièges sur 751, le PPE reste le premier des groupes parlementaires. Avec 177 sièges, les droites extrêmes, nationalistes et souverainistes ne sont pourtant pas parvenues à former un groupe commun.

Plan de relance européen
Subventions par États membres, 2021-2023
(en milliards d'euros)

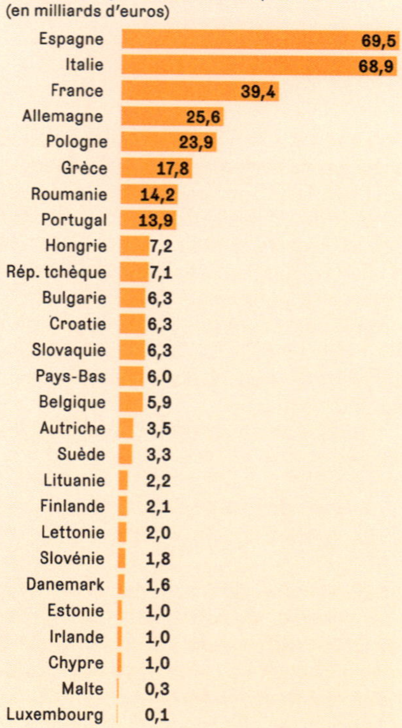

Le scrutin montre la montée des eurosceptiques : ils n'étaient que 10 % en 2009, ils représentent désormais 23 % des 751 députés européens. Arrivés en tête dans leurs pays, les partis europhobes, que sont le Front national en France, UKIP au Royaume-Uni et le Parti populaire danois au Danemark, obtiennent environ un quart des suffrages.

→ Les partis europhobes s'imposent au niveau national

Plus globalement, partis populistes et eurosceptiques voient depuis 2015 leurs scores électoraux dépasser les 10 % des suffrages dans une dizaine de pays d'Europe, dont l'Autriche, la Finlande, la France, l'Italie, l'Allemagne, les Pays-Bas, le Royaume-Uni, la Suède et la Belgique. Certains de ces partis sont au pouvoir comme en Hongrie depuis 2010, en Pologne depuis 2015, en République tchèque et en Italie en 2018. Tous mettent en avant la défense de la souveraineté nationale.

Mais Andrzej Duda en Pologne et Viktor Orbán en Hongrie remettent aussi en cause l'État de droit et les libertés fondamentales telles que les droits de la presse, de réunion et de la justice. Cette dérive autoritaire fait aujourd'hui de ces deux États des « démocraties illibérales », c'est-à-dire que leurs dirigeants sont démocratiquement élus, mais leurs citoyens sont de plus en plus privés de droits fondamentaux.

Or, ces libertés sont garanties par le traité d'Amsterdam de 1997 (article 7), ce qui permet de sanctionner les pays contrevenants. Une procédure a été lancée par le Parlement européen à l'encontre de la Pologne en décembre 2017 et contre la Hongrie en septembre 2018.

Les élections européennes de 2019 entérinent de fait cette fracture croissante entre partisans d'un « intérêt général européen » et tenants d'un « nationalisme européen ». La composition de la nouvelle assemblée est marquée par une poussée des partis populistes et nationalistes et le repli des deux grandes formations historiques du Parlement européen : le Parti populaire européen (PPE, démocrates-chrétiens, à droite) et le Parti socialiste européen (PSE, à gauche).

→ Brexit : l'Union européenne résiliente

La plus grande crise qu'a dû affronter l'Union européenne (avant la guerre en Ukraine) est sans aucun doute l'approbation du Brexit par

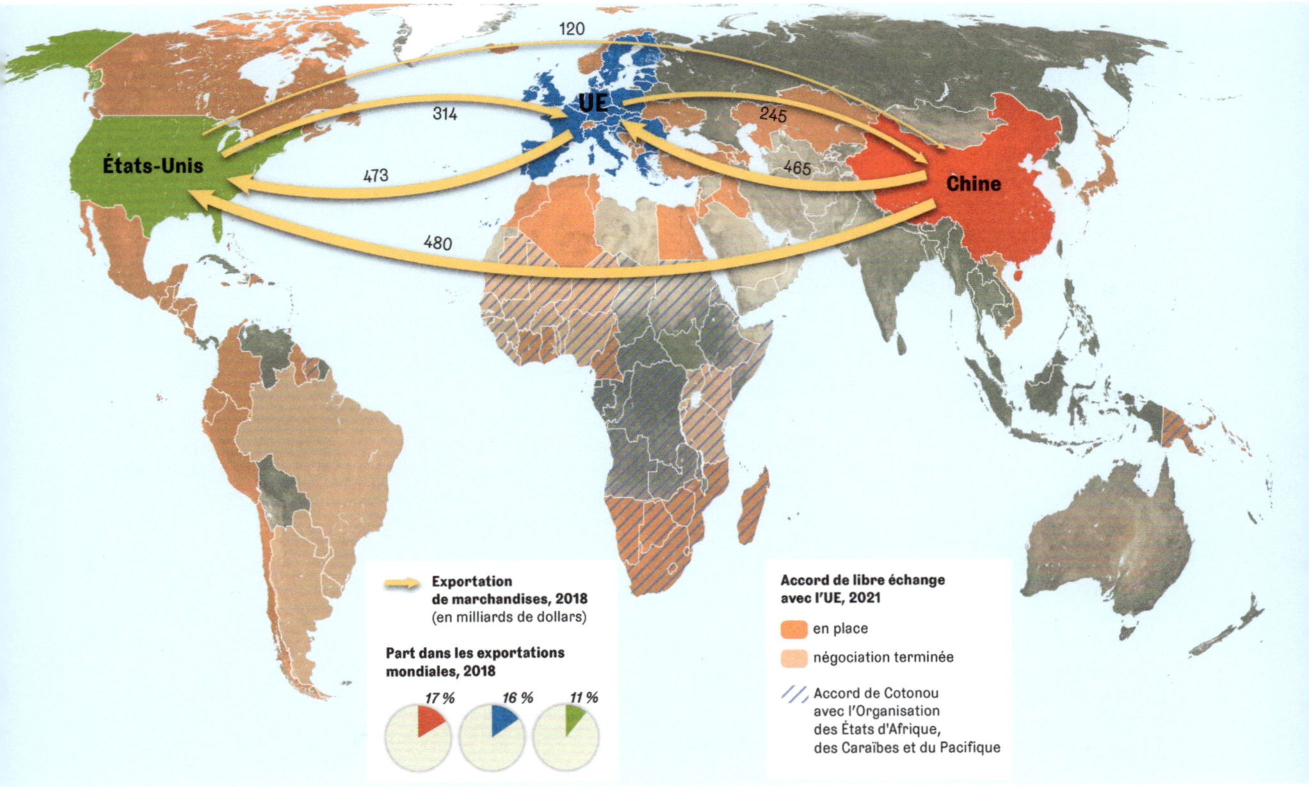

les Britanniques le 23 juin 2016, à 51,9 %. Pour la première fois depuis sa création, un pays a manifesté majoritairement sa volonté de sortir de l'Union européenne. Ce vote a donné lieu à d'âpres et longues négociations qui ont conduit à la sortie officielle du Royaume-Uni fin 2020. Mais les tensions que ces négociations ont occasionnées et les risques qui pèsent sur l'économie du Royaume-Uni ont pour l'heure eu tendance à dissuader d'autres États membres de suivre l'exemple britannique.

Depuis le 1er janvier 2021, un accord de commerce et de coopération règle les relations entre Londres et Bruxelles, notamment pour les échanges commerciaux, la pêche, la coopération judiciaire et policière.

Mais la question irlandaise, elle, demeure source de tensions. Irlandais comme Nord-Irlandais ne veulent pas voir la frontière entre les deux Irlande se refermer.

→ De la Covid-19 à la guerre en Ukraine

Depuis le printemps 2020, dans sa lutte contre l'épidémie du coronavirus, l'Union européenne semble avoir renoué avec ses valeurs fondatrices, celle de la solidarité, afin d'apporter une réponse commune au défi de la relance économique, de l'achat et de la distribution de vaccins. Non sans écueils certes, mais avec un volontarisme qui lui faisait défaut depuis presque une décennie.

Le retour de la guerre sur le continent européen fait de nouveau bouger les lignes : la grande peur des pays limitrophes de la Russie conduit les Européens à présenter un front uni. L'Ukraine et la Moldavie sont accueillies en juin 2022 comme nouveaux candidats à l'UE, tandis que la Suède et la Finlande préparent leur entrée dans l'OTAN.

Les 27 œuvrent en concertation pour les sanctions vis-à-vis de la Russie, pour l'accueil des réfugiés, pour sortir de la dépendance aux hydrocarbures russes, et pour résoudre la crise alimentaire résultant de la désorganisation des approvisionnements en céréales venant d'Ukraine et de Russie. Les Européens affrontent donc, globalement unis, le retour de la guerre : mais si celle-ci venait à s'enliser, que deviendrait alors cette unité affichée ?

UNE POLITIQUE ÉTRANGÈRE EUROPÉENNE ?

Première puissance économique et commerciale au monde, l'Union européenne est un acteur primordial à l'échelle internationale. Mais jusqu'à la guerre en Ukraine, on soulignait sa faiblesse politique et stratégique. L'invasion russe déclenchée début 2022 permet aux Européens d'affirmer une identité commune de sécurité et de défense.

Hydrocarbures russes : le sevrage

Pour faire tourner leurs économies, les 27 États de l'Union européenne ont en 2021 un bilan énergétique essentiellement basé sur les énergies fossiles (environ 34 % de pétrole, 23 % de gaz, 10 % de charbon), le nucléaire (12 %) et les énergies renouvelables (17 %). Or ils ne disposent que de très peu de ressources en hydrocarbures sur leurs territoires et doivent donc en importer.

Pour le gaz, la Russie est leur premier fournisseur : elle représente 45 % de leurs importations en 2020. Cette dépendance au gaz russe n'est toutefois pas identique d'un État à l'autre. Alors que la Finlande, la Lettonie ou la Hongrie importent quasiment toute leur consommation, l'Allemagne presque la moitié, la France et l'Espagne en importent moins d'un quart de leurs besoins.

Avec la guerre en Ukraine, les Européens ont fait le choix de sortir de la dépendance énergétique de la Russie, puisque celle-ci nourrit la guerre : les importations de pétrole, charbon et gaz russe rapportent en effet chaque jour environ 650 millions d'euros à la Russie. Si un accord a pu être trouvé sur le charbon et le pétrole pour que progressivement l'UE s'en passe, les choses sont plus complexes pour le gaz. Début avril 2022, les États baltes ont pourtant cessé leurs importations de gaz russe. Pour y parvenir, ils ont pu s'appuyer sur le terminal de gaz naturel liquéfié (GNL) construit à Klaipeda en Lituanie en 2015 et baptisé *Indépendance*, afin d'importer du gaz norvégien et américain. D'autres États européens disposent de ces infrastructures spécifiques permettant d'importer du gaz liquéfié et de le regazéifier sur place, sans être dépendant d'un réseau de gazoducs, mais pas en nombre suffisant pour compenser rapidement les importations russes. L'Allemagne a annoncé en mars 2022 la reconstruction d'un terminal GNL à l'embouchure de l'Elbe au nord de Hambourg, ce qui est une décision particulièrement stratégique, après avoir renoncé à la mise en service du gazoduc *Nord Stream 2* et parce qu'elle achetait jusqu'alors 65 % de son gaz à la Russie.

Face à cette nouvelle donne énergétique sans la Russie, les 27 pourraient donc jouer la carte de la solidarité, en achetant l'intégralité de leur gaz en commun notamment à l'Algérie, aux États-Unis, au Qatar ou à l'Azerbaïdjan.

Part de l'importation de gaz russe dans le mix énergétique national, 2020
En %
0 25 45 70 90 100
Terminaux de gaz naturel liquéfié
en activité
en construction
en projet
Islande
Norvège
Suède
Finlande
Estonie
Lettonie
Lituanie
Russie
Biélorussie
Danemark
Irlande
Royaume-Uni
Pays-Bas
Belgique
Allemagne
Pologne
Ukraine
Lux.
Rép. Tchèque
Slovaquie
Moldavie
France
Suisse
Autriche
Hongrie
Roumanie
Slovénie
Croatie
Bosnie-H.
Serbie
Bulgarie
Kosovo
Italie
Monténégro
Macédoine du Nord
Albanie
Espagne
Turquie
Grèce
Malte

Destination 3

Berlin

On ne la verra plus à la tribune du Parlement allemand (Bundestag) : Angela Merkel a présidé aux destinées de l'Allemagne pendant seize ans. Depuis le 8 décembre 2021, le chancelier se nomme Olaf Scholz. Un avocat de formation, discret, membre du SPD depuis 1975 (il est né en 1958), dont la carrière n'a vraiment commencé qu'en 1998 lorsqu'il prend la direction de la fédération du SPD à Hambourg et se place dans le sillage du chancelier allemand Gerhard Schröder. Plusieurs fois ministre – des Finances notamment –, ancien maire d'Hambourg, cet homme d'expérience se retrouve, à peine chancelier, à négocier pour son pays des virages stratégiques : couper les ponts avec la Russie de Vladimir Poutine, après des critiques sévères sur la proximité prêtée aux socialistes allemands avec la Russie. Scholz doit repenser une politique énergétique fondée sur les gazoducs russes.

Autre virage stratégique : réarmer l'Allemagne. En effet, le 24 février 2022, le chef d'état-major des armées allemandes assénait : « La Bundeswehr, l'armée que j'ai l'honneur de commander, se tient là, plus ou moins les mains vides. Les options que nous pouvons proposer au gouvernement pour soutenir l'Alliance atlantique sont extrêmement limitées. » Dans la foulée, Berlin augmente son budget militaire et se range à l'idée d'une Europe de la défense renforcée, renonçant à son pacifisme culturel issu de 1945 et du « *nie wieder Krieg* », « plus jamais la guerre ».

Autre difficulté pour le nouveau chancelier : la récession de l'économie qui pourrait découler de l'arrêt des approvisionnements en gaz russe. Changement d'ère pour ce pays habitué à être, depuis au moins deux décennies, le moteur de l'UE. Le bilan d'Angela Merkel fait en effet consensus : baisse du chômage, politique réussie d'intégration des immigrés, réforme du système de retraites et, sur le plan géopolitique, bonne gestion du « couple franco-allemand » et de l'ambition européenne.

Il n'est pas chose aisée de prendre la suite de la chancelière dans un contexte historique : le retour de la guerre en Europe.

Allemagne : changement d'ère

→ Une réunification réussie

Depuis sa réunification en 1990, l'Allemagne se retrouve dans une toute nouvelle configuration géographique. Elle n'est plus séparée par le rideau de fer en deux États antagonistes : l'un communiste à l'Est (la RDA), et l'autre capitaliste à l'Ouest (la RFA) et son enveloppe territoriale ne correspond à aucun précédent historique.

Le pays est un État fédéral composé de 16 Länder qui ont chacun leur Constitution et bénéficient d'une grande autonomie quant à leur organisation interne. La réunification a aussi renforcé le poids de l'Allemagne en Europe : avec une superficie de 357 000 kilomètres carrés et une population de 83 millions d'habitants, elle est le pays le plus peuplé de l'Union européenne. Elle est aussi la première puissance économique du continent puisque ses 3 436 milliards d'euros de PIB en 2019 représentent 20 % de celui de l'UE à vingt-huit, ce qui fait de l'Allemagne la quatrième économie mondiale.

Ce « miracle économique » remonte à l'après-guerre : l'héritage du nazisme lui interdisant toute ambition géopolitique, la puissance allemande ne pouvait être qu'économique. Après la réunification, les réformes du gouvernement Schröder sont un accélérateur, la baisse des coûts salariaux facilite les exportations. Son succès économique se fonde sur les excédents commerciaux record (224 milliards d'euros en 2019) de ses grands groupes industriels et de ses PME/PMI dynamiques, surtout dans les secteurs de l'automobile, des machines-outils, de la chimie et des produits pharmaceutiques. L'Allemagne reste en revanche déficitaire vis-à-vis de l'Asie, en particulier de la Chine, son premier fournisseur, qui lui vend surtout des produits électroniques, informatiques et textiles.

Ce dynamisme économique se traduit par un faible taux de chômage (6 % en 2019), lequel demeure cependant plus important dans les Länder de l'ancienne RDA (7,3 %) qu'à l'Ouest (5,6 %).

→ Jamais sans l'Europe

Le 12 septembre 1990, par la signature du traité de Moscou entérinant la réunification, l'Allemagne retrouve sa pleine souveraineté dans des frontières définitives, elle gagne ainsi en centralité en Europe, tant géographiquement que politiquement.

L'Europe, et l'UE en particulier, constitue la priorité de la politique étrangère allemande. Avec ses voisins de l'Ouest, elle coopère au sein des institutions européennes depuis leur création. Elle est le premier contributeur de l'UE et a modelé ses institutions – la Banque centrale indépendante, basée à Francfort, et l'euro fort, copie du Deutschmark. Avec ses voisins de l'Est, l'Allemagne joue un rôle d'intermédiaire pour favoriser leur intégration au sein des institutions euro-atlantiques (UE + OTAN) entre 2004 et 2013. Elle contribue ainsi à la stabilité de l'Europe, meurtrie par quarante ans de guerre froide.

L'Union, c'est aussi le principal marché de l'Allemagne : 59 % de ses exportations et 66 % de ses importations. Notons cependant que le poids de l'Allemagne est moins dominant dans une Europe à vingt-sept qu'elle ne l'était en 1990 dans une Europe à douze. C'est vrai en termes de PIB, de population et de votes au Conseil de l'Union européenne.

Cette centralité européenne de l'Allemagne est renforcée par le fait que tous ses voisins, à l'exception de la Suisse, font partie de l'UE. Cela

LES FRONTIÈRES ALLEMANDES

Depuis 1990, l'Allemagne se retrouve dans un espace aux limites plus resserrées, compris schématiquement entre le Rhin et l'Oder-Neisse, et des Alpes à la Baltique. Cet espace ne correspond plus à celui du Saint-Empire, plus ouvert sur l'ouest et englobant l'Autriche et l'Italie ; ni à celui de l'unité de 1871 s'étendant jusqu'aux frontières de la Russie ; ni à l'Allemagne de l'entre-deux-guerres, coupée en deux par le fameux corridor de Dantzig, cause du déclenchement de la Seconde Guerre mondiale.

fait du pays, depuis la fin de la guerre froide, une « puissance, bien malgré elle, du centre de l'Europe », selon Ursula von der Leyen, ancienne ministre allemande de la Défense et présidente de la Commission européenne depuis 2019. Cette position centrale alliée à sa puissance économique suscite des attentes parmi ses voisins européens, alors que la France et l'Italie sont plus en retrait et que le Royaume-Uni est sorti de l'Union en 2020.

→ Unilatéralisme allemand ?

Par le passé, l'Allemagne a souvent fâché ses partenaires avec des réponses jugées unilatérales aux crises. Lors de la crise grecque par exemple, en 2008-2011, la position de Berlin avait été perçue comme trop sévère.

Après la catastrophe de Fukushima, on la trouve trop solitaire quand elle décide seule d'abandonner le nucléaire plus rapidement que prévu – ce qui aura pour effet secondaire de relancer la polluante filière du charbon.

Puis, lors de la crise migratoire de 2015-2016, c'est Angela Merkel qui ouvre ses frontières à 900 000 migrants, brusquant ses voisins de l'Est. Leur intégration est une réussite et comble en partie la faible démographie allemande. Mais les voisins de l'Est refusent toujours d'en accepter leur part. Ils reprochent depuis à Merkel d'avoir négocié pratiquement seule l'accord entre l'Union européenne et la Turquie, signé en 2016 avec Recep Tayyip Erdogan. Contre 6 milliards d'euros versés par l'UE, Ankara a certes mis fin au flux de réfugiés syriens, mais les relations avec Erdogan, de plus en plus autoritaire, restent difficiles. Ce dernier cherche régulièrement à instrumentaliser les 5 millions de personnes d'origine ou de nationalité turque vivant en Allemagne.

Pour éviter ce type de déboires, l'Allemagne privilégie depuis la réunification une politique européenne lui permettant de s'ancrer au sein d'un cadre institutionnel euro-atlantique et d'y partager le leadership avec la France. L'initiative du président français Emmanuel Macron et de la chancelière allemande pour un fonds de relance européen de 750 milliards d'euros va dans ce sens. Présenté le 18 mai 2020, ce plan de lutte contre les effets de la crise du coronavirus marque une rupture pour l'Allemagne, traditionnellement alliée aux pays frugaux du Nord, et souvent opposée aux pays du Sud endettés. Berlin a abandonné sa discipline budgétaire en acceptant ce plan de relance européen et, pour la première fois, une mutualisation des dettes européennes. C'est une petite révolution.

→ Une puissance militaire et diplomatique limitée

En dehors de l'Europe, l'Allemagne peine cependant à obtenir la reconnaissance sur la scène internationale correspondant à sa puissance économique. Son passé marqué par les crimes perpétrés par le régime nazi pèse encore et lui interdit d'être une puissance tout à fait « normale ».

De fait, l'Allemagne privilégie toujours le droit et le multilatéralisme aux manifestations de force, et sa population reste très largement pacifiste même si, depuis 1995, son armée peut intervenir dans des opérations extérieures, dans le cadre de l'ONU et de l'OTAN. Sa première mission a lieu en Bosnie dès 1995, mais c'est au printemps 1999, lors de l'attaque de la Serbie par l'OTAN, que des militaires allemands participent à des opérations de combat, une première depuis 1945. Aujourd'hui, 4 000 de ses soldats sont engagés dans 13 missions dans le monde.

L'Allemagne est aussi le quatrième contributeur des Nations unies. Elle lance avec la France une Alliance pour le multilatéralisme afin de participer à la refonte de la coopération internationale. Pourtant, l'Allemagne demeurait fondamentalement, jusqu'à la guerre en Ukraine, une puissance civile, « attentiste », qui n'osait prendre des responsabilités hors du cadre européen ou multilatéral.

→ Berlin vu de Washington-Moscou-Pékin

Les relations avec les États-Unis basées sur l'intégration de l'Allemagne à l'OTAN se sont détériorées avec l'élection de Donald Trump en 2016. Celui-ci a refusé de se déplacer à Berlin durant son mandat, et même de serrer la main de la chancelière Merkel à Washington en 2017. Un choc pour l'Allemagne, membre actif de l'OTAN depuis 1955, car cela affaiblit encore le lien transatlantique, déjà fragilisé depuis la guerre en Irak de 2003. Sous Donald Trump, les États-Unis ont reproché à Berlin sa place de leader économique de l'Union et ses excédents commerciaux, allant jusqu'à taxer ses exportations d'automobiles et d'aluminium. Militairement, l'Allemagne est accusée de profiter du parapluie américain sans augmenter ses dépenses de défense. Résultat, Donald Trump a menacé de retirer un quart des presque 35 000 soldats américains basés en Allemagne. Une menace annulée par le nouveau président américain Biden qui, lors de son passage en Europe en juin 2021, a tenu à renouer le lien transatlantique traditionnel avec l'Allemagne.

Les relations avec la Russie de Vladimir Poutine sont devenues de plus en plus complexes. Si l'ex-chancelier Schröder, proche de Moscou, a rejoint les groupes Gazprom puis Rosneft, soutenus par le Kremlin, Angela Merkel se méfie beaucoup de Poutine, qui fut officier du KGB dans la RDA de ses jeunes années. Certes, l'Allemagne importe toujours 40 % de son gaz et 30 % de son pétrole de Russie. Mais à la suite des sanctions liées à l'annexion de la Crimée en 2014, les échanges commerciaux avec Moscou ont baissé de moitié. Et en août 2020, Berlin a accueilli le

UN MODÈLE ÉCONOMIQUE

Le dynamisme économique de l'Allemagne est avant tout porté par la Bavière et le Bade-Wurtemberg. Il se traduit par un faible taux de chômage au niveau national, mais qui demeure plus important dans les Länder de l'ancienne RDA. À l'exception des métropoles, les salaires restent plus bas à l'Est qu'à l'Ouest et les grandes entreprises y sont rares. Cela a contribué à la migration vers l'Ouest de 5,2 millions d'Allemands de l'Est depuis 1990, surtout des jeunes, des femmes et des diplômés.

LA MONTÉE DE L'EXTRÊME DROITE

Alternative für Deutschland (AfD), parti nationaliste et eurosceptique né en 1993 qui se positionne à l'extrême droite de l'échiquier politique allemand, a remporté d'importants succès électoraux dans l'est de l'Allemagne, notamment aux européennes de 2019. Par ailleurs, les crimes et délits d'extrême droite augmentent de manière inquiétante en Allemagne. L'assassinat du préfet Lübke, soutien des réfugiés, en juin 2019, en est le symbole.

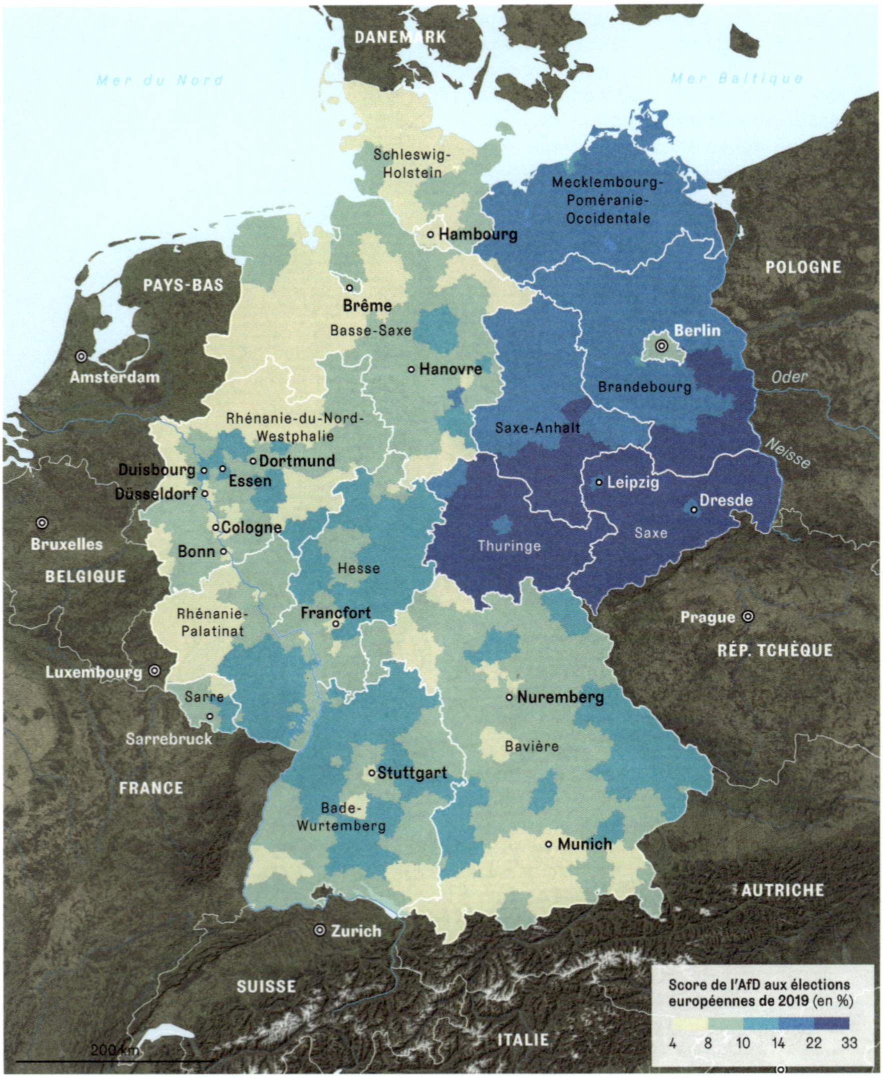

principal opposant à Poutine, Alexeï Navalny, victime d'une tentative d'assassinat. Enfin, la guerre en Ukraine déclenchée en février 2022 accélère la rupture Berlin-Moscou : abandon du gazoduc Nord Stream 2 et démission de Gerhard Schröder de son poste au conseil d'administration de Rosneft.

Les tensions sont également croissantes entre l'Allemagne et la Chine de Xi Jinping, son premier partenaire commercial depuis 2016. Pékin importe beaucoup de technologie allemande et y investit en retour, notamment dans le déploiement de la 5G ou des nouvelles routes de la soie. Une des branches ferroviaires de ce vaste projet chinois se termine à Duisbourg, premier port fluvial européen, ce qui a déplu aux États-Unis.

Ces échanges commerciaux avec la Chine n'empêchent pas Berlin de critiquer la répression chinoise contre les manifestants pro-démocratie à Hong Kong et contre les Ouïghours et de pointer aussi du doigt les pressions chinoises sur Taïwan.

Pour réduire sa dépendance vis-à-vis de Pékin, l'Allemagne cherche désormais à intensifier ses relations avec les démocraties asiatiques – Japon, Inde, Indonésie – et avec l'Australie.

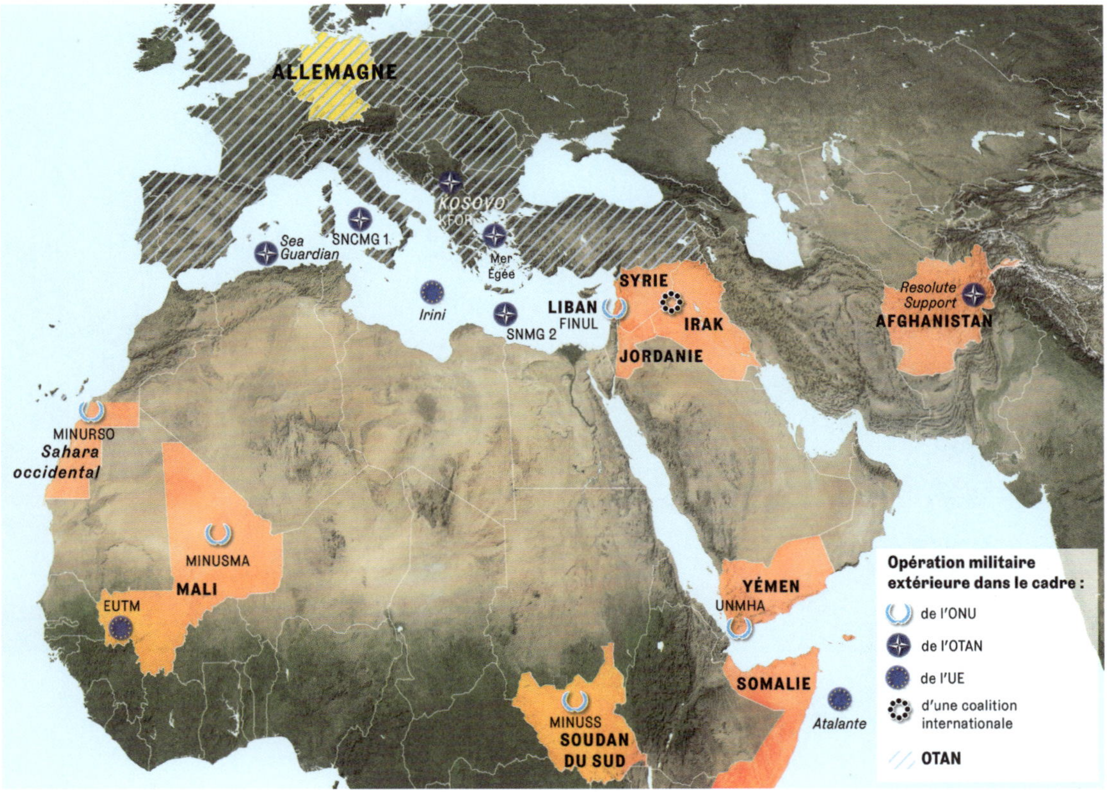

→ La gouvernance Merkel

La *success story* de l'Allemagne post-guerre froide est indissociable de la gouvernance d'Angela Merkel. Élue députée chrétienne-démocrate pour la première fois en 1991, elle devient ministre de l'Environnement en 1994 avant d'être élue quatre fois chancelière à partir de novembre 2005. Elle a d'abord gouverné grâce à une coalition avec les libéraux du FDP puis, en 2013, dans une grande coalition avec les sociaux-démocrates du SPD. Sa gestion de la première vague de la Covid-19 a été louée par les Allemands. En effet, fin 2020, le pays avait enregistré presque quatre fois moins de morts que la France pour une population supérieure, et ce avec une récession moindre que ses voisins. Mais, finalement, la deuxième vague a davantage affecté l'Allemagne.

Au cours de ses mandats politiques successifs, la chancelière Merkel n'a pas eu que des partisans. En 2015, sa politique d'accueil des réfugiés syriens a été grandement critiquée, ce qui a contribué à sa décision de se retirer de la vie politique et à la croissance du parti extrémiste Alternative für Deutschland (AfD).

→ Olaf Scholz : virage à 360 degrés

Les élections générales de l'automne 2021 marquent un tournant pour l'Allemagne. De nouveaux défis, notamment ceux liés à la guerre en Ukraine, incombent au nouveau chancelier Olaf Scholz : coupure des liens avec la Russie de Poutine notamment dans le domaine énergétique et réarmement, sur fond de perspectives économiques assombries.

L'Allemagne a décidé d'investir 100 milliards d'euros dans la modernisation de son armée et d'augmenter progressivement ses dépenses de défense afin d'atteindre 2 % de son produit intérieur brut. Berlin a également décidé de ne pas bloquer la Commission européenne dans son projet de fournir des armes à l'Ukraine : une révolution culturelle depuis 1945, même si Berlin avait déjà remisé le principe de la non-intervention, notamment en Afghanistan.

QUELLE AUTONOMIE STRATÉGIQUE AVANT LA GUERRE EN UKRAINE ?

Depuis 1995, l'Allemagne pouvait déjà intervenir militairement en dehors de ses frontières dans le cadre d'opérations de l'ONU et de l'OTAN. Ce fut notamment le cas en Bosnie en 1995 ou au Kosovo en 1999. En 2021, 4 000 de ses soldats étaient engagés dans 13 missions sur trois continents : 1 100 hommes en Afghanistan, 1 000 au Mali, 400 en Méditerranée et quelques centaines en Syrie-Irak, au Liban, en Somalie, au Yémen, au Soudan, au Soudan du Sud et au Sahara occidental.

Destination 4

Île de Gotland

C'est une île aux jolies maisons colorées et aux tranquilles paysages verdoyants. Mais les temps changent. Perdue au milieu de la Baltique, « la Corse des Suédois » n'est située qu'à quelques centaines de kilomètres de l'exclave russe de Kaliningrad et ses missiles à tête nucléaire Iskander. S'ajoutant aux 350 militaires déjà stationnés sur l'île depuis l'annexion de la Crimée en 2014 par la Russie de Vladimir Poutine, véhicules blindés et renforts en hommes sont arrivés dès la mi-janvier 2022 dans les rues de Visby, la ville portuaire.

En Suède, la peur du voisin russe n'est pas nouvelle : en témoigne par exemple la présence à Stockholm d'un abri antiatomique capable d'accueillir 20 000 personnes, construit pendant la guerre froide et utilisé comme parking en temps de paix. En dépit de sa neutralité historique, la Suède a par ailleurs réinstauré en 2017 un service militaire, puis, au printemps 2022, a fait part, avec la Finlande, de son souhait de rejoindre l'OTAN. Les deux pays étaient déjà liés à l'Alliance atlantique par le Partenariat pour la paix (PPP), un programme de coopération, mais après l'offensive russe contre Kiev, Stockholm et Helsinki ont donc choisi de franchir ce pas historique, soutenus dans leur démarche par leurs opinions publiques. Ainsi le 16 mai 2022, la Première ministre suédoise Magdalena Andersson déclarait : « La meilleure solution pour la sécurité de la Suède et du peuple suédois est de rejoindre l'OTAN et il faut le faire avec la Finlande. » À la même époque, les sondages réalisés auprès de la population révélaient que la moitié des Suédois se disaient désormais favorables à une entrée dans l'Alliance, un chiffre grimpant aux deux tiers si cette adhésion se faisait simultanément avec la Finlande. Une véritable révolution culturelle.

Après de longues négociations avec la Turquie sur la question kurde, le sommet de l'OTAN à Madrid fin juin 2022 acte l'intégration de la Finlande et de la Suède. Réaction de Vladimir Poutine : « Tout allait bien entre nous [la Russie, la Finlande et la Suède] mais désormais il pourrait y avoir quelques tensions ; il y en aura certainement. »

Suède : la grande peur

→ Un pays ouvert sur la Baltique

La Suède est le troisième plus grand pays de l'Union européenne par sa superficie, avec un territoire d'environ 450 200 kilomètres carrés pour un peu moins de 10 millions d'habitants. Étirée du nord au sud sur plus de 1 500 kilomètres, elle possède la plus longue façade littorale de tous les pays riverains de la mer Baltique. C'est sur ce littoral que se concentrent la majorité des grandes villes du pays, les plus fortes densités de population et les principaux axes de transport.

Le développement des côtes suédoises témoigne d'une longue tradition de commerce maritime dans l'espace baltique, notamment au sein de la Ligue des marchands de la Hanse. Le royaume de Suède a longtemps cherché à dominer cette « Méditerranée nordique », avant de renoncer brusquement à toute forme d'ingérence militaire.

→ À l'écart des conflits

Après plusieurs siècles de guerre autour de la Baltique, Jean-Baptiste Bernadotte, élu roi de Suède sous le nom de Charles XIV Jean, inaugure en 1815 une politique de neutralité. Dès lors, le pays va se tenir officiellement à l'écart de tous les conflits européens.

Pendant la Seconde Guerre mondiale, cependant, la Suède laisse discrètement passer les troupes nazies en route vers le front finlandais et continue d'exporter son minerai de fer vers les usines allemandes, tout en appliquant sur son sol certaines lois raciales en vigueur dans le Reich.

En 1949, lors de la création de l'OTAN, destinée à protéger l'Europe contre la menace soviétique, la Suède décide de rester neutre, tout comme son voisin finlandais. Même après la signature en 1955 du Pacte de Varsovie, accord militaire entre l'URSS et les pays communistes d'Europe de l'Est, les deux États prennent soin de ne pas froisser leur puissant voisin soviétique et restent à l'écart de l'élargissement de l'OTAN. Bien que ne participant pas à l'alliance militaire occidentale, la Suède se rapproche malgré tout économiquement du bloc de l'Ouest et sa neutralité ne l'empêche pas de développer une puissante industrie militaire. Les grands groupes industriels suédois font du pays l'un des principaux vendeurs d'armes dans le monde. Cette puissance militaire suédoise s'est aussi construite en réponse à une peur séculaire : la *rysskräck*, c'est-à-dire « la peur des Russes », longtemps en sommeil mais récemment réveillée.

→ La crainte du voisin russe

L'effondrement du communisme en Europe puis la fin de l'URSS modifient les rapports de force en Baltique, devenue au fil du temps un « lac européen ». La Suède a adhéré à l'Union européenne en 1995 en même temps que la Finlande, rejointes en 2004 par la Pologne et par les États baltes. À ses frontières nord, l'UE jouit d'une stabilité politique et économique certaine. Les Suédois cessent alors de craindre leur voisin russe, du moins jusqu'à l'intervention russe en Ukraine en 2014, suivie de l'annexion de la Crimée, qui sème de nouveau la panique en mer Baltique. Le retour de la Russie sur la scène internationale et les ambitions de puissance de Vladimir Poutine ravivent les vieux démons de la guerre froide en Baltique.

Juste après le déclenchement de la guerre en Ukraine, en octobre 2014, la découverte d'un mini-sous-marin non identifié au large de Stockholm rappelle brutalement le traumatisme vécu par les Suédois en 1981, quand un

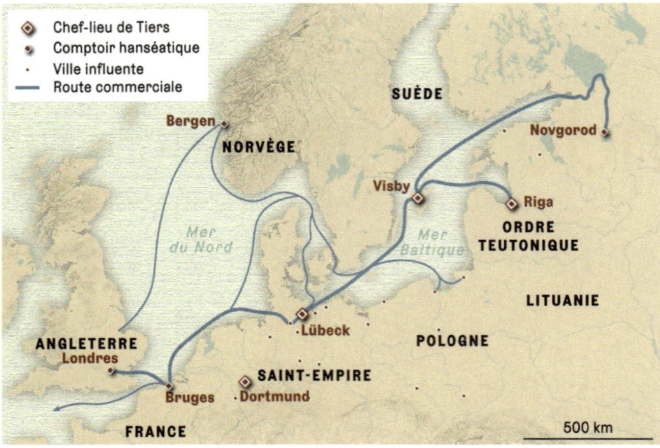

LES MARCHANDS DU NORD

C'est au XIIe siècle, sur l'île de Gotland, dans le port de Visby, que se serait formée la première association de marchands à l'origine de la Hanse. Une communauté économique rassemblant jusqu'à 129 villes riveraines de la Baltique et de la mer du Nord, dont le siège fut installé à Lübeck en 1241. À travers son réseau de comptoirs commerciaux, la Ligue hanséatique a contribué au développement des échanges maritimes en Europe du Nord, dans tout l'espace baltique et jusqu'à Novgorod en Russie.

sous-marin soviétique s'était échoué à quelques kilomètres seulement de la base suédoise de Karlskrona. De plus, dans son enclave de Kaliningrad, la Russie modernise ses installations militaires et déploie en 2016 une batterie de missiles à tête nucléaire Iskander capables d'atteindre le territoire suédois.

Dans ce contexte de tensions croissantes, la Suède a réagi en engageant un vaste programme de rénovation de toutes ses bases militaires. En 2017, elle rétablit le service national, pourtant aboli en 2010, et l'armée reprend position sur l'île de Gotland pour la première fois depuis dix ans. En 2018, les autorités suédoises procèdent à l'achat de quatre batteries du système antimissile Patriot aux États-Unis, et elles organisent un vaste exercice de sécurité nationale simulant l'invasion du pays par « une grande puissance étrangère ». Si la Russie n'est pas explicitement nommée, la menace a déjà le visage de Vladimir Poutine.

→ Tensions en Baltique

Dès lors, la tension entre les deux pays ne baisse pas, comme en témoigne la hausse historique de 50 % du budget de la défense suédois pour la période 2021-2025, qui doit servir au recrutement de 30 000 militaires et à la réouverture de plusieurs casernes fermées au début des années 2000. La perception d'une menace russe s'étend aux voisins finlandais et norvégiens et à tout l'espace baltique.

En parallèle, les enjeux énergétiques sont une importante préoccupation pour les riverains de la Baltique depuis quelques années. Le gouvernement suédois fait campagne aux côtés des États baltes, eux aussi très inquiets de l'influence grandissante de la Russie, contre la construction du gazoduc Nord Stream 2 en mer Baltique. Cette infrastructure vise alors au doublement du gazoduc sous-marin Nord Stream 1, qui relie le port russe de Vyborg à Greifswald en Allemagne. En 2011, déjà, la construction de ce pipeline avait soulevé de vives oppositions en Europe du Nord, officiellement pour des raisons écologiques.

Les pays baltes redoutent déjà d'être trop dépendants de la Russie dans le domaine énergétique, y compris pour leur fourniture en électricité. Si la Lettonie couvre l'essentiel de ses propres besoins, la Lituanie et l'Estonie, elles, cherchent à s'émanciper des centrales russes et biélorusses qui les approvisionnent depuis l'époque de l'URSS. Ainsi, en 2006, l'interconnexion Estlink 1 a permis à l'Estonie de se greffer sur le réseau finlandais et, en 2014, la construction d'Estlink 2 a porté à 1 000 mégawatts la capacité totale du réseau. De la même manière, la Lituanie s'est d'abord tournée vers la Pologne en 2015, via l'interconnexion LitPol, puis vers la Suède en 2016, via l'interconnexion NordBalt. La Lituanie comme l'Estonie renforcent leurs liens avec leurs partenaires européens pour se couper définitivement des réseaux de l'ère soviétique.

→ Les États baltes en ligne de mire ?

Si la « peur des Russes » est alors déjà bien réelle en Suède, elle est encore plus intense dans les États baltes, et Stockholm en profite pour consolider sa sphère d'influence en mer Baltique.

Avec 300 hommes seulement, le contingent militaire réinstallé sur l'île de Gotland semble insuffisant pour protéger efficacement la Suède d'une éventuelle attaque depuis le golfe de Finlande ou depuis l'oblast de Kaliningrad. Ce contingent a surtout pour but de dissuader les Russes d'envahir l'île de manière préventive et de l'utiliser comme plateforme de projection vers les pays baltes.

Plus qu'une invasion directe de son territoire, c'est donc l'annexion des « petites sœurs » baltes que craignaient, avant même la guerre en Ukraine, les stratèges de Stockholm. La Suède veut alors déjà apparaître comme un bouclier stratégique en Europe du Nord, d'autant que l'île de Gotland peut servir à acheminer des troupes européennes, si la Russie envisage d'annexer l'un des États baltes.

→ Suède-Finlande : le choix de l'OTAN

16 mai 2022 : moins de deux mois après l'invasion russe de l'Ukraine, la Suède et la

L'ATTRACTION BALTIQUE

S'étendant du nord au sud sur plus de 1 500 kilomètres, le royaume de Suède est situé au centre de la péninsule scandinave. Le pays s'est avant tout développé sur sa longue façade maritime, où se concentrent aujourd'hui population et activité. Stockholm, sa capitale, est la plus grande ville du pays avec un million d'habitants, suivie par Göteborg, Malmö et Uppsala. Le pays est traversé au nord par le cercle polaire arctique.

Finlande demandent à rejoindre l'OTAN, mettant fin à leur neutralité culturelle.

Stockholm et Helsinki souhaitent désormais bénéficier du fameux article 5 qui permet une solidarité de protection entre membres de l'Alliance atlantique au même titre que les États baltes, la Pologne et la Norvège qui bénéficient déjà du parapluie otanien.

Dans un premier temps, la Turquie de Recep T. Erdogan, également membre de l'OTAN, s'oppose à la candidature de ces deux nouveaux pays, leur reprochant de soutenir le PKK, le parti autonomiste kurde, avant d'en accepter le principe lors du sommet de l'Alliance atlantique, à Madrid en juin 2022.

Si Vladimir Poutine est entré en guerre avec l'argument de repousser l'OTAN loin de ses frontières, c'est donc l'effet inverse qui a été obtenu, avec une Alliance atlantique qui passe de 30 à 32 membres et une nouvelle raison d'être : défendre le continent européen du nouvel impérialisme russe.

Kaliningrad, un pied russe en Baltique

Longtemps, la région baltique a joué le rôle de zone de contact et de zone de conflit. L'effondrement du bloc de l'Est, au début des années 1990, a modifié les rapports de force au détriment de la Russie. Celle-ci ne conserve alors plus que deux débouchés en mer Baltique : les régions de Saint-Pétersbourg et de Kaliningrad. Ainsi, la Baltique en tant que « mer soviétique » de la guerre froide a pris peu à peu des allures de paisible lac « 100 % européen », du moins jusqu'à l'annexion de la Crimée en 2014.

La région russe de Kaliningrad (oblast) s'étend sur 15 100 kilomètres carrés et est peuplée d'environ un million d'habitants, d'origine russe à presque 80 %. Cette configuration territoriale est le résultat des rapports de force du XXe siècle : la Seconde Guerre mondiale et la fin de la guerre froide.

Avant 1945, Kaliningrad s'appelait Königsberg et la région avoisinante était la Prusse-Orientale. C'est la ville de naissance du grand philosophe allemand Emmanuel Kant et le berceau de la Prusse fondé par les Chevaliers teutoniques en 1255.

Ce sont les accords de Yalta (février 1945) et de Potsdam (juillet-août 1945) qui attribuent la partie nord de la Prusse-Orientale allemande, avec la ville de Königsberg, aux Soviétiques, la partie sud revenant à la Pologne. Annexé à l'Union soviétique, ce territoire représente pour Staline une sorte de « tribut de guerre », contrepartie des pertes humaines subies par les Soviétiques (quelque 20 millions de morts). C'est aussi un atout stratégique, les ports de Pillau (l'actuel Baltiïsk) et de Königsberg étant libres de glaces toute l'année.

Du fait de cette position stratégique, Kaliningrad devient le quartier général de la flotte soviétique de la Baltique, et un avant-poste stratégique de l'Union soviétique pendant la guerre froide. Fermée aux étrangers et même à la grande majorité des Soviétiques, elle est coupée du reste du territoire russe lors de l'éclatement de l'URSS en 1991 et de l'indépendance des États baltes. En voie de démilitarisation, Kaliningrad redevient un atout militaire pour Moscou, alors que l'OTAN avance aux frontières de la Russie avec l'intégration à l'Alliance atlantique de la Pologne et des États baltes en 2007. Mais ce sont les tensions croissantes en mer Baltique depuis l'annexion de la Crimée en 2014 qui ont contribué à la remilitarisation de Kaliningrad par le déploiement de missiles à tête nucléaire (Iskander).

Ce déploiement a entraîné le renforcement du contrôle de Moscou sur l'oblast, et sa sanctuarisation face à l'OTAN.

Avec le déclenchement de la guerre en Ukraine en février 2022, les tensions sont montées d'un cran avec la Lituanie. En décidant en juin 2022 d'appliquer les sanctions européennes sur certaines marchandises russes qui transitent par le territoire lituanien, vers Kaliningrad, Vilnius suscite l'ire de Moscou, qui l'accuse de mettre en place un « blocus » de son enclave et la menace de représailles.

SUÈDE
FINLANDE
RUSSIE
NORVÈGE
Oslo
Stockholm
Göteborg
Gotland
Cattégat
DANEMARK
Copenhague
Malmö
Helsinki
Saint-Pétersbourg
Tallinn
ESTONIE
LETTONIE
Riga
LITUANIE
Vilnius
Mer Baltique
Kaliningrad
Moscou
Minsk
BIÉLORUSSIE
POLOGNE
Varsovie
ALLEMAGNE
Berlin
UKRAINE
Kiev
RÉP. TCHÈQUE
Prague
ourg
250 km
Base militaire suédoise (air, mer, terre)
Base militaire russe (air, mer)
Membres de l'OTAN (avant juin 2022)
Gazoducs Nord Stream 1 (2011) et Nord Stream 2
Ligne électrique trans-baltique

Destination 5

Medyka

L'Ukraine et la Pologne partagent 526 kilomètres de frontières et, dans les jours qui ont suivi l'offensive russe, on a vu des files d'attente impressionnantes aux différents postes-frontières comme celui de Medyka, le 9 avril 2022. L'État polonais et sa population ont été très accueillants pour aider les voisins ukrainiens, en dépit des politiques antimigrants jusqu'ici prônées par le PIS, le parti au pouvoir conservateur et nationaliste.

Avec la guerre en Ukraine, la Pologne hier sanctionnée par l'UE pour non-respect de l'État de droit est redevenue un partenaire précieux pour les Européens. Également membre de l'OTAN, la Pologne se démarque désormais clairement de son ancien allié du groupe de Visegrad, la Hongrie de Viktor Orbán (et son tropisme pro-Kremlin que n'a jamais partagé Varsovie). Pologne et Hongrie étaient en effet jusque-là à l'unisson pour manifester la même ambivalence vis-à-vis de l'Union européenne : faire ce qu'il fallait *a minima* pour bénéficier des aides bruxelloises, mais en tournant le dos à certaines valeurs européennes.

La Pologne est désormais la porte d'entrée pour les armes de l'Alliance atlantique destinées à l'Ukraine. Ainsi en mars 2022, 18 avions gros-porteurs arrivaient chaque jour sur l'une des pistes d'atterrissage de l'État polonais pour acheminer aides militaires et humanitaires à sa voisine en guerre. Par ailleurs, le 13 mars 2022, l'armée russe a bombardé la base militaire de Yavoriv, dans l'ouest de l'Ukraine, à 20 kilomètres seulement de la frontière polonaise.

La Pologne se retrouve, *de facto*, en première ligne face à la Russie, elle qui sait, par son histoire, ce que signifie être rayée de la carte. Le quotidien des Polonais en est bouleversé, dans un pays encore fragile, toujours en quête identitaire après le passage du modèle communiste au modèle économique libéral. Ainsi, l'inflation, la dépendance aux hydrocarbures et à l'industrie allemande vont peser sur l'économie polonaise, fragilisée par l'afflux de réfugiés ukrainiens qu'elle peine à intégrer.

Pologne : aux portes de la guerre

→ Un pays deux fois rayé de la carte européenne

Étendue sur 313 000 kilomètres carrés pour une population de 38 millions d'habitants, la Pologne est située au cœur de la grande plaine d'Europe du Nord. Cette position géographique en a fait une terre particulièrement exposée aux invasions, et elle a disparu à deux reprises de la carte européenne.

Première disparition à la fin du XVIIIe siècle : les puissances voisines, la Russie, la Prusse et l'Autriche, dépècent le pays en trois partages successifs, jusqu'à la disparition totale de la Pologne en 1795.

Il faudra attendre la chute de ces grands empires en 1918 pour que la Pologne retrouve sa souveraineté. Englobant trois portions territoriales issues des Empires allemand, russe et austro-hongrois, la toute nouvelle République polonaise compte seulement 70 % de Polonais et de nombreuses minorités nationales et ethniques : 15 % d'Ukrainiens et de Ruthènes, 8 % de Juifs, qui sont à l'époque comptabilisés comme une minorité nationale, 4 % de Biélorusses, 3 % d'Allemands, ainsi que des Lituaniens, des Russes et des Tchèques.

La reconstitution de la Pologne après 1918 est soutenue par les Alliés (France, Royaume-Uni, États-Unis) car la Pologne est considérée comme un rempart contre l'expansionnisme bolchévique, jouant le rôle d'État tampon garant de la stabilité de l'Europe centrale. Le nouvel État polonais retrouve une souveraineté, entre ses deux grands voisins allemand et soviétique, avec une certaine inquiétude, que traduit explicitement la boutade en forme de petite annonce : « Échangerais histoire grandiose contre meilleure situation géostratégique. »

La deuxième disparition de la Pologne a lieu en septembre 1939. Quelques jours après le déclenchement de la guerre germano-polonaise et le recul des armées polonaises, l'Armée rouge occupe l'est du pays conformément au pacte germano-soviétique. Cette occupation rapide et brutale et la non-intervention franco-britannique font partie de la mémoire douloureuse de beaucoup de Polonais. La Pologne est alors partagée entre les nazis et les soviétiques. Dans les zones conquises par l'armée allemande, les nazis regroupent les populations juives dans des ghettos, avant d'organiser leur déportation dans des camps d'exterminations. La zone occupée par l'Union soviétique est envahie par l'Allemagne en juin 1941, et des Einsatzgruppen, des « groupes d'intervention », font fusiller les Juifs en masse. Au total, plus de 3 millions de Juifs polonais ont été assassinés pendant cette période, soit 90 % de la plus grande communauté juive au monde.

→ L'ancrage forcé à l'ouest

En 1945, à la suite des conférences de Yalta et de Potsdam, les nouvelles frontières de la Pologne glissent vers l'ouest. Le pays annexe une partie du territoire allemand le long de la ligne Oder-Neisse, qui fixe désormais la limite orientale de l'Allemagne. À l'est, l'URSS conserve une partie des territoires polonais qu'elle a occupés en 1939. La Pologne perd au total plus de 75 000 kilomètres carrés. Ces nouvelles frontières entraînent de vastes mouvements de populations allemandes, polonaises et soviétiques.

Le pays intègre alors le bloc soviétique pour quatre décennies, selon un schéma assez semblable à celui réalisé dans les autres pays d'Europe centrale et orientale (Tchécoslovaquie,

ENTRE ALLEMAGNE ET RUSSIE

Du fait de sa position centrale, la Pologne compte sept voisins, dont la Russie par l'enclave de Kaliningrad. Le nord du pays s'ouvre sur la mer Baltique et les pays scandinaves. La Pologne est essentiellement traversée par la grande plaine d'Europe du Nord ; le pays ne possède de frontières naturelles qu'au sud, avec les massifs des Sudètes et des Carpates.

Roumanie, RDA, etc.). Un parti communiste dominant est mis en place, et, de sa création en 1948 à sa fin en 1989, sera l'organe réel du pouvoir en Pologne. Ce schéma s'accompagne d'une étatisation économique menée au pas de charge, de la nationalisation des industries, d'une réforme agraire drastique pour les grandes propriétés collectivisées, ainsi que d'une alliance militaire avec Moscou.

Le 14 août 1980, dans le contexte de crise économique et sociale, 17 000 ouvriers des chantiers navals de Gdansk se mettent en grève. Peu après, et pour la première fois dans le bloc communiste, un syndicat indépendant, Solidarnosc, est créé le 22 septembre, avec pour chef de file Lech Walesa, alors ouvrier électricien. Pour contrer l'influence croissante du syndicat, l'« état de guerre » est instauré le 13 décembre 1981 par le général Jaruzelski, ses activités sont alors suspendues. Lech Walesa est emprisonné avec un millier d'autres militants. Le syndicat est finalement légalisé le 17 avril 1989 et son fondateur devient en 1990, à la chute du communisme, le nouveau président de la Pologne démocratique. Le pape Jean-Paul II, d'origine polonaise, apporte son soutien aux revendications de Solidarnosc, défiant l'ordre communiste qui règne à l'est du continent.

→ Une démocratie tournée vers l'ouest

La troisième République polonaise instaurée début 1990 marque le retour de la démocratie en Pologne. Pour la première fois de son histoire, les menaces à ses portes ont disparu. Mais à cause des traumatismes du passé, la Pologne se méfie toujours de son voisin russe. En 1999, le pays intègre donc l'Alliance atlantique, l'OTAN, et les gouvernements successifs polonais s'alignent sur la politique étrangère des États-Unis. La Pologne leur achète du matériel militaire et accepte le déploiement sur son territoire d'une partie du bouclier antimissile américain, conçu pour contrer les nouvelles menaces.

En 2004, la Pologne entre dans l'Union européenne, après un référendum où le oui l'emporte à plus de 77 %, mais avec seulement

52 % de votants. Désormais, l'Union européenne contribue à son développement économique, et l'OTAN, à sa sécurité.

→ Une ou deux Pologne ?

Les souverainetés successives du territoire polonais ont eu jusqu'à aujourd'hui des effets considérables en matière de clivages économiques, sociaux et également politiques. L'ouest du pays, sous souveraineté allemande jusqu'en 1945, est plus développé, urbanisé, équipé et industrialisé que l'Est, qui a longtemps vécu sous tutelle russe puis soviétique et qui reste plus rural, moins développé. Ce clivage entre ces « deux Pologne » se retrouve au niveau politique : l'Ouest votant « libéral », tandis que l'Est vote plutôt pour les conservateurs du parti Droit et Justice (PIS).

Toutefois, lors de l'élection présidentielle de 2015, avec la victoire du souverainiste Andrzej Duda, ce clivage s'efface : dans la partie ouest, on assiste à un net recul des libéraux et à une poussée du PIS, une tendance qui s'est encore accentuée lors des législatives, quelques mois plus tard.

Si le PIS, fondé par les frères Kaczynski, a conquis les deux Pologne, c'est parce qu'il met en valeur, après une histoire si chaotique, une nation souveraine et fière de l'être. Il prétend défendre le « peuple polonais » et prône un État fort, ancré dans la tradition de l'Europe chrétienne, blanche, convaincue de la supériorité de sa culture. De plus, le PIS au pouvoir a accompagné les transformations économiques du pays par des mesures sociales pour les moins privilégiés, ceux que l'on a appelés pendant vingt ans les « perdants » de la transition.

→ Une *success story* polonaise ou européenne ?

L'actuelle bonne santé de l'économie polonaise s'explique par différents facteurs. Tout d'abord, le pays bénéficie de l'excellente distribution des 11 grandes villes sur son territoire avec au centre Varsovie, la capitale, qui produit 15 % du PIB du pays. La Pologne est dotée de grands ports sur la Baltique, d'une industrie tournée

TIRAILLEMENTS EST/OUEST

En raison des deux guerres mondiales, des rivalités territoriales et des changements de rapports de force depuis 1918, la Pologne a lentement glissé vers l'ouest, et ses évolutions de frontières l'installent au cœur de l'Europe.

LES DEUX POLOGNE

Lors de l'élection présidentielle de 2010, la Pologne occidentale, comme la plupart des grandes villes, a permis la victoire du parti libéral du PO, tandis que la Pologne orientale a voté en majorité pour le parti conservateur Droit et Justice, le PIS. Cette fracture politique traduit un clivage historique : la Pologne (A) à l'ouest, plus développée, urbanisée et industrialisée, était sous autorité allemande jusqu'en 1918, tandis que la Pologne (B) à l'est, moins développée et plus rurale, était sous autorité russe.

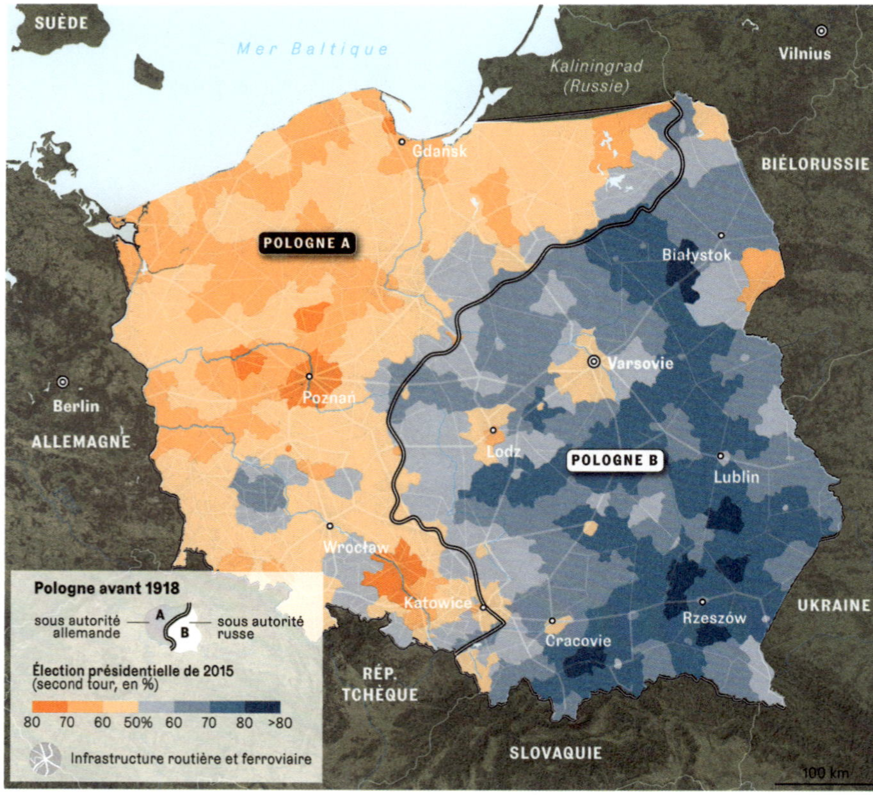

vers l'Allemagne et vers l'Europe de l'Ouest, et d'un bassin minier important. Elle a créé 14 zones économiques spéciales entre 1994 et 2015 pour faciliter les investissements étrangers, permettant la défiscalisation des entreprises en échange de la création d'emplois. La Pologne est ainsi devenue l'un des pays d'Europe centrale les plus attractifs, du fait du coût relativement faible du travail et du niveau de qualification de sa main-d'œuvre.

L'autre explication de cette réussite économique, ce sont les fonds structurels européens que l'Union attribue aux régions dont le PIB par habitant est inférieur à 75 % de la moyenne communautaire. La Pologne est la plus grande bénéficiaire de ces fonds pour la période 2014-2020. Quand Varsovie rejoint l'Union européenne en 2004, son PIB se situe à 49 % de la moyenne européenne ; ce taux atteint 70 % aujourd'hui, avec des prévisions atteignant 95 % en 2030.

De 2015 à 2020, le parti au pouvoir bénéficie d'un contexte économique favorable marqué par une augmentation des salaires supérieure à 3 % par an, et de 8 % en 2018. La croissance du PIB atteint 5 %, le taux de chômage n'est plus que de 3,5 %, alors qu'il était de près de 20 % en 2004. Le gouvernement baisse par ailleurs les impôts sur les bas salaires et sur les PME. Malgré une contraction de son économie et une hausse du chômage en raison de la Covid-19, l'économie polonaise semble être l'une des moins affectées de l'Union européenne grâce à la mise en œuvre d'un « bouclier anticrise » d'un montant de 72 milliards d'euros visant à soutenir les entreprises et à préserver l'emploi. Par ailleurs, un programme d'aide à la trésorerie pour les entreprises frappées par la deuxième vague de la Covid (« bouclier financier 2.0 ») a été mis en place en janvier 2021. La Pologne compte aussi sur le plan de relance européen, dont elle pourrait être le quatrième bénéficiaire avec 57,3 milliards d'euros, si elle se soumet aux conditions de la commission européenne concernant l'État de droit.

→ Pologne : la fin de l'État de droit

Au niveau politique, le gouvernement conservateur polonais impose en effet des réformes judiciaires qui ne respectent pas le principe de l'indépendance de la justice. Cette entorse a

SOUS ASSISTANCE EUROPÉENNE

Les fonds structurels européens attribués aux régions les moins développées de l'UE représentent 60 % de l'investissement public de la Pologne pour la période 2014-2020. Ils ont favorisé une diversification de l'industrie héritée de l'ère communiste : automobile, sidérurgie, chantiers navals, charbon, électronique et agro-alimentaire. Ces fonds ont également permis de moderniser les petites exploitations agricoles.

entraîné un vote du Parlement européen en septembre 2018 en faveur du déclenchement de la procédure prévue à l'article 7 du traité de l'Union, qui sanctionne un pays membre violant l'État de droit et les valeurs européennes. Par ailleurs, le gouvernement polonais a restreint l'accès à l'avortement, alors qu'il était déjà parmi les plus restrictifs au monde (risque pour la vie de la mère et cas de viol), suscitant une vague de manifestations au cours de l'automne 2020. Enfin, il durcit sa politique de contrôle du paysage médiatique national.

→ Un tropisme américain

Plus grand État d'Europe centrale, la Pologne ne cesse de confirmer son inclination pro-américaine. Lors d'un voyage aux États-Unis en septembre 2018, le président Duda a proposé à Donald Trump d'installer et de financer en Pologne une base militaire américaine permanente. Mais Joe Biden n'a pas confirmé la construction de cette base, il a seulement mentionné l'envoi de quelque 1 000 soldats supplémentaires.

Ce tropisme américain déplaît aux Européens, notamment quand la Pologne achète ses armements auprès des États-Unis, mettant à mal l'éventuel schéma de défense européenne.

→ Un acteur clé de la guerre en Ukraine

Mais la guerre en Ukraine change la donne : frontalière de l'Ukraine, la Pologne se retrouve en première ligne ; de quoi la rendre incontournable pour acheminer l'aide des Américains et des Européens. Pour autant, ces derniers n'entendent pas céder sur le respect des valeurs fondamentales de l'UE. Ainsi, en juin 2022, la Commission européenne exige de la Pologne qu'elle revienne sur sa problématique réforme de la justice afin qu'elle puisse bénéficier des 30 milliards d'euros du plan de relance post-Covid bloqués à Bruxelles, dont Varsovie a d'autant plus besoin que son économie est fragilisée par la guerre.

II. LES DEUX AMÉRIQUES

America is back ?

La gouvernance Trump a accéléré le déclin de l'Amérique prescriptrice et incontournable. Depuis janvier 2021, son successeur Joe Biden s'emploie à « détrumpiser » l'Amérique. Son slogan, «*America is back*», remplace celui de Trump, «*America first*». La nouvelle administration Biden a voulu d'emblée restaurer le multilatéralisme et le leadership américain, tout en maintenant une ligne dure avec Pékin. Mais la priorité donnée au duel sino-américain avec le nouvel enjeu stratégique de l'Asie-Pacifique a été perturbée par le retour de la guerre en Europe à partir de février 2022. Après l'invasion russe, les États-Unis soutiennent massivement le camp ukrainien tandis que l'Alliance atlantique retrouve sa raison d'être. Enfin, en se confrontant à la Russie de Vladimir Poutine, l'Amérique de Joe Biden remet au premier plan l'enjeu démocratique, tout en renouant avec des autocraties (Arabie saoudite, Venezuela...) pour contourner le pétrole russe. En parallèle, l'Amérique latine connaît une nouvelle ère, avec d'autres influences politiques (cap à gauche) et géopolitiques (présence chinoise).

Destination 6

Washington, District of Columbia

6 janvier 2021, Washington : une foule de partisans du président sortant Donald Trump, galvanisée par les propos ambigus du perdant, force l'entrée du Capitole pour réclamer une victoire électorale prétendument volée. Les images de bureaux pillés, de parlementaires repliés sous des tables comme pendant une attaque terroriste, ainsi que le bilan humain (5 morts et 22 blessés), ont fait le tour du monde. L'événement restera comme un traumatisme dans l'histoire contemporaine américaine, symbole d'une démocratie qui se pensait invincible et qui s'est découverte vacillante. Le mandat de Donald Trump a été marqué par un slogan, «*America first*», et par une gouvernance chaotique, ponctuée de tweets déstabilisants qui ont remis en cause certains fondamentaux de la diplomatie américaine : le multilatéralisme, l'atlantisme, la mise en avant des valeurs démocratiques...

L'accession à la Maison Blanche, le 20 janvier 2021, du nouveau président démocrate Joe Biden n'a pas résolu les crises que traverse la société américaine : celles consécutives à la mort en mai 2020 de l'Afro-Américain George Floyd asphyxié par un policier ou encore l'onde de choc produite par l'annulation en juin 2022 de l'arrêt Roe *vs* Wade de la Cour suprême qui sanctuarisait depuis 1973 le droit à l'IVG.

Mais l'élection de Biden permet malgré tout aux États-Unis de renouer avec les grands principes diplomatiques : retour de la première puissance du monde dans les accords de Paris sur le climat, dans l'Organisation mondiale de la santé, restauration du lien transatlantique, avec les Européens, promotion de l'alliance entre démocraties, et un nouveau slogan, «*America is back*». L'invasion russe de l'Ukraine en février 2022 signe en effet le retour des États-Unis en Europe. Au printemps, Joe Biden est sur le vieux continent pour les sommets de l'OTAN, du G7 et de l'UE, déterminé à renforcer l'union des Occidentaux, face à la Russie... et à la Chine.

De Donald Trump à Joe Biden : quel leadership américain ?

→ La naissance du leadership américain

En 1945, la victoire des Alliés sur les troupes nazies projette brusquement les États-Unis à la tête de l'ordre international qu'ils façonnent pour garantir la liberté de commerce et la paix dans le monde, dans un cadre multilatéral. Ainsi, les accords de Bretton Woods signés l'année précédente donnent naissance en 1945 au Fonds monétaire international et à la Banque internationale pour la reconstruction et le développement (BIRD, qui est par la suite appelée Banque mondiale). Ces institutions sont chargées de la régulation des changes et du financement des États dans un nouveau système monétaire international censé empêcher un krach boursier comme celui de 1929. Avec la conférence de San Francisco de juin 1945, les États-Unis sont à l'initiative de la création de l'Organisation des Nations unies, visant au règlement des conflits par un système de sécurité collective.

Ce nouvel ordre planétaire américain se veut libéral et démocratique. Pendant toute la guerre froide (1947-1991), les États-Unis et leurs alliés du bloc de l'Ouest cherchent à diffuser cette vision du monde, mais ils se heurtent à la résistance de l'Union soviétique et du bloc de l'Est, et à leur modèle concurrent basé sur le communisme. L'Amérique conforte toutefois sa puissance économique et militaire qui s'appuie sur un système d'alliances, dont l'OTAN, et sur des bases déployées dans le monde entier. En 1989, la chute du mur de Berlin fait triompher le modèle occidental : c'est le deuxième temps de la victoire américaine, entérinée en 1991 par la dissolution de l'URSS, affaiblie par l'inefficacité de son économie et par la course aux armements.

→ L'hyperpuissance américaine

De « bipolaire », le monde devient alors « unipolaire » et les États-Unis s'imposent comme une « hyperpuissance » sans rivale durant toutes les années 1990.

Sur le plan économique, les États-Unis occupent la première place mondiale dans le domaine agricole comme dans le domaine industriel et commercial. Entre 1992 et 2000, la croissance américaine reste élevée (4 % en 1998), le taux de chômage structurellement faible (moins de 4 %), les créations d'emploi sont massives et le PNB américain demeure le plus important de la planète.

Sur le plan militaire, le pays s'érige en « gendarme du monde », intervenant tour à tour, sous l'égide des Nations unies, dans le Golfe pour libérer le Koweït envahi par l'Irak en 1991, en Somalie en 1992-1993, en Haïti en 1994-1995, en Bosnie-Herzégovine en 1995, ou encore au Timor oriental. Au printemps 1999, dans le cadre de l'OTAN, les États-Unis dirigent une opération de bombardements contre la Serbie pour éviter un nettoyage ethnique au Kosovo. Par ces actions, ils défendent une *pax americana* et prônent un nouvel ordre mondial basé sur le multilatéralisme et le respect du droit international.

La puissance américaine repose aussi sur ses capacités à innover et à maîtriser de nouvelles technologies, en particulier dans le domaine de l'informatique et du numérique avec le développement d'Internet. Cette

LES ÉTATS-UNIS ET LE MONDE, QUEL LEADERSHIP ?

La puissance américaine repose sur un système d'alliances (OTAN, ANZUS) et un déploiement militaire à l'échelle mondiale qui lui permet de pouvoir intervenir aux quatre coins de la planète. Le monde est découpé en 6 commandements militaires régionaux, chacun disposant d'une flotte. Son armée compte 1,3 million d'hommes, c'est la troisième au monde en termes d'effectifs après la Chine et l'Inde, mais la première en ce qui concerne la capacité de déploiement.

économie de la connaissance s'appuie sur un réseau d'universités prestigieuses couplé à de dynamiques pôles technologiques et des entreprises transnationales. Tout cela contribue à l'attractivité mondiale des États-Unis et à leur *soft power*. La culture populaire américaine se répand dans le monde entier à travers le cinéma, les séries télé, les jeux vidéo, la musique, la mode, les réseaux sociaux, et la nourriture avec la diffusion de franchises mondialisées implantées aux quatre coins de la planète.

→ Le tournant du 11 Septembre

À la fin des années 1990, les États-Unis semblent au faîte de leur puissance. Tout bascule brusquement le 11 septembre 2001. L'attaque menée par les kamikazes d'Al-Qaïda fait près de 3 000 morts sur le sol américain, et l'importance symbolique des cibles choisies – les tours jumelles du World Trade Center à New York, le Pentagone et le Capitole à Washington – vient gravement ternir l'image d'une Amérique omnipotente et perçue comme invincible.

Au cours des deux mandats successifs de George W. Bush, les conservateurs américains tentent de renouer avec la manière forte en intervenant militairement en Afghanistan dès octobre 2001 pour traquer Oussama Ben Laden et les principaux chefs d'Al-Qaïda. Puis en Irak, à partir de mars 2003, à la tête d'une coalition chargée de déloger Saddam Hussein, accusé de fabriquer secrètement des armes de destruction massive. Mais cette opération militaire menée en Irak sans l'accord de l'ONU est d'emblée contestée dans le camp occidental – l'Allemagne et la France refusant d'y participer –, et la « guerre contre le terrorisme » est critiquée à l'intérieur de la société américaine elle-même. Le président Bush doit alors s'engager à retirer les troupes d'Irak en 2008 et, à partir de 2009, son successeur Barack Obama accélère encore le retour des GI, estimant que le temps des États-Unis « gendarmes du monde » est révolu.

Ces échecs militaires expliquent le refus des États-Unis de s'engager au sol au Moyen-Orient. Ainsi, en 2011, lors de la révolte libyenne, les États-Unis se contentent d'un soutien logistique aux insurgés et de bombardements coordonnés par l'OTAN, en dépit de l'assassinat de l'ambassadeur américain à Benghazi en 2012, un certain 11 septembre là encore. Enfin, Barack Obama renonce *in extremis* à frapper le régime syrien bien que celui-ci ait utilisé des armes chimiques, crime considéré à Washington comme une « ligne rouge ». Pour autant, les États-Unis jouent ensuite un rôle central dans la coalition internationale contre Daech en 2014, en effectuant des frappes aériennes contre les positions de l'organisation terroriste.

L'année 2001 a marqué un véritable tournant dans le rapport des États-Unis au reste du monde. Les Américains abandonnent progressivement l'interventionnisme des années 1990, et la crise financière de 2008 accentue encore ce changement de cap. Dès sa prise de fonction en 2009, Barack Obama se concentre sur les problèmes économiques et sociaux du pays, avant que Donald Trump n'aille encore plus loin dans ce repli national, avec son nouveau slogan : « *America first* ». En politique étrangère, cela se traduit par la priorité donnée aux intérêts américains, et par un mépris marqué pour le multilatéralisme.

→ Le monde selon Trump

En quittant l'Unesco en 2017, puis le Conseil des droits de l'homme en 2018, et en claquant la porte de l'Organisation mondiale de la santé en juillet 2020, l'administration Trump contribue à profondément déstabiliser les grandes institutions internationales sur lesquelles repose le multilatéralisme depuis 1945. Son administration s'est aussi retirée de façon unilatérale de plusieurs grands traités internationaux : l'accord de Vienne sur le nucléaire iranien, l'accord de Paris sur le climat (tous deux signés en 2015) et l'accord de partenariat transpacifique (2016). Tout cela a pour conséquence de fragiliser les alliances traditionnelles des États-Unis, d'une part avec les membres européens de l'OTAN et d'autre part avec les alliés asiatiques.

États mentionnés dans les tweets de Donald Trump, 2016-2019
(en % du nombre total de mentions)

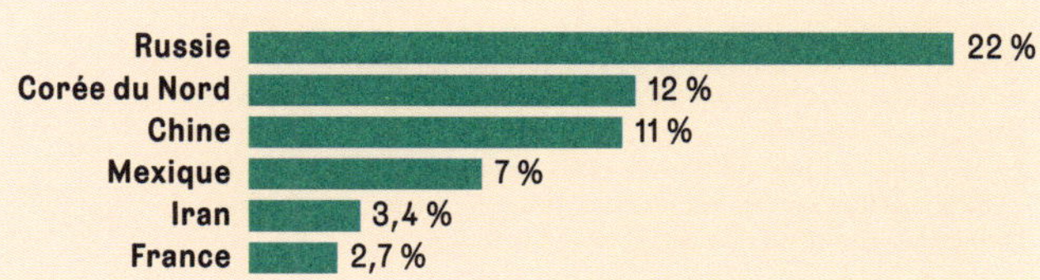

AMERICA FIRST

Première économie mondiale, les États-Unis sont l'archétype et le moteur de la mondialisation. Leur force réside dans leur capacité d'innovation basée sur la synergie entre recherche universitaire et entreprises. Face à la concurrence internationale, notamment de la Chine, l'industrie est en recul, à l'image de la *Rust Belt*, cette « ceinture de rouille » du nord-est du pays qui fut jusque dans les années 1970 une grande zone dévolue à l'industrie.
En réponse, et pour satisfaire ses électeurs, le président Trump a voulu renégocier des accords commerciaux avec ses voisins et imposer des droits de douane avec la Chine.

En homme d'affaires habitué aux transactions commerciales, Trump cherche à replacer les enjeux économiques et commerciaux au centre de la politique étrangère américaine, dans une vision à court terme de défense des intérêts nationaux. Il privilégie les accords bilatéraux. Cette conception des relations diplomatiques provoque souvent des tensions avec les partenaires de proximité. C'est le cas avec l'ALENA, l'accord de libre-échange en Amérique du Nord qui rassemble les États-Unis et ses deux voisins et qui est entré en vigueur en 1994. Il est devenu l'ACEUM après les renégociations imposées par Washington à Mexico et à Ottawa.

Cette vision conduit également à une « guerre commerciale » avec la Chine début 2018. Cela passe notamment par l'augmentation des droits de douane sur de nombreux produits chinois importés. Pour Donald Trump, il s'agit de réduire l'énorme déficit commercial (419 milliards de dollars en 2018) et de maintenir la suprématie technologique américaine, de plus en plus menacée par les entreprises chinoises qui défient la puissance américaine. Entre 2001 et 2018, on estime que 3,7 millions d'emplois ont été détruits aux États-Unis à cause de la concurrence chinoise.

→ La compétition sino-américaine pour le leadership mondial

Désormais puissance économique de premier plan, la Chine de Xi Jinping s'affirme à l'international comme un concurrent géostratégique majeur des États-Unis, notamment en Asie du Sud-Est. Tandis que Washington déploie ses soldats d'un bout à l'autre de l'océan Pacifique et joue de ses alliances dans la région, la Chine concentre ses troupes sur plusieurs bases en mer de Chine méridionale. Elle colonise illégalement certaines îles, avec l'ambition de contrôler un espace maritime stratégique qu'elle revendique comme étant historiquement le sien.

C'est dans ce contexte que s'explique le choix opéré par l'administration Obama de se désengager du Moyen-Orient en repositionnant ses forces militaires en Asie pour mieux contrer l'influence chinoise grandissante. C'est ce qu'on appelle la politique du « pivot vers l'Asie », concrétisée en 2016 par la signature de l'accord de partenariat transpacifique – le TPP – censé intégrer les économies d'Asie-Pacifique et d'Amérique tout en fédérant les pays inquiets des ambitions chinoises autour du Pacifique. Rejeté par Donald Trump en 2017, le TPP devient en 2018 le Comprehensive and Progressive Agreement for Trans-Pacific Partnership (CPTPP).

L'autre préoccupation du Pentagone dans la zone est de voir émerger un véritable partenariat stratégique entre la Chine et la Russie. Car les États-Unis entendent bien rester la seule puissance militaire dominante dans le monde et, sur ce plan, leur leadership est encore incontesté. Ils disposent de 6 commandements militaires, de 7 flottes, de 1,3 million de soldats sur toute la planète, malgré un désengagement partiel en Irak et le départ chaotique d'Afghanistan, et un budget de défense qui n'a jamais été aussi élevé : plus de 740 milliards de dollars en 2021, soit plus du tiers des dépenses militaires mondiales.

En s'affranchissant des héritages diplomatiques et de ses partenaires traditionnels, l'administration Trump a mené une politique en rupture avec celle de ses prédécesseurs. En ont résulté notamment un rapprochement avec la Russie de Vladimir Poutine, la rencontre avec le dirigeant nord-coréen Kim Jong-un en juin 2019 ou la reconnaissance de Jérusalem comme capitale d'Israël en 2018, puis l'affirmation de la légalité des colonies israéliennes en Cisjordanie en 2019. Cette politique évolue avec Joe Biden.

→ Réparer l'Amérique

Si le nouveau président américain Joe Biden entend revenir au multilatéralisme de l'ère Obama, comme en témoigne déjà le retour du pays dans l'accord de Paris de 2015, il lui faut d'abord rétablir le crédit moral des États-Unis. Sur la scène intérieure, le président Biden s'emploie également à redonner confiance aux Américains, aujourd'hui très divisés, dans leurs institutions démocratiques. Celles-ci ont été mises à mal lors des événements du 6 janvier 2021 au Capitole et par la gestion catastrophique de l'épidémie de Covid-19. Au printemps 2021, le plan de relance massif de l'économie et la bonne gestion de la campagne de vaccination sont salués comme des signes encourageants d'une Amérique qui va mieux.

Pour donner du corps au pivot asiatique, Joe Biden a officiellement lancé le 23 mai 2022 le Cadre économique Indo-Pacifique pour la prospérité (IPEF) avec sept États de l'ASEAN, l'Australie, le Japon, l'Inde, la Corée du Sud, la Nouvelle-Zélande et Fidji.

Si les États-Unis poursuivent leur politique de coopération avec les États d'Asie pour contrer l'influence croissante de la Chine, l'invasion de l'Ukraine par la Russie a remis l'Europe au cœur des priorités stratégiques américaines. Washington fournit une aide militaire massive de 40 milliards pour permettre à Kiev de s'équiper en armements sophistiqués (notamment des lance-roquettes de longue portée), en coordination avec les pays de l'OTAN. L'objectif est de défendre la souveraineté ukrainienne face à l'agression russe, en évitant un conflit direct avec Moscou. Washington mène aussi un combat pour les valeurs occidentales, contre l'autoritarisme de Poutine, comme elle le fait contre la Chine.

Faire face à la montée en puissance de la Chine

Depuis la fin de la Seconde Guerre mondiale et la défaite japonaise, les États-Unis sont le principal acteur militaire en Asie. Pendant toute la guerre froide, la Chine communiste suscite la méfiance des dirigeants américains. Mais après que le dirigeant Mao Zedong a accueilli Richard Nixon sur le sol chinois en 1972, Pékin et Washington entament un rapprochement sur le terrain économique.
En 2001, la République populaire intègre l'Organisation mondiale du commerce avec le soutien de Washington. Cet événement majeur fait de « l'atelier du monde » le principal concurrent économique des États-Unis.
Avec l'émergence politique de la Chine, la suprématie militaire américaine est remise en question. La Chine apparaît dès lors comme la principale rivale globale des États-Unis d'un point de vue territorial et militaire, ce qui se traduit par des tensions croissantes en mer de Chine. Il existe aussi un contentieux sino-américain sur Hong Kong, en plus de celui sur Taïwan dont Washington contribue à assurer la sécurité.
Fin novembre 2019, Donald Trump a promulgué une loi sur « la démocratie et les droits de l'homme à Hong Kong » qui menace de suspendre le statut économique spécial accordé par Washington à l'ancienne colonie britannique si les droits des manifestants ne sont pas respectés. Après plusieurs mois d'agitation parfois violente à Hong Kong, Pékin accuse Washington de soutenir « des actes commis contre d'innocents citoyens ».
En janvier 2021, le gouvernement américain frappe de sanctions plusieurs officiels chinois et hongkongais pour protester contre l'arrestation de militants pro-démocratie. Des arrestations qui avaient été réalisées au nom de la loi sur la sécurité intérieure imposée en juin 2020 à Hong Kong par Pékin. La Chine annonce alors des mesures de rétorsion.
En 2020, 51 % des forces armées américaines sont réparties en Asie-Pacifique, avant tout au Japon et en Corée du Sud. Cette concentration de troupes est la conséquence du redéploiement stratégique du « pivot asiatique » lancé en 2011 par Barack Obama.

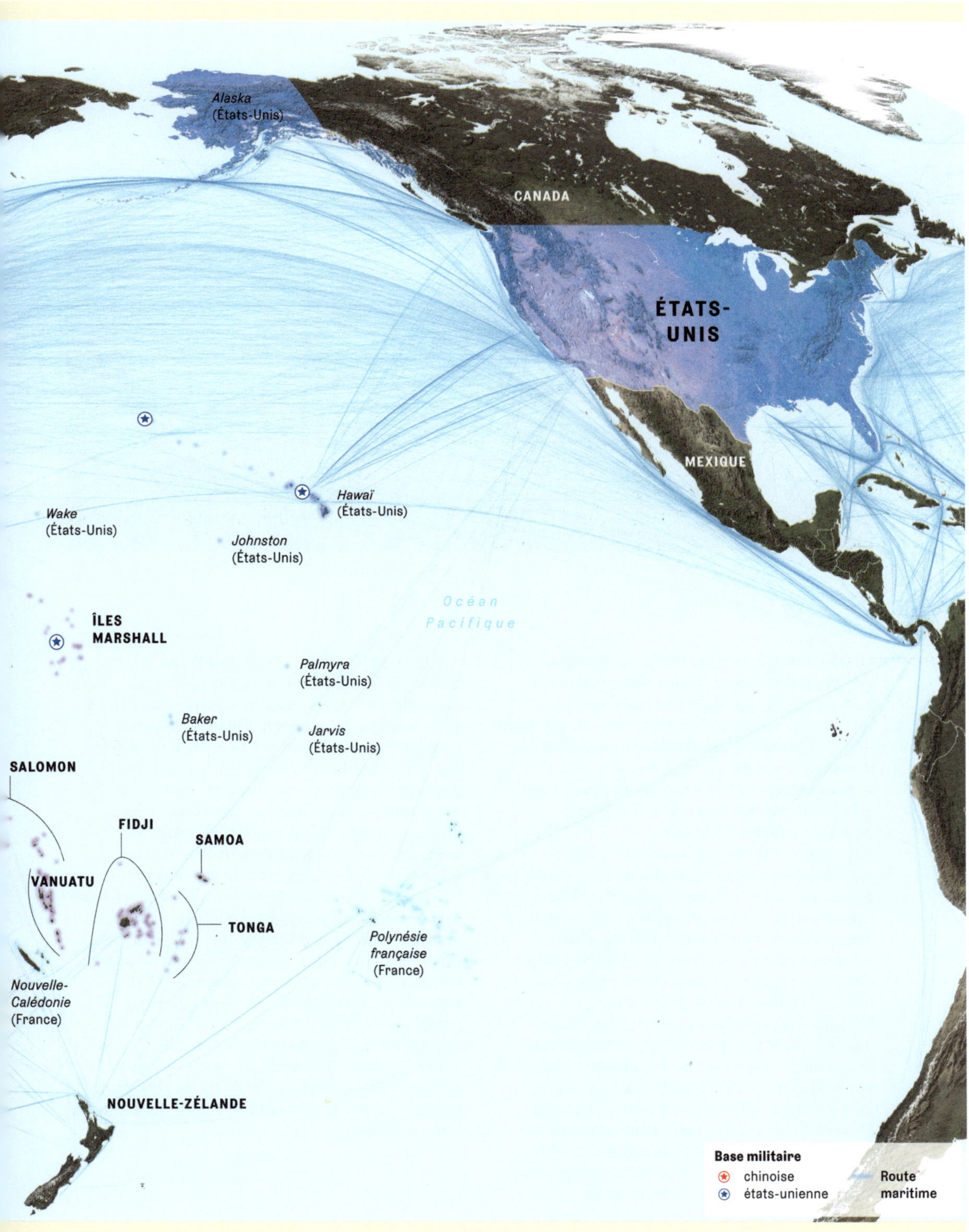
Alaska
(États-Unis)
CANADA
ÉTATS-UNIS
MEXIQUE
Hawaï
(États-Unis)
Wake
(États-Unis)
Johnston
(États-Unis)
Océan
Pacifique
ÎLES
MARSHALL
Palmyra
(États-Unis)
Baker
(États-Unis)
Jarvis
(États-Unis)
SALOMON
FIDJI
SAMOA
VANUATU
TONGA
Polynésie
française
(France)
Nouvelle-
Calédonie
(France)
NOUVELLE-ZÉLANDE
Base militaire
chinoise
états-unienne
Route
maritime

Destination 7

Amazonie

Lábrea, État d'Amazonas, Brésil : c'est l'une des régions critiques pour la déforestation, au bout de la route qui traverse l'Amazonie, un « verrou » comme disent les experts, qui ouvre ensuite sur d'immenses forêts primaires encore vierges où se réfugient les dernières tribus indiennes du Brésil. Ces feux se sont multipliés pendant le mandat Bolsonaro, président climato-sceptique du Brésil.
Depuis son élection en janvier 2019, tous les mécanismes de protection de l'environnement et des populations autochtones ont été contrariés. On connaît bien désormais le rôle de la forêt amazonienne dans la régulation du climat au niveau planétaire. C'est pour cette raison que ces images brésiliennes ont préoccupé le monde entier. L'INPE (Institut national brésilien de recherches spatiales) a estimé que plus de 11 000 kilomètres carrés de forêt tropicale ont été rasés au Brésil entre août 2019 et juillet 2020, soit la superficie de la région Île-de-France. L'Amazonie n'avait pas connu une évolution aussi catastrophique depuis dix ans.
Le bilan sanitaire du Brésil de Jair Bolsonaro est également dramatique : c'est le pays le plus touché au monde par la Covid-19 après les États-Unis. Des ONG (comme CCFD Terre solidaire) ont alerté sur le fait que la société brésilienne avait perdu en niveau de vie sous Bolsonaro, estimant que « violences, violations et inégalités y ont atteint des niveaux inédits », notamment à l'encontre des paysans traditionnels, des populations autochtones, des journalistes, de la société civile et des mouvements sociaux en général. Les ONG notaient également un désengagement gouvernemental alarmant dans le secteur de l'éducation et de la santé.
Au-délà de l'ère Bolsonaro, le Brésil raconte l'histoire d'un géant mal gouverné, alors même qu'il est l'un des grands pays émergents du monde et qu'il a longtemps été parmi les plus dynamiques économiquement. Ses atouts sont considérables : territoire, population, ressources naturelles multiples et abondantes... Faute de bonne gouvernance, le Brésil demeure, au fil des ans, un pays marqué par de fortes inégalités et une violence récurrente. Un géant velléitaire qui n'est jamais parvenu à devenir une puissance complète, demeurant toujours loin derrière le grand rival nord-américain.

Brésil : un géant mal gouverné

→ Un géant territorial et démographique

Situé en Amérique du Sud, le Brésil est le cinquième pays du monde par sa superficie, avec ses 8,5 millions de kilomètres carrés. Il possède 15 720 kilomètres de frontières qu'il partage avec quasiment tous les pays du continent sud-américain. Son littoral s'étend sur plus de 7 400 kilomètres le long de l'océan Atlantique. Le Brésil est traversé et structuré par le grand bassin de l'Amazone et ses affluents. Le climat y est tropical, chaud et humide, à l'exception du Sertão, région semi-aride du Nordeste.

Ancienne colonie portugaise, le Brésil compte en 2022 presque 215 millions d'habitants dont la langue est le portugais. Au sein du pays, on compte 47,7 % de descendants d'Européens, 7,6 % de personnes d'origine africaine, 1,2 % d'Asiatiques, 0,4 % d'Amérindiens, et le reste de la population, soit 43,1 %, est fortement métissé. Cette population se concentre le long des côtes, où se situent les grandes villes de Fortaleza, Salvador, Recife et surtout Rio de Janeiro et São Paulo, la capitale économique du pays. La capitale politique Brasília a été volontairement placée dans les terres pour accompagner la conquête du Brésil intérieur avec la construction d'infrastructures de transport : routes, chemins de fer, aéroports. Cette politique volontariste illustre l'esprit pionnier des Brésiliens.

→ Des richesses naturelles nombreuses

Le Brésil est un géant par ses ressources naturelles, avec l'exploitation d'une cinquantaine de minerais. Il dispose aussi d'hydrocarbures dont les gisements sont quasiment tous situés en mer, lui permettant d'être autosuffisant depuis 2006. Le pays est également riche en eau, qu'il utilise pour produire de l'électricité. Enfin et surtout, le Brésil possède une importante réserve foncière, ce qui lui vaut le surnom de « ferme du monde » : le pays est le premier producteur au monde de jus d'orange, de sucre, de café, et le deuxième de soja. Il produit aussi de la viande de bœuf et il est le plus grand exportateur de viande halal vers les pays de la Ligue arabe. L'agrobusiness représente 20 % du PIB, un tiers des emplois et 45 % du commerce extérieur. C'est le secteur économique le plus important du Brésil.

Malgré toutes ces ressources, le pays connaît depuis la récession de 2015 une croissance relativement faible. Elle était de seulement 1,9 % en 2019 alors que chômage atteignait 13 % de la population. La reprise économique est hypothéquée par l'épidémie de Covid-19, et ce d'autant plus que le Brésil reste l'un des pays les plus inégalitaires au monde.

→ Au pays des inégalités

En 2019, les 10 % les plus riches bénéficiaient à eux seuls de plus de la moitié des revenus du pays et étaient constitués à 70 % de Blancs.

Les pauvres et la classe moyenne profitent des programmes sociaux généralisés pour la plupart sous le gouvernement de Luiz Inácio Lula da Silva (2003-2011). La *Bolsa Família* (« bourse familiale ») est le plus emblématique : si les familles pauvres envoient leurs enfants à l'école, elles touchent une allocation. Autre avancée sociale sous Lula, le programme *Fome Zero* (« faim zéro ») qui garantit l'accès aux produits alimentaires de base. Mais sur fond de corruption, tous ces programmes

LE BRÉSIL, LA PUISSANCE DE L'AMÉRIQUE LATINE

Plus vaste État d'Amérique du Sud, le Brésil occupe presque la moitié de ce territoire. Il partage une frontière avec tous les pays du continent, à l'exception de l'Équateur et du Chili. Il est au cœur de ses grandes dynamiques économiques à travers le Mercosur, l'organisation de coopération régionale dont le Brésil est l'un des membres fondateurs, mais aussi grâce à ses richesses naturelles (minerais, hydrocarbures, eau...) et des réserves de terres qui en font l'un des géants agricoles du monde.

n'ont pas suffi. Et avec la pandémie de Covid-19, ce sont plus de 15 millions de Brésiliens qui ont replongé dans la pauvreté en 2021 puisque les aides financières d'urgence octroyées à 68 millions de personnes en 2020 par le président Bolsonaro ont pris fin.

Si les inégalités perdurent, c'est aussi parce qu'elles vont de pair avec un déséquilibre territorial très marqué. Le Sud et le Sud-Est sont les régions les plus riches et les plus intégrées à la mondialisation. Le cœur de cet espace est le triangle de 30 millions d'habitants formé par São Paulo, Rio de Janeiro et Belo Horizonte, des métropoles qui accueillent les fonctions décisionnelles du pays et constituent son centre d'impulsion politique et économique. La région du Sud et celle du Sud-Est concentrent aussi l'agriculture commerciale (canne à sucre, café, agrumes, soja), l'industrie diversifiée (automobile, aéronautique) et le tourisme.

Le Nord-Est, ou Nordeste, est la deuxième région par son étendue et par sa population avec 55 millions d'habitants, mais son PIB ne dépasse pas 13 % de la richesse nationale. Seule la zone côtière est dynamique. Ancien centre historique du Brésil, il est aujourd'hui une périphérie qui cumule des problèmes de sécheresse (dans la région semi-aride du Sertão) que des aménagements hydrauliques ont échoué à pallier. Cette situation a provoqué un important exode rural vers les favelas des grandes métropoles brésiliennes.

Enfin, les régions pionnières de l'Amazonie et de la partie septentrionale du Centre-Ouest sont des périphéries peu peuplées. Elles forment des « réserves » de développement, en raison de leurs abondantes ressources minières, de la présence de bois et de vastes espaces propices à l'élevage extensif et à la culture du soja une fois la forêt défrichée. Le rythme de la déforestation n'a cessé d'ailleurs de s'accélérer sous la présidence de Jair Bolsonaro, en dépit d'une forte pression internationale.

→ Un système politique complexe

Le Brésil est une république fédérale composée de 26 États, plus le district de la capitale, Brasília. Ce système politique a cependant tendance à entraver la bonne gouvernance du pays. La Constitution de 1988 prévoit l'élection du président et de la Chambre des députés pour quatre ans. Les sénateurs sont quant à eux élus pour huit ans. Mais avec plus d'une trentaine de petits partis, les deux Chambres sont très fragmentées. Ensuite, le fédéralisme octroie de nombreux pouvoirs et compétences aux États fédérés, notamment pour la mise en œuvre de réformes ou pour la lutte contre la pauvreté. Il est donc compliqué de gouverner au Brésil et cela suppose la mise sur pied de coalitions rarement faites pour s'entendre sur le long terme. Ainsi, en 2002, le Parti des travailleurs de Lula n'avait que 91 sièges sur 513 à la Chambre des députés, 14 sur 81 au Sénat et ne gouvernait que trois États fédéraux sur les vingt-six.

Les bouleversements politiques liés à la destitution pour corruption de Dilma Rousseff, qui avait succédé au président Lula, ont rendu plus difficile la formation de coalitions. Cette mise en cause d'une classe politique corrompue a d'ailleurs favorisé l'arrivée au pouvoir de Jair Bolsonaro en 2018, partisan d'un régime politique autoritaire. À la tête d'un petit parti d'extrême droite, le Parti social-libéral, Bolsonaro gouverne avec les « BBB » : le premier B pour « bœufs », c'est-à-dire les représentants des propriétaires terriens ; le deuxième pour « Bible », c'est-à-dire les chrétiens évangéliques ; et le troisième pour « balles », à savoir les militaires et partisans du port d'arme auxquels se sont tardivement ralliées les élites économiques traditionnelles.

→ Politique étrangère : quel bilan ?

Bien que le Brésil ne soit pas membre permanent du Conseil de sécurité de l'ONU, ni une puissance militaire capable de se projeter en dehors du continent sud-américain, il est particulièrement actif sur la scène internationale. Il a ainsi participé à 50 des 71 opérations de maintien de la paix de l'ONU et sa voix défend les intérêts des pays du Sud dans les instances internationales. Le pays a ainsi contribué à la naissance de la CNUCED, la Conférence de l'ONU sur le commerce et le développement, en 1964, et à la lutte contre le protectionnisme des États-Unis et de l'UE au sein de l'OMC dans le domaine agricole. Depuis 2003, il est à la tête d'un groupe de 20 pays du Sud dans le cadre des négociations commerciales de l'OMC. Le Brésil est un fervent défenseur de la coopération Sud-Sud avec les pays émergents, et notamment avec les pays africains. C'est particulièrement le cas à partir de la présidence Lula, qui a plus précisément ciblé les pays lusophones.

UN TERRITOIRE DÉSÉQUILIBRÉ

Selon le géographe Hervé Théry, le Brésil, c'est à la fois « la Suisse, le Pakistan et le Far West ». La « Suisse » serait le Sudeste, la région la plus riche et la plus intégrée à la mondialisation, où se concentrent agriculture commerciale, industrie diversifiée et activités de direction économique. Le « Pakistan » correspondrait à la région du Nordeste, ancien centre historique du Brésil, aujourd'hui périphérique, et le « Far West » à la région pionnière d'Amazonie et au nord du Centre-Ouest.

Le Brésil est l'un des leaders de ce qu'on appelle les « BRICS » - acronyme pour désigner les principaux pays émergents : le Brésil, donc, et la Russie, l'Inde, la Chine et l'Afrique du Sud - qui se réunissent depuis 2011 en sommets annuels.

À l'échelle régionale, il est également à l'origine du Mercosur, créé en 1991 pour faire contrepoids à l'influence des États-Unis. C'est un marché commun sud-américain, sur le modèle de l'Union européenne. L'Argentine, le Paraguay et l'Uruguay en sont les premiers membres. Aujourd'hui, le Mercosur intègre aussi, comme membres associés, la Bolivie, le Chili, la Colombie, l'Équateur, le Guyana, le Pérou et le Suriname. Il représente 82 % du PIB total du continent et est le troisième bloc commercial mondial après l'UE et l'accord Canada-États-Unis-Mexique.

L'influence diplomatique du Brésil s'accompagne d'une influence culturelle croissante. Celle-ci passe par les *telenovelas*, exportées dans le monde entier, ou par l'organisation de la Coupe du monde de football en 2014, puis des Jeux olympiques à Rio en 2016. La tenue de ces grands événements a contribué au rayonnement international du Brésil dans le monde.

→ Bolsonaro/Trump : une ligne américaine

L'élection de Jair Bolsonaro a marqué un changement radical puisque le nouveau président a décidé d'aligner son pays sur les États-Unis de Donald Trump, son modèle en politique. Le Brésil a obtenu le statut d'« allié majeur » des États-Unis hors OTAN. Ce statut facilite la coopération militaire, le transfert technologique, ainsi que l'achat des équipements militaires américains, au risque pour le pays d'y perdre en autonomie.

Cet alignement sur Washington s'est aussi traduit par une prise de distance avec les gouvernements de gauche du continent (Venezuela, Nicaragua et Cuba), entraînant la remise en cause de la participation de Cuba au programme *Mais Médicos* (« plus de médecins ») lancé en 2013, qui avait permis l'envoi de près de 8 300 médecins cubains dans les régions les plus pauvres du pays. Depuis, 28 millions de

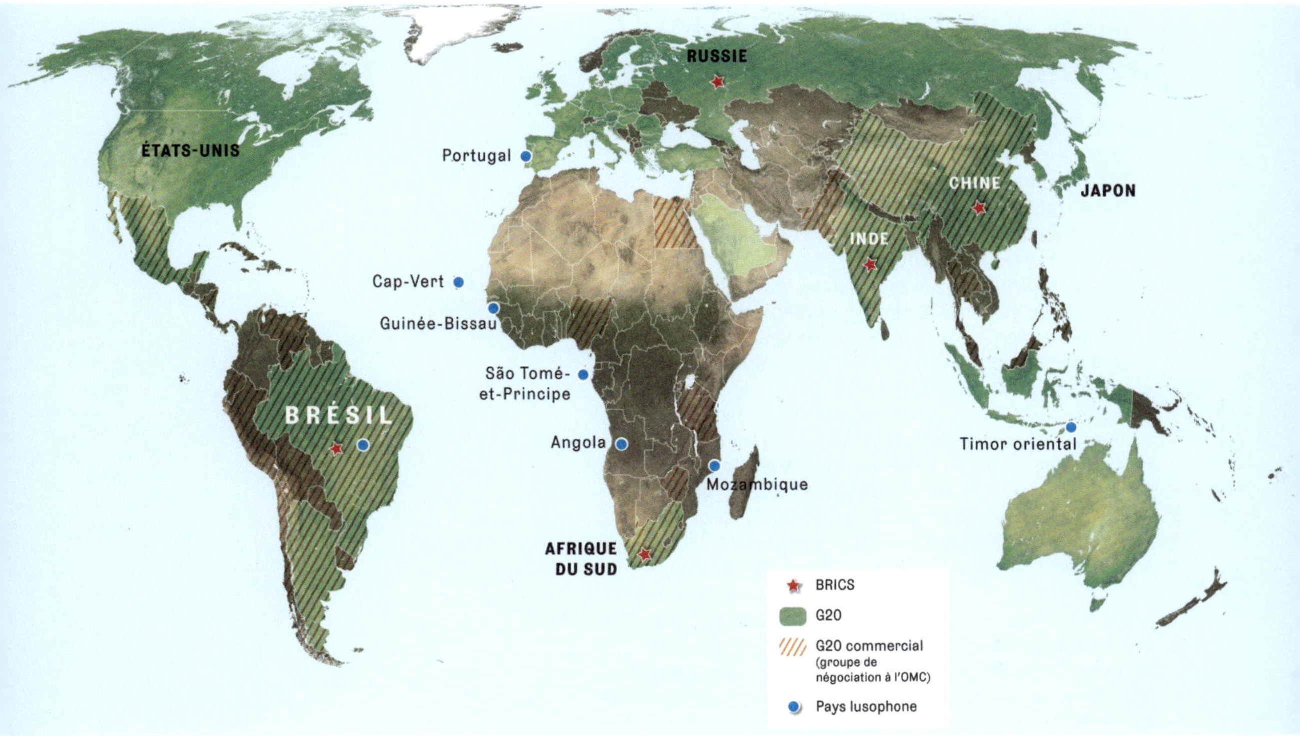

Brésiliens sont privés d'assistance médicale. Enfin, toujours dans la lignée de Donald Trump, Jair Bolsonaro a déclaré que la Chine est « une menace pour sa souveraineté ». Toutefois, avec 100 milliards de dollars d'échanges entre le Brésil et la Chine en 2018, loin devant les États-Unis, le président Bolsonaro a dû revenir à plus de pragmatisme économique. Et comme son modèle Trump, il a nié la gravité de la pandémie de coronavirus. Au printemps 2021, le Brésil est devenu l'épicentre de l'épidémie avec notamment l'apparition du variant P1. Système médical saturé, retard dans la campagne de vaccination (seulement 12 % de personnes vaccinées fin juin 2021), le Brésil de Jair Bolsonaro est le 2e pays au monde qui enregistre le plus grand nombre de morts (510 000 entre mars 2020 et juin 2021). L'élection de Joe Biden fin 2020 a par conséquent été perçue comme une mauvaise nouvelle par celui que l'on surnommait le « Trump tropical ».

→ Une puissance inaboutie à l'heure des choix ?

Le Brésil est cette puissance émergente qui n'émerge jamais tout à fait, quelles que soient les politiques menées par ses dirigeants, y compris celle de Lula qui est parvenu à faire sortir de la pauvreté 40 millions de Brésiliens. Le pays tarde à devenir la grande démocratie du Sud « métissée et médiatrice », selon les termes du spécialiste Alain Rouquié, qu'il pourrait incarner. Quant à Bolsonaro, menacé fin 2020 de destitution pour sa mauvaise gestion de la Covid-19, il doit affronter des sanctions commerciales de l'Union européenne et des États-Unis pour sa destruction de la forêt amazonienne. Ce bilan contesté explique le retour en grâce de Lula à partir de sa sortie de prison en mars 2021, inculpé pour des faits de corruption avant de voir ses condamnations annulées pour vice de forme.

L'avenir du Brésil se joue sans conteste lors de la prochaine élection présidentielle d'octobre 2022, dans un face à face entre le président sortant et l'ancien président Lula. Deux styles aux antipodes pour gouverner un même pays.

LE BRÉSIL ET LE MONDE

Le Brésil n'est pas une puissance militaire capable de se projeter en dehors du continent. Toutefois, par sa puissance économique croissante en tant que pays émergent, il joue un rôle de plus en plus actif sur la scène internationale et dans la région sud-américaine. Son influence diplomatique s'accompagne d'un *soft power* basé sur son modèle culturel (sa musique, ses danses, ses séries TV, son carnaval) et son sport emblématique, le *futebol*.

Amazonie : une dégradation irréversible ?

L'immense forêt amazonienne s'étend sur plus de 5,5 millions de kilomètres carrés. Elle est divisée entre 9 États, y compris le Brésil dont elle couvre 40 % du territoire. Riche en ressources minières (or, bauxite, étain, fer, cuivre), en bois et en espaces pour l'élevage extensif une fois la forêt défrichée, l'Amazonie brésilienne est exploitée depuis la moitié du XIXe siècle. Mais c'est à partir des années 1960 qu'elle fait l'objet de politiques d'exploitation et d'aménagement à grande échelle. La percée de routes, telle la Transamazonienne reliant la côte atlantique au Pérou, ouvre la colonisation des terres et l'intégration du territoire au reste du pays. Dans les années 1970, les gouvernements brésiliens ambitionnent de résoudre la question agraire en favorisant l'installation en Amazonie des populations sans terre du Nordeste surpeuplé. L'avancée de ce front pionnier entraîne la disparition de la biodiversité amazonienne pour laisser la place à des espaces agricoles et à des zones de pâturage. Mais la forêt recule aussi face au développement urbain, à la dégradation du couvert végétal par le lessivage des sols et les rejets des industries minières. L'ampleur de la déforestation de l'Amazonie est difficile à évaluer, car la surveillance du territoire reste complexe du fait de l'étendue à couvrir et de la multiplication d'activités illégales comme l'orpaillage ou l'exploitation du bois précieux. Un rapport récent du Réseau amazonien d'information socio-environnementale géographique (Raisg) estime que l'équivalent de la superficie de l'Espagne (513 000 kilomètres carrés) aurait été défriché entre 2000 et 2018. L'arrivée au pouvoir de Bolsonaro a aggravé la situation en encourageant la relance de la déforestation pour l'agrobusiness, comme en témoignent les feux de forêt qui ont soulevé une vague mondiale de protestations. En l'espace de deux ans, la déforestation a augmenté de 50 % et plusieurs ONG brésiliennes craignent désormais un point de non-retour qui condamnerait l'Amazonie à une dégradation irréversible ainsi qu'à une transformation en savane.

En janvier 2021, le chef indigène kayapo Raoni Metuktire a déposé plainte auprès de la Cour pénale internationale contre le président brésilien et son gouvernement pour « crimes contre l'humanité » à l'encontre des populations autochtones d'Amazonie.

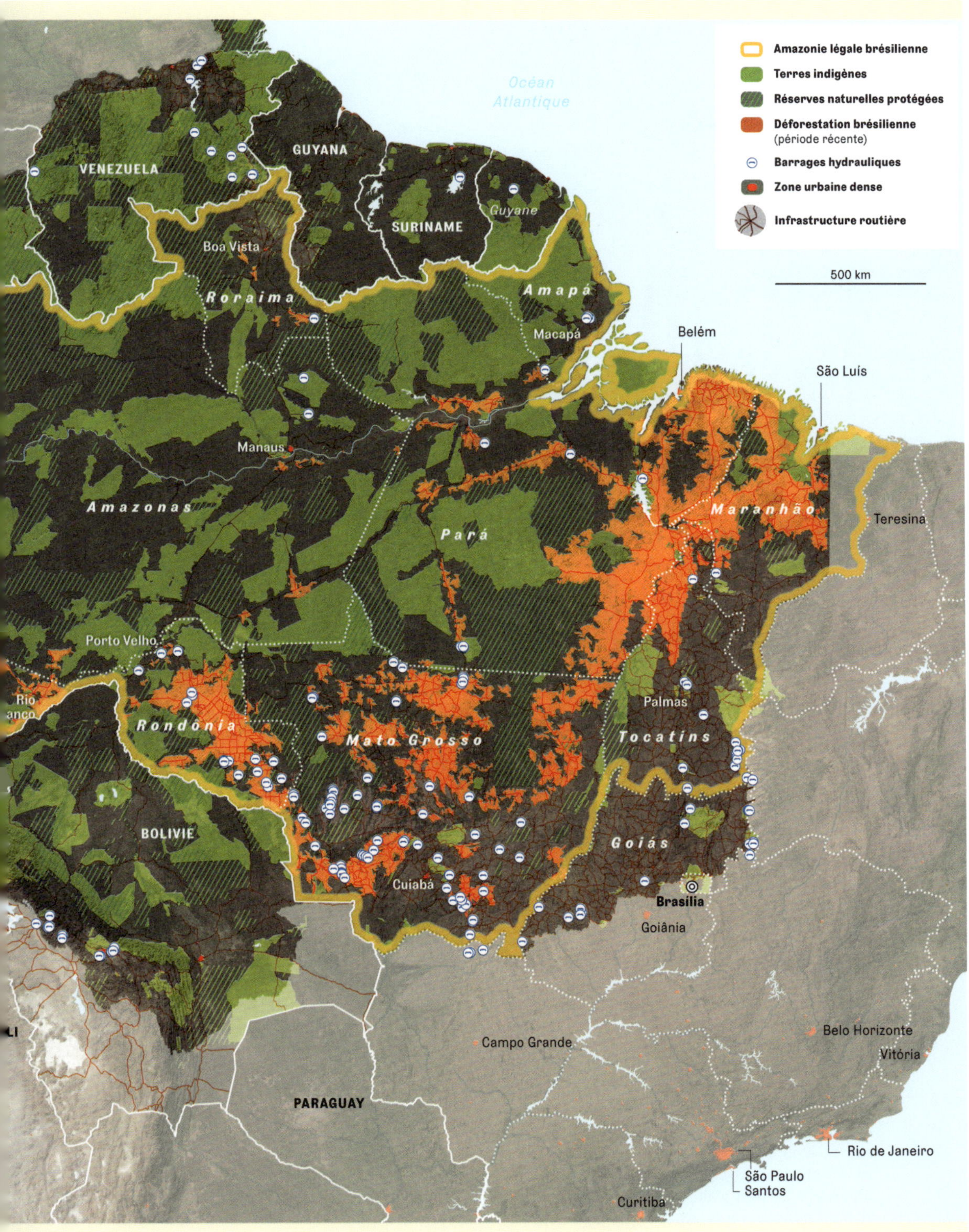
Amazonie légale brésilienne
Terres indigènes
Réserves naturelles protégées
Déforestation brésilienne (période récente)
Barrages hydrauliques
Zone urbaine dense
Infrastructure routière
500 km
Océan Atlantique
VENEZUELA
GUYANA
SURINAME
Guyane
Boa Vista
Roraima
Amapá
Macapá
Belém
São Luís
Manaus
Amazonas
Pará
Maranhão
Teresina
Porto Velho
Rio Branco
Rondônia
Mato Grosso
Palmas
Tocatins
BOLIVIE
Goiás
Cuiabá
Brasília
Goiânia
Campo Grande
Belo Horizonte
Vitória
PARAGUAY
Rio de Janeiro
São Paulo
Santos
Curitiba

Destination 8

Tijuana

L'écrivain Javier Cercas a décrit la ville qui sépare les États-Unis du Mexique en ces termes : « C'est peut-être à Tijuana, poste-frontière détenant le record des cinq continents pour le nombre de passages quotidiens, que la confrontation quasi physique entre le monde de la misère et le monde de la prospérité est la plus brutale, la plus directe. Tijuana, c'est un peu le checkpoint Charlie du nouveau champ géopolitique où, désormais, la polarité Nord-Sud s'est substituée à la polarité Ouest-Est. »
Le fameux « mur » que Donald Trump promettait de construire entre les deux pays frontaliers au nom de l'« *America first* » aura été un marqueur fort de son mandat. Pour signifier la rupture avec son prédécesseur, le nouveau président Joe Biden a interrompu les travaux du mur et annoncé dès février 2021 une gestion plus humaine du dossier de l'immigration. L'opposition républicaine accuse cette nouvelle politique migratoire de créer un appel d'air pour les migrants du continent.
Tijuana se caractérise par une violence endémique liée au crime organisé. Une situation que l'on retrouve dans tout le Mexique et qui interroge sur l'histoire de ce pays, aux portes de la riche Amérique. Le pays s'est construit d'emblée sur une conception inégalitaire de la société et n'est jamais parvenu à se doter d'un appareil étatique démocratique capable de s'imposer face aux cartels.
La pandémie de Covid-19 a profité à ces réseaux de la drogue en désorganisant encore un peu plus un pays déjà fragile et en mettant à nu les failles d'un État faible. On a ainsi assisté à des scènes improbables de barons de la drogue distribuant de l'aide médicale et des denrées alimentaires.
Le Mexique, pays des cartels et de la violence systémique, n'a pas encore trouvé la voie d'une gouvernance qui lui permettrait enfin de profiter d'atouts nombreux et indéniables (voisinage états-unien, pétrole, tourisme, patrimoine…).
Pour autant, l'actuel président Andrés Manuel López Obrador conforte son ancrage dans le paysage politique mexicain et s'érige en champion de la nouvelle gauche latino-américaine, victorieuse aux élections dans de nombreux pays : Bolivie, Pérou, Chili, Argentine, Honduras et Colombie.

Mexique : le fléau des cartels et de la violence

→ Pays métis et fragile

Situé en Amérique du Nord, à la charnière de l'Amérique centrale, le Mexique est frontalier du Guatemala et du Belize au sud et des États-Unis au nord. Il dispose d'un vaste territoire de 1,9 million de kilomètres carrés, soit presque quatre fois la France, et s'ouvre sur les deux grands océans mondiaux : l'océan Pacifique à l'ouest et l'océan Atlantique à l'est, à travers le golfe du Mexique et la mer des Caraïbes.

Le Mexique est un État fédéral comptant 127 millions d'habitants, majoritairement hispanophones (90 %) et catholiques. Environ 15 millions sont des Amérindiens répartis en plus de 40 groupes ethniques (Nahua, Maya, Zapotèque, Huichol, Tzotzil ou Tarahumara) qui vivent dans la partie sud du pays (essentiellement au Chiapas, dans le Oaxaca et au Yucatán). Riche de son passé indien et espagnol, le Mexique manque cependant de cohésion nationale et les discriminations envers les populations autochtones ne se sont jamais estompées. Et ce, malgré la révolution mexicaine de 1910 menée par les paysans indigènes. Depuis son indépendance, en 1821, le pays est demeuré un État fragile. Convoité au XIXe siècle par les Européens, puis par son voisin du nord, le Mexique est aujourd'hui confronté à la violence des cartels de la drogue.

→ Mexico, un résumé de l'histoire mexicaine

À elle seule, la capitale, Mexico, concentre plus de 25 millions d'habitants. Elle est l'une des plus grandes mégapoles du monde. Ce poids démographique reflète sa domination politique, économique et culturelle sur le pays et résulte d'une histoire antérieure à la colonisation espagnole. Suivant une prophétie du dieu Huitzilopochtli, elle a été fondée en 1325 par les Aztèques, sous le nom de Tenochtitlan, sur une île du lac de Texcoco. Le lieu est désigné par un aigle perché sur un figuier de Barbarie et dévorant un serpent, c'est d'ailleurs cet emblème qui trône aujourd'hui au centre du drapeau mexicain. La capitale du prestigieux empire aztèque est conquise en 1521, au bout de trois mois de siège, par le conquistador Hernan Cortès. Il la fait raser pour bâtir la capitale coloniale de la vice-royauté de la Nouvelle-Espagne. En 1821, elle devient celle du Mexique indépendant. Sa position géographique au cœur du plateau central, entre le nord aride et le sud tropical, est un atout indéniable. Après l'échec de la révolution paysanne indienne menée par Emiliano Zapata en 1910, l'élite politique et financière y installe fermement son pouvoir, au détriment des paysans pauvres, relégués dans les montagnes de la Sierra Madre.

→ Dans l'ombre du grand voisin

Quinzième économie mondiale, le Mexique est un pays émergent et la deuxième puissance économique d'Amérique latine après le Brésil. Ses principaux atouts sont ses ressources énergétiques, son patrimoine touristique et sa proximité géographique avec les États-Unis, première économie mondiale.

La partie méridionale du Mexique est riche d'importantes réserves de pétrole offshore, dans le golfe de Campeche, exploitées et distribuées par sa compagnie nationale Pemex. Autrefois agricole, le littoral du golfe du Mexique accueille désormais des activités de raffinage et de pétrochimie.

UN ÉTAT FRAGILE DÈS SA FORMATION

Le Mexique s'est déclaré indépendant le 16 septembre 1810, mais cette indépendance n'a été reconnue par l'Espagne qu'en 1821. Il s'est rapidement révélé un État fragile, convoité très tôt par les puissances européennes. La France de Napoléon III a par exemple vainement tenté d'y instaurer un Empire entre 1862 et 1867. En 1848, c'est son puissant voisin du nord qui l'a dépossédé de presque la moitié de son territoire : le Texas, le Nouveau-Mexique, l'Arizona et la Californie en particulier.

C'est notamment le cas à Tampico et à Cayo Arcas, qui héberge le principal terminal pétrolier du Mexique.

Mais le pays est surtout dépendant de son grand voisin sur un plan économique : de part et d'autre de la frontière américano-mexicaine longue de 3 200 kilomètres, des villes jumelles se sont développées depuis les années 1960. L'installation d'usines d'assemblage – *maquiladoras* en espagnol – a favorisé le développement industriel du Nord mexicain et transformé le pays en un sous-traitant de l'industrie nord-américaine, attirée par le faible coût de la main-d'œuvre et les incitations fiscales (suppression des droits de douane, exemptions de taxes et d'impôts). Ainsi s'est mise en place une organisation du travail nouvelle et originale dans la zone frontière entre les deux pays. Du côté américain se trouvent des entreprises « donneuses d'ordres » dans les secteurs de l'automobile, du textile ou de l'électronique. Du côté mexicain, des entreprises sous-traitantes ont été créées pour assembler les produits finis, grâce à une main-d'œuvre au moins trois fois moins chère qu'aux États-Unis. Les productions sont ensuite réexportées de l'autre côté du Río Grande.

80 % des exportations mexicaines sont destinées aux États-Unis. Cette forte dépendance économique explique tout l'intérêt pour le Mexique de participer, avec les États-Unis, à une zone de libre-échange commune, l'ALENA (ou TLCAN en espagnol). Entrée en vigueur en 1994, elle a été renégociée par l'administration Trump pour donner naissance, en 2020, à un nouveau partenariat prétendument plus favorable aux « ouvriers américains » : l'ACEUM, l'accord Canada-États-Unis-Mexique. Le président Biden tient à mettre en œuvre rapidement cet accord, dans sa volonté de reconstruire alliances et partenariats internationaux.

Sur un plan touristique, le Mexique est également une destination très prisée des Américains. C'est notamment le cas de Cancún et de sa région, au bout de la péninsule du Yucatán, réputée pour ses plages et ses extraordinaires sites archéologiques mayas de Chichén Itzá ou de Palenque. Le tourisme rapporte au Mexique plus de 20 milliards de dollars par an, ce qui en fait le troisième secteur économique du pays.

La première source de devises reste les transferts financiers des émigrés mexicains aux États-Unis. Quelque 36 millions de personnes d'origine mexicaine y vivent et envoient chaque année près de 30 milliards de dollars de « *remesas* » à leur famille. La dépendance vis-à-vis de la puissance américaine est donc d'abord monétaire.

Ce voisinage et le développement économique qui en découle n'ont toutefois pas permis de réduire les très fortes inégalités présentes au Mexique et que la pandémie de coronavirus a contribué à aggraver. Le pays compte encore aujourd'hui 53 millions de pauvres, soit 43 % de sa population. Une partie de cette population précaire fournit une main-d'œuvre corvéable à merci pour les cartels de la drogue. Car le Mexique est un acteur majeur du marché des stupéfiants, le principal fournisseur de son voisin américain, grand consommateur de psychotropes.

→ Un pays livré au trafic de drogue

Organisés autour d'un chef, le *capo*, ces cartels de la drogue sont de véritables entreprises financières et militaires, qui achètent leurs armes aux États-Unis. Historiquement implantés dans les régions montagneuses enclavées et délaissées par l'État mexicain (Sonora, Sinaloa, Michoacán et Guerrero), ces cartels contrôlent toute la filière, de la production du cannabis à l'exportation vers les États-Unis. Ils s'appuient sur des paysans appauvris qui acceptent de cultiver le cannabis et d'assurer le transport et la sécurité du trafic.

Isolé dans les montagnes à la limite des États du Sonora, du Durango et du Sinaloa, le

fameux « triangle d'or » est l'espace dont sont originaires la plupart des fondateurs des premiers cartels dans les années 1970. À Badiraguato, au cœur de ce triangle, se situe la terre du célèbre Joaquín Guzmán, dit El Chapo. Là-bas, la quasi-totalité de la population travaille directement ou indirectement pour le secteur de la drogue, comme agriculteurs, transporteurs ou hommes de main.

On estime qu'entre 7 000 et 10 000 tonnes de cannabis sont produites chaque année au Mexique. Dans ces mêmes régions déshéritées, la culture du pavot à opium s'est étendue. Une fois la plante transformée en héroïne, la drogue est vendue dans les rues de Chicago, de New York, de Houston ou de Los Angeles. Désormais, des laboratoires clandestins produisent également au Mexique des drogues de synthèse (amphétamines, méthamphétamines, anxiolytiques), toujours pour le marché américain. Les narcotrafiquants importent aussi de nouvelles drogues venues d'Asie.

Mais, surtout, le Mexique est devenu la plaque tournante du trafic de cocaïne en provenance de la Colombie vers les États-Unis. Les cartels mexicains ont profité de l'affaiblissement de leurs homologues colombiens pour contrôler ce juteux marché : acheté 1 500 dollars en Colombie, le kilo de cocaïne est revendu 15 000 dollars sur le Río Grande, et 97 000 dollars dans les grandes villes américaines. Au total, le trafic de drogue rapporterait au moins 20 milliards de dollars par an aux empires mexicains de la drogue, soit l'équivalent des revenus du secteur touristique.

→ La faiblesse de l'État mexicain

Si les cartels ont réussi à prospérer au Mexique, c'est en grande partie en raison de la structure de l'État mexicain. Historiquement à la fois autoritaire et fragile, il a largement permis la collusion entre sphère politique et narcotrafiquants, dans un contexte de pauvreté et de marginalisation d'une partie des territoires et des populations.

Le Parti révolutionnaire institutionnel, le PRI, qui a monopolisé le pouvoir au Mexique pendant soixante et onze ans, avait mis en place un État autoritaire, clientéliste et très

LES ÉTATS-UNIS DU MEXIQUE

Depuis 1824, le Mexique est un État fédéral comprenant 32 États, dont Mexico, la capitale. Des pôles de développement régionaux ont ainsi progressivement émergé dans les capitales des États fédérés. On recense par exemple un pôle agroalimentaire et textile à Guadalajara, un pôle sidérurgique et automobile à Monterrey, un pôle touristique dans le Yucatán, un pôle pétrolier à Tampico. Les États du sud du pays (Chiapas, Oaxaca et Yucatán) concentrent majoritairement des populations amérindiennes.

UN ÉTAT GANGRÉNÉ PAR LES CARTELS DE LA DROGUE

Fin 2020, les cartels contrôlent la quasi-totalité du pays. Au nord-ouest dominent les cartels de Tijuana, de Juárez, de Beltrán-Leyva et l'historique cartel de Sinaloa. À l'est, on trouve le cartel du Golfe et son rejeton devenu son principal ennemi, Los Zetas, le plus barbare de tous. Il a été fondé par des forces d'élite chargées de la lutte contre la drogue. Au centre, le cartel de Jalisco Nueva Generación est aujourd'hui le plus puissant et ne cesse de gagner du terrain au détriment de ses rivaux.

corrompu. Cette démocratie de façade s'était accommodée des cartels. Quand le PRI s'est effondré, en 2000, avec l'arrivée de l'opposition de droite au pouvoir, l'emprise des cartels sur le pays s'est encore renforcée en comblant les « vides » du pouvoir et en s'immisçant dans la vie politique tant au niveau local que dans l'appareil d'État.

Aujourd'hui, l'argent de la drogue gangrène en profondeur tout le système politique mexicain : la police, l'armée, la justice, les fonctionnaires, les gouverneurs et les maires... Les barons de la drogue achètent des complicités à tous les niveaux, et on peut dire que l'État de droit n'existe pas au Mexique.

→ Une guerre contre les cartels instrumentalisée

En 2006, le candidat du Parti d'action national (PAN, droite), Felipe Calderón, est élu président à l'issue d'une élection très serrée et contestée – il ne l'a emporté que grâce à 0,6 % de voix de différence face à son adversaire de gauche. C'est sans doute ce manque de légitimité politique qui le pousse alors à se lancer, sans préparation et sans aucune mesure d'accompagnement sociale, en particulier pour les cultivateurs de cannabis, dans une guerre frontale contre les cartels de la drogue. Environ 50 000 soldats sont progressivement déployés sur une grande partie du territoire mexicain et ciblent les chefs et responsables du narcotrafic. Les arrestations spectaculaires très médiatisées de *capos*, comme celle du Chapo, l'ex-boss du cartel de Sinaloa, entraînent un affaiblissement de plusieurs cartels. Mais cela déclenche aussi une spirale de violences meurtrières entre cartels dans une lutte sans merci pour conquérir les secteurs des rivaux en difficulté.

Malgré l'aide de la Drug Enforcement Administration américaine et des financements de Washington pour moderniser l'armée, cette guerre s'avère être un cuisant échec. Au fil des années, les assassinats se multiplient dans tout le pays. En une douzaine d'années, 200 000 personnes sont mortes et au moins 30 000 ont disparu dans ce conflit inégal entre mafieux et simples citoyens. Les

forces de l'ordre censées protéger la population sont aujourd'hui le plus souvent complices des narcotrafiquants : les vols, les kidnappings, les extorsions, voire la traite d'enfants, n'ont cessé de se multiplier. Le Mexique est devenu l'un des pays les plus violents de la planète.

→ Vers une nouvelle ère ?

Cette violence ne s'est malheureusement pas éteinte avec l'élection du candidat de gauche, Andrés Manuel López Obrador, dit AMLO, à la présidence mexicaine en juillet 2018. Son programme, pourtant très social, promettait une meilleure redistribution pour améliorer la situation des plus défavorisés, une lutte ferme contre la corruption endémique et une nouvelle stratégie, moins martiale, contre les narcotrafiquants. En d'autres termes, il projetait de s'attaquer aux racines du mal en cherchant à réduire les inégalités et en réformant la justice et la police pour consolider l'État. Or, la pandémie de Covid-19 (le Mexique est classé au troisième rang mondial en termes de mortalité) a contraint AMLO à gérer la crise sanitaire au détriment de la lutte contre la violence des cartels.

Cette décision a engendré une situation paradoxale où les cartels ont eu le champ libre – l'armée étant mobilisée par la pandémie – et ont souvent pallié les défaillances de l'État. On les a vus distribuer des vivres aux plus pauvres et leur accorder des crédits afin de gagner de nouvelles loyautés et de renforcer leur base sociale. Fin 2020, l'abandon des poursuites à l'encontre de l'ancien ministre de la Défense Salvador Cienfuegos, accusé de narcotrafic par Washington, interroge sur la capacité de lutte du pouvoir face aux narcotrafiquants.

Malgré tout, AMLO, en avril 2022, se maintient au pouvoir après un référendum peu suivi. Les Mexicains lui savent gré d'avoir considérablement augmenté le salaire minimum et d'avoir laissé ouvertes les frontières du pays pendant toute la pandémie, limitant ainsi son impact sur le tourisme, secteur vital pour l'économie mexicaine.

LE MEXIQUE, PAYS DE TRANSIT VERS LE PREMIER CONSOMMATEUR DE DROGUES

Si le Mexique est la plaque tournante du trafic de drogue, c'est que les cartels mexicains sont devenus, au cours des années 1990, les intermédiaires des producteurs colombiens quand ces derniers ont été affaiblis par la lutte menée par leur gouvernement assisté de la DEA (Drug Enforcement Administration) des États-Unis, contre le cartel de Medellín.

Le Panama, enjeu des nouvelles routes de la soie

La Chine est de plus en plus présente en Amérique latine. Grâce aux liens commerciaux tissés avec le Brésil, le Venezuela et l'Argentine, Pékin sécurise son approvisionnement en ressources stratégiques (hydrocarbures, ressources minérales, productions alimentaires, etc.) pour alimenter sa consommation intérieure tout en ouvrant de nouveaux marchés pour ses entreprises. Elle s'intéresse aujourd'hui plus particulièrement aux pays de la mer des Caraïbes et notamment au canal de Panama, voie maritime majeure dans ses échanges avec les États-Unis. En l'espace d'une décennie, la Chine s'est affirmée comme un partenaire commercial et financier incontournable dans cette zone. Le volume des échanges de marchandises est passé de 10 milliards de dollars en 1990 à 266 milliards en 2017, selon les chiffres de la Commission économique pour l'Amérique latine et les Caraïbes, soit l'équivalent du commerce de marchandises entre les États-Unis et les pays de la région. Outre le commerce, la Chine a aussi pratiquement doublé le montant de ses prêts à destination de ces pays, à un moment où le financement des banques de développement occidentales en direction du sous-continent connaissait au contraire une diminution graduelle. Après le Panama en 2017, l'Équateur, Cuba et le Chili se sont aussi rapprochés de la Chine au cours de l'année 2018, afin de participer à l'initiative des nouvelles routes de la soie. Mais Pékin n'est pas parvenu à convaincre les grandes économies d'Amérique latine : le Brésil, l'Argentine et le Mexique ont sans doute été influencés par les critiques américaines concernant la transparence de ces prêts et l'endettement qu'ils induisent pour les États. Les ambitions grandissantes du géant chinois dans la région des Caraïbes ne sont pas du goût de Washington, qui veille jalousement sur sa traditionnelle sphère d'influence depuis la doctrine Monroe de 1823. C'est notamment le cas du canal de Panama, stratégique pour son commerce extérieur depuis son percement au début du XXe siècle.

Conçu à la fin du XIXe siècle par le Français Ferdinand de Lesseps, lequel était auréolé du succès de ses travaux de percement du canal de Suez, le canal est finalement achevé par les États-Unis en 1914, après qu'ils se sont assurés dès 1903 de l'indépendance de Panama vis-à-vis de la grande Colombie. Les 77 kilomètres de cette route océanique entre le golfe de Panama, dans l'océan Pacifique, et la mer des Caraïbes, dans l'océan Atlantique, sont perçus par les Américains comme une artère intérieure nécessaire à son commerce entre ses ports des côtes est et ouest. Il permet effectivement de relier New York et San Francisco en 9 500 kilomètres au lieu de 22 500 kilomètres (par le cap Horn). Le canal de Panama a bouleversé en profondeur le transport maritime et l'économie mondiale. Aujourd'hui, même si les Américains ont rendu au Panama sa souveraineté sur le canal (le 31 décembre 1999), celui-ci constitue toujours pour Washington un enjeu essentiel.

CANADA
ÉTATS-UNIS
MEXIQUE
CUBA
JAMAÏQUE
RÉP. DOM.
ANTIGUA-ET-BARBUDA
BARBADE
GRENADE
TRINITÉ-ET-TOBAGO
GUYANA
SURINAME
EL SALVADOR
COSTA-RICA
PANAMA
VENEZUELA
COLOMBIE
ÉQUATEUR
PÉROU
BRÉSIL
BOLIVIE
PARAGUAY
CHILI
ARGENTINE
URUGUAY
Trafic au canal de Panama par route, 2018
(en % du tonnage total)
États-Unis
Côte Ouest
Côte Est
Europe
5 %
Am. centrale Côte Ouest
10 %
Asie
50 %
CANAL DE PANAMA
24 %
11 %
Amérique du Sud
Côte Ouest
Route maritime
Canal de Panama
Membre de la nouvelle route de la soie (signataire d'un mémorandum d'entente avec la Chine)

Destination 9

Punto Fijo

Voici l'une des nombreuses raffineries de pétrole du Venezuela. Le pays dispose de près de 18 % des réserves mondiales d'or noir, devant le royaume saoudien. Un potentiel mal exploité par le chavisme, modèle socialiste autoritaire qui a conduit le pays au surendettement, à l'inflation galopante, aux pénuries et à une pauvreté endémique, laquelle a déclenché des vagues massives d'émigration.

Héritier du chavisme, l'actuel président, Nicolàs Maduro, a vu, après les élections controversées de 2018, son pouvoir menacé par l'opposant Juan Guaidó, qui dénonçait la nature dictatoriale du régime en place et proposait une nouvelle ère démocratique, soutenu notamment par Washington et l'Union européenne. Le président Biden avait ainsi rompu les relations diplomatiques avec Caracas et imposé un embargo pétrolier, espérant accélérer la chute du régime en place.

Mais la guerre en Ukraine a changé la donne. La détermination des Occidentaux à renoncer aux hydrocarbures russes, pour ne pas financer la « guerre du Kremlin » et limiter l'envolée des prix du baril, a conduit à un début de retour en grâce pour Nicolàs Maduro. Le 5 mars 2022, d'après le *New York Times*, une délégation de hauts fonctionnaires américains s'est discrètement rendue à Caracas afin d'examiner comment lever partiellement certaines des sanctions américaines. Par ailleurs, des compagnies pétrolières – Chevron (États-Unis), Eni (Italie) et Repsom (Espagne) – ont été autorisées à exporter du pétrole vénézuélien vers le continent européen.

Une aubaine pour Nicolàs Maduro, lequel a pourtant explicitement apporté son soutien à l'invasion russe de l'Ukraine. Mais le leader vénézuélien sait qu'il ne pourra pas se maintenir au pouvoir sans sortir son pays du marasme économique dans lequel il s'est enlisé au cours de la dernière décennie.

Venezuela : retour en grâce ?

→ Pétrole et socialisme

Au Venezuela, deux figures sont incontournables : celles de Hugo Chávez et de Simón Bolívar. Hugo Chávez a dirigé le pays de 1999 à 2013, lançant sa « révolution socialiste bolivarienne » en référence à Simón Bolívar. Celui-ci avait contribué à libérer la région de la domination coloniale espagnole au XIXe siècle. Depuis, le nom officiel du pays est d'ailleurs la République bolivarienne du Venezuela.

Hugo Chávez se voulait le théoricien d'un « socialisme du XXIe siècle », fondé sur la démocratie participative, s'appuyant sur l'armée et sur le pétrole. Le Venezuela se trouve pourtant aujourd'hui dans une situation catastrophique, avec le retour de la faim, de maladies comme la malaria, en plus de l'épidémie de Covid-19, et la répression croissante des mouvements sociaux. Le pays a perdu 19 places, par rapport à 2016, dans le dernier classement de l'ONG Freedom House paru en 2020 qui classe le degré de démocratie et de liberté des États du monde.

→ La nation arc-en-ciel

Situé au nord-ouest du continent sud-américain, à l'extrémité de la cordillère des Andes, le Venezuela s'ouvre au nord sur la mer des Caraïbes, et s'étend au sud de l'Orénoque dans l'immense forêt amazonienne. Son vaste territoire, aussi grand que la France et l'Allemagne réunies, couvre 910 000 kilomètres carrés pour une population estimée aujourd'hui à 31 millions d'habitants.

Très majoritairement chrétien, le pays forme une nation arc-en-ciel. Sa population est pour plus de la moitié métisse – issue des mélanges entre colons espagnols et portugais, esclaves africains et peuples indigènes –, tandis qu'on compte 42,5 % de Blancs, 3,5 % de Noirs et 2,5 % seulement d'Amérindiens. Près de 90 % des Vénézuéliens sont des citadins : ils se concentrent avant tout à Caracas, la capitale, et dans les grandes villes du littoral, Maracaibo, Valencia et Maracay. Cette population en majorité urbaine est également jeune, près de la moitié ayant moins de 25 ans. Les habitants sont aussi très éduqués, avec un taux de scolarisation en primaire de près de 92 %, selon l'Unicef, faisant du Venezuela l'un des États les mieux classés du continent.

→ L'or noir, atout ou fardeau ?

Si la population se concentre au nord, c'est d'abord parce que le peuplement s'est fait par la mer et, ensuite, parce que c'est dans le nord-ouest du pays qu'a été découvert le pétrole en 1914. Le pétrole est au cœur de l'économie du Venezuela. Le pays dispose de 17,6 % des réserves mondiales, devant l'Arabie saoudite (15,6 %) et le Canada (10 %). Il est d'ailleurs un membre fondateur de l'Opep, l'Organisation des pays exportateurs de pétrole, née en 1960.

Mais cette ressource est à la fois un atout et une faiblesse, car la richesse du Venezuela repose sur cette rente, qui contribue au quart de son PIB. La compagnie nationale publique, PDVSA, joue un rôle crucial dans l'économie du pays puisque le « contrat social » vénézuélien établi par Hugo Chávez repose sur la redistribution de cette manne pétrolière. Ce système a notamment permis de financer les programmes d'éducation, de lutte contre la pauvreté et d'aides aux classes populaires. Depuis son accession au pouvoir en novembre 2013, le successeur de Chávez, Nicolás Maduro, a prolongé cette politique. Le revers de cette économie de rente est que le

> **LA « VENISE » DE L'AMÉRIQUE**
>
> **Le Venezuela se situe au nord-ouest du continent sud-américain. Il possède un littoral de 2 800 kilomètres le long de la mer des Caraïbes. Le lac Maracaibo, qui est en réalité une large baie, est à l'origine du nom du pays : les marins de Christophe Colomb y ayant découvert un village indien sur pilotis, ils la nommèrent Venezuela (« Petite Venise »). Par ailleurs, le pays est traversé de part en part par le fleuve Orénoque, long de 2 140 kilomètres et qui pénètre l'immense forêt amazonienne.**

Venezuela dépend entièrement de la vente de son pétrole pour sa survie puisqu'il représente 95 % de ses exportations. Une dépendance qui découle du fait que le pays n'a développé aucun autre secteur économique, pas même le raffinage du pétrole en essence, effectué par son principal rival et pourtant premier client jusqu'à récemment : les États-Unis. En 2017, « l'impérialiste yankee », selon la rhétorique officielle, absorbe 39 % des exportations d'hydrocarbures vénézuéliennes, suivi par la Chine (19 %), l'Inde (18 %), Singapour (4 %) et Cuba (4 %). Ces rentrées de devises permettent au pays d'acheter à l'étranger tous les biens de consommation et d'équipement qu'il ne produit pas. Et ce sont de nouveau les États-Unis, son premier partenaire commercial, qui représentent le quart de ces importations, suivis de la Chine (14,5 %) et de ses voisins sud-américains, le Brésil, l'Argentine et la Colombie.

→ La faillite d'un modèle

L'argent du pétrole servant à remplir les caisses de l'État, à payer les fonctionnaires et à financer les programmes sociaux, le budget du Venezuela est par conséquent très dépendant de l'évolution des cours des hydrocarbures. Lorsque les prix baissent, la mécanique s'enraye, et ce d'autant que, dans le cas du Venezuela, la prospérité du pays est garantie si le prix du baril dépasse les 70 dollars. Avec l'effondrement des cours sous ce seuil, à la suite de la crise mondiale de 2008, puis de nouveau à partir de 2015, le Venezuela est entré dans une crise économique profonde.

Faute d'avoir diversifié et modernisé son économie, le pays se trouve plongé dans un profond marasme. Par ailleurs, l'entreprise publique chargée de la ressource pétrolière, PDVSA, mal gérée et corrompue, n'investit pas suffisamment, et ses installations sont si vétustes que la production baisse d'année en année. En vingt ans, elle est passée de 3,1 millions de baril par jour à 960 000, dont 760 000 sont exportés. La mauvaise gestion du secteur pétrolier n'est pas la seule responsable de ce marasme, la désastreuse gouvernance du pays par Nicolás Maduro y est aussi pour

UNE ÉCONOMIE TOURNÉE ENTIÈREMENT VERS LE SECTEUR PÉTROLIER

Le pétrole est la principale ressource du Venezuela. Exploité au nord depuis sa découverte en 1914, le pétrole est aussi présent à l'ouest. C'est là que sont situés les premiers puits conventionnels du lac Maracaibo, les plus rentables du pays, mais aujourd'hui en voie d'épuisement. Au centre du pays, on trouve également l'immense zone d'exploitation du pétrole lourd, extrait des sables bitumineux du bassin de l'Orénoque. Une activité qui cause des dégâts majeurs sur l'environnement.

beaucoup. L'expropriation des propriétaires terriens, des entreprises et des banques, ainsi que le départ des firmes étrangères déroutées par une politique économique incohérente, ont progressivement détruit l'économie locale.

Tous les indicateurs sont au rouge : le PIB s'est effondré, plus d'un quart de la population est au chômage et, alors que l'inflation atteint des records, la pauvreté touche 82 % des habitants. L'argent n'a plus de valeur (inflation à huit chiffres selon le FMI en 2019), les Vénézuéliens manquent de tout, et en particulier de nourriture et de médicaments, car le pays est surendetté et ne peut plus importer en masse. Avec l'effondrement du système de santé et le retour de maladies comme la tuberculose et le paludisme – et depuis 2020 l'épidémie de Covid-19 –, le pays a fini de basculer dans une crise humanitaire sans précédent, contribuant à un exode massif de la population vers les pays voisins, l'Europe et les États-Unis. Enfin, avec la chute du cours du pétrole mais aussi la baisse de la production, les recettes de l'État s'effondrent. Il devient de plus en plus difficile pour le pays de rembourser sa dette extérieure. En 2018, celle-ci est estimée à environ 150 milliards de dollars. Ce sont des investisseurs privés américains – fonds de pension ou banques – qui en détiennent la grande majorité.

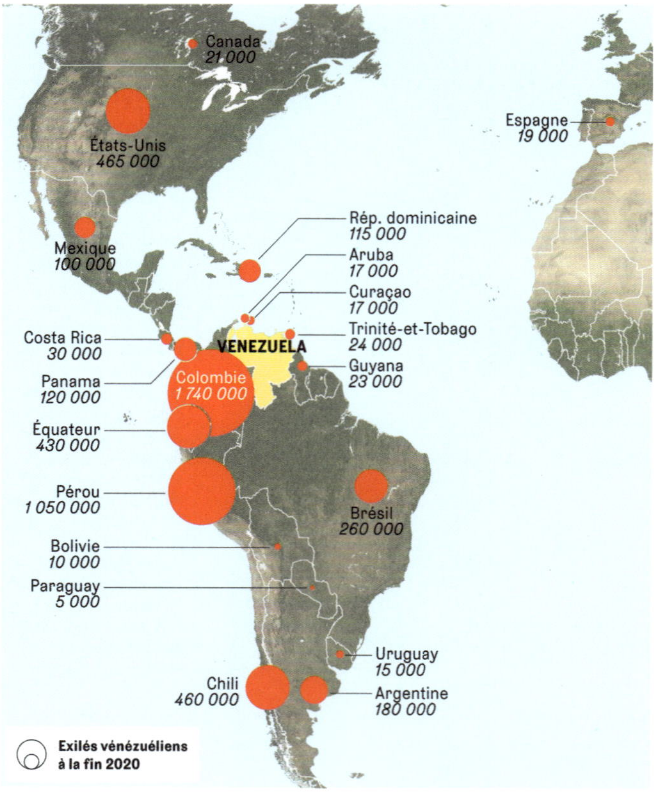

UNE CRISE MIGRATOIRE SANS PRÉCÉDENT

La crise économique et politique a conduit à l'exil de près de 5,5 millions de Vénézuéliens, soit 1 habitant sur 6, selon le haut-commissariat pour les réfugiés. 1,7 million se trouvent actuellement en Colombie et plus d'1 million au Pérou. Le Mexique, ainsi que les États-Unis, le Canada et plusieurs pays d'Europe, dont l'Espagne, accueillent également un nombre important de réfugiés en provenance du Venezuela. Ces exilés constituent la force vive du pays, la plupart ayant moins de 30 ans.

→ Un pays divisé

Cette crise économique a engendré une crise politique, marquée par la confrontation entre le pouvoir en place dirigé par Maduro et une opposition regroupant les partisans d'un changement de régime. Celle-ci voit le jour en 2017, lors d'immenses manifestations contre le régime Maduro qui ont lieu dans tout le pays. La répression par les forces armées fait 120 morts et environ 7 000 blessés en quelques mois.

En août 2018, le président vénézuélien, qui affirme avoir été victime d'un attentat, limoge plusieurs hauts gradés et tente de juguler la crise par une série de mesures économiques. La monnaie, le bolivar, est ainsi dévaluée de cinq 0, le salaire minimum est multiplié par 34, le prix de l'essence augmente.

La société vénézuélienne se scinde alors en deux camps : celui du président Nicolás Maduro, réélu en mai 2018 après une élection boycottée par l'opposition, et celui de l'opposition incarnée par Juan Guaidó, député du parti Volonté populaire, qui s'est autoproclamé « président par intérim » le 23 janvier 2019. Alors président du Parlement du pays, institution contrôlée par l'opposition, il promet un « gouvernement de transition » et des « élections libres ». Il est immédiatement reconnu par plusieurs pays, les États-Unis, le Canada et les États de l'Union européenne, puis par presque tous les pays d'Amérique latine, à l'exception de l'Argentine, de la Bolivie et du Guyana.

Échouant à rallier l'armée dans son camp, Guaidó et ses partisans sont victimes de la répression du régime et le pays entre dans une phase de turbulences et de fragmentation de la société, divisée entre les partisans du pouvoir légal et ceux du changement. Les élections législatives de décembre 2020 ont été de nouveau boycottées par l'opposition. De son côté, celle-ci a organisé une consultation contre le pouvoir en place qui a modérément mobilisé. Si le Parti socialiste uni du Venezuela de Maduro, le PSUV, et ses alliés rassemblés dans une coalition récoltent 68 % des suffrages, le taux de participation n'a pas dépassé les 31 %. En raison de la crise économique et sanitaire, les Vénézuéliens semblent lassés de ces divisions politiques, et préoccupés par leur survie au quotidien.

→ Amis et ennemis du régime

Au niveau régional, les États du Mercosur (Brésil, Bolivie, Paraguay, Uruguay et Argentine) ont exclu le Venezuela de l'organisation, accusant le régime vénézuélien de violer les principes démocratiques. Il reste néanmoins au président Maduro, dans les Caraïbes, un allié fidèle et indéfectible : Cuba. En 2000, un programme d'échange « médecins contre pétrole » a été mis en place entre le régime castriste et Caracas. Mais face aux difficultés du quotidien, les défections d'expatriés cubains se multiplient, aggravant encore un peu plus l'état du système de santé du Venezuela.

Au niveau international, les dernières élections législatives de décembre 2020 n'ont pas été reconnues par la cinquantaine d'États qui soutiennent le président autoproclamé, États-Unis et Union européenne en tête. Les États-Unis ont d'ailleurs décrété de multiples sanctions financières et politiques, dont un embargo sur le pétrole depuis 2019, afin de renverser le régime de Maduro.

Concrètement, cela signifie que le Venezuela ne peut plus exporter son brut à des sociétés américaines (ses principaux clients) ni aux entreprises étrangères utilisant le système bancaire américain, soit presque toutes les grandes entreprises du secteur.

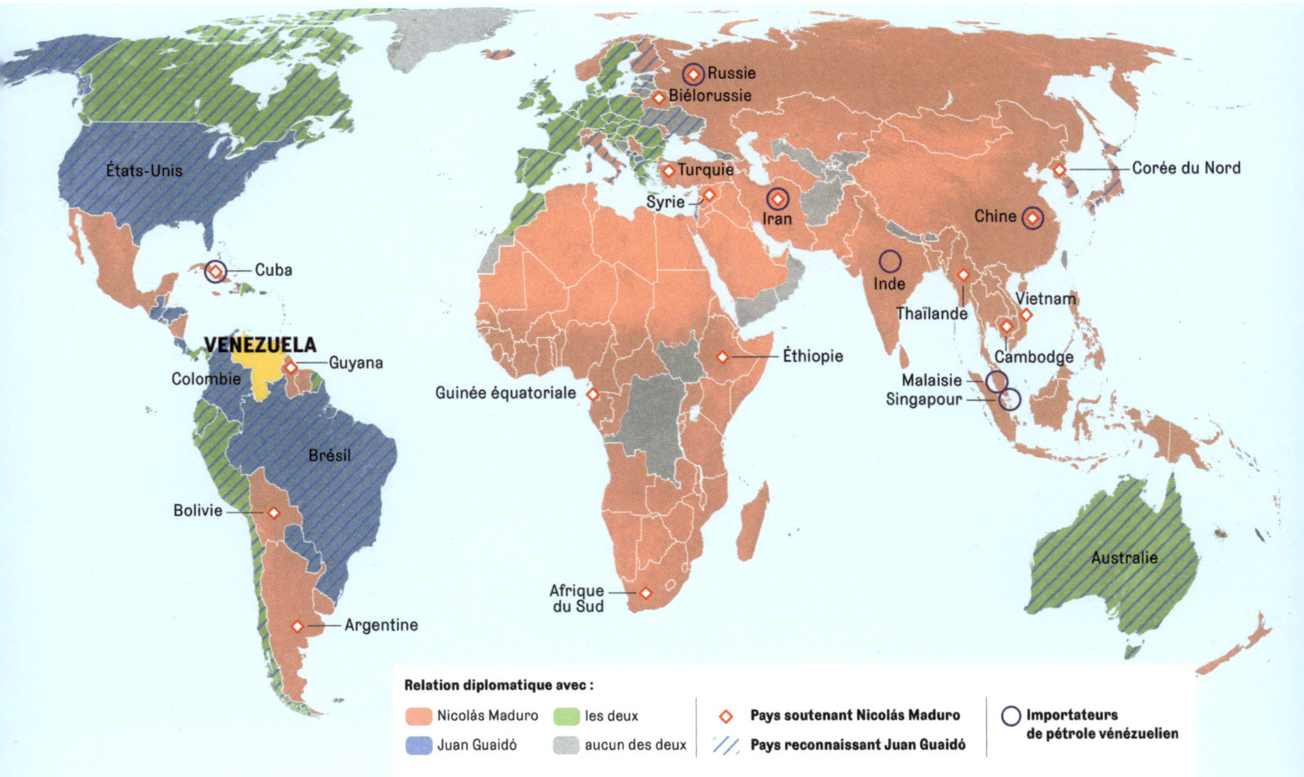

Quant à l'Union européenne, après avoir interdit les ventes d'armes et bloqué les comptes bancaires de plusieurs hauts responsables de l'État vénézuélien, elle a mis en place de nouvelles sanctions. Après les législatives de 2020, elle a ainsi annoncé qu'elle continuerait de soutenir l'ancienne Assemblée nationale, la considérant comme le seul organe démocratiquement élu du Venezuela. Cela a conduit à l'expulsion, en février 2021, de l'ambassadrice de l'UE à Caracas et à des tensions diplomatiques avec les Européens.

Mais pour les États-Unis comme pour l'Union européenne, la guerre en Ukraine change la donne. Le pétrole vénézuélien redevient indispensable pour compenser les embargos décidés sur les hydrocarbures russes. Résultat, le début d'un retour en grâce pour Maduro jusque-là isolé.

→ L'axe Caracas-Moscou-Pékin

Dans ce contexte, le Venezuela peut compter sur deux alliées de poids : la Chine et la Russie, qui ont chacune intérêt à soutenir un régime ouvertement opposé aux États-Unis. La Chine est aujourd'hui le premier créancier étatique du Venezuela, elle a investi ou prêté plus de 50 milliards de dollars au pays, et se fait rembourser directement en concessions minières ou en pétrole. Les quantités de brut qui lui sont livrées sont de plus en plus importantes au fur et à mesure que le cours baisse. C'est l'une des tendances de ce siècle : sur le continent américain comme ailleurs, la Chine pose ses jalons.

Les alliés russes et chinois du Venezuela se sont par ailleurs manifestés à l'occasion de la pandémie de la Covid-19, fournissant au régime Maduro des doses de Spoutnik V et de Sinopharm, leurs vaccins respectifs. En juin 2021, on apprenait par ailleurs la commande de 12 millions de doses d'Abdala, nouveau vaccin cubain. À cette date, le taux de vaccination de la population n'atteignait que 0,8 %.

LE VENEZUELA : QUELS ALLIÉS ?

Dépendant économiquement de « l'impérialiste yankee », qui a été son principal client et fournisseur jusqu'en 2019, le Venezuela a dû se tourner vers d'autres partenaires en raison de l'embargo américain sur ses exportations de pétrole.
La Chine, son principal créancier, est un important soutien du régime de Maduro. Mais la guerre en Ukraine pourrait favoriser un réchauffement des relations avec les États-Unis en quête de nouvelles ressources pétrolières.

100 millions de déracinés depuis l'invasion de l'Ukraine

Selon le Haut-commissariat pour les réfugiés (HCR), plus de 1 % de la population mondiale est aujourd'hui déracinée, c'est-à-dire qu'elle a dû quitter son foyer d'origine pour fuir la violence, la répression et la guerre. Le droit de rechercher l'asile en cas de persécution a été internationalement reconnu par l'article 14 de la Déclaration universelle des droits de l'homme. Créé par les Nations unies pour venir en aide aux déplacés européens lors des transferts massifs de populations post-Seconde Guerre mondiale, le HCR était censé disparaître au terme de son mandat initial de trois ans.

Sur les 89,3 millions de déracinés dans le monde fin 2021, plus de 27 millions sont des réfugiés, c'est-à-dire qu'ils se sont exilés hors de leurs frontières nationales. La grande majorité des déracinés sont en réalité des « déplacés » à l'intérieur de leur pays d'origine (53,2 millions). Ce total inclut les 5,6 millions de réfugiés palestiniens sous le mandat spécifique de l'UNRWA, l'Office de secours et de travaux des Nations unies pour les réfugiés de Palestine dans le Proche-Orient, ainsi que les 4,4 millions de Vénézuéliens déplacés à l'étranger et les 4,6 millions de demandeurs d'asile en cours de procédure (essentiellement vers les pays occidentaux).

40 % de ces réfugiés et déplacés sont âgés de moins de 18 ans.

Fin 2021, près des deux tiers des déracinés du monde sont originaires de cinq États : la Syrie, le Venezuela, l'Afghanistan, le Soudan du Sud et la Birmanie. Ailleurs, des populations continuent d'être menacées, que ce soit en République démocratique du Congo, au Nigeria, au Yémen ou dans la région du Tigré, en Éthiopie.

Avec l'invasion de l'Ukraine début 2022, le nombre de déracinés a dépassé les 100 millions de personnes, selon le HCR, 1 personne sur 78 dans le monde a dû fuir son foyer.

On dénombre 7 millions de déplacés ukrainiens et 6,8 millions de réfugiés, ce qui représente la plus grande crise de déplacement forcé de populations depuis 1945.

La plupart des exilés cherchent refuge dans les pays voisins du leur, si bien que ce sont surtout les pays en développement qui supportent l'essentiel des charges de l'accueil. Début 2022, les principaux pays d'accueil des réfugiés dans le monde sont ceux situés aux frontières des zones de crise : la Turquie, la Colombie, le Pakistan, l'Ouganda et la Pologne, principal pays d'accueil des réfugiés ukrainiens.

Avec 1 réfugié pour 8 habitants, le Liban accueille le plus de réfugiés au monde proportionnellement à sa population nationale (à l'exception d'Aruba, île caraïbe, qui enregistre 1 réfugié vénézuélien pour 6 habitants). Et si on y ajoute les réfugiés palestiniens, ce ratio passe à 1 pour 4. En Occident, l'Allemagne fait figure d'exception en étant le troisième pays d'accueil au monde avec presque 1,5 million de réfugiés sur son sol, essentiellement d'origine syrienne.

Depuis 2020, le HCR apporte aux réfugiés et déplacés, en plus d'une aide humanitaire, une aide sanitaire pour affronter le coronavirus qui touche en particulier les populations les plus vulnérables, dont font partie les déracinés de la planète.

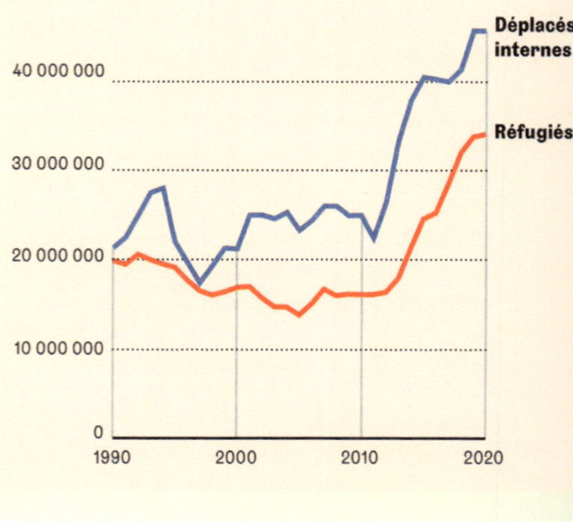

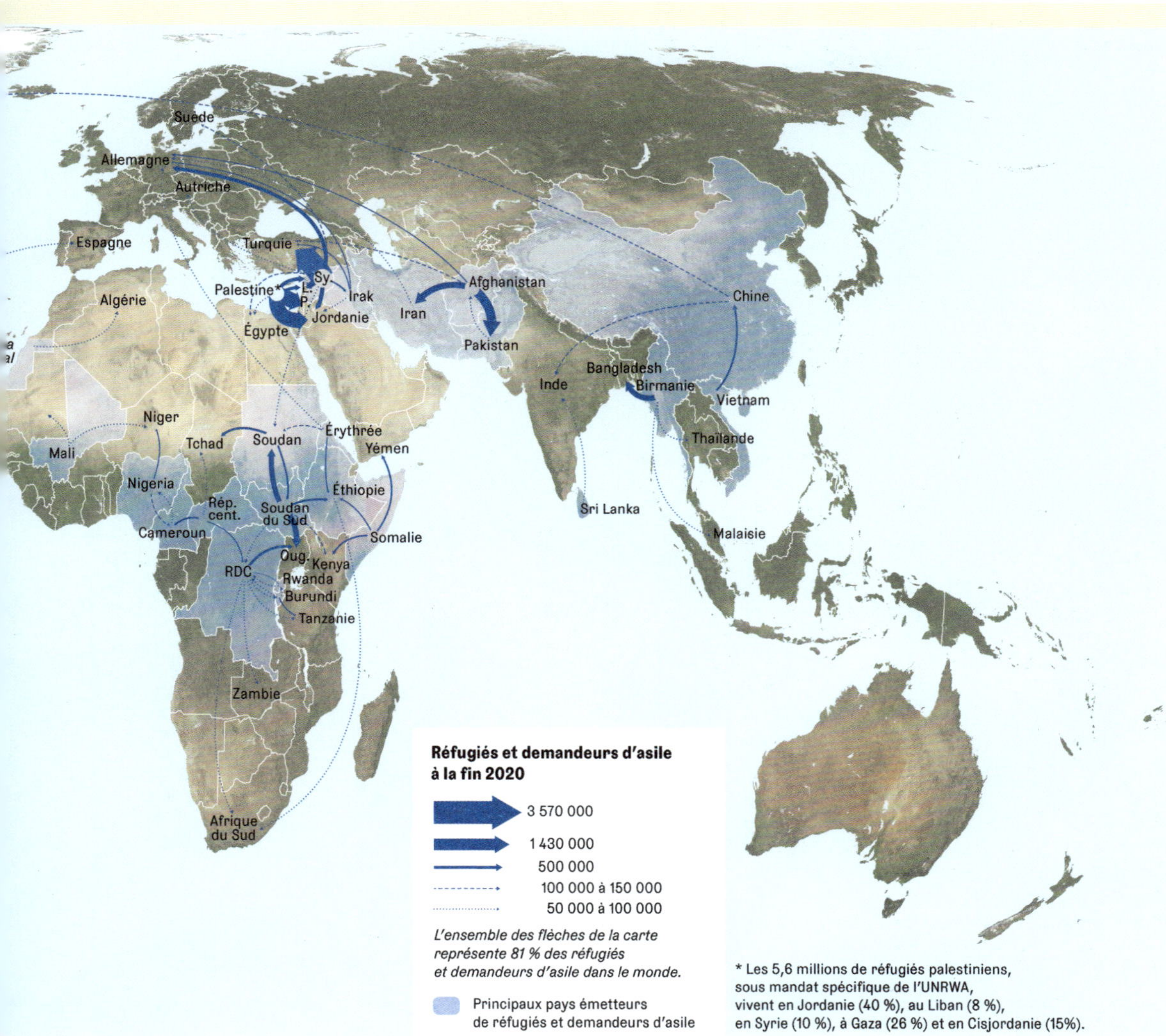

* Les 5,6 millions de réfugiés palestiniens, sous mandat spécifique de l'UNRWA, vivent en Jordanie (40 %), au Liban (8 %), en Syrie (10 %), à Gaza (26 %) et en Cisjordanie (15%).

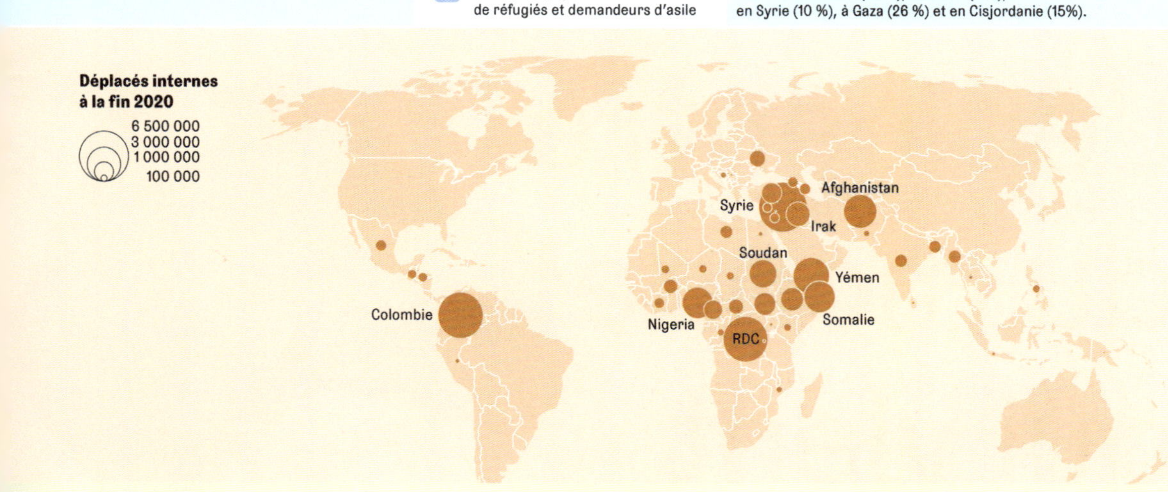

III. ASIE

L'épicentre du monde qui vient

●

Jusqu'à l'invasion russe de l'Ukraine en février 2022, les analystes constataient le glissement du centre névralgique des relations internationales de l'Occident vers l'Orient. L'Asie-Pacifique notamment concentrait les efforts de la politique extérieure américaine, afin d'y contenir les ambitions chinoises.
Si les États-Unis doivent désormais se réengager sur le continent européen après l'invasion russe de l'Ukraine, ils ne baissent pas pour autant la garde face à la Chine, laquelle affiche sa proximité avec Moscou.
Chine-Russie : deux acteurs qui misent sur la désoccidentalisation d'un monde devenu multipolaire ; ainsi, de Hong Kong à Taïwan en passant par les mers de Chine, Pékin impose son hégémonie. À charge pour les autres puissances de la région de se positionner, de Canberra à New Delhi en passant par Tokyo.

Destination 10

Pékin

Pékin, 23 juin 2022 : ce jour-là, la Chine organise le 14e sommet des « BRICS », instance créée en 2011 réunissant Brésil, Russie, Inde, Chine et Afrique du Sud. La réunion a eu lieu en « virtuel », avec la présence remarquée sur l'écran de Vladimir Poutine. Il s'agit alors de sa première apparition lors d'un sommet international depuis l'invasion de l'Ukraine, ce qui envoie un message clair au reste du monde : il est une partie du globe qui continue de « traiter » avec la Russie ; en l'occurrence les BRICS représentent le quart du PIB mondial et 42 % de la population de la planète.

Depuis l'offensive russe, la Chine de Xi Jinping a plusieurs fois répété son soutien à la Russie, refusant de la condamner lors des votes aux Nations unies, évoquant régulièrement « l'amitié » entre les deux pays : en mars 2022 notamment, le ministre chinois des Affaires étrangères, Wang Yi, qualifiait ce lien de « solide comme un roc » avec « des perspectives de coopération future immenses » entre Pékin et Moscou.

Leurs intérêts communs sont évidents : résistance au leadership mondial américain, réécriture de l'histoire et du droit pour récupérer des territoires qu'ils considèrent comme essentiels à leur sécurité, l'Ukraine pour Moscou, Taïwan pour Pékin notamment. Attention néanmoins à ne pas se méprendre sur la nature de cette relation sino-russe : si Moscou a besoin de Pékin pour compenser la rupture avec les Européens – pour vendre ses hydrocarbures notamment –, l'inverse est moins vrai.

La Chine est avant tout pragmatique : prête à soutenir l'allié russe sur un plan politique mais peu encline à l'aider économiquement si elle-même n'y trouve pas, d'abord, son intérêt.

Chine : une volonté de puissance à 360 degrés

Au printemps 2022, la Chine de Xi Jinping continue de se battre contre la Covid et poursuit sa « guerre des récits ». Objectif : démontrer l'efficacité du régime communiste, son vaccin Sinovac et sa stratégie zéro Covid. Mais rien ne se passe comme prévu et une partie de sa population brutalement reconfinée se rebelle. Dans la perspective du 20e Congrès du Parti communiste au second semestre 2022, la bonne gestion de la pandémie demeure pour Xi Jinping un impératif.

La Chine, qui consolide par ailleurs son influence sur tous les continents à travers ses nouvelles routes de la soie, accentue la pression sur Hong Kong, Taïwan, les mers de Chine et affirme plus que jamais une volonté de puissance à 360 degrés. Elle rêve de diffuser son modèle autocratique qui s'accompagne d'une promesse de prospérité économique, dissimule ses facettes les plus sombres (comme la répression de la minorité Ouïghour) et rêve d'une désoccidentalisation du monde.

→ Un géant démographique

Seconde puissance économique mondiale, et même première en parité de pouvoir d'achat depuis 2014, la Chine est d'abord une puissance démographique avec ses 1,4 milliard d'habitants. Une constante dans son histoire, car elle comptait déjà en 1800 un tiers de la population mondiale. Elle dispose aussi d'un immense territoire de 9,6 millions de kilomètres carrés, organisé en 22 provinces, quatre municipalités, dont Pékin la capitale, cinq régions autonomes où vivent principalement des minorités et deux régions administratives spéciales (Hong Kong et Macao).

Son immensité se traduit par une diversité de milieux et de paysages. On peut schématiquement diviser le pays entre une vaste Chine aride à l'ouest, avec des hauts plateaux, des déserts et des dépressions, et une Chine fertile à l'est caractérisée par de larges plaines fluviales qui ont permis l'essor de la civilisation chinoise. Cette Chine de l'Est, qui ne couvre pourtant que 40 % du territoire, est la plus peuplée et regroupe 94 % de la population, essentiellement dans les grandes villes côtières. Cette Chine est aussi celle des Hans, qui représentent 92 % de la population du pays.

→ Une Chine riche et mondialisée à l'est, pauvre et enclavée à l'ouest

Ce déséquilibre géographique est également le fruit de l'Histoire. Car le système impérial, qui a modelé l'État chinois jusqu'à nos jours, est né dans la partie est du pays. Ce n'est que sous la dynastie mandchoue des Qing que l'empereur Qianlong part de la Chine centrale des Hans, dite « des 18 provinces », pour conquérir à partir de 1735 les territoires périphériques : la Mandchourie, la Mongolie, le Turkestan (Xinjiang) et le Tibet, ainsi que les îles de Sakhaline et de Formose, l'actuel Taïwan. Pour de nombreux Chinois, ces territoires font donc naturellement partie du pays. Et c'est la raison pour laquelle la Chine communiste cherche dès Mao Zedong à les maintenir ou à les réintégrer au territoire chinois. En 1949, ses troupes conquièrent le Xinjiang. Le Tibet bouddhiste, *de facto* indépendant après 1914, est annexé en 1951. La rétrocession de Hong Kong la britannique en 1997 et

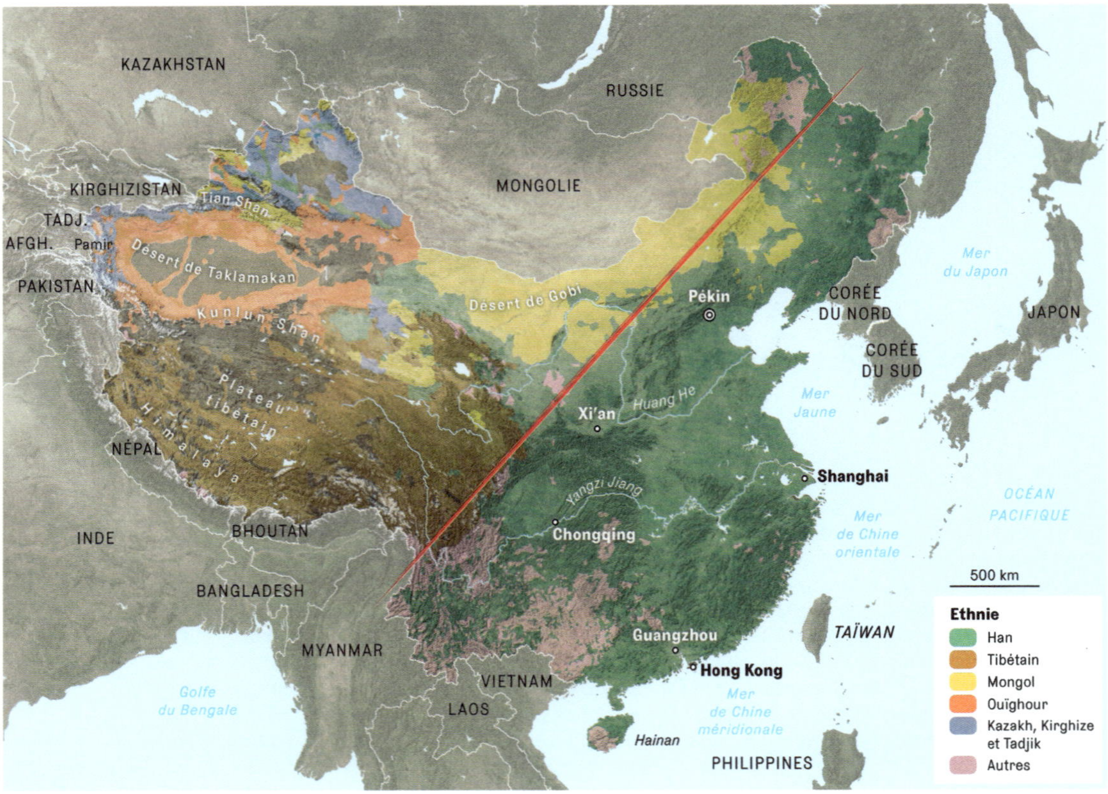

UNE CHINE COUPÉE EN DEUX

Quatrième pays au monde en superficie, la Chine est voisine de 14 États. Sa géographie très diversifiée contribue à couper la Chine en deux. À l'ouest, on trouve une Chine aride, entre hauts plateaux, déserts et dépressions. À l'est, au contraire, des collines et des plaines fertiles grâce à deux grands fleuves : le Yangzi et le Huang He. Cette Chine de l'Est, c'est aussi celle des Hans. Plus de neuf Chinois sur dix appartiennent à cette ethnie tandis que 55 minorités sont éparpillées à l'ouest.

Macao la portugaise en 1999 marque quasiment un retour au territoire des Qing – mais sans la Mongolie, ni l'île de Sakhaline ou celle de Taïwan, qui continue toutefois à être revendiquée.

Les disparités entre Chine de l'Est et Chine de l'Ouest se sont encore accentuées avec l'ouverture de la Chine au monde à partir de 1978. La mise en place de zones économiques spéciales dans ses ports, puis sur l'ensemble de ses côtes pour attirer les investissements étrangers, a en effet principalement profité aux régions littorales du delta du Yangzi et de la rivière des Perles. On y trouve les ports géants de Guangzhou et de Shanghai, la région de Pékin et de Tianjin et la province du Guangdong, dont le PIB en parité de pouvoir d'achat dépasse celui de la France. Cette ouverture à la mondialisation a permis à la Chine de devenir l'atelier du monde. L'Ouest rural et enclavé s'est également enrichi, mais nettement moins. Résultat, la Chine a presque éradiqué la pauvreté. En 2019, à peine 0,6 % de sa population vit sous le seuil de pauvreté national de moins d'un dollar par jour. Mais les inégalités, tant en termes de revenus que de développement, ont, elles, explosé : un Pékinois gagne en moyenne six fois plus qu'un habitant du Gansu. Quant à l'IDH (indice de développement humain), aujourd'hui très élevé dans les riches zones de l'Est, il reste moyen dans les zones périphériques.

C'est pour lutter contre ces déséquilibres et inégalités internes que Pékin a favorisé à partir des années 1990 des projets de développement.

Mais sous couvert de désenclavement, la construction d'un réseau TGV permet aussi la colonisation active de ces régions stratégiques de l'Ouest par les Hans. Le Tibet, qui forme 13 % du territoire chinois, est particulièrement riche en lithium, cuivre et or, tandis que le Xinjiang, étendu sur 17 % du territoire chinois, détient 40 % de ses réserves en charbon, en plus de gisements en gaz et pétrole. Résultat, Lhassa compte déjà 20 % de Hans. La pression est encore plus forte au Xinjiang musulman : sa capitale Ürümqi compte au moins trois quarts de Chinois. Pékin pousse aussi à l'assimilation des minorités par la sinisation des

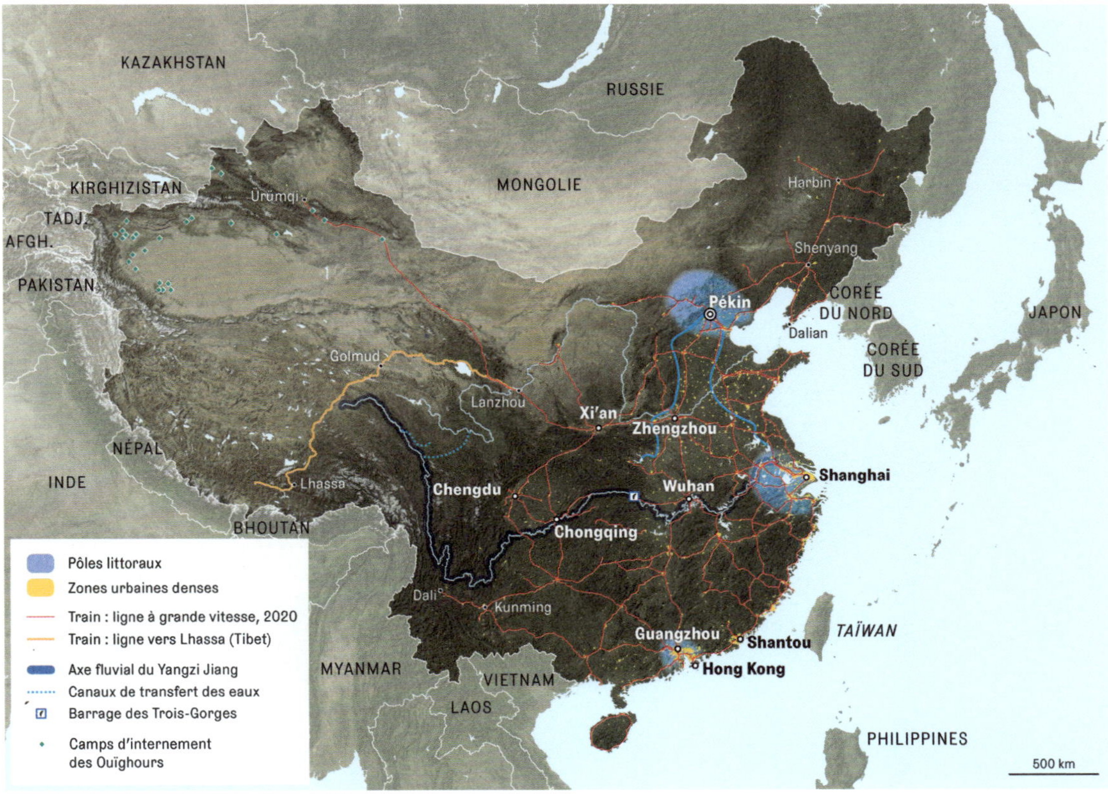

écoles, en particulier au Tibet depuis le dernier soulèvement de 2008, quelques mois avant les Jeux olympiques de Pékin. Au Xinjiang, depuis les émeutes de 2009, Pékin a renforcé les mesures de surveillance et de répression, si bien qu'un Ouïghour sur vingt aurait été envoyé dans un camp de « rééducation par le travail », soit plus d'un million de personnes selon Amnesty International.

Pour le centenaire de la République populaire, en 2049, Xi Jinping veut aussi aménager le territoire chinois au-delà de ses frontières. C'est tout l'enjeu des nouvelles routes de la soie, terrestres et maritimes, qui font écho à celles des Hans, il y a deux mille ans. Mais ce projet de connexion économique mondiale, tout comme l'expansionnisme de la Chine, inquiète ses voisins et son rival américain.

→ Un nouvel expansionnisme chinois

Après avoir récupéré le Tibet, Hong Kong et Macao et tout en lorgnant sur Taïwan, Pékin affirme de plus en plus son ambition sur les mers de Chine orientale et méridionale. Si elle considère cette zone maritime comme stratégique, c'est parce qu'elle est le cœur de la croissance mondiale depuis cinquante ans. La mer de Chine méridionale est parcourue par les principaux couloirs maritimes de la planète, vitaux pour l'atelier du monde qu'est la Chine. Chaque année, 100 000 navires s'y croisent, venus du golfe Persique pour alimenter la deuxième économie mondiale en hydrocarbures, ou pour lui permettre d'exporter ses produits manufacturés vers le reste du monde. En tout, ces deux mers représentent un tiers du commerce mondial. Ce n'est pas un hasard si on y trouve huit des dix premiers ports mondiaux.

Cette région maritime est également riche en ressources halieutiques et la Chine est de loin le premier pays consommateur de poisson, ainsi que le premier pays pêcheur mondial. Enfin, troisième enjeu pour la Chine, les fonds de ces deux mers peu profondes seraient riches en minerais et terres rares. On y exploite déjà d'importants gisements d'hydrocarbures : en mer de Chine orientale par exemple, celui de Pinghu, dont Pékin

DES LOGIQUES DE DÉVELOPPEMENT TRANSVERSALES

Pour lutter contre les déséquilibres régionaux, Pékin a favorisé des projets de développement internes. Le bassin du Yangzi est ainsi devenu l'un des axes majeurs de l'aménagement du territoire, avec le barrage des Trois-Gorges. À partir des années 2000, la politique de développement se tourne vers l'ouest pour développer la Chine intérieure par la construction d'infrastructures de transport. Depuis 2010, le troisième axe repose sur la construction d'un réseau de train à grande vitesse.

LA MER DE CHINE MÉRIDIONALE

En 1947, Pékin a tracé une « ligne à neuf traits », dite aussi « la langue de bœuf », qu'elle invoque régulièrement lorsqu'il s'agit d'affirmer ses prétentions en mer de Chine méridionale. Elle appuie parfois ses revendications sur des cartes plus anciennes, ou des routes commerciales datant du XIIe siècle. En 2013, la Chine a ajouté à cette ligne un « 10e trait », celui qui permet à Pékin d'inclure Taïwan dans ses exigences.

exporte le pétrole depuis les années 1980 via un oléoduc long de 300 kilomètres. En mer de Chine méridionale, l'Agence internationale pour l'énergie estime les réserves à 11 milliards de barils de pétrole, et 5 400 milliards de mètres cubes de gaz naturel.

→ Quand Pékin s'affranchit du droit maritime international

Le droit maritime actuel, fixé en 1982 par la convention de l'ONU de Montego Bay, spécifie que tout pays possède une souveraineté absolue sur sa mer territoriale (12 milles marins), tout en précisant qu'un État peut revendiquer des droits d'exploitation des ressources dans une « zone économique exclusive » (ZEE) de 200 milles marins, voire dans certains cas de 350 milles s'il s'agit du prolongement de son plateau continental. Le droit maritime international stipule évidemment clairement qu'un pays ne doit pas empiéter sur la ZEE d'un autre pays, ni sur la haute mer.

Or, en mer de Chine, la zone visée par la Chine se heurte aux revendications des pays riverains : Japon, Philippines, Malaisie, Brunei, Vietnam. Chaque îlot ou archipel émergé devient donc, de fait, un enjeu de puissance, car une fois aménagé et habité, il donne droit à 200 nouveaux milles de ZEE. Raison pour laquelle, à 600 kilomètres entre l'île japonaise d'Okinawa et les côtes chinoises, les îles Senkaku (ou Diaoyu en chinois), sous administration nippone, sont régulièrement le théâtre d'incidents entre les flottes des deux pays.

La situation est identique pour les 180 îlots des Spratleys, au large des Philippines. Le Vietnam en occupe vingt et un, les Philippines huit, la Malaisie sept, Taïwan deux. La Chine a pris pied sur dix d'entre eux, très militarisés, mais les revendique tous. Cependant, 36 sont émergés à marée basse seulement et ne peuvent pas faire l'objet de revendication selon le droit international ou servir de base au tracé d'une ZEE. C'est la raison pour laquelle Pékin construit sur ces îlots des pistes d'atterrissage et des bâtiments militaires pour asseoir sa demande de souveraineté. Au nord des Spratleys, la Chine a annexé l'atoll de Scarborough en 2012, malgré les protestations des Philippines et de la Cour permanente d'arbitrage des Nations unies.

Dans les Paracels, on assiste à la même stratégie agressive de construction depuis 2010, cette fois aux dépens du Vietnam et de ses pêcheurs. Pékin a également des vues sur les îles Pratas, parc national appartenant à Taïwan, ainsi que sur les îles Natuna : l'Indonésie y a installé chasseurs et fusiliers marins pour les défendre des ambitions chinoises.

→ Mer de Chine, la bataille navale aura-t-elle lieu ?

Avec l'arrivée au pouvoir de Xi Jinping en 2013, cette stratégie navale chinoise est devenue de plus en plus hégémonique. C'est au cours de cette même période que les États-Unis ont décidé de faire de l'Asie le cœur de leur politique étrangère – adoptant ce qu'on appelle la nouvelle stratégie du « pivot asiatique ». Depuis, on assiste à une rivalité croissante entre les deux premières puissances navales mondiales. Depuis 1945 et l'effondrement de l'Empire que les Japonais avaient imposé en Asie, ce sont les États-Unis qui jouent le rôle de « gendarme des mers asiatiques ». La défaite japonaise puis la guerre de Corée ont permis aux États-Unis d'édifier une double ceinture de bases ou de « facilités ».

Pékin, qui possède la deuxième flotte mondiale devant la Russie, vient aujourd'hui remettre en cause cette « tutelle américaine » sur la région. Une nouvelle ambition chinoise qui a provoqué en réaction une course à l'armement régional. Mais avec un budget militaire annuel qui équivaut à plus de deux fois celui de tous ses voisins réunis, Pékin est devenu la puissance régionale incontestable.

Les ambitions chinoises vont plus loin : le premier porte-avions chinois, recyclé de la flotte ukrainienne, est devenu opérationnel en 2011, le second en 2018 et un troisième a été mis à l'eau en juin 2022 alors que deux ou trois autres devraient faire leur apparition avant 2035. Avec 601 navires au total, la flotte chinoise veut « verrouiller » les mers de Chine pour en faire des « lacs chinois » et repousser l'influence américaine au-delà de cette ligne qui passe par Guam et les îles Marianne, loin en haute mer.

Pour contrer l'expansionnisme de Pékin, les États-Unis envoient régulièrement des bateaux militaires dans la zone de 12 milles chinois pour défendre le droit « à la libre navigation » – donnant lieu à des escarmouches. De leur côté, les pays asiatiques inquiets de la puissance chinoise comptent sur la présence américaine, tout en se rapprochant économiquement de la Chine, à travers notamment le Partenariat régional économique global (RCEP) entré en vigueur le 1er janvier 2022 entre quinze pays.

Les routes de la soie : nouvel outil de la puissance chinoise

Lancé en 2013, le projet chinois des nouvelles routes de la soie a pour objectif la modernisation et la construction de corridors terrestres (routes, voies ferrées, gazoducs, oléoducs) et maritimes dans plus de soixante pays en Asie, en Afrique, mais aussi en Europe. Ce projet marque le retour de la Chine, en retrait depuis la fin du XVIIIe siècle, comme acteur majeur de l'économie mondiale.
L'objectif est pour Pékin d'assurer ses approvisionnements en ressources naturelles et en matières premières, de sécuriser ses exportations, mais aussi de dynamiser sa croissance économique en créant de nouvelles opportunités commerciales et des alliances politiques et économiques. Ainsi, en Afrique de l'Est, les aménagements portuaires financés par la Chine contribuent à la croissance économique de l'Éthiopie, du Kenya, de la Tanzanie, mais aussi du Soudan du Sud, de l'Ouganda, du Rwanda et de la Zambie.
En Chine, l'aménagement d'un réseau ferré, au cours des trente dernières années, a permis de relier la partie littorale du pays à Xi'an, point de départ de l'ancienne comme de la nouvelle route terrestre de la soie. De la même façon, les routes venant de Chongqing, de Chengdu au Sichuan, d'Ürümqi au Xinjiang, puis à terme de Lhassa au Tibet, seront aussi intégrées à ce projet de connexion de la Chine avec le monde.
Cette ambition comprend une dimension numérique que le développement de la 5G doit permettre de réaliser.
Elle accompagne l'affirmation de puissance chinoise sur la scène internationale et marque le retour de la Chine comme acteur majeur dans tous les domaines.
À l'heure de la lutte mondiale contre l'épidémie de Covid-19, la Chine a également proposé de lancer en 2020 une « route de la soie de la santé », soulignant la volonté du pays d'utiliser la diplomatie sanitaire pour gagner en influence dans le monde. Déjà, en 2017, la Chine avait organisé à Pékin une réunion internationale sur la coopération sanitaire avec une trentaine d'États et signé des protocoles avec le programme ONUSIDA, le Fonds mondial de lutte contre le sida, la tuberculose et le paludisme (The Global Fund), et l'Alliance globale pour les vaccins et l'immunisation (GAVI). Cette stratégie sanitaire s'inscrit dans une volonté chinoise de se présenter comme un modèle, mais aussi d'occulter ses difficultés à gérer la crise, et sans doute, sa responsabilité supposée dans l'origine de la pandémie.

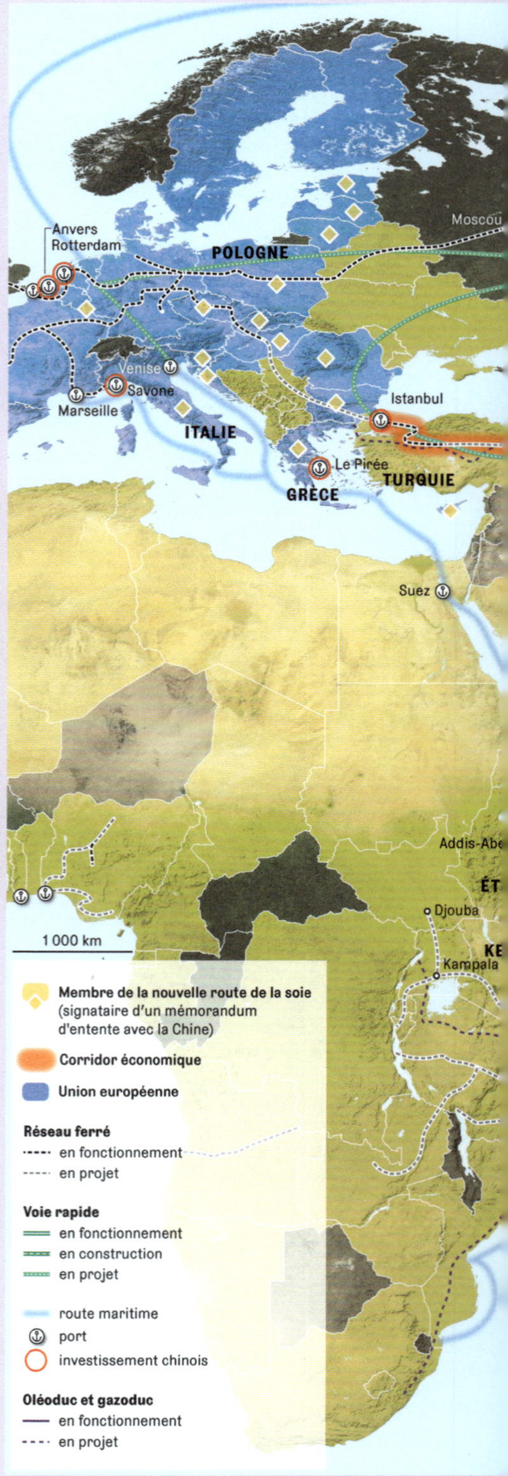

RUSSIE
Kirov
Perm
Tioumen
Kazan
Omsk
Novossibirsk
Krasnoïarsk
Taïchet
Bratsk
Irkoutsk
Tchita
Bamovskaia
KAZAKHSTAN
Oulan Bator
MONGOLIE
Almaty
Khorgos
Ürümqi
Bichkek
Erlian
Changchun
Vladivostok
Shenyang
Rasŏn
Pékin
Tianjin
Chongjin
Douchanbé
Kashgar
CHINE
Lanzhou
Busan
Téhéran
Xi'an
Ispahan
Islamabad
IRAN
Lhassa
Shanghai
NÉPAL
Ningbo-Zhoushan
PAKISTAN
mmam
Kunming
Quanzhou
Gwadar
Karachi
Dacca
ARABIE SAOUDITE
INDE
Calcutta
Beihai
Hong Kong
Chittagong
Mandalay
Hanoï
Zhanjiang
Haikou
Vientiane
BANGLADESH
BIRMANIE
THAÏLANDE
PHILIPPINES
Bangkok
Laem Chabang
Phnom Penh
Sihanoukville
Colombo
Kuala Lumpur
MALAISIE
Singapour
INDONÉSIE
Jakarta
AUSTRALIE

Destination 11

Causeway Bay

Tous les habitants de Hong Kong connaissent Causeway Bay : c'est ici que s'installèrent les premiers marchands britanniques au XIXe siècle et c'est aujourd'hui une des principales artères commerciales de la ville, l'une des plus chères au monde pour qui souhaite s'y installer. Temple du shopping, succession de centres commerciaux géants, nous sommes ici dans ce Hong Kong trépidant, capitaliste, qui aura sans doute vécu en 2020 ses dernières heures de résistance à la pression de Pékin.

Désormais, la police politique chinoise y est bien présente en vertu de la nouvelle loi de sécurité nationale adoptée en juin 2020, qui, *de facto*, aura marqué la fin du statut « un pays, deux systèmes » adopté lors de la rétrocession de Hong Kong à la Chine par les Britanniques.

Si Hong Kong n'est pas encore devenue complètement une ville chinoise comme une autre, la révolte des pro-démocratie est en train de s'épuiser. Entre arrestations et harcèlement de quiconque semble s'opposer à l'emprise du régime de Pékin, elles semblent loin, déjà, ces « veillées du souvenir de Tiananmen » qui avaient lieu chaque année depuis 1990 dans ce même quartier de Causeway Bay. En 2020, ces rassemblements ont été interdits pour la première fois, officiellement en raison des mesures sanitaires liées à l'épidémie de Covid-19 ; des dizaines de milliers de personnes ont malgré tout bravé l'interdiction mais les organisateurs ont ensuite été inculpés. Enfin, le 25e anniversaire de la rétrocession en juillet 2022 a été marqué par la visite de Xi Jinping, venu installer John Lee, encore plus inféodé à Pékin que Carrie Lam, à la tête de l'exécutif de Hong Kong.

Symbole de ce nouvel expansionnisme de la Chine qui teste jusqu'où elle peut aller sans trop craindre les retombées du camp démocratique occidental, le cas de Hong Kong est observé à la loupe par une autre île : Taïwan. Cette « petite Chine » rebelle résiste encore au mastodonte chinois, forte de son insolente croissance, de sa bonne gestion de l'épidémie de Covid-19 et d'une identité politique qui s'affirme. Sans oublier une arme qui pèse lourd dans la balance : la production taïwanaise de semi-conducteurs, ces composants essentiels pour la révolution technologique de la 5G, l'un des enjeux de la compétition en cours entre Chine et États-Unis.

Bref, Taïwan défie encore Pékin. Hong Kong est en train de céder. Conséquence : un nombre important d'expatriés quittent Hong Kong pour ne pas subir la gouvernance chinoise, notamment les confinements stricts liés à la Covid.

Hong Kong : la fin des libertés

→ Un nœud de l'économie internationale

Depuis sa rétrocession à la Chine après cent cinquante ans de colonisation britannique, le 1er juillet 1997, Hong Kong constitue une région administrative spéciale (RAS) de la République populaire, au même titre que Macao. Elle est devenue l'un des principaux centres du commerce international grâce à son port à conteneurs classé au septième rang mondial, son aéroport (le premier mondial pour le fret), et son quartier d'affaires qui héberge les sièges régionaux de grandes firmes multinationales. Si Hong Kong est aussi la troisième place financière au monde après New York et Londres, l'opacité de ses banques est régulièrement dénoncée. Les principales sources d'investissements étrangers vers Hong Kong sont en effet deux paradis fiscaux, les îles Caïmans et les îles Vierges britanniques.

Résultat de ce dynamisme économique, le PIB par tête des Hongkongais a été multiplié par quinze en trente ans, et ceux-ci sont même devenus plus riches que les Britanniques, les Taïwanais ou les Coréens. Autre signe de son attractivité, la cité-État comptait en 2018 7 % d'étrangers, venus en majorité d'Indonésie, des Philippines, d'Inde mais aussi du Royaume-Uni, d'Australie ou de France.

→ Du comptoir à la vitrine du capitalisme

Comme Singapour, Bombay, Aden ou Port-Saïd, Hong Kong est devenu, en raison de sa position géographique, un maillon essentiel de l'économie-monde britannique et de son commerce avec l'Orient, transformant ce qui fut jadis un petit port de pêche et de pirates en nœud vital du commerce mondial.

Mais c'est après la prise de pouvoir de Pékin par le communiste Mao Zedong, en 1949, que l'importance de la colonie britannique s'accroît.

Les milieux d'affaires de Shanghai et de Guangzhou (Canton) déménagent leurs activités à Hong Kong, qui devient à partir des années 1950 la vitrine du capitalisme face à la Chine communiste et l'interface des échanges entre celle-ci et l'Occident. Y transitent le commerce chinois avec les puissances non communistes (tels le Japon, le Royaume-Uni, la RFA ou la Malaisie), ainsi que les transferts financiers de la diaspora chinoise vers le continent. C'est ce rôle qui a contribué à la richesse de Hong Kong avec le développement, à partir des années 1960-1970, d'une industrie textile, puis électronique, dont les produits sont exportés à bas prix grâce à une main-d'œuvre abondante. Chaque année, 100 000 paysans chinois fuient la misère du continent rouge. De 1945 à 1980, la population du territoire est ainsi multipliée par huit – passant de 600 000 à 5 millions d'habitants. Grâce à ce modèle de développement basé sur les exportations, Hong Kong devient l'un des quatre « dragons asiatiques », avec la Corée du Sud, Taïwan et Singapour, sortant du sous-développement pour atteindre un niveau de richesse équivalent à celui de l'Europe de l'Ouest.

→ Un pays, deux systèmes

En 1978, alors que la Chine, dirigée depuis la mort de Mao Zedong par Deng Xiaoping, se convertit à l'économie de marché, les hommes d'affaires de Hong Kong lui fournissent savoir-faire et capitaux – au total plusieurs centaines de milliards de dollars –, contribuant au

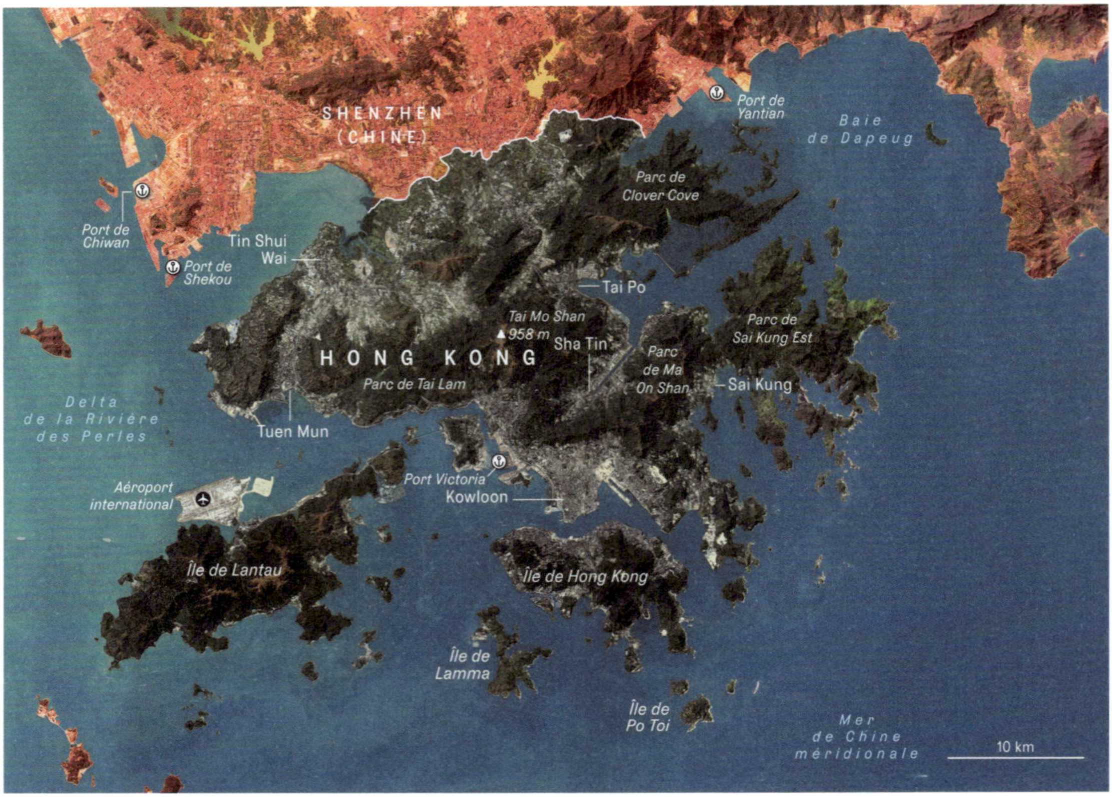

UN TERRITOIRE MINUSCULE ET STRATÉGIQUE

Le territoire de Hong Kong se compose d'un archipel comptant quelque 200 îles et îlots. Les trois quarts de ce territoire sont très montagneux et donc difficilement constructibles, si bien que les 7,3 millions d'habitants se concentrent sur 280 kilomètres carrés, faisant de Hong Kong une des villes les plus densément peuplées au monde, avec en moyenne 27 000 habitants par kilomètre carré, et un nombre record de gratte-ciel. Il n'est donc pas étonnant que Hong Kong soit la ville la plus chère au monde pour se loger.

décollage de la République populaire et à l'éclosion de milliers d'entreprises dans le delta de la rivière des Perles. En contrepartie de leur soutien à cette politique, le Parti communiste et l'armée chinoise attendent de Deng Xiaoping qu'il n'oublie pas les provinces chinoises « perdues » : Taïwan, Macao et Hong Kong.

Après deux ans de négociations, la Première ministre britannique, Margaret Thatcher, accepte en 1984 de rendre sa souveraineté à la colonie, mais avec des garanties : Hong Kong devra conserver, après sa rétrocession en 1997, « une économie capitaliste dotée d'un cadre politique libéral pour une durée d'au moins cinquante ans ». C'est le sens de la fameuse formule « un pays, deux systèmes ». Conformément à cet accord sino-britannique, Hong Kong bénéficie alors d'une semi-démocratie : les lois y sont votées par un Conseil législatif de 70 membres, dont 35 élus au suffrage universel. Le chef de l'exécutif est élu par un comité électoral de 1 200 membres, représentant surtout le monde des affaires, tourné vers la Chine.

→ La fin du *statu quo*

Plus de vingt ans après la rétrocession, le territoire est régulièrement secoué par des manifestations. Étudiants et classes moyennes exigent davantage de démocratie et moins d'ingérence chinoise. Sauf que le Hong Kong de 2019 n'est plus celui de 1978. Sa puissance économique ne lui permet plus de tenir à distance la Chine communiste. Les Hongkongais ont perdu le rapport de force économique face à une puissance chinoise qui n'a que ce critère-là comme repère. Le modèle de capitalisme globalisé a désormais conquis toute la Chine. Hong Kong passe maintenant pour une ville chinoise presque comme une autre. En 2015, le port de Shenzhen voisin a dépassé en tonnage celui de Hong Kong. En 2016, c'est au tour de la Bourse de Shenzhen de doubler celle de l'ancienne colonie britannique pour ce qui est de la capitalisation. Enfin, après dix ans de croissance à deux chiffres, Shenzhen et Guangzhou produisent aujourd'hui chacune plus de richesses que Hong Kong, moins dynamique et vieillissante, et leur niveau de vie est

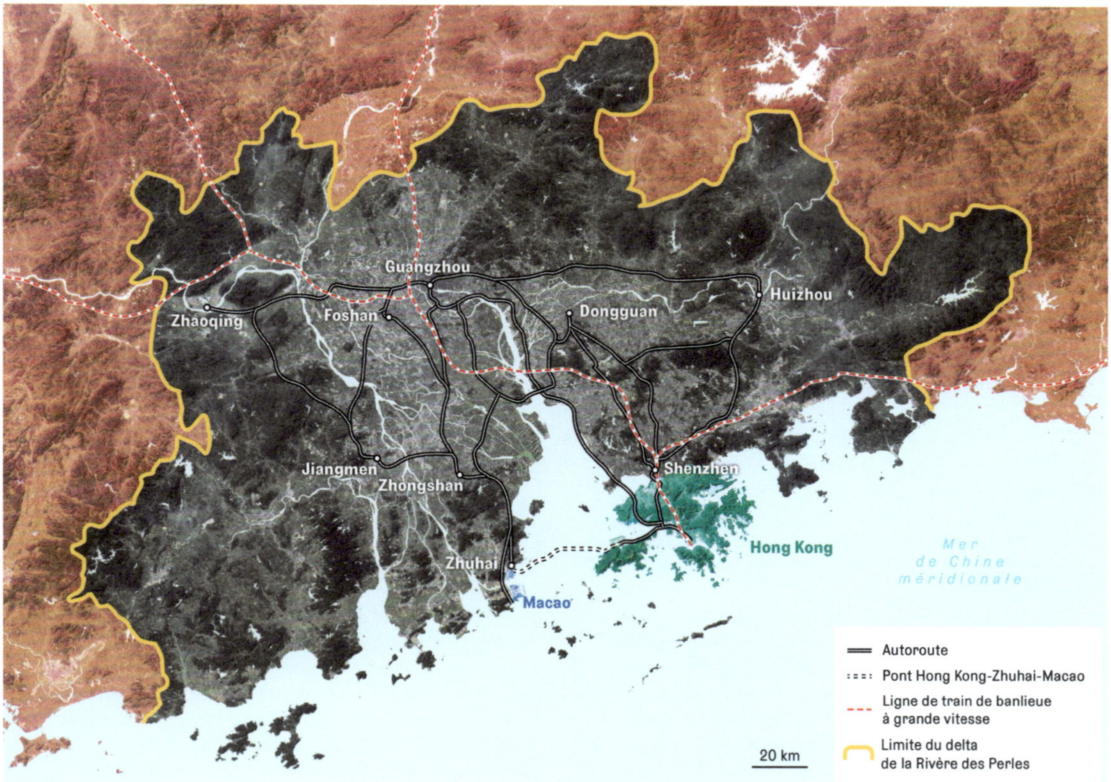

sur le point de rattraper celui de la région spéciale. Un chiffre résume cette « normalisation » : si le PIB de Hong Kong représentait en 1992 un quart de celui de la Chine, aujourd'hui il en représente à peine 3 %.

Pékin cherche maintenant à intégrer Hong Kong à la mégalopole de 71 millions d'habitants qui court autour du delta de la rivière des Perles. Une région grande comme la Suisse, au PIB équivalent à celui de la Corée du Sud ou de l'Espagne, et dominée par les nouvelles technologies à l'instar de la Silicon Valley américaine. Le rôle d'atelier du monde est en effet désormais laissé par la Chine au Bangladesh ou au Vietnam.

→ Mouvements de révolte

Les Hongkongais ont tenté d'éviter de se voir absorbés dans la Chine autoritaire de Xi Jinping, en particulier ces jeunes générations revendiquant une identité hongkongaise spécifique.

En 2003, premier mouvement de révolte : des manifestations empêchent de justesse l'inscription d'une clause interdisant la sécession du territoire dans la Constitution hongkongaise. En 2014, l'occupation du quartier d'affaires par des manifestants, la fameuse « révolution des parapluies », vise cette fois à soutenir la transition vers une élection directe du chef de l'exécutif. En vain.

En 2016, ce sont des élus indépendantistes qui ont été interdits de siéger sous la pression de Pékin. Sur place, le « bureau de liaison » chinois, véritable gouvernement parallèle, bloque toute démocratisation, et ce d'autant que l'exécutif local, proche des milieux d'affaires, reste favorable à la Chine en raison de l'interdépendance des deux économies.

La loi sur la sécurité nationale pour lutter contre « le séparatisme, la sédition, la subversion, la collusion avec des forces extérieures et étrangères » promulguée par Pékin fin juin 2020 marque une nouvelle étape dans la reprise en main de l'ex-colonie britannique, après une année de crise politique. Elle provoque une vague de manifestations dénonçant le recul des libertés, de la démocratie et de l'indépendance de la justice, et une vive réaction des démocraties occidentales.

UNE VILLE CHINOISE COMME LES AUTRES ?

Lors de sa visite à Hong Kong en juillet 2017, le président Xi Jinping a signé l'accord-cadre pour le développement de la région de Guangdong-Hong Kong-Macao, mégalopole de 71 millions d'habitants. Pékin veut en faire un pôle d'innovation technologique capable de rivaliser avec la Silicon Valley américaine. Il s'agit aussi d'arrimer Hong Kong à la Chine avec la construction de l'un des plus longs ponts du monde, une ligne à grande vitesse Hong Kong-Guangzhou et un réseau autoroutier régional.

Taïwan, la prochaine Ukraine ?

Taïwan, « l'autre » Chine, est-elle la prochaine cible de Pékin, après la rétrocession en 1997 de Hong Kong et sa mise au pas en 2020 ?
Début janvier 2019, lors de la célébration du 40e anniversaire du « Message aux compatriotes de Taïwan » de Mao Zedong, Xi Jinping, le président chinois, a rappelé son objectif de réunifier l'île et la République populaire de Chine (RPC), si besoin par la force. Bien que la Chine ait toujours revendiqué Taïwan comme partie intégrante de son territoire, elle n'avait jusqu'ici jamais mentionné l'éventualité d'un conflit ouvert pour en recouvrer la souveraineté. Cette allusion a provoqué la colère de la présidente taïwanaise Tsai Ing-wen, favorable à l'indépendance de l'île, et de son principal allié militaire, les États-Unis.
Située à 200 kilomètres au large de la Chine continentale, l'île a longtemps été convoitée en raison de sa position stratégique centrale en mer de Chine. Visitée par les Portugais au XVIe siècle qui la nommèrent Formosa (« la belle »), puis par les Hollandais au XVIIe siècle, Taïwan est historiquement majoritairement peuplée de Chinois (originaires du sud du Fujian et du Guangdong) qui en prennent le contrôle sous la dynastie mandchoue en 1661. Mais forcée à s'ouvrir, l'île est cédée au Japon en 1895. Redevenue chinoise en 1945, elle est un enjeu de la guerre civile qui oppose les communistes aux nationalistes de Tchang Kaï-Chek qui s'y réfugient finalement après la proclamation de la République populaire en octobre 1949. Le gouvernement nationaliste demeure pour la majorité des États du monde le seul et unique représentant légal de la Chine jusqu'au début des années 1970 et la reconnaissance de la RPC par Washington. Taïwan doit alors céder son siège de membre permanent au Conseil de sécurité de l'ONU au profit de la RPC.
À partir des années 2000, l'alternance de partis indépendantistes au pouvoir provoque des tensions régulières avec Pékin, malgré l'intensification des relations économiques. Mais c'est l'affirmation de la puissance chinoise sur la scène internationale sous Xi Jinping qui renforce ces crispations, Taïwan étant un enjeu majeur pour la légitimité du leader chinois. La détérioration des relations sino-américaines, les actes d'intimidation militaire chinois dans le détroit de Taïwan et la répression à Hong Kong brusquent un peu plus Taïwan et son allié américain, garant de sa sécurité depuis le Taïwan Relation Act de 1979, qui renforcent leurs liens. Le gouvernement taïwanais a même annoncé en juillet 2020 sa volonté d'accueillir les habitants de Hong Kong désireux de s'installer sur l'île. Il est aussi sur le front de la guerre technologique que se livrent Chinois et Américains, en tant que premier producteur mondial des semi-conducteurs, élément essentiel au développement de la 5G.
Enfin, dans le contexte de la guerre en Ukraine, certains experts comparent les deux menaces : Pékin avec Taïwan, comme Moscou avec l'Ukraine, met en avant une souveraineté territoriale à défendre contre un encerclement occidental supposé. En août 2022, la visite sur l'île de Nancy Pelosi, présidente de la Chambre des représentants des États-Unis, a déclenché d'importantes manœuvres de Pékin et une escalade significative des tensions avec Taipei comme avec Washington. L'ambition affichée de Xi Jinping de ne pas renoncer à Taïwan fait craindre la fin du *statu quo* (ni indépendance ni annexion).

Taizhou
Wenzhou
Fuzhou
Îles Matsu
CHINE
Province du Fujian
Putian
Mer de Chine orientale
Keelung
Taipei
Taoyuan
Hsinchu
Yilan
Quanzhou
Îles Wuqiu
Xiamen
Île Quemoy (Kinmen)
Détroit de Formose
Taichung
Changhua
Hualien
TAÏWAN
Chiayi
Penghu
Province du Guangdong
Shantou
Guangzhou
Îles Pescadores
OCÉAN PACIFIQUE
Tainan
Mer de Chine méridionale
Kaohsiung
Île Verte
Hong Kong
Macao
Îles aux Orchidées
Zone urbaine dense
Ligne de défense du front
Ligne de défense aérienne
Route maritime principale
Port de marchandise
Aéroport international
100 km

Destination 12

DMZ : frontière entre les deux Corée

C'est la zone démilitarisée (DMZ) entre deux mondes, au sud, une démocratie, au nord, l'une des pires dictatures de la planète.
La Covid-19 a réveillé la paranoïa et l'enfermement de la Corée du Nord, qui a décidé de fermer ses frontières dès janvier 2020. L'épidémie a ravivé la rivalité conflictuelle entre les sœurs ennemies. Pyongyang a imputé à Séoul la présence du coronavirus sur son sol, alors que la Corée du Nord avait commencé par affirmer n'avoir aucun cas de Covid. D'après les experts, il paraissait pourtant impossible que la Corée du Nord ait échappé au virus dès lors que celui-ci était parti de Chine, laquelle est le premier partenaire économique du régime de Kim Jong-un.
Conséquence : un rapport des Nations unies publié à l'été 2020 affirme que la situation alimentaire, qui s'était améliorée au XXIe siècle en Corée du Nord, serait de nouveau alarmante, la fermeture de la frontière avec la Chine ayant nui au transit des denrées essentielles.
En parallèle, le modèle sud-coréen, lui, a bénéficié de l'épidémie. Le pays est cité comme une référence pour sa gestion de la Covid-19, notamment par des applications pour « tracker » le virus. Pyongyang sort donc affaibli quand Séoul semble au contraire en avoir profité pour affirmer la force de son modèle et de ses technologies.
Kim Jong-un pensait pourtant avoir conquis, pendant le mandat Trump, un début de reconnaissance internationale. En juin 2019, en effet, pour la première fois, un président américain a foulé le sol de la Corée du Nord. Un pas majeur, offrant à la dynastie des Kim ce qu'elle recherchait depuis longtemps, la reconnaissance par la première puissance mondiale. Mais alors que le nouveau président américain Joe Biden prend ses fonctions dix-huit mois plus tard, la « diplomatie des sourires » a vécu.
Par ailleurs, en mars 2022, la Corée du Nord braque encore un peu plus l'Occident en faisant partie des cinq pays (Russie, Biélorussie, Syrie, Érythrée) qui refusent de sanctionner l'invasion russe de l'Ukraine à l'ONU. Enfin, en juillet 2022, Pyongyang reconnaît l'indépendance des « Républiques populaires de Donetsk et de Lougansk », s'impliquant ainsi dans la guerre en Ukraine pour s'opposer une nouvelle fois au camp occidental.

Corée du Nord : un pouvoir de nuisance

→ Une nation divisée par deux systèmes

La République populaire démocratique de Corée occupe un peu plus de la moitié de la péninsule coréenne, soit 120 500 kilomètres carrés, l'autre partie étant sous la souveraineté de la Corée du Sud. Elle compte 25 millions d'habitants, moitié moins que la Corée du Sud. Pyongyang, sa capitale, en concentre 3,5 millions.

Proclamé indépendant le 9 septembre 1948 par Kim Il-sung, le leader du Parti communiste coréen – trois semaines après la Corée du Sud –, le pays met très vite en place une réforme agraire, mais l'autoritarisme du régime force un million d'opposants à fuir. Au Sud, les maquis communistes sont écrasés, faisant des centaines de milliers de morts. Des deux côtés, alors que la guerre froide fait rage, on s'arme pour réunifier le pays. Le 25 juin 1950, le Nord décide, avec le soutien de l'URSS, d'attaquer le Sud. Sous l'égide des États-Unis, une coalition de 16 États, dont la France, est lancée par le Conseil de sécurité de l'ONU. 200 000 Chinois viennent soutenir leur allié du Nord. En 1951, le front s'enlise au point de départ, c'est-à-dire autour de la ligne de démarcation. Pour faire plier le Nord, l'aviation américaine déverse, jusqu'à l'armistice de 1953, 630 000 tonnes de bombes, dont 33 000 de napalm. 18 des 22 principales villes du Nord sont détruites. Le général américain MacArthur est alors sur le point de larguer 26 bombes atomiques sur le nord du pays, le long de la frontière chinoise, avant d'être finalement démis.

Cet épisode a durablement marqué les Coréens, ainsi que la Chine. La guerre aérienne américaine a contribué à la création d'un sentiment collectif de peur face aux menaces extérieures, conduisant à l'isolationnisme actuel de la Corée du Nord et à la défense bornée de sa souveraineté nationale. Ce traumatisme fondateur s'est progressivement inscrit dans la psyché nationale du Nord, d'autant qu'il est largement instrumentalisé par le régime communiste, qui l'exploite pour justifier la conduite de sa guerre de résistance contre l'impérialisme américain.

→ Splendeur et misère du modèle nord-coréen

Pays montagneux, la Corée du Nord dispose de moins de terres arables que le Sud. À cause d'une faible mécanisation, le secteur agricole occupe toutefois 40 % de la population active, soit huit fois plus qu'au Sud. On y cultive du riz, du blé, du maïs, et du ginseng malgré les hivers glaciaux de l'Extrême-Orient. Jusqu'en 1975, le Nord est de ce fait plus industrialisé et donc relativement plus riche que le Sud et sert même de modèle de développement au tiers-monde. L'idéologie officielle prône l'autosuffisance, mais le pays profite en réalité largement des aides du bloc socialiste.

Ce modèle économique semi-autarcique fondé sur l'industrie lourde et donnant la part belle à l'armée (1 million d'hommes en 1989 soit la cinquième armée mondiale en personnel) ne résiste pas au nouvel ordre économique international consécutif à la chute de l'URSS et à la fin de la guerre froide. Alors que la Corée du Sud, devenue un dragon asiatique, s'est hissée parmi les pays les plus développés de la planète, les principaux partenaires et alliés de Pyongyang font alors défaut : la Russie ne tient plus ses engagements, la Chine se tourne vers l'économie de marché et entre dans la globalisation. Sans doute trop dépendante de ses anciens

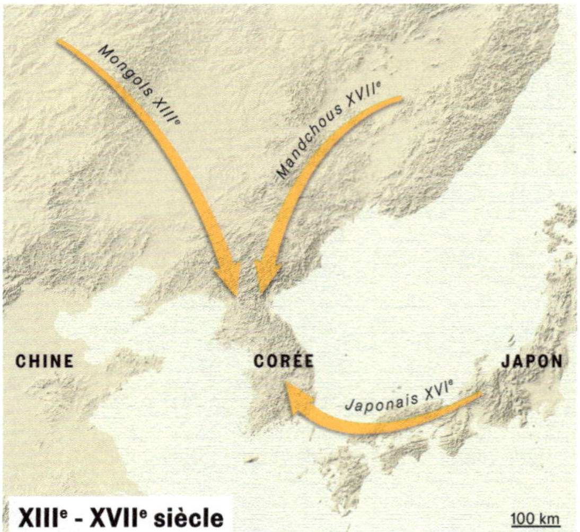

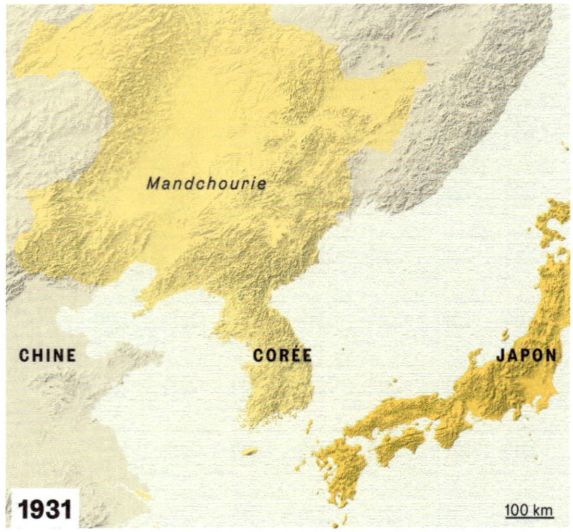

UNE HISTOIRE SOUS INFLUENCE

Mongols, Japonais, Mandchous : la Corée a subi de nombreuses invasions au cours de son histoire. Tributaire de la Chine jusqu'au XIXe siècle, elle est occupée par le Japon en 1905. Après la défaite japonaise en 1945, la Corée devient un enjeu majeur pour l'URSS et les États-Unis, une frontière artificielle est alors tracée le long du 38e parallèle pour séparer leurs zones d'influence. La guerre froide l'entraîne en 1950 dans un conflit qui va aboutir à la division de la péninsule.

partenaires, la Corée du Nord connaît en 1994 la famine : 800 000 à 1 million de Coréens meurent de faim, et elle doit demander un approvisionnement d'urgence à la communauté internationale.

→ Le nucléaire militaire comme planche de salut

La même année, Kim Jong-il, qui vient de succéder à son père, continue malgré tout de faire survivre un État sur le modèle stalinien, notamment en donnant des gages à l'armée et au complexe militaro-industriel. Une expansion militaire qui fait revenir le pays sur le devant de la scène internationale avec une arme que le régime met désormais au cœur de son identité : la bombe nucléaire.

La développer devient l'assurance-vie du régime face à la menace extérieure, permettant aux dirigeants nord-coréens de pérenniser un État qui est en survie depuis la fin de la guerre froide. C'est une carte pour négocier avec la communauté internationale, notamment une aide alimentaire.

Mais pour les États-Unis, cette nucléarisation n'est pas acceptable. La tension monte d'un cran après le 11 septembre 2001, lorsque l'administration Bush inclut la Corée du Nord dans « l'axe du mal » qui recense la liste de ses ennemis. Craignant de subir le sort de l'Irak et de la Libye, Pyongyang quitte alors le traité de non-prolifération nucléaire et procède entre 2006 et 2017 à six tests atomiques. Ceux-ci s'accompagnent du développement de missiles à ogive nucléaire.

L'arrivée au pouvoir de Kim Jong-un en 2011 accélère le mouvement. En septembre 2017, Pyongyang a déjà tiré plus de missiles que pendant toute l'année 2016. Héritier d'une dynastie convaincue que pour continuer d'exister elle ne pouvait compter que sur l'arme nucléaire, l'actuel jeune dirigeant Kim Jong-un ne cherche pas à remettre en cause cette politique de sécurité, en dépit des pressions internationales. Cette course au nucléaire n'a été ralentie ni par les « pourparlers à six » (les deux Corée, le Japon, la Chine, la Russie et les États-Unis) entre 2003 et 2009, ni par les sanctions toujours plus sévères de l'ONU votées depuis 2006. Néanmoins, après la présidence Bush, l'administration Obama est apparue plus mesurée et patiente, sans dévier néanmoins de sa ligne de non-prolifération.

→ La Corée du Nord : entre libéralisation et répression

En juillet 2019, en faisant adopter une nouvelle Constitution, Kim Jong-un est devenu « président de la Corée du Nord ». Le texte stipule qu'il est le « représentant suprême de tout le peuple coréen », ce qui signifie qu'il cumule la fonction de chef de l'État et celle de « commandant en chef » des armées. Selon plusieurs experts, ce changement illustre la volonté de Kim Jong-un de se défaire d'un système anormal accordant la priorité au militaire, et sans doute aussi d'être « dénommé » de la même manière que ses homologues étrangers.

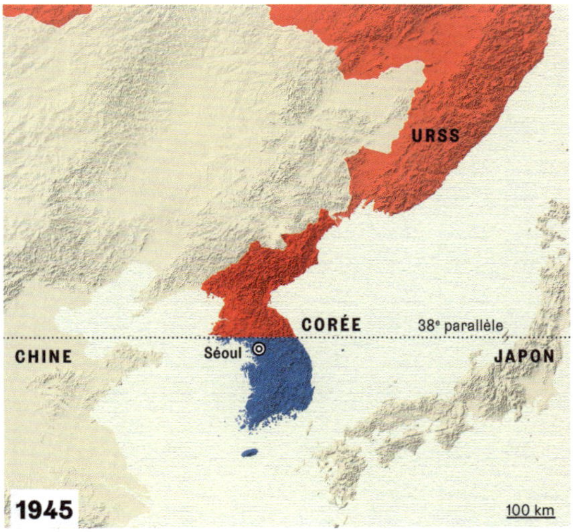

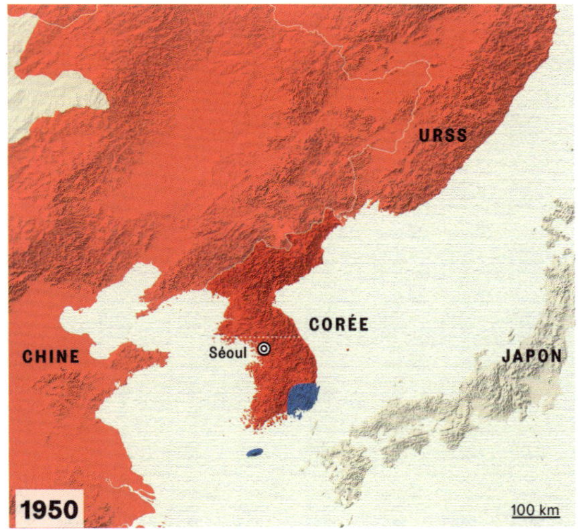

Au niveau économique, il a entamé une certaine libéralisation de l'économie qui se caractérise par l'ouverture de marchés libres et de centres commerciaux, la mise en place d'un réseau de téléphonie mobile (qui compte aujourd'hui 3 millions d'abonnés environ) et la vente de véhicules particuliers. Le pays mise aussi sur le développement d'un tourisme nord-coréen à Pyongyang, autour des monts Paektu et Kumgang, et sur les plages de l'est. Plus de 120 000 travailleurs ont été envoyés en Russie, en Chine, en Pologne, en Afrique et dans des pays du Golfe pour ramener des devises. La production de céréales atteint 5,7 millions de tonnes en 2016 – mais il en faut 8 millions pour que la Corée du Nord soit autosuffisante. Environ 40 % de la population reste mal nourrie, selon le Programme alimentaire mondial, une situation que la pandémie de Covid-19 a encore aggravée.

Au niveau politique, la répression se poursuit. Le pays compterait toujours 120 000 prisonniers dans des camps répartis sur tout le territoire et dans des conditions que l'ONU qualifie de crime contre l'humanité. Depuis 1998, plus de 30 000 Nord-Coréens ont d'ailleurs fui leur pays via la Chine ou la Russie pour rejoindre, en majorité, la Corée du Sud.

→ Entre dark web et diplomatie respectable

Au niveau international, outre sa politique de nuisance nucléaire, la Corée du Nord mène des cyberattaques pour perturber ses ennemis ou leur extorquer des fonds. On lui doit par exemple le cyberbraquage de la Banque centrale du Bangladesh en 2016, ou le rançongiciel Wannacry en 2017 qui a infecté environ 300 000 ordinateurs dans 150 pays. Selon des experts sud-coréens de l'Institut de Corée pour l'unification, 1 700 hackers travailleraient pour le régime de Pyongyang, dont certains basés à l'étranger.

Cultivant son image d'homme d'État, Kim Jong-un multiplie parallèlement, depuis 2018, les rencontres diplomatiques avec les dirigeants des pays voisins : Vladimir Poutine, Xi Jinping et le président sud-coréen Moon Jae-in. Il s'emploie à être traité comme un dirigeant respectable, le refus de l'humiliation par les grandes puissances étant une donnée essentielle de la psyché nord-coréenne.

Avec la Russie, les relations se sont améliorées. Vladimir Poutine a annulé les dettes coréennes remontant au temps de l'URSS et la zone économique spéciale de Rason permet à Moscou d'avoir accès au port de Rajin, relié par voie maritime à Vladivostok. Mais c'est surtout avec la Chine communiste, alliée historique et militaire, que les échanges commerciaux sont plus denses, du moins jusqu'à l'épidémie de Covid-19. La Corée du Nord y exporte des matières premières, essentiellement du charbon, du zinc, du magnésium et du fer extrait de ses 700 mines. S'y ajoutent des réserves très convoitées de terres rares, d'une valeur estimée à plusieurs milliards d'euros. En retour, la Chine lui fournit une aide alimentaire et du pétrole.

Avec la Corée du Sud, en 2018, le dialogue a repris et plusieurs entrevues entre les

UNE PÉNINSULE DIVISÉE ET NUCLÉARISÉE

La Corée du Nord occupe un peu plus de la moitié de la péninsule coréenne, l'autre partie étant sous la souveraineté de la Corée du Sud. Les deux Corée sont séparées par une zone démilitarisée le long du 38e parallèle. Riche en uranium, le pays a lancé des recherches qui ont conduit à sa nucléarisation au cours des années 1990. Après s'être retirée du traité de non-prolifération nucléaire en 2003, la Corée du Nord a procédé à six essais nucléaires sur le site de Punggye-ri entre 2006 et 2017.

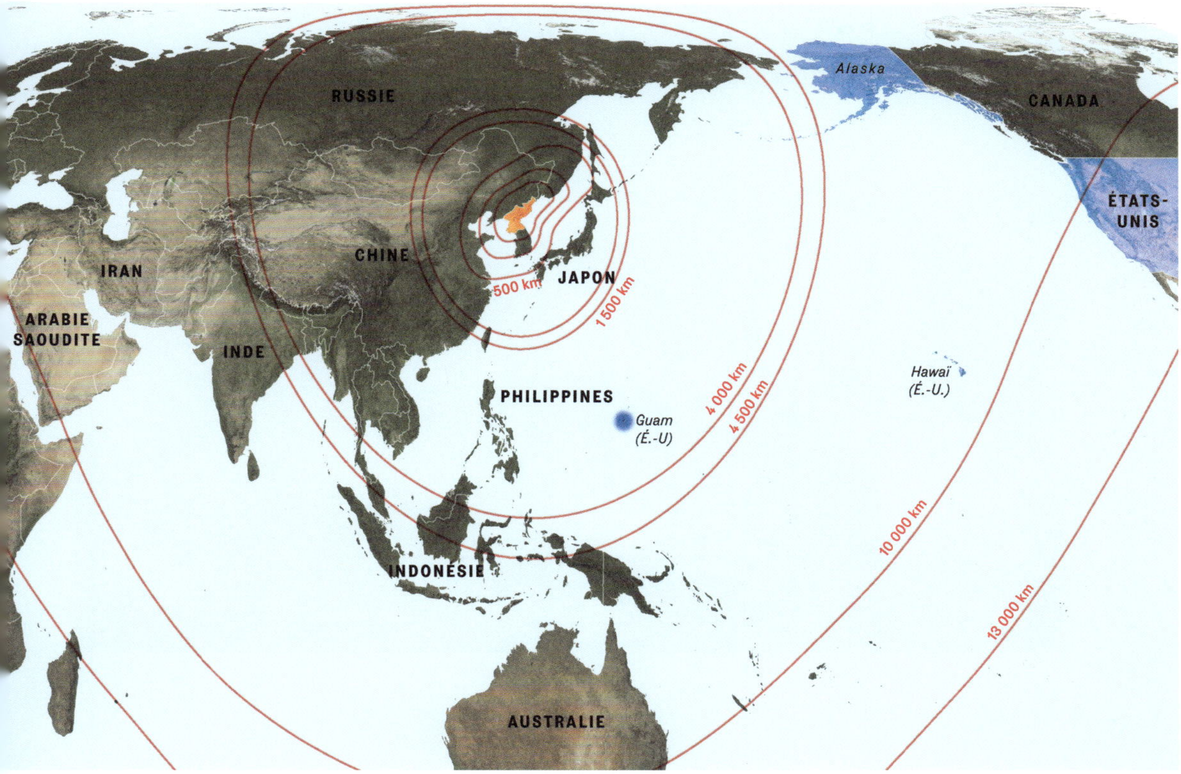

dirigeants des deux Corée ont eu lieu. Il faut y ajouter un événement chargé de symbole : le défilé conjoint des Nord et Sud-Coréens lors des Jeux olympiques d'hiver à Séoul. Mais les tensions demeurent malgré le coronavirus. En juin 2020, le bureau des relations intercoréennes de Kaesong a été détruit, brisant deux années d'espoirs de réconciliation.

Avec le Japon, les relations restent exécrables du fait des enlèvements de Japonais par le Nord dans les années 1970 et des tirs de missiles au-dessus ou à proximité de son territoire. En revanche, elles se détendent avec l'Amérique de Donald Trump à partir de 2018. Cherchant à libérer son pays du fardeau des sanctions économiques internationales, Kim Jong-un a lancé des négociations avec les États-Unis sur la dénucléarisation de la péninsule coréenne.

→ Vers la dénucléarisation ?

Pourtant, force est de constater que la politique hasardeuse de Trump n'a pas porté ses fruits. Si les États-Unis de Trump ne sont pas parvenus à empêcher la nucléarisation de la Corée du Nord, ils devront, sous l'administration Biden, tenter d'en limiter le risque. Car au vu des sacrifices endurés par les Nord-Coréens, de la puissance de l'armée, du nationalisme farouche entretenu par une propagande constante, et du contrôle absolu de la population, il semble improbable que le pays abandonne de sitôt cette arme nucléaire qui, en terrifiant la planète, lui a enfin donné une place sur l'échiquier international.

Ainsi, en mai 2022, la Corée du Nord a tiré trois missiles dont un missile balistique intercontinental présumé alors que Joe Biden achevait un voyage en Corée du Sud et au Japon.

UNE MENACE GLOBALE

C'est à partir du printemps 2017 que la Corée du Nord a réalisé cinq tirs de missiles balistiques. Ces missiles à portée intermédiaire peuvent atteindre les bases américaines du Japon et de Guam. Les missiles longue portée tel le Hwasong-14 sont théoriquement capables d'atteindre les États-Unis, mais aussi l'Europe, avec une ogive nucléaire en cas de miniaturisation réussie.

Destination 13

Tokyo

Fin décembre 2019, Tokyo : les journaux du monde entier ont montré les images du village olympique enfin achevé. Un village flottant avec vue sur la capitale japonaise, une langue de terre gagnée sur la mer, pour accueillir avec faste les milliers d'athlètes invités aux Jeux olympiques et paralympiques 2020 de Tokyo. Le pays aura dépensé 1,7 milliard d'euros pour ce projet qui a fait naître des polémiques sur les conditions de travail des ouvriers.

L'organisation de grandes manifestations culturelles ou sportives a toujours fait partie des stratégies de *soft power* des États, et c'est particulièrement vrai pour le Japon. Déjà dans les années 1930, le Japon avait présenté sa candidature pour les JO de 1940. Il s'agissait alors de montrer au monde entier que le pays avait surmonté le grand séisme de 1923 qui avait détruit Tokyo. La guerre avec la Chine puis la Seconde Guerre mondiale empêcheront finalement ces Jeux d'avoir lieu, ce qui fut vécu comme un drame au Japon.

L'Histoire se répète : ce fut également un drame pour l'ancien Premier ministre Abe Shinzo lorsqu'au printemps 2020, la pandémie de la Covid-19 l'a contraint à reporter les JO de Tokyo. Abe Shinzo comptait en effet sur ces Jeux pour redorer son image personnelle et celle d'un Japon, troisième économie mondiale, en proie à des difficultés économiques et sociales. En juillet 2022, celui qui n'était plus Premier ministre est assassiné lors d'un meeting électoral. La mort d'Abe Shinzo dit la violence d'un climat politique et l'importance de la secte Moon, impliquée dans cet assassinat. Nouveau traumatisme pour le pays du Soleil levant qui, par ailleurs, vit depuis trente ans au rythme d'une croissance faible que rien ne semble relancer. Endettement massif, déclin démographique préoccupant et questionnements identitaires sur ce qu'est aujourd'hui la puissance japonaise : la formule du « géant économique, nain politique » semble ne plus aller de soi.

Confronté aux ambitions dévorantes du voisin chinois, concurrencé par d'autres États de la région en pleine émergence économique, le Japon doit réviser une doctrine Yoshida désormais datée, qui l'obligea en 1945 à renoncer à toute ambition militaire pour se concentrer sur le champ économique.

Dès lors, dans le monde de l'après-Covid, les successeurs d'Abe Shinzo sauront-ils redéfinir la puissance japonaise et entraîner avec eux une population connue pour sa défiance envers ceux qui la gouvernent, notamment depuis le drame de Fukushima ?

Japon : une puissance à réinventer

→ Une puissance maritime

Situé à l'est du continent asiatique, le Japon est un archipel volcanique étiré en arc de cercle sur plus de 3 000 kilomètres. Seules 430 des 6 852 îles japonaises sont habitées.

Ses 126 millions d'habitants se répartissent très inégalement sur un territoire morcelé et se concentrent sur les cinq îles principales que sont Honshū, Hokkaido, Kyushu, Shikoku et Okinawa. C'est là que se trouvent les grandes villes du pays avec, en premier lieu, l'immense mégalopole japonaise : 80 % de la population vivant sur à peine 6 % du territoire. Grâce à ses îles, le pays dispose d'une des zones économiques exclusives (ZEE) les plus étendues au monde : 4,5 millions de kilomètres carrés, soit 11,8 fois la superficie de ses terres émergées. Mais certaines zones sont contestées par ses voisins coréen, chinois et russe.

→ Le modèle Yoshida

Le modèle de développement japonais est tout entier tourné vers les échanges économiques avec le monde extérieur. Il est fondé sur une économie libérale et ouverte couplée à une diplomatie résolument pacifiste, et ce depuis la fin de la Seconde Guerre mondiale.

Le 2 septembre 1945, le « pays de l'origine du soleil » ou « empire du Soleil levant » capitule face aux États-Unis et à leurs alliés, marquant officiellement la fin de la guerre. Le pays sort du conflit exsangue, ruiné et traumatisé par les bombardements atomiques d'Hiroshima (6 août 1945) et de Nagasaki (9 août 1945).

Sous la pression américaine, le Japon adopte en 1946 une nouvelle Constitution, qui entre en vigueur dès 1947 et dont l'article 9 stipule que « le peuple japonais renonce à jamais à la guerre en tant que droit souverain de la nation », tournant ainsi le dos à son passé colonial et agressif en Asie.

Pour le Premier ministre de l'époque, Shigeru Yoshida (1946-1947), le Japon n'a désormais pas d'autre choix que de concentrer ses efforts sur la reconstruction économique en abandonnant les affaires militaires à l'occupant américain. Cette « doctrine Yoshida » porte rapidement ses fruits : dans les années 1960, le PIB progresse de 10 à 14 % par an et dès 1969, le Japon se hisse au second rang de l'économie mondiale. Les fleurons de l'industrie japonaise d'avant-guerre comme Mitsubishi, Mitsui, Toshiba ou Nissan se reconstruisent rapidement, dans le secteur bancaire et l'électronique d'abord, puis dans l'automobile et la robotique.

Le Japon commerce d'abord avec les nations qui composent l'ASEAN, l'Association des nations d'Asie du Sud-Est, qui forment son premier cercle d'influence. Mais il se lie également avec des partenaires beaucoup plus éloignés : les riverains du Pacifique, l'Union européenne et de plus en plus le continent africain. Il faut dire que l'économie japonaise demeure la troisième au monde, derrière les États-Unis et la Chine, avec laquelle les liens sont de plus en plus étroits.

→ La diplomatie du chéquier

Ce « miracle économique japonais » s'accompagne pendant plusieurs décennies d'une « diplomatie du chéquier », c'est-à-dire une politique étrangère centrée sur les outils économiques. Le choix du pacifisme restreint constitutionnellement la mission de l'armée japonaise, dénommée « Forces d'autodéfense » (FAD), à la seule protection

L'ARCHIPEL JAPONAIS

Au centre de l'archipel japonais, l'île de Honshu forme avec Hokkaido, Shikoku et Kyushu, ce que les Japonais nomment le Hondo, la « terre principale ». Le Japon s'ouvre sur l'océan Pacifique à l'est et sur les mers intérieures asiatiques à l'ouest, la mer d'Okhotsk au nord et celle des Philippines au sud. Il partage ainsi ses frontières maritimes avec la Russie, la Corée du Nord, la Corée du Sud et surtout la Chine, ainsi qu'avec l'île de Taïwan et l'archipel des Philippines.

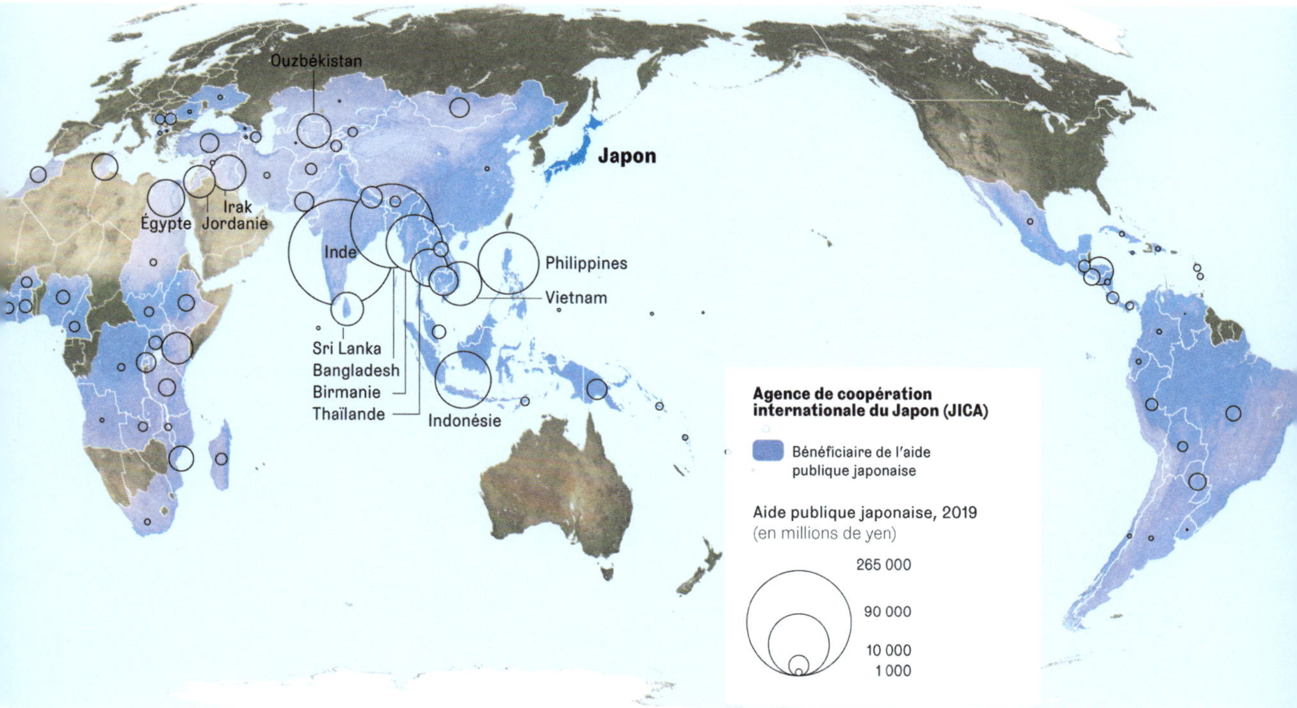

de l'archipel. Toutefois, ce choix n'empêche pas l'État japonais d'intervenir au-delà de ses frontières nationales, directement aux côtés des chefs d'entreprise ou indirectement, notamment à travers l'aide au développement. Le Japon est aujourd'hui le quatrième pourvoyeur d'aide publique au développement, derrière les États-Unis, le Royaume-Uni et l'Allemagne.

Le Japon a pu s'affirmer comme géant économique et « puissance civile » internationale, mais sans parvenir à être un leader incontestable en Asie, sa sécurité dépendant toujours de son allié américain. Cette posture diplomatique se voit remise en cause lors de la guerre du Golfe en 1991 par la communauté internationale, ouvrant la voie à une normalisation de sa diplomatie militaire. En 1992, une loi autorise la participation des Forces d'autodéfense japonaises aux opérations de maintien de la paix des Nations unies. Le Japon passe d'un pacifisme passif à un pacifisme « actif » qui lui donne une plus grande visibilité sur la scène internationale. C'est notamment le cas à travers son soutien naval à l'intervention américaine en Afghanistan de 2001 à 2010, ou par sa participation à la reconstruction de l'Irak entre 2003 et 2006. Il s'engage aussi dans la lutte contre le réchauffement climatique en accueillant la conférence de Kyoto en 1997, qui débouche sur un accord historique.

Après trente ans de *soft power*, l'arrivée au pouvoir d'Abe Shinzo en 2012, au poste de Premier ministre, marque un changement de stratégie. En quête d'une identité nouvelle pour le Japon, Abe souhaite s'affranchir de la Constitution de 1947 afin que le pays dispose d'une force militaire qui ne soit plus uniquement défensive. Dans l'entourage du Premier ministre, on considère qu'il est temps d'en finir avec la doctrine Yoshida pour rendre au Japon les moyens de ses ambitions internationales : une armée forte et une diplomatie de premier plan. D'autant que le pays doit faire face à l'émergence de son grand rival historique, le voisin chinois qui l'a relégué en 2010 à la troisième place de l'économie mondiale.

→ Quand Pékin inquiète Tokyo

L'affirmation de la puissance maritime de la Chine pose un défi sécuritaire au Japon en contestant sa souveraineté dans certains espaces maritimes. Depuis 2012, la Chine mène des incursions de plus en plus

LE LEADER ASIATIQUE DE L'AIDE AU DÉVELOPPEMENT

Via son Agence de coopération internationale, la JICA, le Japon finance ou avance des fonds à différents pays, notamment pour améliorer l'accès aux soins et la lutte contre les maladies infectieuses. Il renforce ainsi sa présence sur tous les continents.

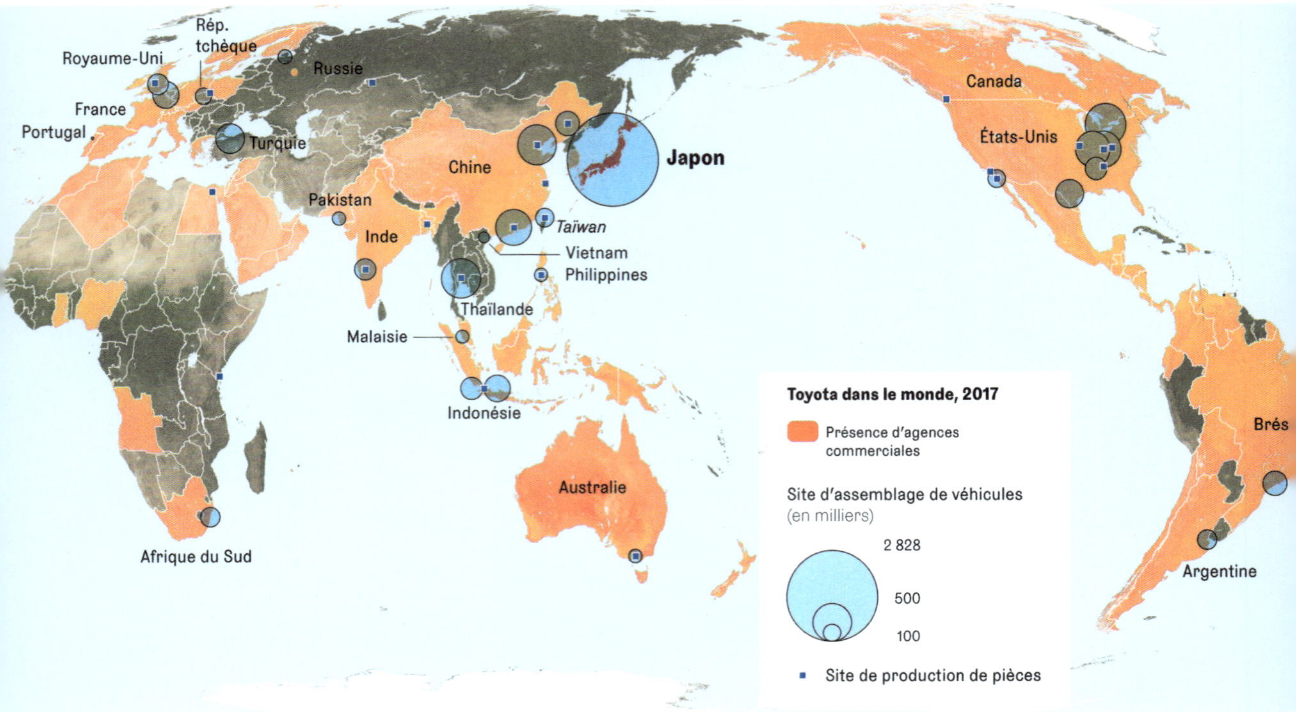

TOYOTA DANS LE MONDE

Née dans les faubourgs de Nagoya à la fin du XIXe siècle, Toyota est devenu en 2017 le premier constructeur automobile au monde, la firme ayant vendu plus de 10 millions de voitures et réalisé 231 milliards de dollars de chiffre d'affaires cette année-là.

fréquentes dans les eaux japonaises, notamment autour des îles Senkaku. Cet archipel est placé sous administration japonaise depuis 1895 mais il est revendiqué par Pékin sous le nom de Diaoyu. Tokyo renforce ses moyens de surveillance et de défense en mer de Chine orientale même si, pour l'heure, les garde-côtes japonais n'ont arraisonné que des navires commerciaux. Mais surtout, Tokyo redoute la mise en œuvre de la Belt and Road Initiative – le projet des nouvelles routes de la soie, présenté par le président Xi Jinping au Kazakhstan en 2013 – et considère qu'il s'agit d'une remise en cause de l'ordre libéral mis en place en 1945, par l'imposition de normes, de règles et d'institutions chinoises. En réaction, le Japon a immédiatement cherché à renforcer l'alliance historique avec les États-Unis.

Si l'armée américaine demeure très présente dans tout l'archipel – héritage de la Seconde Guerre mondiale –, la population réclame de plus en plus fortement son départ. Mais pour le Premier ministre Abe Shinzo, face à la montée en puissance chinoise, il n'y a pas d'autre choix que le maintien de la présence américaine. Pour mieux assumer ses responsabilités au sein de cette alliance, le gouvernement japonais a augmenté son budget militaire puis, en 2015, élargi les prérogatives des FAD afin qu'elles puissent porter secours à leur allié, tout en multipliant les achats d'armements américains.

Toutefois, la présidence de Donald Trump a inquiété Tokyo, notamment quand le président américain a « omis » de consulter son allié japonais, avant de « négocier » avec le leader nord-coréen Kim Jong-un. Ou encore quand les États-Unis se sont unilatéralement retirés du traité transpacifique (TTP). Ce traité devait être la pierre angulaire de la politique commerciale de Barack Obama, l'axe principal d'une stratégie américaine de rééquilibrage vers l'Asie, calibré pour damer le pion à Pékin en réunissant douze pays riverains de l'océan Pacifique, dont les États-Unis, le Canada, le Mexique, le Japon, en passant par le Vietnam et la Malaisie.

Face au repli américain conjugué aux appétits croissants chinois, le Japon a donc décidé de développer une politique plus autonome. Celle-ci passe par l'adoption d'un TTP à onze, entré en vigueur fin 2018, et par un accord de libre-échange avec l'Union européenne en 2019 pour contrer les velléités protectionnistes des États-Unis. Au niveau stratégique, cette politique prend la forme d'une vision : « l'Indo-Pacifique libre et ouvert ».

→ Le concept « Indo-Pacifique »

Le 27 août 2016, lors du sommet Japon-Afrique, le Premier ministre Abe Shinzo expose à Nairobi ce concept d'Indo-Pacifique : un vaste espace de circulation marchande, étendu des côtes orientales de l'Afrique jusqu'aux rivages occidentaux de l'Amérique, à travers tout l'océan Indien et l'océan Pacifique. Il promeut la stabilité de la zone face à la poussée chinoise par le respect du droit international, du multilatéralisme, du libre-échange et du développement économique. Il rallie rapidement les États-Unis, l'Australie, l'Inde, l'Union européenne et les pays d'Asie du Sud et du Pacifique.

→ Les failles de la puissance japonaise

Le Japon est aujourd'hui conscient de ses atouts mais aussi de ses limites : malgré les réformes promises par Abe Shinzo, la croissance économique stagne autour de 1 % par an depuis 2011 (contre 7,5 % en moyenne en Chine) et sa dette ne cesse de croître ; elle atteint aujourd'hui 230 % de son PIB. En 2011, l'accident nucléaire de Fukushima a durablement traumatisé la population. Cas unique au monde : le Japon perd chaque année entre 200 000 à 300 000 habitants et sa population pourrait passer de 127 millions d'habitants en 2020 sous le seuil des 100 millions d'habitants d'ici 2110. Une crise démographique et morale renforcée par l'inquiétude liée à l'épidémie de Covid-19 qui préoccupe davantage les Japonais que les enjeux géostratégiques. Le 8 juillet 2022, ultime traumatisme : alors qu'il avait quitté le pouvoir, Abe Shinzo est assassiné, l'enquête supposant l'implication de la secte Moon, emblématique de l'importance du phénomène sectaire au Japon.

Le Japon reste par ailleurs confronté à des différends territoriaux et mémoriels qui pèsent sur les relations avec ses voisins. Par exemple, le litige autour des Kouriles du Nord bloque la signature d'un traité de paix avec la Russie, malgré un rapprochement économique. Le contentieux sur les îles de Dokdo/Takeshima, conjugué au passé colonial du Japon, envenime les relations avec la Corée du Sud. Celles-ci se sont même détériorées en 2018, tandis qu'avec la Corée du Nord l'inquiétude porte sur sa nucléarisation et le sort des Japonais kidnappés par le régime de Pyongyang durant les années 1970-1980.

Japon : évolution de la population, 1950-2100 (en millions)

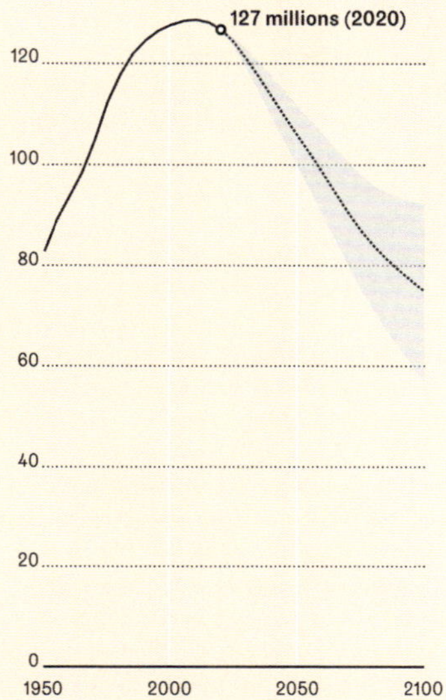

ÉVOLUTION DE LA POPULATION

Selon les prévisions démographiques, la population japonaise devrait passer de 127 millions d'habitants en 2013 à 96 millions en 2110, voire à moins de 43 millions selon les projections les plus pessimistes.

→ États-Unis, Japon : la confiance retrouvée

Au printemps 2021, le président américain Joe Biden a reçu à la Maison Blanche Yoshihide Suga, le successeur d'Abe Shinzo, première rencontre en face à face de Joe Biden avec un dirigeant étranger. Après quatre années de flottement entre Washington et Tokyo sous le mandat Trump, la nouvelle administration américaine tenait ainsi à rassurer cet allié stratégique de la zone Asie-Pacifique, réaffirmant le lien solide de l'alliance et discutant d'un effort multinational pour défendre les valeurs démocratiques et contrer l'influence grandissante de la Chine.

Fin juin 2022, en pleine crise ukrainienne, en marge du sommet de l'OTAN à Madrid, Joe Biden a tenu à recevoir Fumio Kishida, le nouveau Premier ministre japonais, et son homologue sud-coréen : une réunion trilatérale historique, dans le cadre de l'Alliance atlantique, qui visait pour Washington à souligner « l'engagement indéfectible des États-Unis » dans la zone Asie-Pacifique.

L'Indo-Pacifique : contrer l'influence de la Chine

La région Indo-Pacifique est un ensemble géostratégique étendu des côtes orientales de l'Afrique jusqu'aux rivages occidentaux de l'Amérique, à travers tout l'océan Indien et l'océan Pacifique. Elle est au centre des préoccupations sécuritaires du Japon et de nombreux acteurs régionaux face à l'influence grandissante de la Chine sur les mers, en Asie et en Afrique.
Dans ce contexte, le Japon promeut depuis quelques années le concept d'« Indo-Pacifique libre et ouvert » pour assurer la libre circulation maritime, la stabilité et le développement économique de la zone. Pour ce faire, il cherche à développer des alliances et des liens de coopération avec des États partageant les mêmes valeurs de respect de l'ordre international libéral et multilatéral. Ce projet a rallié les États-Unis, l'Union européenne, l'Australie et l'Inde. Tokyo et New Delhi imaginent ainsi ensemble un « couloir de croissance Asie-Afrique », reliant Jamnagar, sur la côte ouest de l'Inde, à Djibouti, où le Japon possède une base militaire depuis 2011. Ils prétendent proposer à l'Afrique de l'Est une alternative à la Chinafrique, avec des projets moins coûteux, des transactions plus transparentes et surtout des infrastructures de meilleure qualité pour accroître la connectivité dans la région. L'Indo-Pacifique a également conduit au renforcement du Dialogue quadrilatéral pour la sécurité (QUAD) qui réunit le Japon, les États-Unis, l'Australie et l'Inde. Une entreprise qui s'accompagne de manœuvres navales conjointes, comme les exercices de Malabar en novembre 2020, largement critiqués par Pékin. Il est vrai que la pandémie de Covid-19 semble avoir accentué les tensions entre la Chine et ses voisins (Taïwan, Inde, Japon, Philippines) et renforcé la compétition des idées dans la zone. On assiste ainsi à un face-à-face opposant les nouvelles routes de la soie chinoises à l'Indo-Pacifique défendant les valeurs occidentales.

Corée du Sud
JAPON
CHINE
Iran
Pakistan
New Delhi
Ahmedabad
INDE
Oman
Mumbai
Bangladesh
Birmanie
Océan Pacifique
Philippines
Thaïlande
Sri Lanka
Maldives
Malaisie
Singapour
Diego Garcia
Indonésie
Océan Indien
Maurice
Réunion (Fr)
AUSTRALIE
Base militaire
chinoise
états-unienne
indienne
Port (océan Indien)
avec investissement chinois ou facilités d'attache
avec investissement indien ou facilités d'attache
Route maritime

Destination 14

Barossa Valley

C'est l'une des plus anciennes régions viticoles du pays : le vignoble de la Barossa Valley, situé en Australie-Méridionale. C'est la région natale de la viticulture australienne et son climat méditerranéen donne, paraît-il, un goût incomparable aux vins. Les vins australiens sont désormais connus dans le monde entier et l'Australie en produit 1 300 millions de litres par an. Elle est au cinquième rang mondial de la production viticole, avec un client principal – du moins jusqu'en 2020 : la Chine. Mais les tensions se sont exacerbées entre Pékin et Canberra à l'été 2020, après que les autorités australiennes ont demandé une enquête indépendante à l'Organisation mondiale de la santé pour déterminer les origines de la Covid-19, ce qui a été perçu comme une provocation par le régime de Xi Jinping. Depuis, les sanctions chinoises s'accumulent : la Chine accuse l'Australie de dumping visant le vin en bouteille, pour justifier sa décision fin 2020 de soumettre les importations de vin australien à des surtaxes. Une catastrophe pour tout le secteur. Autres mesures de rétorsion : Pékin interdit les importations de bœuf australien et augmente massivement les droits de douane sur l'orge, autant de secteurs où la Chine est le client numéro 1 de l'Australie. La démocratie australienne, culturellement proche de l'Occident mais économiquement dépendante de la Chine, son premier partenaire commercial, sera vraisemblablement mise à rude épreuve dans les années à venir. Les tensions vont croissant depuis que l'Australie cherche à se défendre des ingérences chinoises. En 2018, une législation a été adoptée en ce sens, Canberra interdisant notamment les dons étrangers à des partis politiques (lesquels se multipliaient via Pékin) et empêchant Huawei, le géant chinois de la téléphonie mobile, de construire son réseau 5G sur son territoire. En retour, l'Australie est mise sous pression chinoise entre campagnes de dénigrement par les médias chinois et entraves économiques. Dès lors, Canberra espère renforcer ses relations avec d'autres pays de la région – Inde, Japon, Vietnam – et attend plus que jamais des États-Unis de Joe Biden une coopération militaire renforcée. C'est ainsi qu'il faut lire en septembre 2021 l'alliance AUKUS (États-Unis, Australie, Grande-Bretagne), qui prévoit l'achat de sous-marins américains à propulsion nucléaire, annulant de ce fait un contrat passé avec la France et déclenchant une importante crise diplomatique.

Australie : choisir son camp

→ L'Australie, le lointain Occident

Située à une journée de vol de l'Europe, l'Australie est l'un des plus vastes États du monde avec 7,6 millions de kilomètres carrés. Véritable pays-continent, elle fascine par son gigantisme, ses étendues de nature sauvage, le fameux *bush* et l'*outback*, lorsque la végétation disparaît et laisse visible le sol rouge et aride. Cependant, l'Australie ne compte que 25,3 millions d'habitants, descendants des colons européens et Aborigènes pour quelque 3 % seulement. Sa population, en constante augmentation, connaît pourtant un tournant majeur en ce moment : alors qu'en 1947, 87 % des personnes immigrant en Australie étaient nées en Europe, et principalement dans l'ancien Empire britannique, aujourd'hui les nouveaux arrivants viennent majoritairement d'Asie. Cette nation jeune et riche est une monarchie constitutionnelle dirigée par la reine Élisabeth II d'Angleterre, une fonction purement honorifique. L'Australie s'est affranchie de l'ancienne tutelle britannique en 1901 et est gouvernée depuis par un Premier ministre élu.

Si l'histoire politique fait de l'Australie un petit bout d'Occident aux antipodes, sa position géographique, entre océan Indien à l'ouest et Pacifique à l'est, la rapproche au contraire de l'Asie. Au niveau régional, elle joue un rôle de puissance moyenne, alliée toutefois depuis 1945 à la première puissance mondiale.

→ Les États-Unis : le « protecteur » historique de l'Australie

Pour garantir sa sécurité, l'Australie s'appuie sur les États-Unis. Signé en 1951, l'Australia New Zealand United States Security Treaty, ou ANZUS, est la pierre angulaire de cette alliance militaire. À l'origine, ce traité se dressait contre l'éventuelle renaissance du militarisme japonais. Il s'est ensuite adapté à la politique américaine de l'endiguement pendant la guerre froide face au développement du communisme en Asie. L'ANZUS prévoyait notamment que les trois pays (États-Unis, Australie, Nouvelle-Zélande) se consultent sur les questions de sécurité touchant à la zone Pacifique. Les États-Unis ont ainsi profité de la guerre froide pour remplacer le Royaume-Uni comme puissance tutélaire dans la région.

Or, avec la montée en puissance de la Chine depuis les années 2000, ce lien stratégique s'est encore renforcé. C'est à Canberra, la capitale australienne, que le président Obama a annoncé en 2011 son projet de « pivot asiatique », visant à faire basculer le centre de gravité de sa politique étrangère vers l'Asie-Pacifique et à donner la priorité militaire à cette région du monde. Depuis cette date, des troupes américaines sont déployées à Darwin, par rotation chaque année.

→ La Chine : « l'accélérateur de croissance » de l'Australie

Si l'Australie a confié après la guerre sa sécurité aux États-Unis, la situation est désormais très différente sur le plan économique : géographiquement plus proche, la Chine est devenue son premier partenaire commercial. La demande du géant chinois tire l'économie australienne, qui se situe au treizième rang mondial et a profité d'une croissance annuelle proche de 3 % en 2018. Avec la signature d'un accord de libre-échange en 2015, le commerce entre la Chine et l'Australie a effectivement fait un bond de 25 % sur la période 2015-2019.

LA GRANDE « TERRE AUSTRALE INCONNUE »

Longtemps cartographiée sans avoir été découverte, la *Terra Australis Incognita* est abordée pour la première fois en 1606 par le Hollandais Janszoon. Mais c'est seulement après les explorations de James Cook, en 1770, que la colonisation britannique débute. La découverte de ressources naturelles a ensuite permis le développement économique du pays au XXe siècle. Si Canberra a été choisie comme capitale, c'est le résultat d'un compromis pour éviter de devoir trancher entre Sydney et Melbourne.

L'Australie dispose d'extraordinaires ressources minières. Ces matières premières minérales étaient jusqu'en 2020 principalement destinées au marché chinois, pour alimenter l'expansion continue de son secteur industriel. Elle vendait également à la Chine ses produits agricoles, notamment des céréales et de la viande bovine, issue d'immenses ranchs, dans les régions de l'Australie-Occidentale, du Queensland, de Victoria et de la Nouvelle-Galles du Sud.

La Chine, par ailleurs, a massivement investi dans l'économie australienne. C'est particulièrement vrai dans le secteur minier, mais aussi dans l'immobilier, l'agriculture et les infrastructures comme les ports, dont celui de Darwin. Mais la détérioration des relations entre la Chine et l'Australie a fait chuter les investissements de Pékin, tout comme le nombre de touristes, d'étudiants et de migrants chinois en Australie. Selon le dernier recensement de 2016, plus de 5 % des résidents australiens déclarent une origine chinoise.

Depuis une décennie, l'Australie fait donc le grand écart entre les deux premières puissances mondiales rivales, les États-Unis et la Chine. D'un côté ses intérêts économiques, et de l'autre sa sécurité. Un équilibre de plus en plus difficile à tenir comme le montrent les tensions croissantes avec Pékin depuis le début de l'épidémie de Covid-19.

→ Pékin-Canberra : la tension monte

L'Australie est dans une position paradoxale, à la fois dynamisée sur le plan économique par sa proximité avec la Chine, et menacée sur le plan sécuritaire par les ambitions géopolitiques de Pékin dans cette région du monde. Pékin mène une politique de revendication agressive en mer de Chine, au risque, estime l'Australie, de déstabiliser toute la région.

De plus, dans le Pacifique Sud, la Chine est entrée en concurrence directe avec l'Australie dans ces petits États insulaires que Canberra considérait jusque-là comme son « arrière-cour ». La Chine y impose progressivement son influence par des aides

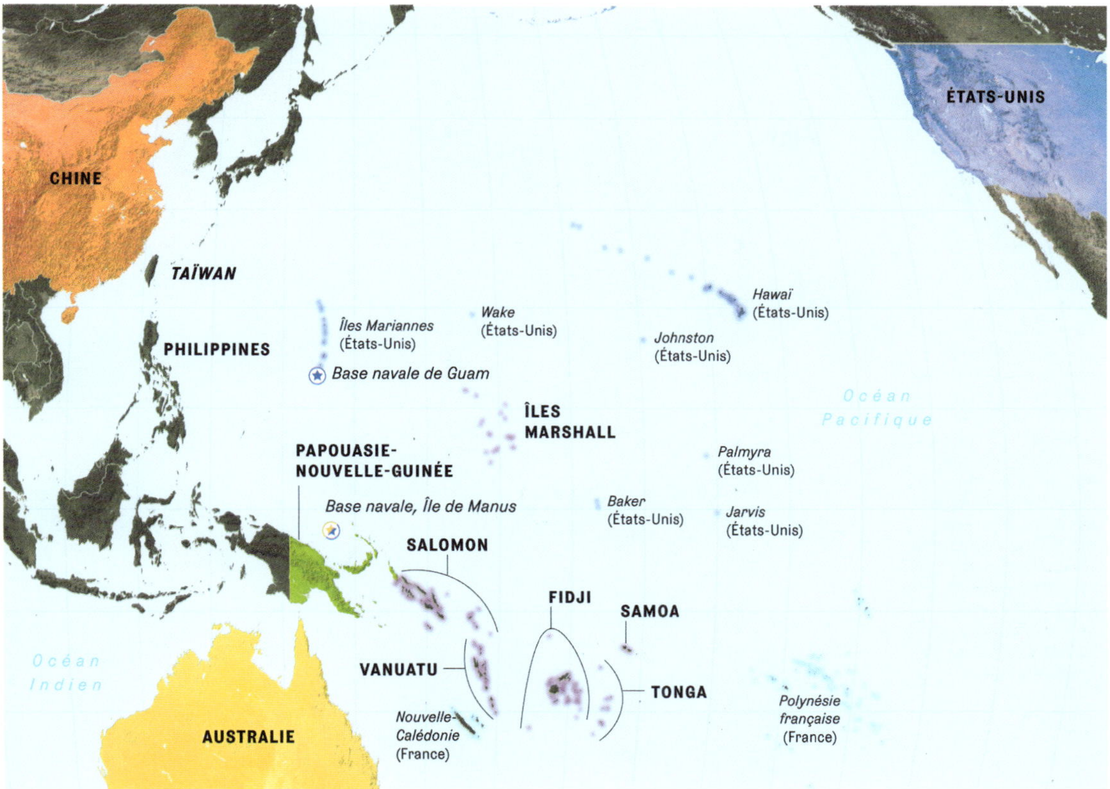

financières et des accords de défense dans le but, là aussi, d'accéder aux richesses marines de leurs vastes zones économiques exclusives et d'élargir encore sa portée militaire. En avril 2018, un journal australien, le *Sydney Morning Herald*, posait la question : « Et si la Chine était en train de s'installer dans le Pacifique Sud ? » En cause : la révélation de projets d'infrastructures financés par la Chine dans l'archipel du Vanuatu. Il y recensait alors au moins sept constructions, dont un port en eaux profondes et un réseau de télécommunications gouvernemental pouvant comprendre des objectifs militaires. Cet épisode témoigne de la percée diplomatique chinoise dans le Pacifique, de la Micronésie aux îles Cook, une stratégie initiée par les dirigeants Wen Jiabao et Hu Jingtao, et qui a pris une dimension nouvelle avec Xi Jinping.

Canberra tente de rattraper son retard dans la région du Pacifique en y déployant une importante activité diplomatique et en augmentant les aides financières accordées aux États insulaires de la zone. Mais pour contrer les ambitions chinoises dans le Pacifique Sud, le gouvernement australien a surtout fait appel à son fidèle allié américain. Fin 2018, les deux États ont annoncé l'installation d'une nouvelle base navale commune sur l'île de Manus en Papouasie-Nouvelle-Guinée.

→ L'indispensable allié américain

Les appétits chinois dans la région ont rappelé à l'Australie qu'elle a plus que jamais besoin des États-Unis. Cette alliance a pourtant été fragilisée sous la présidence de Donald Trump, isolationniste et imprévisible. Sans compter que la guerre commerciale brutale que se livrent Américains et Chinois a placé l'Australie dans une position plus délicate que jamais.

Par exemple, sur le plan militaire, la Chine reproche à l'Australie de choisir systématiquement le camp américain dans les conflits latents ayant émergé en mer de Chine méridionale. Pékin a, à plusieurs reprises, averti l'Australie qu'elle ne devait pas interférer dans les disputes territoriales en adoptant les positions américaines sur la liberté de

RIVALITÉS CROISSANTES DANS LE PACIFIQUE

Dans le Pacifique Sud, l'Australie s'inquiète de l'expansionnisme de la Chine qui se rapproche en particulier des Fidji, de la Papouasie-Nouvelle-Guinée ou du Vanuatu. La politique chinoise dans le Pacifique Sud vise aussi à neutraliser Taïwan, puisqu'un tiers des États reconnaissant la Chine nationaliste s'y trouvent. En réaction, les États-Unis participent au projet australien de développer une base navale interarmées en Papouasie-Nouvelle-Guinée.

FACE À FACE ÉTATS-UNIS/ CHINE POUR LE CONTRÔLE DE L'ASIE-PACIFIQUE

Dans le duel États-Unis/Chine, Pékin pourrait avoir marqué des points dans la région Asie-Pacifique avec la signature du Partenariat économique régional global qui crée une zone de libre-échange entre les dix États de l'ASEAN, la Chine, le Japon, la Corée du Sud, l'Australie et la Nouvelle-Zélande. Une vaste zone économique qui rassemble deux milliards de personnes. L'Inde a toutefois refusé de le signer, craignant un afflux de produits à bas prix chinois ou australiens sur son territoire.

navigation. Sans quoi elle « empoisonnerait » ses relations économiques avec la Chine, qui adopterait alors de solides contre-mesures susceptibles de freiner son développement. Cela n'a pourtant pas empêché les militaires australiens de s'opposer de plus en plus à la Chine, l'accusant notamment de manipuler ses réseaux numériques et de développer un cyber-espionnage invasif. Les gouvernements australiens successifs, s'inspirant de ces accusations, ont interdit au géant chinois des télécommunications Huawei de contribuer à la mise en place du National Broadband Network, de la 5G, et de participer à l'installation du réseau de câbles sous-marins entre Sydney et les îles Salomon.

Longtemps, l'Australie a tenté de tenir compte du fait que la Chine, dans de très nombreux domaines, était en train de devenir la première puissance mondiale. Cela, tout en préservant sa sécurité par l'achat de matériels militaires américains, et une coopération

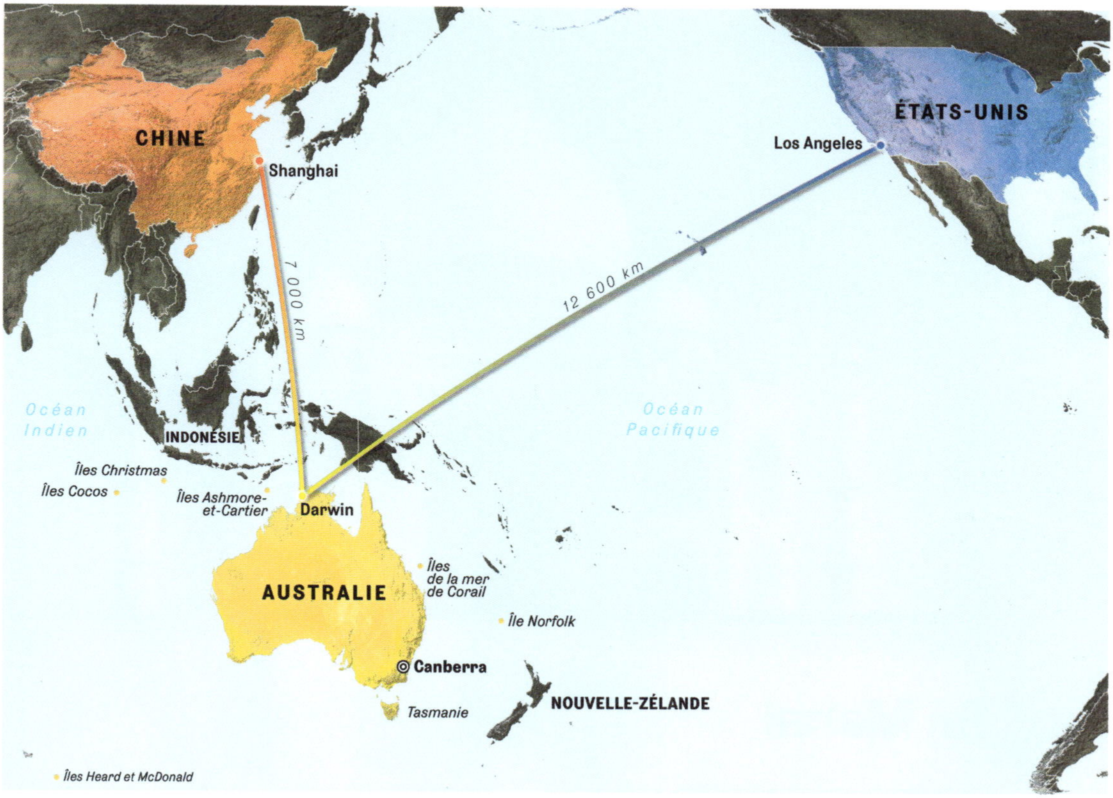

suivie entre leurs forces armées. Le Premier ministre australien Scott Morrison (2018-2022) a d'ailleurs réaffirmé à plusieurs reprises, dissociant intérêts économiques et stratégiques: « Les Chinois sont nos clients, les Américains, eux, sont des amis. »

→ Entre la Chine et les États-Unis, une troisième voie ?

Depuis quelques années, pour échapper au duel sino-américain, l'Australie s'est tournée vers de nouveaux partenaires en Asie, avec la volonté de trouver une troisième voie plus autonome. Elle a approfondi ses relations avec les deux seuls États capables de faire contrepoids – le Japon et l'Inde – autour d'une nouvelle alliance indo-pacifique.

L'Inde est aussi devenue un partenaire économique majeur, passée au cinquième rang pour les échanges commerciaux, devant la Nouvelle-Zélande ou le Royaume-Uni. Ce rapprochement indo-australien permet à Canberra de réduire sa dépendance commerciale vis-à-vis de la Chine, au moment où de graves accusations d'espionnage industriel ont été portées sur le territoire australien contre des entreprises chinoises. En outre, en 2018, et malgré une volonté australienne de réduire l'immigration, 33 000 Indiens ont émigré en Australie pour y travailler. L'Inde est ainsi le premier pays d'origine des nouveaux immigrants en Australie.

En novembre 2020, les tensions croissantes avec Pékin ont conduit l'Australie à signer un accord historique de coopération militaire avec le Japon. L'objectif est de permettre l'organisation de manœuvres sur leurs territoires respectifs (accord d'accès réciproque) et d'intensifier l'interopérabilité de leurs forces, y compris par le stationnement de troupes dans le pays de l'autre.

Toutefois, si la demande en stabilité et en sécurité continue de croître dans la région Asie-Pacifique face à l'affirmation de la puissance chinoise, le pragmatisme économique demeure. En témoigne la signature du Partenariat économique régional global (RCEP) le 15 novembre 2020, regroupant quinze États, et promu par Pékin.

AU CŒUR DE LA RÉGION PACIFIQUE

C'est souvent *down under*, en bas à droite, qu'est représentée l'Australie, soulignant son éloignement. Mais depuis deux décennies, le pays cherche à se rapprocher de l'Asie émergente et revendique son appartenance à l'Asie-Pacifique. L'Australie rappelle volontiers qu'elle est bordée par deux grands océans, et qu'elle est donc située au milieu de la région Indo-Pacifique, ensemble géostratégique promu par le Japon, l'Inde et les États-Unis pour contrer l'influence grandissante de la Chine.

Destination 15

Taj Mahal

Tout le monde connaît le Taj Mahal, ce grandiose mausolée de marbre blanc construit par un empereur moghol inconsolable après la mort de sa femme préférée. À 200 kilomètres de New Delhi, dans l'État de l'Uttar Pradesh, c'est l'un des monuments les plus célèbres au monde, inscrit au patrimoine mondial de l'humanité et qui attire des millions de visiteurs chaque année, hors période de pandémie bien sûr. On sait moins que ce joyau de l'art musulman, avec ses minarets et ses passages du Coran gravés dans la pierre, est détesté par la mouvance au pouvoir dans la sixième plus grande puissance économique du monde. Dans l'Inde de Narendra Modi et de son parti le BJP (Parti du peuple indien), le Taj Mahal ne représente pas la culture hindouiste. Or, il s'agit désormais pour le régime de reconquérir la « véritable histoire » de l'Inde. L'Inde qui est pourtant, par sa démographie, le troisième pays musulman au monde. Fin 2017, le ministère régional du Tourisme a même retiré de ses brochures le Taj Mahal – retrait de courte durée car le manque à gagner touristique aurait été trop conséquent. Ainsi, lorsque le président Macron et son épouse sont allés visiter le mausolée en mars 2018, ce fut dans le cadre d'une visite privée déconnectée du programme officiel. Dans l'Inde de Narendra Modi, on gouverne désormais aux dépens de la minorité musulmane, des minorités en général et sans respect des contre-pouvoirs et des libertés. Il est cependant difficile pour les démocraties occidentales de ne pas garder des liens avec la « plus grande démocratie du monde ». L'Inde de Modi se réjouit de ces alliances occidentales bienvenues face à la Chine agressive de Xi Jinping. Pour autant, Narendra Modi ne joue pas toujours la carte occidentale, reprenant à son compte la culture indienne du « non-alignement ». Ainsi Modi n'a pas condamné l'invasion russe de l'Ukraine, se contentant d'exprimer sa « préoccupation ». Il faut dire que Moscou fournit armes et énergies à New Delhi (au rabais depuis la guerre) et que l'Inde pensait compenser la pénurie de blé ukrainien sur le marché mondial avec ses propres récoltes. En vain, car la sécheresse historique de mai 2022 a contraint Modi à revoir ses plans.

Inde : le tournant Modi

→ Une puissance économique marquée par de fortes inégalités

Comme la Chine, l'Inde est un géant démographique, avec une population estimée à 1,3 milliard d'habitants en 2020, soit la deuxième population au monde, mais avec un territoire deux fois moindre (3,3 millions de kilomètres carrés). Elle est l'un des pays les plus densément peuplés de la planète, si bien que les Indiens sont trois fois plus nombreux que les habitants de l'Union européenne, sur un territoire plus petit. Les Indiens restent encore majoritairement ruraux (66 %).

L'Inde est pourtant une grande puissance économique qui a émergé depuis vingt ans en devenant un leader mondial, notamment dans les services informatiques, les biotechnologies ou la production de médicaments génériques. Elle se place au troisième rang en terme de PIB en parité de pouvoir d'achat, derrière la Chine, les États-Unis et devant le Japon, en réalisant 6,7 % du PIB mondial. Sa forte croissance économique – 7 % en moyenne au cours de la décennie 2010 – n'empêche pas l'Inde d'être l'un des pays les plus inégalitaires au monde. Selon l'ONG Oxfam qui lutte contre les inégalités et la pauvreté, 1 % des Indiens les plus riches possèdent 42,5 % de la richesse du pays. Malgré d'indéniables progrès, plus d'un cinquième de la population indienne vit encore dans une extrême pauvreté, en particulier en zone rurale. Par ailleurs, le chômage y a fortement progressé en raison de l'épidémie de Covid-19 et il touche même la jeunesse diplômée des villes.

Ces inégalités sociales sont ancrées dans le système des castes qui, bien qu'officiellement interdit, continue de hiérarchiser la société indienne. La caste des *brahmanes* (prêtres) est au sommet de cette hiérarchie tandis que les *sudras* (serviteurs) sont en bas. Quant aux *dalits*, « les intouchables », ainsi dénommés car ils exercent des activités jugées impures, ils sont hors de ce système social.

L'accès du plus grand nombre d'Indiens à l'éducation, aux soins, à l'eau et à l'électricité est aujourd'hui un enjeu majeur, tout comme le respect des droits humains et de la démocratie.

→ Vers la fin du sécularisme ?

L'Inde multiculturelle et multiconfessionnelle devenue indépendante en 1947 est une démocratie parlementaire fondée sur l'État de droit. Sa Constitution assure l'égalité de tous ses citoyens et la liberté de conscience sans distinction de religion. Toutes les religions sont reconnues et traitées à égalité selon le principe de sécularisme, ajouté au préambule de la Constitution en 1976.

Mais depuis 2014, l'Inde est dirigée par Narendra Modi, un ultranationaliste hindou qui prône la supériorité de cette religion sur les autres. C'est à la tête du riche État du Gujarat, à la frontière avec le Pakistan, que Modi a commencé sa carrière politique. De 2001 à 2014, il en fera le laboratoire de l'*hindutva*, l'idéologie suprémaciste hindoue défendue par son parti, le Bharatiya Janata Party (BJP). Lors des élections générales de 2014, la promesse de réformes économiques lui donne une large victoire. Triomphalement réélu en 2019, Modi encourage dès lors une politique de discrimination systématique contre les musulmans, au niveau national et dans les États gouvernés par le BJP : criminalisation de l'abattage des bovins (la vache étant un animal sacré pour

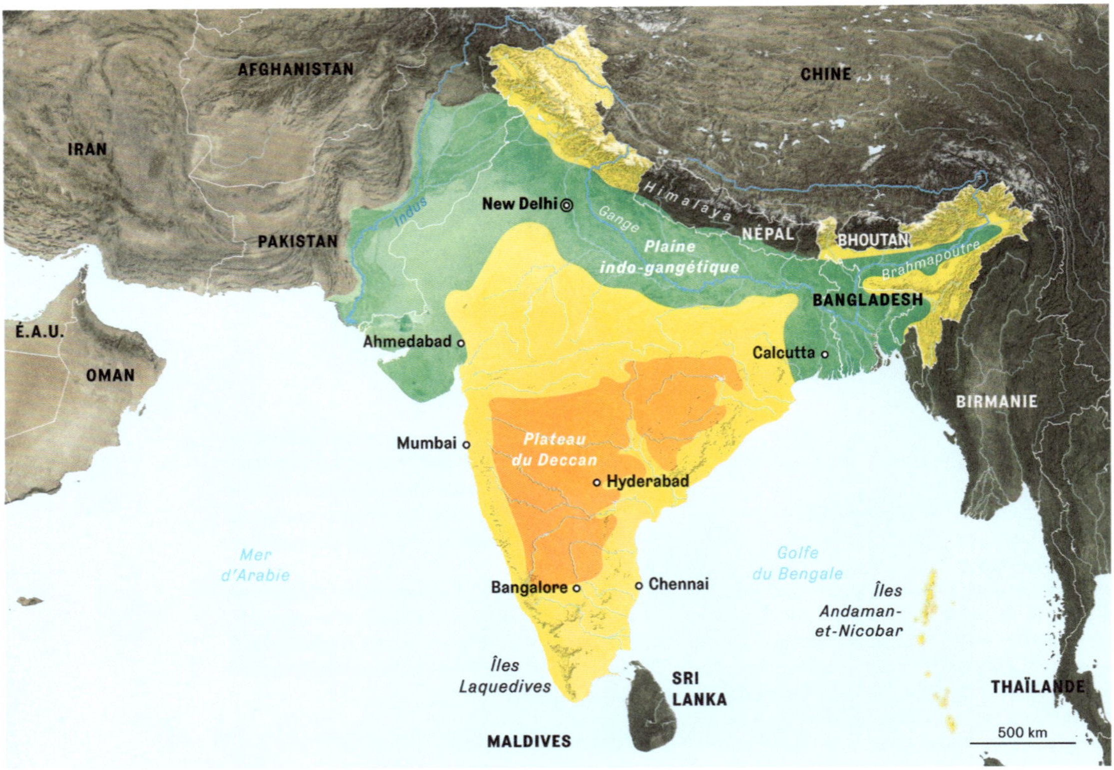

AU CŒUR DU SOUS-CONTINENT INDIEN

Située en Asie du Sud, l'Inde est une immense péninsule qui plonge dans l'océan Indien. Au nord, elle est bordée par l'Himalaya d'où descendent trois fleuves : l'Indus, le Gange et le Brahmapoutre. Ceux-ci forment la plaine indo-gangétique, qui est le cœur historique du pays, avec sa capitale, New Delhi. La plaine se termine à l'est par le plus grand delta du monde. Au sud, la péninsule se couvre des plateaux du Deccan et s'ouvre sur la mer par de longs littoraux étendus sur 7 000 kilomètres.

les hindous) ; loi discriminatoire sur la citoyenneté interdisant la nationalité indienne aux immigrés musulmans des pays voisins. Le BJP a également autorisé la construction d'un temple hindou à Ayodhya en Uttar Pradesh sur le site d'une ancienne mosquée détruite en 1992 par des nationalistes hindous, ce qui avait déclenché des violences intercommunautaires à travers tout le pays. Enfin, au Jammu-et-Cachemire, le seul État indien à majorité musulmane, le gouvernement a brutalement supprimé en août 2019 l'autonomie accordée par la Constitution à cette région frontalière instable, disputée par l'Inde, le Pakistan et la Chine. Le Cachemire indien a été scindé en deux territoires, le Ladakh et le Jammu-et-Cachemire, placés sous le contrôle direct de New Delhi.

→ Le premier cercle : les voisins

Sur la scène internationale, l'Inde agit tous azimuts pour asseoir sa puissance avec une stratégie dite « des trois cercles ». Ses voisins directs, dont font partie le Pakistan, la Chine et le Sri Lanka, constituent le premier cercle géopolitique de l'Inde. Malgré le poids écrasant du géant chinois dans la région, l'Inde a toujours cherché, depuis son indépendance, à s'imposer auprès de son voisinage asiatique comme la puissance régionale, en jouant de son poids démographique, économique et territorial. En 1985, elle crée avec ses voisins immédiats et l'Afghanistan l'Association sud-asiatique pour la coopération régionale. Mais cette association n'est guère concluante car ses plus petits voisins dénoncent rapidement l'hégémonie du géant indien, et surtout parce que certaines tensions héritées du passé sont toujours bien présentes.

C'est le cas par exemple avec le Pakistan, l'ennemi historique de l'Inde. La partition de l'Empire des Indes en 1947 a débouché sur le partage et l'échange de territoires et de populations en fonction de leur religion – hindoue ou musulmane – entre les deux nouveaux États : l'Inde et le Pakistan. À sa naissance, le Pakistan comprend deux entités, une partie occidentale et une orientale, l'actuel Bangladesh. Cette partition a laissé

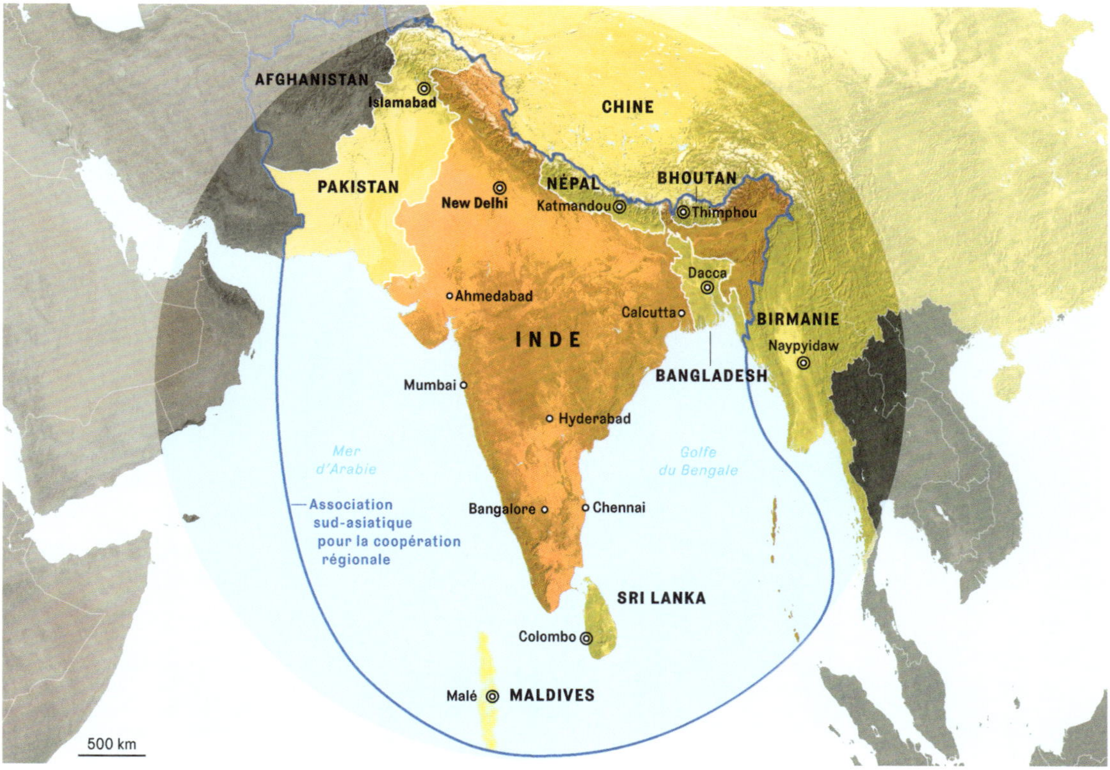

beaucoup de rancœurs dans les deux États en raison des millions de déplacés, des centaines de milliers de morts et de la violence intercommunautaire qui l'ont accompagnée. Elle est responsable de quatre conflits entre l'Inde et le Pakistan : deux pour la souveraineté du Cachemire (l'un en 1947-1948, l'autre en 1965) ; un conflit en 1971 pendant lequel l'Inde prend fait et cause pour la sécession du Pakistan oriental, qui deviendra le Bangladesh ; et enfin, un conflit en 1999 à la suite d'une incursion pakistanaise sur le plateau de Kargil.

Dans une volonté de dissuasion mutuelle, les deux États se sont dotés en 1998 de l'arme nucléaire, ce qui n'a pas empêché le conflit de dégénérer, comme entre 2001 et 2008, lorsque l'Inde est devenue la cible d'attentats islamistes perpétrés sur son sol par des Pakistanais. Depuis, les nombreuses tentatives de normalisation ont été vouées à l'échec et les tensions sont prêtes à resurgir. En témoigne la remise en cause du statut d'autonomie du Cachemire indien par Narendra Modi en 2019 alors qu'il prévalait depuis sept décennies. Cette décision a ravivé les tensions avec le Pakistan.

Dans ce contexte, les relations avec l'Afghanistan sont éminemment stratégiques : elles sont vues comme un moyen d'encercler l'ennemi pakistanais.

Avec le Bangladesh, les relations sont aussi devenues difficiles. Delhi reproche à Dacca de ne pas s'aligner systématiquement sur ses positions et apprécie peu son rapprochement avec Pékin, ainsi que son soutien aux groupes séparatistes du nord-est de l'Inde, notamment dans l'Assam. L'Inde rappelle aussi régulièrement à l'ordre son voisin pour qu'il contrôle davantage leur frontière commune longue de plus de 4 000 kilomètres. Faute de surveillance, 20 millions d'immigrés illégaux d'origine bangladaise vivraient en Inde, dont 6 millions en Assam. Entre 1993 et 2013, l'Inde a construit un mur de barbelés sur 3 200 kilomètres, pour lutter contre l'immigration clandestine. En 2015, Inde et Bangladesh sont toutefois parvenus à un accord pour régler le statut de centaines d'enclaves entre les deux pays.

Avec le Népal et le Bhoutan, les liens sont historiquement forts, mais aujourd'hui de plus en plus concurrencés par la Chine.

LE VOISINAGE, PREMIER CERCLE GÉOPOLITIQUE DE L'INDE

Les huit voisins immédiats de l'Inde forment son premier cercle d'intérêts géopolitiques. Mais globalement, dans cet espace, les relations avec la plupart de ces pays restent complexes pour des raisons historiques, avec le Pakistan par exemple, et à cause de sa politique souvent perçue comme hégémonique par ses plus petits voisins.

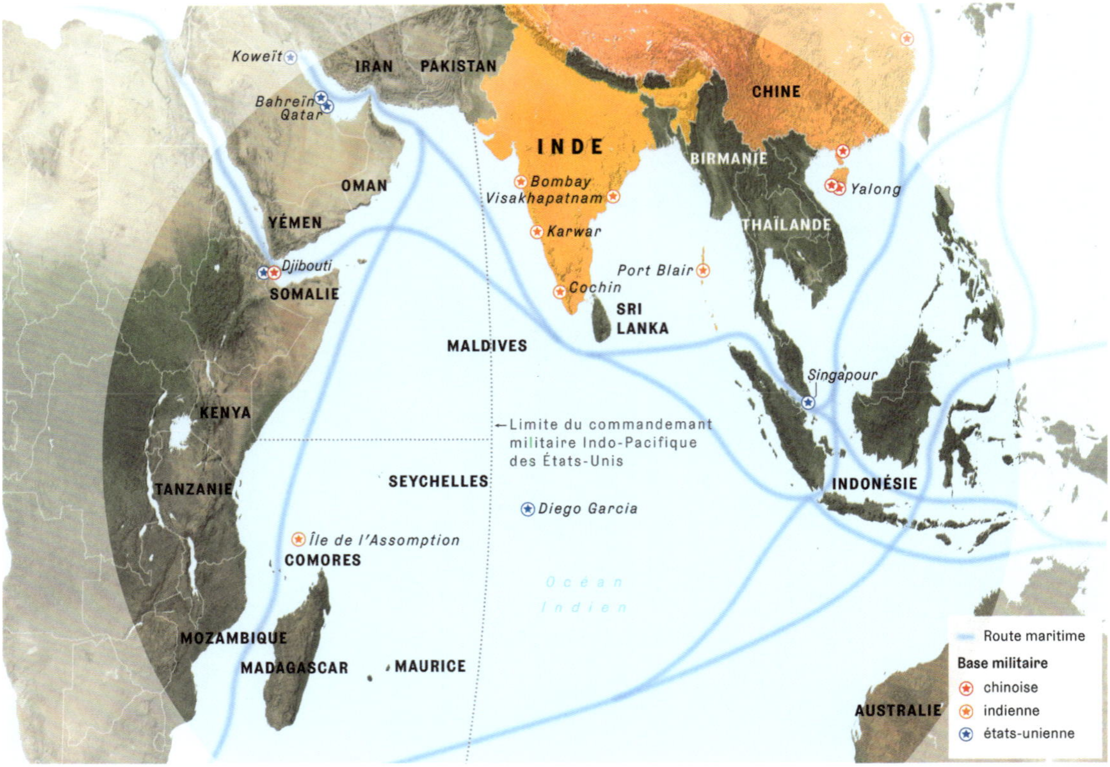

L'OCÉAN INDIEN, DEUXIÈME CERCLE GÉOPOLITIQUE

Historiquement, l'Inde a toujours considéré cet océan comme « son » océan. Aujourd'hui, elle veut y imposer sa puissance navale face à la poussée chinoise. Mais l'Inde n'est pas en mesure de contrôler seule la totalité de l'océan ; elle coopère avec les États-Unis, la France, la Thaïlande, l'Indonésie ou encore certains pays africains. Face à l'affirmation de la Chine dans la région, l'administration Trump a décidé d'incorporer le concept d'Indo-Pacifique à sa stratégie de sécurité.

→ Le deuxième cercle : l'océan Indien

Dans ce deuxième cercle, l'Inde doit également compter avec la concurrence chinoise. Dans l'océan Indien, qu'elle considère comme son espace d'influence traditionnelle, le Sri Lanka et les Maldives se détournent de Delhi pour regarder vers Pékin. Pourtant, afin de maîtriser cet espace maritime, dès 1997 l'Inde a créé l'Indian Ocean Rim Association avec les pays riverains en se donnant pour objectif d'y favoriser la coopération régionale. Reste que l'océan Indien, carrefour des routes maritimes mondiales, est pour l'heure un océan américain.

Avec leurs bases (ou facilités militaires) de Djibouti, des pays du Golfe et de Singapour, les États-Unis contrôlent l'accès aux principaux détroits de l'océan Indien. Ils peuvent surveiller ce vaste espace maritime grâce à l'importante base militaire navale de Diego Garcia. Mais ils ne sont plus les seuls : la Chine y gagne aussi du terrain et cherche à contrecarrer les ambitions régionales de l'Inde. Sa stratégie du « collier de perles », qui a pour but d'installer des bases chinoises sur le pourtour de l'océan, ainsi que les nouvelles routes de la soie, sont perçues par Delhi comme une politique d'encerclement.

L'Inde réagit en développant sa puissance navale avec l'objectif de sécuriser ses routes commerciales, où transite 90 % de son commerce extérieur, notamment en hydrocarbures. Elle s'appuie pour cela sur les îles indiennes des Laquedives et d'Andaman-et-Nicobar pour « surveiller » les voies maritimes menant au détroit de Malacca. L'Inde construit une base aérienne et navale aux Seychelles afin de prendre progressivement en charge la sécurité maritime entre les Maldives, les Seychelles et l'île Maurice. Mais elle n'est pas en mesure de contrôler seule la totalité de l'océan.

Depuis la fin de la guerre froide, elle a lancé avec l'Asie du Sud-Est une politique dite du « regard vers l'est » qui lui a permis de se rapprocher de l'ASEAN, au sein de laquelle certains États s'inquiètent, comme elle, de la montée en puissance de la Chine dans la région. L'Inde joue désormais la carte japonaise. Pour riposter aux routes de la soie chinoises, Delhi a mis en place avec le Japon

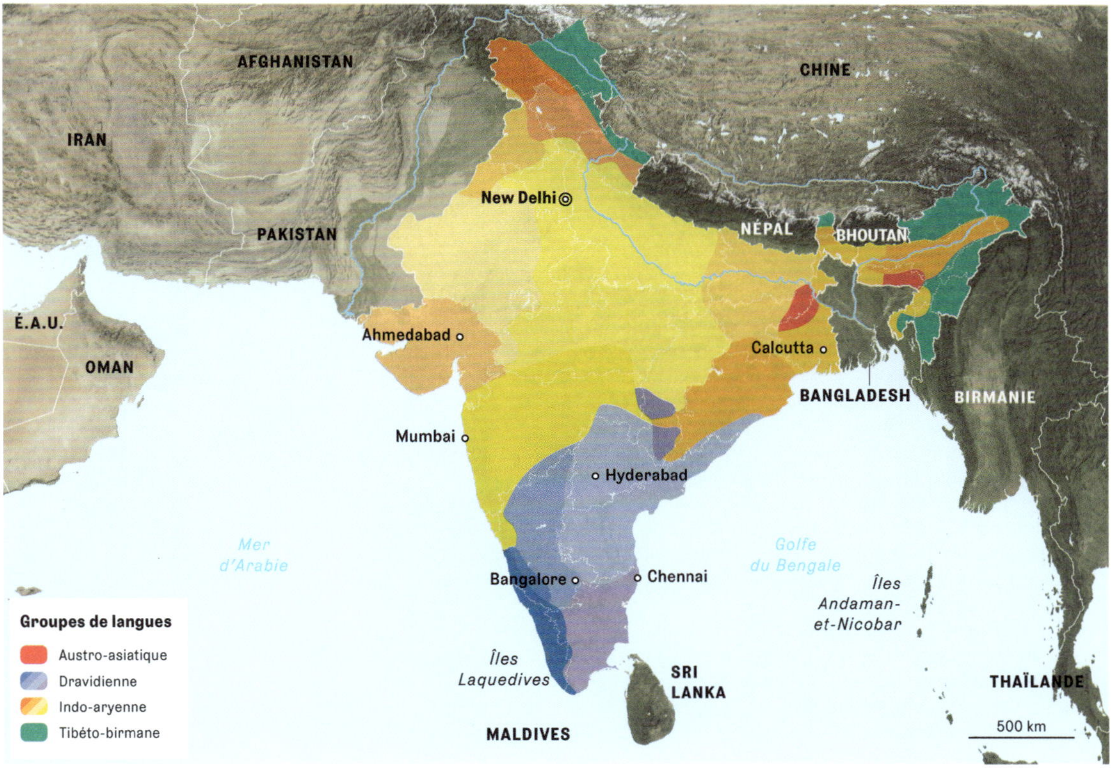

un contre-projet nommé « route de la liberté », un corridor de croissance entre l'Afrique et l'Asie pour lequel l'Inde cherche à s'imposer comme pierre angulaire. L'Inde et le Japon se sont aussi lancés dans une coopération militaire et économique.

→ Le troisième cercle : l'espace mondial

En tant que membre actif des Nations unies, l'Inde participe depuis les années 1950 à de nombreuses opérations de maintien de la paix, notamment en Afrique. L'Inde fait aussi partie du G20 et des BRICS, le club des pays émergents – auquel appartient également la Chine, avec laquelle la rivalité se poursuit donc à l'échelle mondiale.

Il existe pourtant des intérêts convergents entre les deux pays. Intérêt démographique d'abord : le Dragon chinois et l'Éléphant indien comptent pour 40 % de la population de la planète et 18 % du PIB mondial. Et intérêt économique ensuite : en moins de deux décennies, la Chine est devenue le premier partenaire commercial de l'Inde. Ces convergences sino-indiennes contribuent à des rapprochements entre les deux pays sans pourtant éviter les tensions. En avril 2005, lors de la visite de Wen Jiabao en Inde, New Delhi a reconnu la souveraineté de la Chine sur le Tibet, et la Chine celle de l'Inde sur le Sikkim. En mai 2018, la rencontre entre Xi Jinping et Narendra Modi a encore permis de réchauffer les relations ; Pékin, en pleine guerre commerciale avec les États-Unis de Trump, cherchait des appuis partout dans le monde et essayait de contrarier l'action du Japon en Inde. De son côté, Modi avait alors besoin de montrer à son électorat l'efficacité de sa politique diplomatique.

Depuis 2017, l'Inde est également membre de l'Organisation de coopération de Shanghai, fondée par la Chine et la Russie, qu'elle a intégrée en même temps que le Pakistan.

Dans ce contexte de rivalités, que l'épidémie de Covid-19 a encore accentuées, l'Inde s'est engagée dans un processus de rapprochement avec les États-Unis. Outre la montée en puissance de la Chine, les deux pays ont une convergence d'intérêts concernant le terrorisme islamiste, le nucléaire, et face au Pakistan dont l'instabilité inquiète Washington.

LA MOSAÏQUE LINGUISTIQUE ET RELIGIEUSE DE L'INDE

L'Inde est une mosaïque culturelle, avec plus de 1 600 langues parlées. La plus répandue est l'hindi, pratiquée par plus de quatre Indiens sur dix, c'est la langue officielle du pays avec l'anglais. Cette diversité a conduit à la création d'un État fédéral organisé sur une base linguistique. L'Inde est aussi un État multiconfessionnel : si huit Indiens sur dix sont hindous, 15 % de la population est musulmane, ce qui fait de l'Inde le troisième pays musulman du monde, derrière l'Indonésie et le Pakistan voisin.

L'Inde, une puissance régionale qui peine à devenir mondiale

L'Inde dispose de moyens considérables pour devenir une grande puissance : un territoire de la taille d'un continent, une masse démographique en passe de devenir la plus importante de la planète, une capacité à s'insérer dans la mondialisation par ses héritages culturels, sa maîtrise des hautes technologies, du nucléaire et de l'aérospatiale, et à produire des élites recherchées par les grandes firmes mondiales. Elle exerce un véritable *soft power* qui passe par le cinéma de Bollywood, la musique, le tourisme, la philosophie hindouiste, le yoga et une diaspora estimée à plus de 31 millions de personnes à travers le monde. L'Inde a révélé pendant la pandémie un ultime atout : être la « pharmacie du monde ». 60 % des vaccins et 43 % des médicaments génériques y sont produits.

L'Inde est de plus en plus présente sur la scène internationale en tant que membre des Nations unies d'abord, et d'organisations telles que le G20, les BRICS ou l'Organisation de coopération de Shanghai. En raison de son poids démographique, elle réclame aujourd'hui un siège permanent au Conseil de sécurité de l'ONU, au même titre que la Chine.

Malgré cette diplomatie tous azimuts, l'Inde multiplie les signes de fragilité : à l'intérieur, les révoltes naxalites, d'inspiration maoïste, menacent la stabilité de plusieurs États indiens. Même constat autour des tensions dans les États tribaux du Nord-Est dont est issue la nouvelle Présidente investie en 2022, Droupadi Murmu. À cela s'ajoutent une radicalisation religieuse qui alimente les violences et une pauvreté qui persiste et demeure massive, engendrant une fracture sociale criante.

À l'extérieur, le poids de l'Inde dans le commerce mondial reste faible et ses relations diplomatiques régionales sont souvent polluées par la question de sa relation avec le Pakistan. Enfin, le rôle prépondérant de la Chine, concurrente économique et stratégique, nuit à son affirmation de puissance globale.

Malgré ces rapprochements diplomatiques à visée politique, l'Inde redoute la puissance du rouleau compresseur chinois et demeure à l'écart des nouvelles routes de la soie. Cette distance est notamment due à un tronçon de ces routes qui passe au Pakistan par le Cachemire, territoire que l'Inde continue de revendiquer. Elle a aussi refusé de signer en novembre 2020 le Partenariat régional économique globale (RCEP) promu par la Chine comme le plus important accord de libre-échange au monde, représentant 30 % du PIB mondial et 20 % de la population de la planète.

De plus, les litiges frontaliers de l'Aksai Chin, dans l'Himalaya, ont conduit à des affrontements armés récurrents entre l'Inde et la Chine, l'Inde accusant Pékin d'incursions sur son territoire.

Dès lors, s'il faut évidemment compter avec l'Inde pour les décennies à venir, la sixième puissance économique mondiale a pour l'instant laissé la Chine prendre une confortable longueur d'avance.

RUSSIE
CHINE
JAPON
INDE
AFRIQUE DU SUD
G20
BRICS
Organisation de coopération de Shanghai
Membre permanent au Conseil de sécurité de l'ONU

IV. MOYEN-ORIENT

Nouveaux maîtres, nouveaux enjeux ?

Le retrait chaotique des Occidentaux d'Afghanistan en août 2021 semblait acter un changement d'ère au Moyen-Orient, avec de nouveaux acteurs, dont Vladimir Poutine, qui creuse son sillon dans la région depuis la guerre en Syrie menée contre Daech.
Autre influence au Moyen-Orient : celle d'Erdogan. La Turquie renoue notamment au printemps 2022 avec l'Arabie saoudite. Les relations s'étaient rompues après l'assassinat du journaliste Jamal Khashoggi en 2018. À noter qu'Erdogan comme MBS ne sanctionnent pas la Russie après l'invasion de l'Ukraine en février 2022, la Turquie proposant même sa médiation.
Pendant ce temps, Israël peine à se stabiliser politiquement, de Naftali Bennett à Yaïr Lapid, tandis que les tensions sont maximales avec les Palestiniens, mais apaisées avec les pays arabes signataires des accords d'Abraham.
À Téhéran, les négociations internationales sur le contrôle du nucléaire iranien en échange de la levée des sanctions peinent à aboutir.
Quant au Qatar, il est en 2022-2023 au cœur des enjeux mondiaux : État-médiateur avec les Talibans, organisateur de la Coupe du monde de football et courtisé plus que jamais pour ses réserves de gaz sur fond de guerre en Ukraine. En effet, le conflit ukrainien remet la lumière sur les réserves pétrolières et gazières du Moyen-Orient, dont les Européens, privés des hydrocarbures russes, pourraient avoir plus que jamais besoin dans les années à venir.

Destination 16

Natanz

Natanz est une ville de la province d'Ispahan, en Iran, connue pour abriter l'un des centres névralgiques du programme nucléaire du pays, un des sites d'enrichissement d'uranium.
Le 12 avril 2021, le régime iranien accusait Israël d'être à l'origine d'une attaque ayant endommagé des centrifugeuses de ce site nucléaire, promettant une vengeance « en temps et en heure ». Simple panne de courant ou acte terroriste antinucléaire ? Difficile de le savoir car le scénario est devenu récurrent, à l'image des relations conflictuelles entre Téhéran et Tel Aviv. Les Israéliens ne peuvent oublier les déclarations de certains dirigeants iraniens (le 25 octobre 2005, le président Ahmadinejad citait l'ayatollah Khomeiny : « Le régime occupant Jérusalem doit disparaître de la page du temps »), et les Iraniens voient en Israël l'allié d'une Europe et d'une Amérique détestées. C'est particulièrement vrai depuis le mandat Trump, marqué par le retrait américain de l'accord international signé à Vienne en 2015, qui devait permettre l'allègement des sanctions en échange d'un contrôle du programme nucléaire iranien. Le nouveau président américain Joe Biden a repris le dialogue avec Téhéran en vue d'une réduction des sanctions, qui pèsent durement sur la société iranienne.
À noter, l'élection d'un nouveau président iranien conservateur en juin 2021, Ebrahim Raïssi.
La question de la nucléarisation de la République islamique d'Iran ne date pas d'hier, elle dure depuis plusieurs décennies, plaçant Téhéran à l'épicentre des tensions.
Ces tensions sont mondiales, tant l'Iran est perçu depuis sa révolution en 1979 comme l'ennemi de l'Occident et de la puissance américaine.
Elles sont aussi régionales, car les deux géants du Moyen-Orient – Iran et Arabie saoudite – confrontent sans relâche leurs ambitions de leadership, sous différentes formes et sur différents terrains.
Par ailleurs, la venue de Vladimir Poutine à Téhéran, en juillet 2022, pour un sommet Iran-Turquie-Russie donne lieu à des informations des renseignements américains sur la vente de drones iraniens à Moscou, afin qu'ils soient utilisés dans la guerre contre l'Ukraine.
Enfin, en août 2022, la tentative d'assassinat de l'écrivain Salman Rushdie, 33 ans après la fatwa de l'ayatollah Khomeiny, rappelle selon le chercheur Clément Therme « la réalité du visage de la République islamique ».

Iran : épicentre des tensions

→ L'Iran, l'ancienne Perse

L'Iran occupe un vaste territoire de plus d'un million et demi de kilomètres carrés, soit à peu près trois fois la France. Son étendue géographique lui fait partager des frontières avec la Turquie, des pays du Caucase (l'Arménie, l'Azerbaïdjan), le monde turcophone d'Asie centrale (le Turkménistan), l'Asie du Sud (le Pakistan et l'Afghanistan), ainsi que le monde arabe. L'Iran touche effectivement l'Irak, ainsi que les monarchies du Golfe, de l'autre côté du golfe Persique, dont l'Arabie saoudite, l'autre grande puissance du Moyen-Orient.

Bordé de montagnes protectrices (monts Alborz, chaînes du Zagros et du Makran), le plateau central iranien est le berceau de la nation la plus ancienne du Moyen-Orient avec l'Égypte. C'est là que se sont établies au second millénaire avant J.-C. des populations indo-européennes, les Aryens, dont les Perses sont l'une des grandes tribus. Ils vont parvenir à dominer l'ensemble du plateau, donnant naissance à de prestigieuses dynasties, telle les Achéménides (de – 559 à – 331), les Parthes (de – 250 à 224 après J.-C.) et les Sassanides (224-642).

L'Iran, c'est donc le pays des Aryens, mais c'est sa composante perse qui est au fondement de son identité et de son unité. Au cours de sa longue histoire, l'État iranien s'est en effet construit autour des Perses et du persan, tout en intégrant de nombreuses minorités linguistiques, localisées en périphérie du pays : des Azéris (16 %), des Kurdes (10 %), des Lori (6 %), des Arabes (2 %), des Baloutches (2 %), des Turcs et Turkmènes (2 %). Aujourd'hui, sur les 83 millions d'habitants que compte le pays, 61 % sont persanophones.

L'autre fondement identitaire de l'Iran, c'est l'islam, pratiqué par 97 % de ses habitants. L'adoption du chiisme comme religion d'État en 1501 par le Chah Ismaïl a contribué à unifier ce pays multiethnique face au rival sunnite qu'est alors l'Empire ottoman.

Avec la révolution islamique de 1979 menée par l'ayatollah Khomeiny revenu d'exil, le chiisme devient le centre de gravité de la nation iranienne, et un instrument de politique étrangère. Son régime politique, la République islamique, se veut le modèle étatique à exporter dans l'ensemble du monde musulman. Bien que dirigé par un président de la République, la réalité du pouvoir est entre les mains du Guide suprême, l'ayatollah Khomeiny (actuellement dans celles de l'ayatollah Khamenei, désigné en 1989). Cette révolution bouleverse la géopolitique régionale et provoque des tensions avec les voisins arabes de l'Iran, ainsi qu'avec les États-Unis qui étaient, depuis les années 1950, le principal allié du Chah d'Iran.

→ La fin de l'alliance avec les États-Unis

Durant la guerre froide, l'Iran était, avec l'Arabie saoudite, le pilier de la stratégie américaine d'endiguement vis-à-vis de l'Union soviétique. Frontalier de l'URSS, il était aussi le deuxième exportateur mondial de pétrole derrière l'Arabie saoudite, garantissant un approvisionnement pétrolier des marchés américain et occidentaux. Et ce, tout en jouant le rôle de gendarme du Golfe grâce à des équipements militaires fournis par Washington.

La prise d'otage de l'ambassade américaine à Téhéran en novembre 1979 par des étudiants révolutionnaires partisans de l'ayatollah Khomeiny change la donne et met fin aux relations diplomatiques entre les deux pays. En représailles, les États-Unis imposent

LA RÉPUBLIQUE ISLAMIQUE, UN RÉGIME POLITIQUE UNIQUE AU MONDE

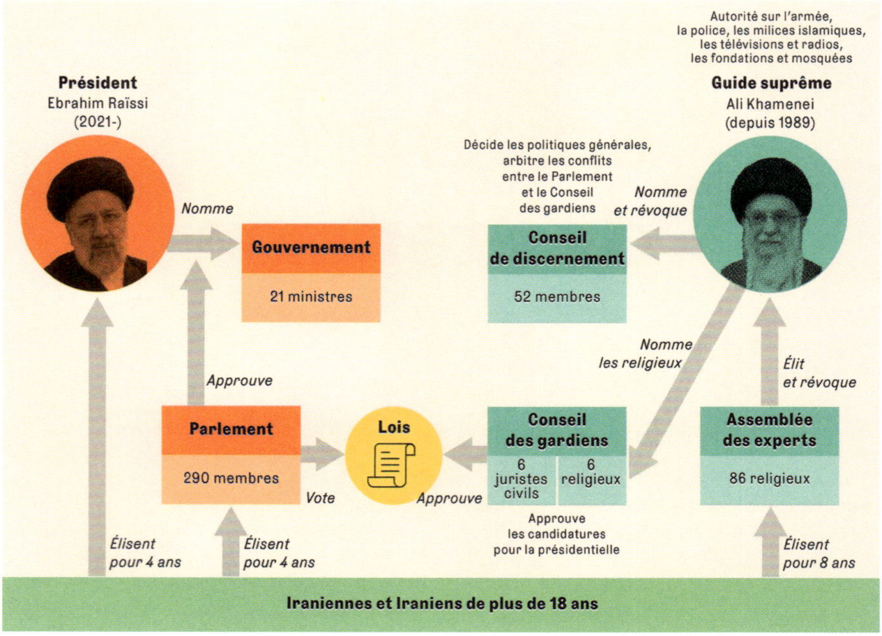

des sanctions à la République islamique dès 1980. Ainsi, pour obtenir la libération de ses diplomates, les Américains gèlent des avoirs financiers détenus aux États-Unis par certains cadres du nouveau régime. La fin de la prise d'otage ne marque en rien la fin des sanctions, qui deviennent la seule composante de la relation entre les deux États: embargo sur les armes à partir de 1984, puis sur le pétrole en 1995, interdiction de tout investissement de plus de 40 millions de dollars en 1996 et de toute coopération scientifique en 2004. L'Iran est en effet successivement accusé par l'administration américaine de pratiquer le terrorisme d'État, d'être un État voyou (*rogue state*), un pays de l'« axe du mal » et, depuis les années 2000, de chercher à développer l'arme nucléaire.

→ La crise nucléaire

C'est dans les années 1950, à l'époque où l'Iran est encore un allié des Occidentaux, que le pays a entamé un programme nucléaire civil sur le site de Bouchehr, grâce à l'aide de la France et des États-Unis. Interrompu par la révolution islamique, ce développement nucléaire est poursuivi avec le soutien de la Russie au cours des années 1990. Or, en 2002, la découverte de deux sites nucléaires dissimulés à l'Agence internationale de l'énergie atomique (AIEA), dont un site d'enrichissement d'uranium à Natanz, fait craindre que le programme nucléaire iranien ne comporte un volet militaire secret, en violation du traité de non-prolifération, dont Téhéran est signataire. L'Iran semble alors sur le seuil du nucléaire militaire, c'est-à-dire capable de se doter d'une arme opérationnelle en quelques années. Cette éventualité remettrait en cause l'équilibre régional et pourrait entraîner la prolifération nucléaire au Moyen-Orient et dans le monde arabe, alors qu'Israël est déjà doté de l'arme nucléaire et que l'Irak de Saddam Hussein cherche à le faire.

Ces accusations sont d'abord niées par l'Iran, qui engage un bras de fer diplomatique avec la communauté internationale. Avec à sa tête les États-Unis et plusieurs pays de l'Union européenne, celle-ci alterne dès lors négociations et sanctions économiques. Dans la logique iranienne, l'acquisition de l'arme nucléaire vise à sanctuariser son territoire et à éviter un scénario à l'irakienne, le pays ayant été envahi par les États-Unis en 2003 sans aucune légalité internationale.

Pendant plus de dix ans (2003-2015), la crise du nucléaire iranien cristallise les tensions au Moyen-Orient, avant qu'un compromis soit finalement trouvé au terme de longues négociations. C'est le fameux accord signé le 14 juillet 2015 à Vienne par l'Iran,

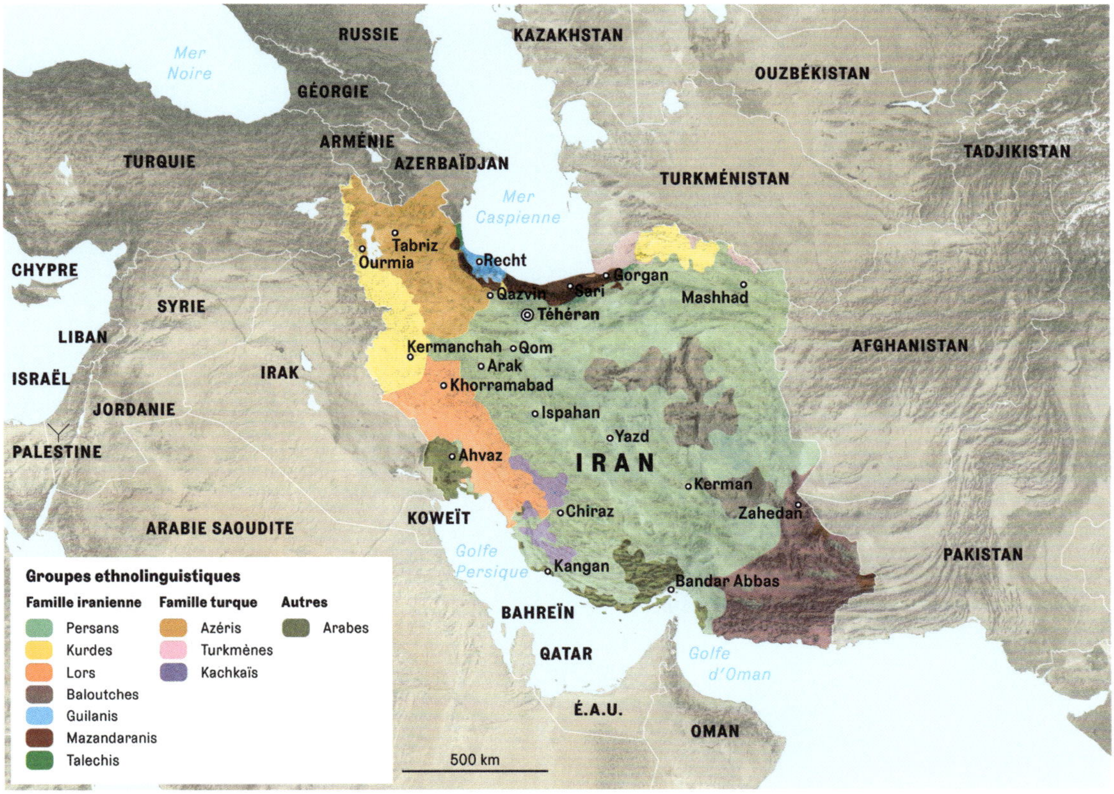

l'administration Obama, les quatre autres membres permanents du Conseil de sécurité des Nations unies (Chine, Russie, Royaume-Uni et France), ainsi que l'Allemagne. L'Iran obtient une levée partielle des sanctions en échange d'une réduction de ses stocks d'uranium enrichi. Mais l'arrivée au pouvoir de Donald Trump remet en cause cet accord, qu'il renie officiellement en 2018, le qualifiant d'« inéquitable ». Simultanément, Trump relance les sanctions économiques à peine levées contre Téhéran. Cette décision satisfait ses deux principaux alliés régionaux : l'Arabie saoudite et Israël, qui considèrent également l'Iran comme la principale menace à leur sécurité. Mais il anéantit les espoirs d'ouverture économique de l'Iran et contrarie les investisseurs occidentaux attirés par ce grand marché de 83 millions de consommateurs.

→ Une richesse suspendue à l'embargo

L'Iran est riche en ressources naturelles, il dispose des deuxièmes plus importantes réserves de gaz prouvées au monde et des quatrièmes de pétrole. Le pétrole représente d'ailleurs 35 % des revenus de l'État iranien. Mais quarante ans de sanctions américaines ont fortement altéré ses capacités de raffinage et son réseau de transport terrestre. En fait, seul le pétrole brut parvient à s'exporter clandestinement par les ports de Sirri, de Lavan, d'Assaluyeh, et surtout de Kharg, ce qui limite considérablement le développement économique du pays tout entier.

Avec les nouvelles sanctions prises par Washington en 2018 et 2019, l'Iran a dû réorienter ses exportations d'hydrocarbures et n'exporte quasiment plus qu'en Chine, son premier partenaire commercial, via les ports omanais et malaisiens ou l'oléoduc traversant la Birmanie. Pékin peut se permettre de tenir tête à Washington et a réactivé un système de troc pour importer des matières premières iraniennes et exporter vers l'Iran ses biens de consommation, en évitant les transactions en dollars désormais interdites. Fin mars 2021, les deux États ont signé un

UN PAYS MULTIETHNIQUE

Bien que l'histoire des Perses soit associée à celle de l'Iran, environ 40 % des Iraniens n'ont pas le persan comme langue maternelle. L'Iran est un État pluriethnique et multilingue. Y sont parlées d'autres langues iraniennes issues du groupe oriental (le baloutche) et du groupe occidental (guilani, mazandarani autour de la Caspienne, lori ou bakhtiari dans les Zagros, ainsi que le kurde). Mais aussi des langues turques comme l'azéri et le turkmène, ou encore l'arabe dans le Khouzistan.

CHRONOLOGIE DES SANCTIONS AMÉRICAINES

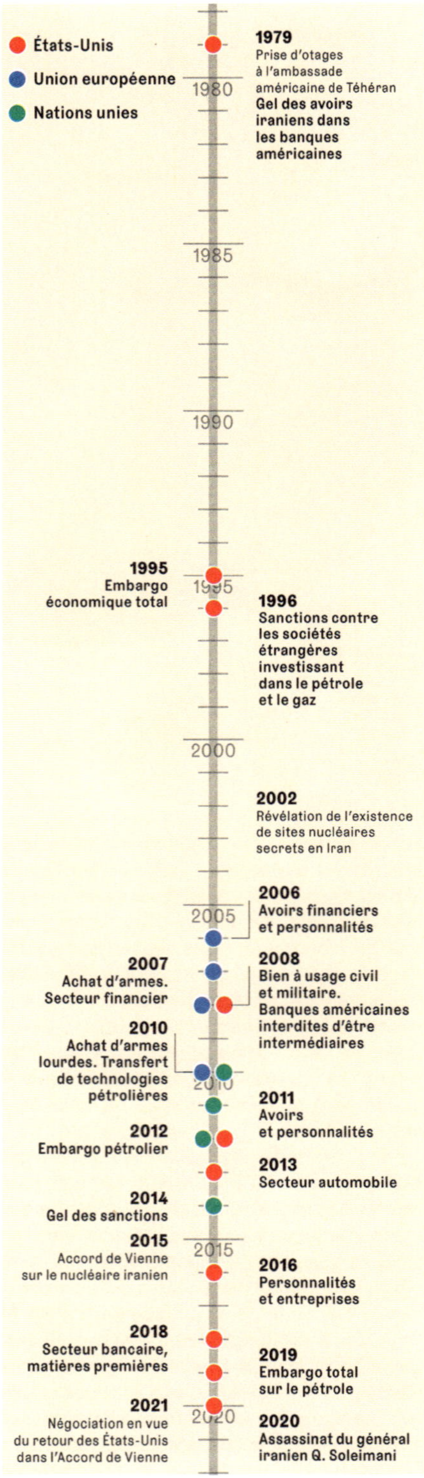

accord de coopération commerciale et stratégique pour vingt-cinq ans, dont l'ambition est de faire de l'Iran un partenaire des nouvelles routes de la soie à travers des investissements dans les secteurs des transports, des ports, et de l'énergie en particulier.

Depuis une décennie, l'Iran a dû se rapprocher de ses voisins pour diversifier ses partenaires commerciaux. L'Afghanistan, la Turquie, les Émirats arabes unis et l'Irak sont aujourd'hui ses principaux débouchés après la Chine. Ils importent d'Iran essentiellement des produits agricoles, et peuvent l'aider à contourner l'embargo. Le port émirien de Dubaï est ainsi connu pour être le « premier port de commerce » de la République islamique, tandis que le terminal pétrolier de Bassora en Irak recevrait du brut iranien qui, une fois mélangé à du pétrole irakien, serait réexporté sur le marché mondial, sans plus aucune mention de son origine iranienne. Les relations entre les deux pays se renforcent d'année en année, comme en témoigne la visite du président iranien, Hassan Rohani, à Bagdad en mars 2019, une première depuis la guerre Iran-Irak des années 1980. Mais le renforcement des sanctions américaines bloque pour l'heure toute possibilité d'intensification des échanges entre les deux pays, alors que des tensions demeurent dans leur relation. À l'automne 2019, l'Irak connaît d'importantes manifestations autant contre la présence américaine que contre l'influence croissante de l'Iran dans les affaires du pays (aide aux partis chiites et formation de milices chiites radicalisées).

→ Résister et s'affirmer au Moyen-Orient

Ce n'est pas seulement au niveau économique que Téhéran cherche à renforcer sa présence régionale, mais surtout au niveau politique. La démocratisation de l'Irak, marquée par la chute du régime sunnite nationaliste arabe de Saddam Hussein en 2003, suivie de la prise du pouvoir par les chiites, lui ouvre la voie. Mais c'est la lutte contre l'État islamique en Syrie et en Irak à partir de 2014 qui permet à l'Iran de reprendre véritablement pied au Moyen-Orient.

Téhéran apporte en effet un soutien remarqué aux Kurdes d'Erbil dans la lutte au sol contre l'organisation terroriste, en coordination d'ailleurs avec la coalition internationale dirigée par les États-Unis. En Syrie, l'Iran est depuis 2012 le principal allié du régime de

L'IRAN NUCLÉAIRE FACE AUX RIVALITÉS RÉGIONALES

Les tensions religieuses entre sunnites et chiites ne sont que l'expression la plus visible des rivalités entre l'Iran et l'Arabie saoudite, qui aspirent toutes deux à l'hégémonie régionale. Elles renvoient à l'histoire des deux peuples, à une démographie défavorable à l'Arabie (presque trois fois moins peuplée), ainsi qu'à des systèmes politiques divergents : bien qu'islamique, l'Iran est une république, soit l'incarnation de la souveraineté nationale, ce que la monarchie absolue saoudienne exècre.

Bachar el-Assad, qu'il aide notamment à travers la milice chiite libanaise du Hezbollah. Une milice que Téhéran a contribué à créer en 1982 et qu'il finance depuis sa création. À cette époque, l'objectif est de soutenir, depuis le Liban, la résistance palestinienne face à l'ennemi sioniste, Israël, que la République islamique menace régulièrement de destruction. Le stationnement de troupes iraniennes tout près du plateau du Golan inquiète aujourd'hui l'État hébreu, qui mène de régulières frappes aériennes contre celles-ci. Au Yémen, dans la guerre lancée par l'Arabie saoudite et son allié émirien en 2015, l'Iran apporte un soutien militaire aux Houthis, qui ont renversé le gouvernement provisoire.

Par ses interventions, l'Iran cherche non seulement à affirmer sa puissance régionale face à son rival saoudien, mais aussi à affronter les Américains à travers ses alliés. Conscient de ses capacités militaires limitées face aux États-Unis, le régime iranien privilégie une stratégie d'affrontement indirect, y compris dans le détroit d'Ormuz dont il assure le contrôle avec le sultanat d'Oman. La force navale des Gardiens de la révolution (Pasdaran) y multiplie, depuis l'instauration de l'embargo total sur son pétrole décidé par Washington en 2019, les attaques contre des pétroliers, selon une tactique du « *hit and run* » (« frapper puis s'enfuir »). L'objectif de ces opérations est d'abord de rappeler à l'ennemi américain le risque que ferait peser un blocus du détroit d'Ormuz sur l'approvisionnement du marché pétrolier, d'autant plus dans le contexte de la guerre en Ukraine qui rend indispensable le recours aux hydrocarbures du Moyen-Orient.

Cette stratégie de nuisance s'inscrit dans une guerre asymétrique menée par l'Iran face aux États-Unis et à ses alliés régionaux.

Le Liban, caisse de résonance des tensions régionales ?

Le Liban serait-il l'éternel otage des rivalités du Moyen-Orient? Sa géographie, son histoire, sa position en font à la fois un lieu de refuge et d'échanges et un espace tampon entre les puissances. Situé sur la rive orientale de la Méditerranée, le Liban s'étend sur 10 000 kilomètres carrés, soit l'équivalent d'un département français comme la Gironde, pour une population de 6,2 millions d'habitants, dont de nombreux réfugiés palestiniens et syriens. Son territoire est traversé par deux chaînes de montagnes, le mont Liban, qui culmine à plus de 3 000 mètres et qui a donné son nom au pays, et l'Anti-Liban qui marque la frontière avec la Syrie. À l'ouest, on trouve une étroite plaine côtière où ont été bâties des villes, dont la capitale Beyrouth. À l'est s'étend la plaine de la Bekaa, grenier agricole du Liban.

Dès le premier millénaire, les montagnes levantines ont été des lieux de refuge pour les minorités et sectes religieuses chrétiennes, puis pour d'autres, musulmanes. Cela explique la diversité libanaise et ses 18 communautés confessionnelles: chiite (majoritaire), sunnite, maronite, grecque catholique, grecque orthodoxe, druze... Tout le fragile équilibre politique du pays repose sur le partage du pouvoir et les alliances entre ces groupes, unis par une identité et une langue commune, l'arabe.

Or, ces communautés ont été bien souvent instrumentalisées. Ainsi, au XIXe siècle, la France choisit de s'ériger en protectrice des chrétiens maronites, tandis que la Grande-Bretagne soutient les Druzes. Après la Première Guerre mondiale, l'entité territoriale libanaise est élargie au détriment de la Syrie pour donner naissance au Grand Liban.

Avec la naissance de l'État d'Israël en 1948, le Liban accueille de nombreux réfugiés palestiniens, puis des membres de l'OLP dans les années 1970. Le soutien à la cause palestinienne renforce les divisions communautaires qui font le terreau de la guerre civile, laquelle éclate en avril 1975.

Dès lors, le Liban devient le terrain d'affrontement des puissances étrangères. L'armée syrienne, entrée au Liban en 1980, y impose sa tutelle jusqu'en 2005, alors que les troupes israéliennes interviennent en 1982 et occupent le sud du pays jusqu'en 2000. S'y ajoutent les puissances occidentales (France, États-Unis) et certains pays arabes, dont l'Arabie saoudite. L'Iran, de son côté, intervient en faveur des chiites libanais en finançant à partir de 1982 le Hezbollah.

Depuis 2011, le Liban subit les répercussions de la guerre en Syrie, en accueillant sur son sol environ 1,5 million de réfugiés. Pendant ce temps, le Hezbollah est engagé aux côtés du régime de Bachar el-Assad. Véritable État dans l'État, le « parti de Dieu » profite de la faiblesse de l'État libanais et de la corruption du pays induite par le système communautariste.

La pandémie de Covid-19 et l'explosion dans le port de Beyrouth, en août 2020, ont encore fragilisé le pays.

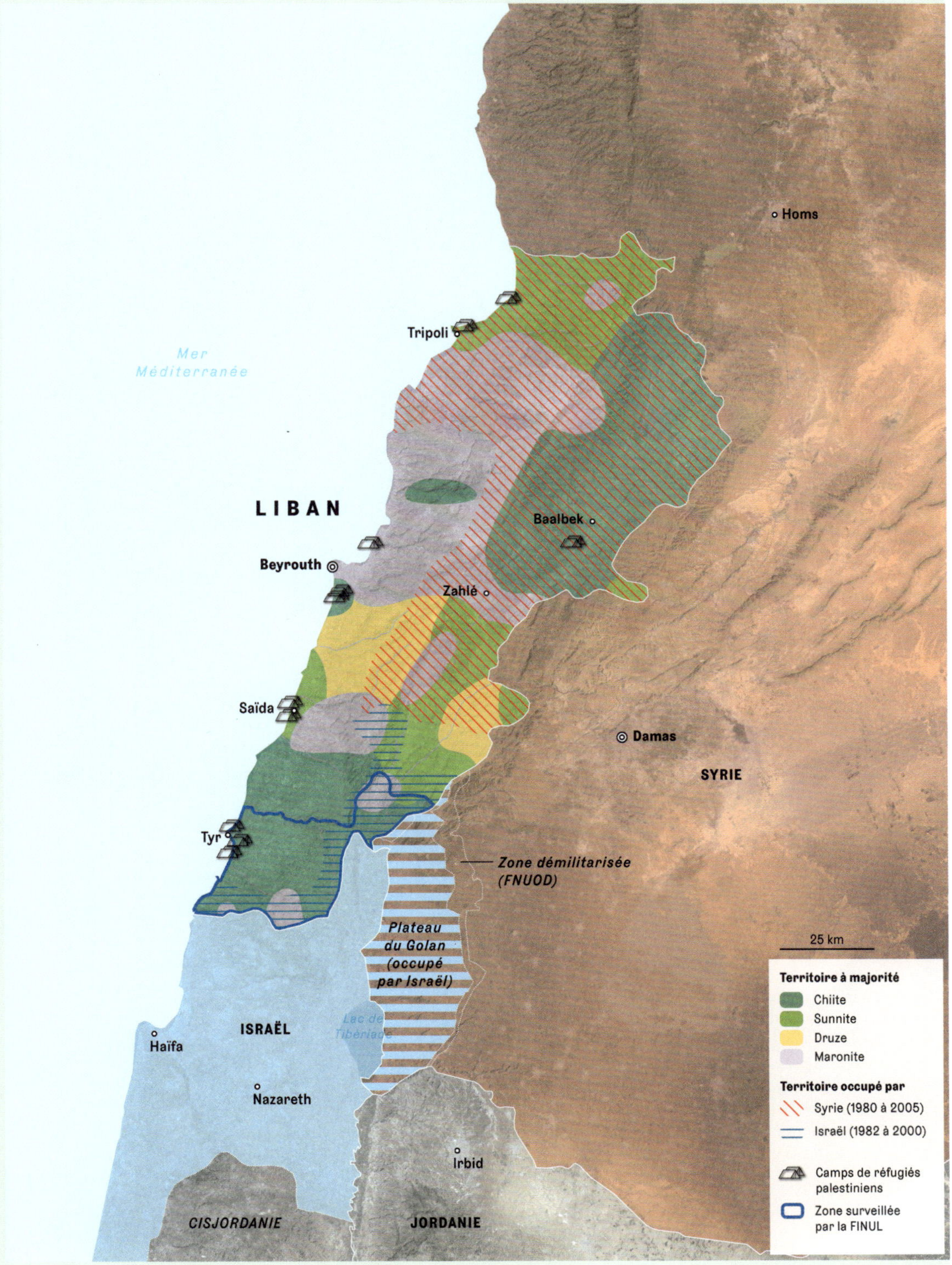
Homs
Tripoli
Mer Méditerranée
LIBAN
Baalbek
Beyrouth
Zahlé
Saïda
Damas
SYRIE
Tyr
Zone démilitarisée (FNUOD)
Plateau du Golan (occupé par Israël)
25 km
Territoire à majorité
Chiite
Sunnite
Druze
Maronite
Territoire occupé par
Syrie (1980 à 2005)
Israël (1982 à 2000)
Camps de réfugiés palestiniens
Zone surveillée par la FINUL
Haïfa
ISRAËL
Lac de Tibériade
Nazareth
Irbid
CISJORDANIE
JORDANIE

Afghanistan, le retour des Talibans

Objet de rivalités entre les grandes puissances depuis le XIXe siècle, l'Afghanistan, pays enclavé de 652 230 kilomètres carrés, pour quelque 35 millions d'habitants, a vu ses frontières imposées par la puissance coloniale britannique. La fameuse ligne Durand fixée en 1893 coupe le territoire des Pachtounes, lesquels forment la majorité de la population afghane et l'ethnie dominante du mouvement taliban, et en place une autre partie sous souveraineté pakistanaise.

En 1979, l'invasion soviétique suscite une résistance de combattants afghans, les moudjahidines, qui reçoivent un soutien du Pakistan ainsi que des financements et des armes d'Arabie saoudite et des États-Unis.

Le retrait soviétique, dix ans plus tard, ne met pas fin au conflit en raison des rivalités entre seigneurs de la guerre. En 1992, l'Alliance du Nord dirigée par le commandant Massoud prend le pouvoir à Kaboul. En réaction, le Pakistan appuie la création d'une milice regroupant de jeunes réfugiés afghans pachtounes, recrutés dans les écoles coraniques pakistanaises, d'où leur nom de Talibans (qui signifie « étudiants en religion »). En 1996, ces derniers prennent le contrôle du pays et proclament l'Émirat islamique d'Afghanistan, dirigé par le Mollah Omar. Les Talibans imposent alors une police des mœurs, reléguant les femmes hors de la vie publique et fermant les écoles de filles.

Après avoir offert sa protection aux islamistes radicaux dont Oussama Ben Laden, le régime taliban est renversé à la suite des attentats du 11 septembre 2001 par les États-Unis et ses alliés de l'OTAN qui s'engagent militairement en Afghanistan sous mandat des Nations unies. Si le régime taliban tombe, le mouvement ne disparaît pas, bénéficiant de soutiens tant à l'intérieur qu'à l'extérieur du pays. Sa stratégie de guérilla affaiblit les troupes de l'OTAN et contribue au désengagement des États-Unis à partir de 2014.

En août 2021, le mouvement islamiste réussit à reconquérir le pays, accélérant le départ, chaotique, des Occidentaux. Mais les Talibans qui voulaient incarner le retour de l'ordre n'ont pas éliminé la présence de Daech. La situation économique et humanitaire du pays est désastreuse. Pour les femmes, c'est le retour de la chape de plomb, avec notamment l'obligation du port de la burqa et du maintien à domicile.

Samarcande
TADJIKISTAN
CHINE
Karchi
OUZBÉKISTAN
Douchanbé
TURKMÉNISTAN
Kondoz
Mazar-
é-Charif
INDE
Jalalabad
Kaboul
Islamabad
Hérat
Lahore
AFGHANISTAN
Kandahar
Quetta
PAKISTAN

Destination 17

Al Ula

Région d'Al Ula, Arabie saoudite : à l'automne 2019, le royaume saoudien a convié des journalistes du monde entier à admirer cet immense désert du nord-ouest du pays, ses canyons et ses vallées mêlant l'ocre et le rouge, et surtout d'étonnantes roches sculptées rappelant les splendeurs de Pétra en Jordanie.

Ce voyage de presse avait alors un objectif : annoncer que l'Arabie saoudite procéderait désormais à la délivrance de visas touristiques. Un tournant pour ce pays connu pour être l'un des plus fermés de la planète, mis à part pour les visas délivrés aux fidèles musulmans venant faire le hadj, le pèlerinage à La Mecque.

Avec le rêve de sortir le royaume saoudien de sa dépendance pétrolière, et une certaine fascination pour le modèle des Émirats voisins, le prince héritier Mohammed Ben Salman a de grandes ambitions économiques pour l'Arabie saoudite. Celles-ci ont été abîmées par le scandale de l'affaire Khashoggi.

Il n'empêche, le prince saoudien veut convaincre le monde entier que son royaume ne se définit pas seulement par le pétrole et l'islam, et il cherche désormais à raconter une histoire, des racines, un passé culturel saoudien qui attireraient les touristes. Il veut valoriser les civilisations lihyanites, dadanites et nabatéennes qui ont laissé des traces à Al Ula, et même le passage des Romains et l'ère pré-islamique. Al Ula est devenu le cœur d'un ambitieux projet d'aménagement touristique et culturel, dans le cadre du grand plan de transformation « Vision 2030 ». Également prévue par le clan MBS : Neom, ville futuriste dont les maquettes ressemblent à s'y méprendre à une Dubaï encore plus high tech, ainsi que des projets d'aménagements touristiques sur le rivage saoudien de la mer Rouge.

Et pour ces nouveaux sites touristiques, le royaume saoudien voit grand : rien qu'à Al Ula, il prévoit 2 millions de visiteurs d'ici 2035. Mais l'année 2020 est venue doucher l'enthousiasme réformateur du prince MBS, entre la chute du prix du pétrole, les tensions régionales, la pandémie de Covid-19 et les risques de récession, sans oublier, en novembre, la défaite électorale de Donald Trump. Mais la guerre en Ukraine redonne au royaume une nouvelle centralité : MBS est courtisé par l'Occident, de Joe Biden aux Européens, qui ont besoin du pétrole saoudien pour se passer des hydrocarbures russes.

Arabie saoudite et Émirats : alliances et rivalités

→ L'alliance du Sabre et du Coran

Si la péninsule arabique compte au total sept États, le royaume d'Arabie saoudite couvre les quatre cinquièmes de sa superficie. Avec 2 millions de kilomètres carrés, c'est un pays grand comme quatre fois la France, mais qui est deux fois moins peuplé. À peine 33 millions d'habitants, dont 38 % d'étrangers, vivent dans cet immense désert ponctué d'oasis.

Riyad, la capitale, est le berceau de la dynastie régnante des Saoud, qui a fondé le royaume saoudien en 1932 après avoir unifié les tribus de la péninsule et conquis en 1925 la région du Hedjaz et des villes saintes sous domination ottomane depuis quatre siècles. C'est le seul État au monde à porter le nom de sa famille régnante.

Dès le XVIIIe siècle, Mohammed Ibn Saoud tente d'unir les groupes tribaux d'Arabie, aidé par le prédicateur Mohammed Ibn Abd al-Wahhab qui prône le retour à une version pure et rigoriste de l'islam. Cette alliance entre la puissance militaire des Saoud et la puissance idéologique du wahhabisme, autrement dit entre le Sabre et le Coran, est au fondement de l'identité saoudienne, comme le rappelle le drapeau du pays. Elle se caractérise par une lecture à la lettre du Livre saint, le rejet de l'islam populaire et l'appel fréquent au djihad.

L'islam est né au VIIe siècle de notre ère dans la province du Hedjaz, dans les villes de La Mecque et de Médine, qui sont de nos jours les deux principaux lieux saints musulmans. L'Arabie saoudite fonde une partie de sa légitimité internationale sur cet héritage : elle s'est autoproclamée gardienne des lieux saints et elle revendique le rôle de leader de l'islam sunnite. Branche majoritaire de l'islam, le sunnisme se fonde juridiquement sur la *sunna*, la compilation des actions exemplaires du prophète Mahomet. L'islam détermine l'organisation de la société saoudienne marquée par une stricte séparation entre les deux sexes, le port du voile pour les femmes, y compris les étrangères, et la prohibition totale de l'alcool.

L'autre légitimité du royaume repose sur ses réserves en hydrocarbures (22 % des réserves mondiales prouvées), longtemps les premières au monde, aujourd'hui juste derrière celles du Venezuela. Localisées dans l'est du pays, dans la province du Hasa, ces ressources sont à l'origine de la prospérité de l'Arabie. Elles lui apportent son rayonnement et son rôle sur la scène internationale, celui de producteur et de régulateur du marché mondial, au sein de l'Organisation des pays exportateurs de pétrole (Opep). Découvert dans les années 1930, le pétrole a brusquement transformé la société nomade traditionnelle en une population sédentaire et citadine.

Si le centre de gravité politique et économique du pays est à Riyad, dans le Nedj, c'est de ses deux périphéries dynamiques, le Hedjaz et le Hasa, que le royaume tire sa puissance.

→ Une politique d'influence religieuse

Outre son fulgurant développement, l'argent du pétrole a également permis de distribuer massivement des corans sur tous les continents, de financer l'Organisation de la conférence islamique, basée à Djeddah, et de construire des mosquées et des centres islamiques via la puissante Ligue islamique mondiale. Créée en 1962 à La Mecque, cette Ligue vise à contrecarrer l'influence

LA PÉNINSULE ARABIQUE, PAYS DE L'OR NOIR

croissante des mouvements laïcs et socialisants dans le monde arabe, et surtout celle du panarabisme, dont l'Égyptien Nasser s'est fait le héraut. D'abord cantonnée à l'Afrique et à l'Asie, l'action de la Ligue s'est progressivement étendue aux États européens où vivent des communautés musulmanes. La Ligue y diffuse la doctrine saoudienne wahhabite, l'une des plus fondamentalistes de l'islam, si bien que la politique d'influence religieuse de Riyad est accusée d'avoir encouragé le terrorisme islamiste international. Quatorze des 19 terroristes responsables des attentats du 11 septembre 2001 contre les États-Unis étaient d'ailleurs d'origine saoudienne, tout comme Oussama Ben Laden, le fondateur d'Al-Qaïda et instigateur de ces attaques.

→ Un fragile État rentier

Instrument de son développement, le pétrole représente aussi une fragilité pour le royaume saoudien, tant il en est dépendant : 83 % du budget de l'État provient des recettes d'exportation des produits pétroliers. Les revenus du pétrole financent un généreux État-providence qui offre à la population saoudienne une éducation et une santé gratuites, des emplois dans le secteur public et subventionne le logement, les denrées alimentaires et l'énergie.

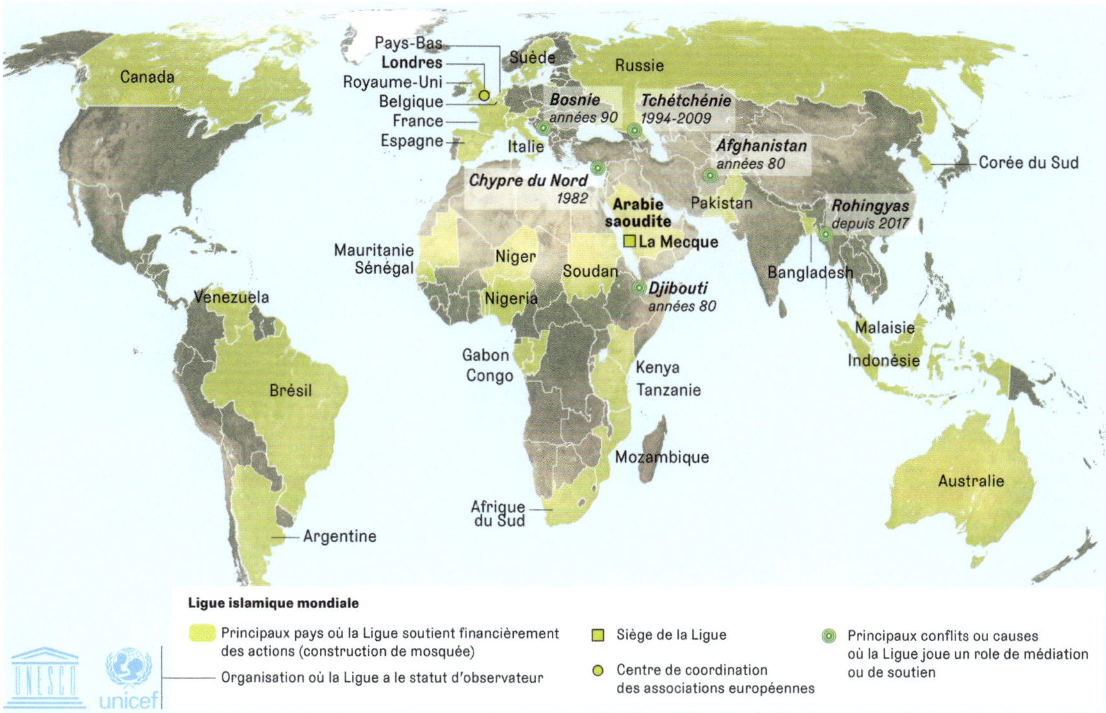

L'ISLAM, LEVIER D'INFLUENCE DE L'ARABIE SAOUDITE

Or, depuis 2014, le prix du baril de brut s'est effondré et oscille désormais à un niveau trop bas pour permettre à l'Arabie saoudite de continuer à financer ses politiques redistributives, au risque de remettre en cause sa stabilité socio-politique. Ce contexte explique les réformes politiques et économiques récentes proposées par le jeune prince héritier Mohammed Ben Salman, dit MBS, propulsé au plus haut de l'État par son père, le roi Salman, après l'accession au trône de ce dernier en 2015.

La nomination de MBS comme prince héritier témoigne de l'émergence d'une nouvelle génération au pouvoir et elle vise à changer l'image conservatrice du royaume. Il a fait disparaître des rues la police des mœurs, assoupli la séparation entre sexes dans l'espace public, autorisé les femmes à conduire, inauguré des cinémas et ouvert le pays au tourisme. Au niveau économique, il a officiellement lancé en 2016 la « Vision 2030 », un vaste programme de réformes censé rendre l'économie plus diversifiée et compétitive pour attirer les investisseurs, préparer l'après-pétrole et créer de l'emploi. D'ici 2030, Riyad compte multiplier par six ses revenus non pétroliers et créer 450 000 emplois dans le secteur privé pour les Saoudiens, le chômage touchant 12 % de la population et 30 à 40 % de la jeunesse. En épurant les milieux d'affaires accusés d'être corrompus, MBS s'est forgé l'image d'un défenseur de la population saoudienne, non des princes et des riches.

Toutefois, derrière cette image de réformateur se cache un homme d'État autoritaire prêt à museler toute opposition par une politique de répression massive. En octobre 2018, il a notamment fait assassiner le journaliste Jamal Khashoggi, connu pour ses critiques virulentes du régime, au consulat saoudien d'Istanbul. Cet acte odieux a poussé la nouvelle administration américaine de Joe Biden, au lendemain de son entrée en fonction en janvier 2021, à prendre ses distances vis-à-vis du prince et à privilégier les relations avec le roi Salman. Un changement radical avec la politique de Trump qui, au nom de l'alliance entre les deux pays depuis 1945, avait toujours relativisé le rôle de MBS dans l'assassinat de l'opposant politique.

Cette politique répressive de MBS s'explique en grande partie par la crainte d'une déstabilisation de la monarchie saoudienne, une peur accentuée par les Printemps arabes

ARC CHIITE : UNE REPRÉSENTATION GÉOPOLITIQUE

Selon les gouvernements arabes sunnites de Jordanie, d'Égypte et d'Arabie saoudite, la principale menace à la stabilité régionale est l'arc chiite en train de se déployer à leurs frontières. Cette perception s'explique par le changement de rapport de force régional lié à la prise du pouvoir par les chiites en Irak. Majoritaires, ils ont profité de la chute du régime sunnite de Saddam Hussein en 2003. En cause également, le soutien de Téhéran au Hezbollah libanais et au Syrien Bachar el-Assad.

en 2011. C'est contre cette menace que le pays cherche à lutter en priorité, à l'intérieur comme à l'extérieur. Et sur ce terrain, Mohammed Ben Salman bénéficie d'un allié de poids dans la personne de l'émir d'Abu Dhabi, Mohammed Ben Zayed Al-Nahyane, dit MBZ.

→ Allié ou modèle émirien ?

Certains experts voient en MBZ le mentor, voire le modèle de MBS. Il est à la tête de la fédération des Émirats arabes unis depuis 2014. Née en décembre 1971, la petite monarchie est la deuxième économie de la région et la plus diversifiée. Elle doit ce dynamisme à un développement économique basé sur la redistribution de la rente pétrolière et la mise en place d'infrastructures de transport performantes qui ont permis son insertion dans la mondialisation. Le port dubaïote de Jebel Ali se place au neuvième rang mondial, et l'aéroport de Dubaï est le premier de la planète en nombre de passagers internationaux. Si l'implantation de la Sorbonne et du musée du Louvre à Abu Dhabi participe à l'attractivité internationale des Émirats, c'est Dubaï qui est à la pointe de ce *soft power* émirien qui passe autant par son architecture prestigieuse – dont la Burj Khalifa, la tour la plus haute du monde, est devenue l'emblème – que par son développement touristique, ou encore par l'organisation de l'Exposition universelle en 2021-2022.

Longtemps en retrait des affaires de sécurité régionale, les Émirats mènent une politique étrangère beaucoup plus interventionniste depuis les Printemps arabes de 2011. Son objectif est de contrer toute menace affectant la stabilité régionale, qu'il s'agisse des Frères musulmans ou de l'Iran. Cette politique s'est concrétisée pour la première fois dans le cadre de l'opération « Bouclier de la Péninsule » lancée en mars 2011 à Bahreïn par le Conseil de coopération du Golfe, aux côtés de l'Arabie saoudite. Cette intervention avait pour but de juguler la contestation des populations chiites, majoritaires dans cette petite monarchie voisine, et de conforter le pouvoir sunnite du roi Al Khalifa.

→ Vers un nouvel axe stratégique régional

C'est la convergence de vues des deux princes, MBZ et MBS, alors ministres de la Défense de leurs États respectifs, qui a conduit à l'opération militaire au Yémen en mars 2015. Tous deux considèrent que la rébellion houthie, mouvement contestataire des chiites zaydites qui a renversé le gouvernement de transition yéménite, est soutenue par l'Iran et doit donc être combattue pour contrer l'expansionnisme de Téhéran. L'Arabie saoudite craint par-dessus tout que l'influence déstabilisatrice de l'Iran, son rival chiite, n'atteigne son propre territoire. En effet, si les sunnites représentent l'écrasante majorité de la population, le pays compte également 10 à 15 % de chiites, regroupés dans la région du Hasa, le long du golfe Persique, précisément là où se trouve la quasi-totalité des gisements de pétrole et de gaz. Une déstabilisation de l'est du pays mettrait donc à rude épreuve toute l'organisation du territoire saoudien et de son économie.

Le nouvel axe stratégique établi entre Abu Dhabi et Riyad a accéléré la rupture diplomatique avec le Qatar en 2017, alors jugé trop proche des Frères musulmans et de l'Iran. Ce partenariat a ensuite conduit à une participation aux opérations contre Daech en Irak, au soutien financier à l'Égypte d'al-Sissi et à des livraisons d'armes à la milice de Khalifa Haftar, en Libye. Cet axe a permis une certaine émancipation des deux États dans leur sécurité vis-à-vis des États-Unis, leur principal allié militaire.

Contrastant avec son prédécesseur, le président américain Joe Biden au pouvoir depuis janvier 2021 cherche à rétablir la stabilité et la sécurité dans le Golfe. Cela passe par la fin de la guerre au Yémen, et donc par l'arrêt du soutien américain aux opérations militaires saoudiennes, par une reprise du dialogue avec l'Iran et une gouvernance saoudienne moins brutale et plus ancrée dans le multilatéralisme. Riyad l'a bien compris en renouant avec le Qatar dès janvier 2021, en libérant la féministe Loujain Al-Hathloul début février 2021 et en proposant un cessez-le-feu aux Houthis en mars. Ce repositionnement politique et militaire était pour le moins nécessaire pour faire oublier l'affaire Khashoggi.

À l'été 2022, le réchauffement des relations entre MBS et Joe Biden se confirme : parmi les enjeux évoqués, la production de pétrole sur fond de guerre en Ukraine, la protection américaine de la région, et la normalisation avec Israël.

DUBAÏ, ESPACE MONDIALISÉ PAR EXCELLENCE

En développant un réseau aérien mondial, grâce à sa compagnie Emirates, et une zone industrialo-portuaire à Jebel Ali, Dubaï est devenu un lieu incontournable des flux commerciaux et touristiques. La stratégie de déploiement portuaire de sa compagnie DP World s'apparente à une « diplomatie de comptoirs commerciaux », potentiellement à vocation militaire. Elle vise à construire un « empire maritime » capable d'accompagner une politique étrangère de plus en plus interventionniste.

Yémen : de quoi cette guerre est-elle le nom ?

Longtemps dénommé « l'Arabie heureuse », réunifié en 1990, le Yémen est depuis 2014 le terrain d'un conflit meurtrier qui voit s'opposer différentes factions de sa population, alliées à des puissances régionales. La situation semble inextricable tant les enjeux locaux reflètent des fractures anciennes.
Situé au sud de la péninsule arabique, le Yémen connaît en 2011, dans le sillage des Printemps arabes, un soulèvement général qui pousse le président Saleh à abdiquer au profit de son vice-président, Abdrabbo Mansour Hadi. S'ouvre alors une période de transition pour réformer le régime, laquelle suscite toutefois de nombreuses oppositions, notamment celle des Houthistes (ou Houthis), des tribus zaydites du nord. Ces tribus appartiennent à une branche du chiisme spécifique au Yémen. Marginalisés par le nouveau pouvoir et mécontents de la nouvelle carte électorale, les Houthistes se lancent à la conquête de la capitale Sanaa en juillet 2014, bénéficiant au passage de la complicité des alliés de l'ancien président Saleh.
En janvier 2015, le président Hadi est contraint à la démission et se réfugie en Arabie saoudite, à qui il demande une aide militaire.
En mars 2015, l'Arabie saoudite lance l'opération « Tempête décisive » à la tête d'une coalition internationale. L'opération ne rencontre pas le succès escompté et achève de décrédibiliser le président Hadi tout en renforçant le mouvement houthiste, qui a infiltré tous les rouages de l'État.
Pendant ce temps, le mouvement sécessionniste du Sud-Yémen, qui contrôle le port d'Aden, continue de s'affirmer. Ce mouvement sudiste s'oppose graduellement au président Hadi avec le soutien des Émirats arabes unis, pourtant théoriquement alliés de l'Arabie saoudite.
À ces trois forces qui s'affrontent sur le sol yéménite, il faut ajouter une quatrième : Al-Qaïda dans la péninsule arabique (AQPA). C'est AQPA qui a revendiqué en janvier 2015 l'attentat contre *Charlie Hebdo* en France.
Si de nombreuses fractures peuvent expliquer le déclenchement de cette guerre, elle ne pourrait perdurer sans l'ingérence de l'Iran, des Émirats arabes unis et de l'Arabie saoudite, qui ont fait du Yémen le terrain de leur rivalité. Par ailleurs, les grandes puissances internationales, États-Unis et Europe, qui pourvoyaient en armement les monarchies du Golfe, ont été accusés de complicité.
Mais désormais Joe Biden fait de la paix au Yémen une priorité de sa politique étrangère, le maintien du cessez-le-feu obtenu au printemps 2022 conditionnant le réchauffement de la relation Riyad-Washington.

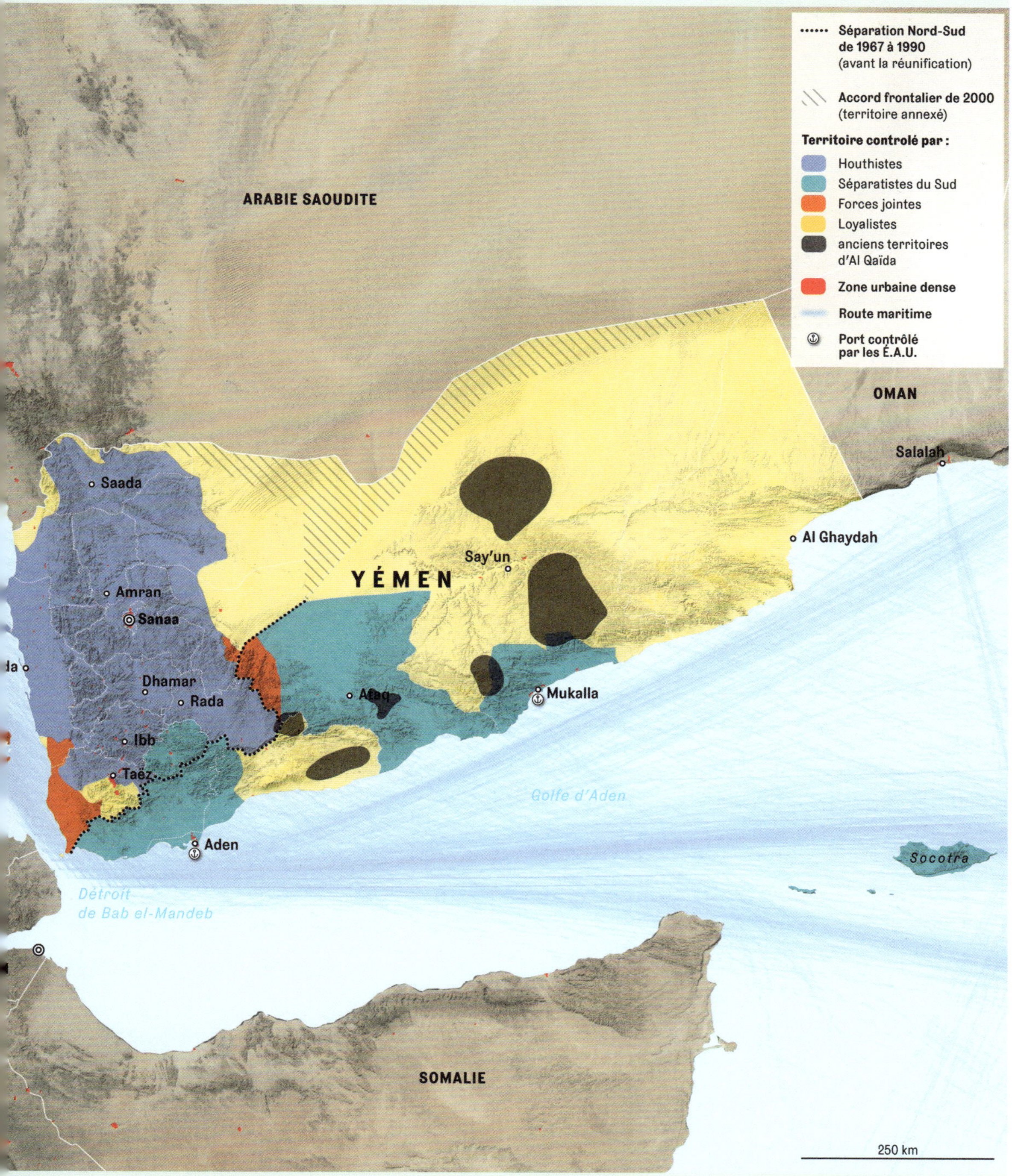

Séparation Nord-Sud de 1967 à 1990 (avant la réunification)
Accord frontalier de 2000 (territoire annexé)
Territoire controlé par :
Houthistes
Séparatistes du Sud
Forces jointes
Loyalistes
anciens territoires d'Al Qaïda
Zone urbaine dense
Route maritime
Port contrôlé par les É.A.U.
ARABIE SAOUDITE
OMAN
Salalah
Saada
Al Ghaydah
Say'un
YÉMEN
Amran
Sanaa
Dhamar
Rada
Ataq
Mukalla
Ibb
Taez
Aden
Golfe d'Aden
Socotra
Détroit de Bab el-Mandeb
SOMALIE
250 km

Destination 18

Alep

Alep, avant la guerre : difficile de se souvenir que l'on pouvait y admirer les maisons traditionnelles en bois et se promener dans les nombreux souks. On présentait alors Alep comme la capitale économique et industrielle du pays, Damas étant la capitale politique et financière. Alep, deuxième ville de Syrie, était depuis toujours un carrefour stratégique, situé au nord-ouest du pays, à quelques dizaines de kilomètres seulement de la frontière turque. Avec un riche patrimoine culturel, dans sa vieille ville notamment, Alep était classée au patrimoine mondial de l'Unesco. Elle se caractérisait, comme les autres villes syriennes, par ses inégalités sociales, avec des quartiers chics et bourgeois et des quartiers plus pauvres, à l'est. C'est de là qu'est partie, en 2011, la révolte populaire contre le régime autoritaire des Assad, une partie de la population rêvant de mettre fin à la terreur sourde qu'exerçait le régime. Alep raconte à elle seule toutes les étapes de cette terrible décennie de guerre en Syrie.
Il y a eu d'abord ce qu'on a appelé la bataille d'Alep, qui a eu lieu entre 2012 et 2016. La ville s'était alors retrouvée divisée entre sa partie ouest aux mains du régime, et sa partie est tenue par l'opposition. En 2013, c'est au tour de l'organisation État islamique de faire son apparition. La rébellion commence par collaborer avec elle avant que les deux parties ne se fassent la guerre début 2014.
Daech est finalement écrasé grâce aux interventions internationales de tous ordres. L'intervention militaire de la Russie permet au camp Assad de reprendre la ville en 2016. La bataille d'Alep est celle qui a causé le plus de victimes, plus de 20 000 civils, avec des bombardements massifs orchestrés par les différentes forces en présence et l'usage d'armes chimiques. Alep, à l'image de tout un pays, raconte comment un mouvement pour la liberté s'est transformé en guerre civile, puis en conflit international.
Plus d'une décennie après le début de la guerre, le clan Assad conserve le pouvoir, aidé par l'allié russe. En mars 2022, la Syrie fait d'ailleurs partie des pays qui refusent de condamner l'invasion russe de l'Ukraine et des soldats syriens sont venus prêter main-forte à l'armée de Vladimir Poutine. L'axe Moscou-Damas est ancien : déjà l'URSS soutenait en son temps Hafez el-Assad, père de Bachar.

Syrie : dix ans de guerre et après ?

→ Un pays entre Méditerranée et désert

La Syrie se situe à l'extrémité orientale de la mer Méditerranée. Au nord, le pays frontalier est la Turquie, à l'est l'Irak, au sud la Jordanie, et à l'ouest Israël et le Liban. Étendu sur 185 000 kilomètres carrés, le territoire syrien est essentiellement constitué d'un vaste plateau calcaire, traversé au nord-est par le fleuve Euphrate qui prend sa source en Turquie. Ce quart est de la Syrie, appelé Haute Mésopotamie ou Djezireh (« l'île ») en arabe, est une zone steppique de transition entre le désert syrien et les régions de l'agriculture irriguée, le long de la frontière turque. L'ouest du pays est le domaine de la montagne alaouite, il bénéficie d'une pluviométrie abondante qui profite aux deux plaines attenantes, celle de Jableh, le long de la Méditerranée, et celle du Chab. 30 % du territoire syrien est arable, tandis qu'ailleurs domine l'aridité.

L'économie syrienne s'appuyait principalement, jusqu'à la guerre civile de 2011, sur le secteur agricole, qui employait 25 % de la population active. Ses ressources pétrolières, bien qu'en déclin, assuraient alors un quart des revenus du pays. Quant à l'industrie développée par l'État à partir des années 1960, elle reposait principalement sur le raffinage du pétrole, le traitement des phosphates et les cimenteries.

→ Un pays multiethnique et multicommunautaire

À la veille de la guerre civile en 2011, la Syrie compte 21 millions d'habitants concentrés dans la partie ouest du pays, dont 5 millions à Damas, la capitale, et sa périphérie. Cette population est très variée, tant sur le plan ethnique que religieux. Si presque 90 % des Syriens sont des Arabes, les sunnites représentent 64 % de la population, 10 % sont alaouites, 3 % druzes, 1 % chiites ismaéliens et 5 % sont des chrétiens pratiquant différents rites (grec-orthodoxe, grec-catholique, maronite, nestorien, syriaque...). Si alaouites et Druzes sont traditionnellement rattachés au courant chiite, ils s'en distinguent et sont considérés par certains musulmans comme des hérétiques. C'est à la communauté alaouite qu'appartient la famille Assad (Hafez el-Assad a été chef de l'État de 1970 jusqu'à sa mort en 2000 ; son fils, Bachar, lui a alors succédé). En plus de ces communautés arabes, on trouve d'autres groupes ethniques sunnites : les Kurdes, concentrés dans le quart nord-est du pays et qui représentent 14 % de la population, et les Turkmènes (ou Turcomans), 1 % environ. Enfin, il existe une communauté arménienne chrétienne importante en Syrie.

→ Une dictature sécuritaire

Devenue indépendante en 1946 après avoir été sous mandat français depuis 1920, comme le Liban voisin, la Syrie peine à mettre en place un gouvernement efficace, capable de favoriser l'intégration nationale de cette mosaïque de populations et de confessions. Celles-ci sont alors habituées au système de confessionnalisme mis en place pendant le mandat français. De plus, la rivalité entre Alep et Damas empêche la nécessaire centralisation de l'État. Ce contexte explique l'instabilité chronique de la Syrie indépendante et le rôle politique majeur de l'armée, qui enchaîne les coups d'État jusqu'à celui de Hafez el-Assad, en novembre 1970. Celui-ci exerce sur la Syrie un pouvoir sans partage, s'appuyant sur le parti Baath, au pouvoir depuis 1963, pour encadrer la

LA SYRIE UTILE

Jusqu'à la guerre civile, la majorité des 21 millions de Syriens résidait dans les villes de la bande côtière (Tartous, Lattaquié), des vallées fluviales de l'Oronte (Hama, Homs) et de l'Euphrate (Deir ez-Zor et Raqqa), ainsi qu'à Damas, la capitale. Toutes ces régions constituent la Syrie « utile », le reste du pays étant désertique. Aujourd'hui, environ 7 millions de Syriens sont réfugiés dans les pays voisins – pour moitié en Turquie –, mais aussi en Europe, en Amérique du Nord et en Australie.

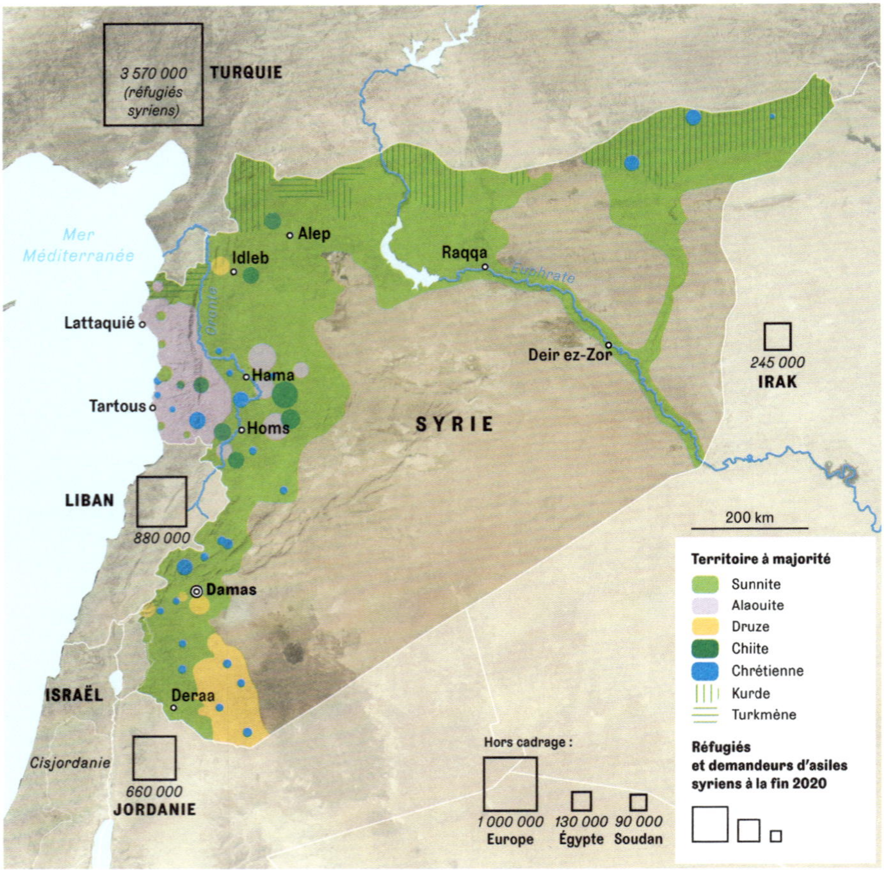

population. Le régime favorise de fait le clan alaouite, qui est surreprésenté dans l'état-major de l'armée, dans les services de sécurité et aux postes clés de l'administration.

Jusqu'au déclenchement de la guerre, le pays est maintenu en « état d'urgence » permanent, ce qui signifie : censure, surveillance accrue par les *moukhabarat* (services de renseignement syriens), interdiction de réunion de plus de cinq personnes et hantise de l'incarcération. Toute opposition est réprimée, la révolte des Frères musulmans sunnites à Hama en 1982 est ainsi violemment écrasée par les forces armées du régime.

Au niveau économique, la libéralisation de l'économie lancée par le président Bachar el-Assad au cours des années 2000 profite essentiellement à son entourage, dont son cousin Rami Makhlouf, devenu le premier investisseur privé du pays dans les banques, la téléphonie mobile, le pétrole ou le BTP. Le reste de la population reste en marge de ce développement : à la veille de la guerre civile, en 2011, 30 % des Syriens vivent en dessous du seuil de pauvreté et le taux de chômage oscille entre 20 et 25 %, les jeunes étant six fois plus au chômage que les adultes. Et ce, alors que les moins de 20 ans représentent la moitié de la population syrienne. La situation économique est d'autant plus dramatique en 2011 qu'une sécheresse touche le pays depuis cinq ans, contribuant à la hausse des prix agricoles et à un fort exode rural. 1,5 million de personnes ont rejoint les périphéries des villes syriennes au cours de ces années.

→ Pas de printemps pour les Syriens

Début 2011, quand les Printemps arabes s'étendent de la Tunisie à l'Égypte, à la Libye, à Bahreïn puis au Yémen, tous les ingrédients sont réunis en Syrie pour une explosion sociale contre un système considéré comme tyrannique, corrompu et inégalitaire.

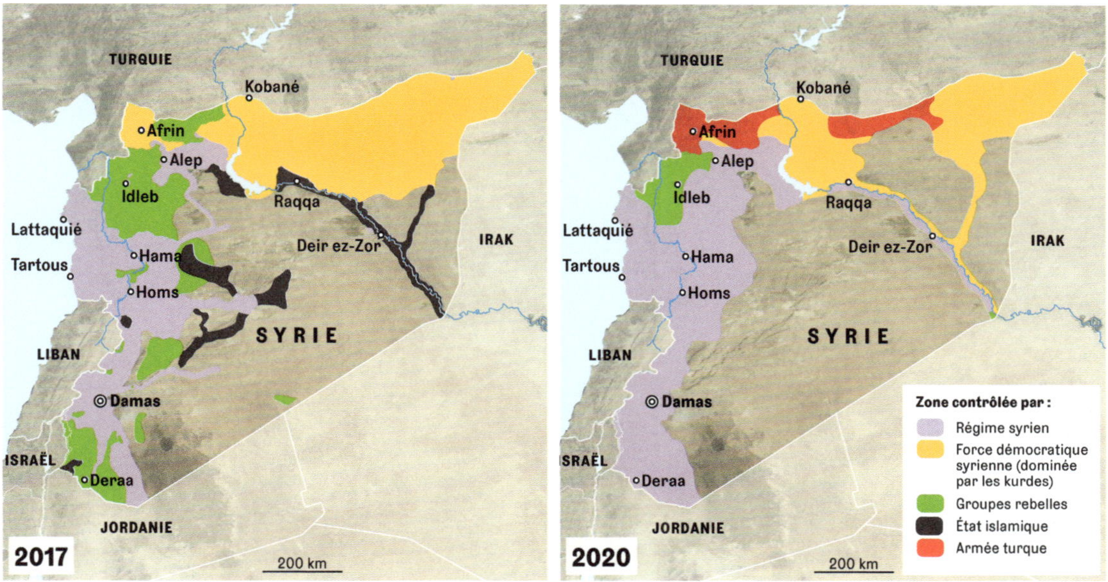

La « révolution syrienne » commence à Deraa, une petite ville agricole du sud du pays, frontalière de la Jordanie. Des adolescents taguent sur un mur de la ville : « Le peuple veut la chute du régime. » Ils sont immédiatement arrêtés et torturés par les services de sécurité, les *moukhabarat*. En réaction, des manifestations appelant au changement se propagent dans tout le pays. Bien que pacifiques, elles sont réprimées par l'armée syrienne qui tire sur la foule, arrête et torture massivement les manifestants, conduisant à de nouvelles protestations. Celles-ci se poursuivent tout au long de l'année 2011, malgré la répression brutale des forces de l'ordre.

Fin juillet 2011, l'Armée syrienne libre (ASL) est créée par des officiers déserteurs réfugiés en Turquie. Le pays plonge dès lors dans l'engrenage infernal de la guerre civile. Durant l'été 2012, les forces loyales à Bachar doivent céder du terrain à l'ASL, notamment à Alep. Elles cèdent également face aux Kurdes, brimés par le régime depuis des décennies, qui se sont emparés de presque tout le nord-ouest de la Syrie.

Toutefois, à la différence de Ben Ali en Tunisie ou de Moubarak en Égypte, Bachar el-Assad n'a pas l'intention de quitter le pouvoir. Au contraire, il militarise lourdement la répression. Il transforme ainsi le soulèvement populaire en une guerre civile. Il mobilise des chars, des hélicoptères puis des avions de combat et même des missiles balistiques contre son peuple. Il fait bombarder les zones aux mains de l'opposition en ciblant boulangeries, dépôts de vivres, hôpitaux et écoles pour empêcher toute vie normale aux populations civiles. Face aux poches de résistance dans le sud du pays, Bachar n'hésite pas à utiliser, le 21 août 2013, des armes chimiques, notamment dans la Ghouta orientale, en périphérie de Damas. Le président américain Barack Obama, qui en avait fait une des « lignes rouges » de sa politique étrangère, ne se décide pas pour autant à intervenir. Bachar peut donc continuer sa répression alors que le pourrissement de la situation sur le terrain mène progressivement à la radicalisation de l'opposition armée.

→ La radicalisation du conflit conduit à son internationalisation

L'Armée syrienne libre disposant de peu de moyens et de cohésion, elle est graduellement supplantée par une multitude de groupes islamistes djihadistes tels que Ahrar Al-Cham, Jaych al-Islam ou encore le Front al-Nosra, branche syrienne d'Al-Qaïda. Ces groupes sont financés par le Qatar, l'Arabie saoudite et la Turquie, et attirent en Syrie de nombreux étrangers : Tunisiens, Libyens, Turcs, Saoudiens mais aussi des Européens (Français, Belges et Allemands).

À ces groupes s'ajoute l'organisation État islamique née en Irak voisine, qui profite du

LES FORCES EN PRÉSENCE

Face aux forces gouvernementales, trois groupes aux agendas différents combattent : les rebelles de l'Armée syrienne libre noyautés par des groupes islamistes et djihadistes ; Daech ; et les Kurdes de l'Unité de protection du peuple. En 2020, le pouvoir syrien, aidé de son allié russe, a repris le contrôle de toute la Syrie utile.

L'ÉTAT ISLAMIQUE, DE L'IRAK À LA SYRIE

Née en Irak, l'organisation de l'État islamique profite de la guerre civile en Syrie pour étendre son territoire et devenir « l'État islamique en Irak et au Levant » (Daech en arabe) au printemps 2013. En 2014, Daech proclame la « restauration du califat ». À son apogée, il contrôle un territoire de la taille du Royaume-Uni. Daech se projette aussi à travers le monde par des actions terroristes.

déclenchement de la guerre civile en Syrie pour y prendre pied et devenir, au printemps 2013, « l'État islamique en Irak et au Levant » ou Daech, selon son acronyme arabe. Daech espère alors unir ses forces à celles d'al-Nosra. Mais celui-ci refuse et prête allégeance à Al-Qaïda, contribuant à une guerre fratricide entre les deux organisations djihadistes. Daech en sort vainqueur et s'empare de l'est de la Syrie, ainsi que du nord-ouest de l'Irak, avant de proclamer la « restauration du califat » le 29 juin 2014.

En réaction se forme à partir de septembre 2014 une coalition contre Daech dirigée par les États-Unis. Elle rassemble, entre autres, les principales armées européennes, l'Australie, le Canada, l'Arabie saoudite, la Jordanie, le Qatar, Bahreïn et les Émirats arabes unis. Entre 2014 et 2016, la coalition mène plus de 4 000 frappes aériennes en Syrie, tout en s'appuyant au sol sur les milices kurdes, les Unités de protection du peuple (YPG). En janvier 2015, les Kurdes remportent une première victoire à Kobané puis, en octobre 2017, ils parviennent à faire tomber Raqqa, que Daech considère comme sa capitale syrienne.

Du côté du régime syrien, Bachar est financièrement et militairement soutenu depuis le début du conflit par l'Iran et par son bras armée libanais, le Hezbollah. Sur le plan diplomatique, il bénéficie de l'appui de la Russie qui a longtemps bloqué toute action à l'ONU. Mais avec l'arrivée de Daech sur l'échiquier syrien, la Russie décide d'intervenir militairement à partir de septembre 2015, changeant ainsi le rapport de force sur le terrain. En ciblant prioritairement les foyers de résistance, notamment d'Alep, de Deraa ou de la Ghouta orientale près de Damas, Poutine permet surtout aux troupes gouvernementales de reprendre ces zones clés de la Syrie « utile », alors que le régime de Bachar risquait de tomber.

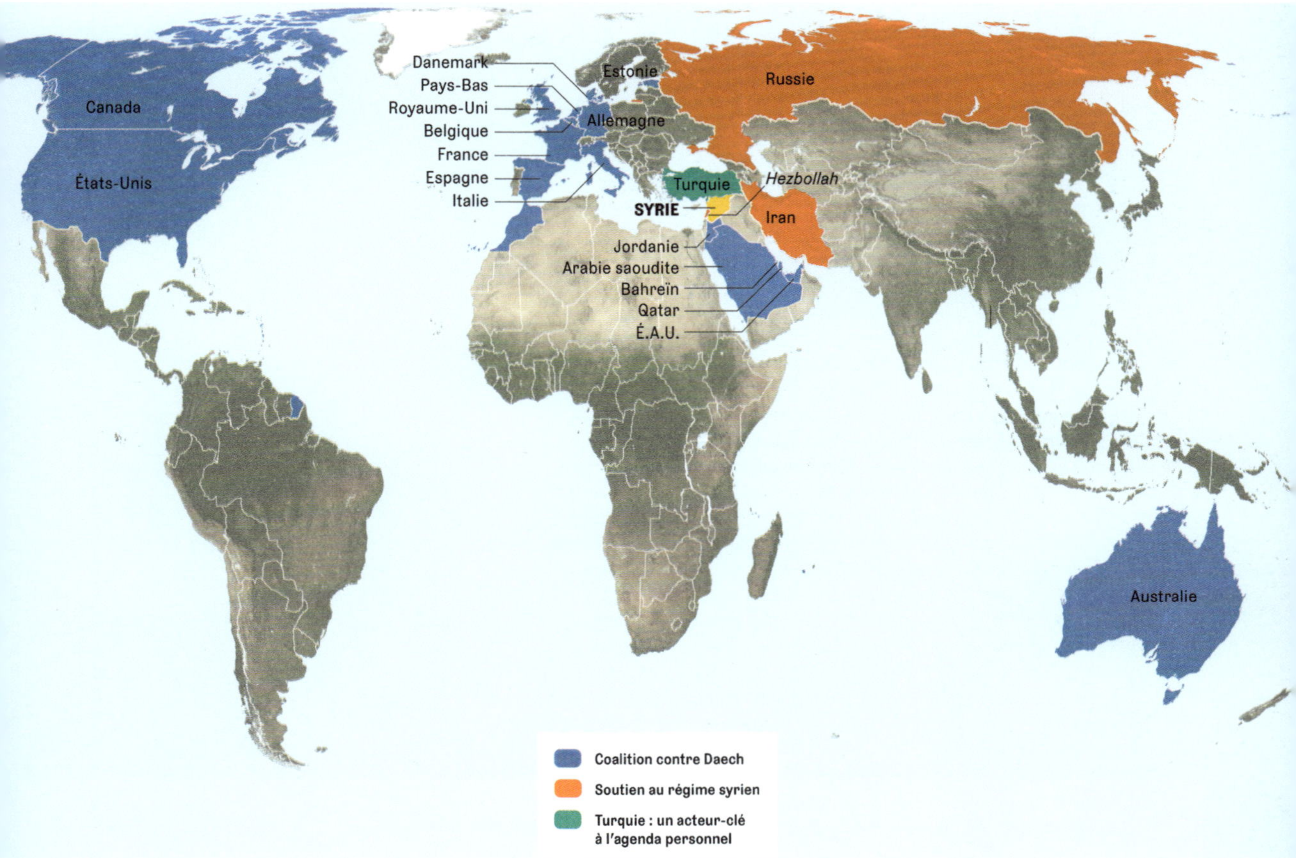

Quant à la Turquie voisine, qui partage plus de 800 kilomètres de frontière avec la Syrie, elle est un autre acteur important du conflit. Dès son déclenchement, elle laisse passer, par sa frontière, du matériel militaire et des milliers de djihadistes vers les zones de guerre, tout en soutenant l'Armée syrienne libre. À partir de 2016, le président turc Erdogan se rapproche de la Russie et décide d'intervenir militairement en Syrie, officiellement contre Daech, mais avant tout afin de neutraliser la présence kurde. Erdogan veut empêcher les Kurdes de constituer une région autonome le long de la frontière. En 2018, l'enclave d'Afrin est reconquise. Et en 2019, le retrait des troupes américaines voulu par Donald Trump permet une nouvelle offensive turque qui coupe en deux la zone contrôlée par les Kurdes de l'YPG.

Résultat, en avril 2020, les forces du régime de Bachar el-Assad et ses alliés ont repris le contrôle de plus de la moitié du territoire syrien.

→ Un bilan effroyable

En 2021, après dix ans de guerre, le conflit est loin d'être terminé. En apparence, Bachar a gagné puisqu'il s'est maintenu au pouvoir. Mais les tensions à l'intérieur de son clan sont fortes, les dépendances vis-à-vis de Moscou comme de Téhéran de plus en plus marquées, et la pression exercée par les sanctions américaines du Caesar Act, entrées en vigueur en juin 2020, fragilise toute possible reprise économique.

La guerre a fait un demi-million de morts. Des attaques à l'arme chimique, des massacres, des crimes de guerre et des crimes contre l'humanité ont été commis principalement par le régime syrien, et secondairement par Daech.

Sept millions de Syriens ont fui leur pays, soit un tiers de la population, et l'ONU estime que près de 8 millions de Syriens souffrent d'insuffisance alimentaire, soit la moitié de la population restée au pays.

L'INTERNATIONALISATION DU CONFLIT SYRIEN

Face à Daech se met en place une coalition internationale menée par les États-Unis. Quant à la Russie et à la Turquie, si elles luttent officiellement contre l'organisation terroriste, elles défendent aussi leurs propres intérêts. La Russie est le principal soutien au régime de Bachar el-Assad avec l'Iran, tandis que la Turquie lutte contre la création d'une région autonome kurde à ses frontières.

L'éternelle question kurde

Tant en Syrie qu'en Irak, les Kurdes ont joué un rôle majeur dans la lutte contre Daech et la défense de leurs territoires respectifs, dont l'autonomie croissante inquiète au premier chef la Turquie, où vit une importante minorité kurde.
Les Kurdes ne sont ni des Arabes, ni des Turcs, ni des Perses bien qu'ils parlent une langue proche du persan. Ils sont en majorité musulmans sunnites malgré de petites minorités chiites, yézidies et même chrétiennes. Installés dans la région du mont Zagros autour du IXe siècle avant J.-C., ils descendent des Mèdes et forment aujourd'hui une communauté estimée entre 25 et 35 millions d'habitants répartis sur 530 000 kilomètres carrés entre quatre pays : l'Iran, l'Irak, la Syrie et la Turquie. C'est un peuple sans État, comme les Palestiniens. Pourtant, au lendemain de la Première Guerre mondiale, le traité de Sèvres promettait la création d'un Kurdistan autonome. Mais ces promesses volent en éclats en raison du projet nationaliste turc de Mustapha Kemal, tandis que les intérêts des puissances coloniales européennes les conduisent à écarter les revendications kurdes. Les Français obtiennent les provinces kurdes de la Djezireh et de Kurd-Dagh alors que les Britanniques annexent la région de Mossoul et de Kirkouk, riche en pétrole. Quant aux populations kurdes d'Iran, elles bénéficient d'une quasi-autonomie par rapport au pouvoir central de Téhéran.
Vivant aujourd'hui principalement dans les quatre États cités plus haut, les Kurdes sont des minorités avec des statuts très variables selon les Constitutions, le respect de l'État de droit et les évolutions géopolitiques récentes.
C'est en Turquie que les Kurdes sont le plus nombreux : un habitant de Turquie sur cinq est kurde (soit 15 millions de personnes) et 30 % de la superficie du territoire turc est peuplée de Kurdes. Jusqu'au début des années 2000, la Turquie leur a dénié toute identité, les désignant comme des « Turcs des montagnes ».
Ce contexte a favorisé la création du Parti des travailleurs du Kurdistan (PKK) qui a lancé, à la fin des années 1970, une guérilla contre le gouvernement turc, lequel y a répondu par une répression militaire et des déplacements forcés. Sous la pression de l'Union européenne, des réformes ont été engagées, l'usage et l'apprentissage de la langue kurde ont notamment été autorisés. Mais depuis l'intervention américaine en Irak en 2003, la Turquie redoute que l'autonomie politique et économique du Kurdistan au sein de l'État fédéral irakien (5 à 6 millions de Kurdes) ne donne des idées aux Kurdes de Turquie. C'est cette perspective qui a conduit la Turquie à intervenir en Syrie.
Dix ans de guerre civile ont renforcé l'autonomie des Kurdes, qui ont proclamé une région « fédérale et démocratique ». Leur résistance face aux combattants de Daech a fait d'eux des alliés incontournables des Occidentaux. Mais le retrait américain, en 2019, les a affaiblis et cela a permis aux Turcs de réaliser leur projet de « zone de sécurité » de 30 kilomètres le long de leur frontière.

Aire de population kurde
majoritaire
minoritaire
Kurdistan irakien ou gouvernement régional du Kurdistan (GRK)
Zone dominée par les Unités kurdes de protection du peuple
« Zone de sécurité » mise en place par la Turquie
Mer Noire
GÉORGIE
ARMÉNIE
AZERBAÏDJAN
IRAN
IRAK
Diyarbakır
Bakur
Rojava
Hassaké
Mossoul
Erbil
Başûr
GRK
Rojhelat
Souleymanieh
Kirkouk
Sanandaj
Kermanshah
Deir ez-Zor
Bagdad
200 km

Destination 19

Le détroit du Bosphore

Voici le détroit du Bosphore, qui relie la Méditerranée à la mer Noire en passant par le centre d'Istanbul. C'est l'une des voies maritimes les plus stratégiques de la planète.
Dès le début de la guerre en Ukraine, Erdogan a usé de son pouvoir de fermer le passage de ses détroits du Bosphore et des Dardanelles, gênant ainsi l'armée russe dans sa stratégie maritime.
Dans les premiers temps de la guerre en Ukraine, Recep Tayyip Erdogan donnait le sentiment d'être clairement revenu au côté des Occidentaux, notamment le 2 mars 2022, en votant la condamnation de l'invasion russe à l'ONU. Mais lorsqu'au printemps 2022, deux nouveaux membres frappent à la porte de l'Alliance atlantique, la Suède et la Finlande, Ankara s'y oppose. Motif : ces deux pays soutiendraient l'ennemi juré d'Erdogan, les Kurdes.
Bloquer Stockholm et Helsinki : voilà qui convient à Vladimir Poutine dont Erdogan a besoin notamment pour son offensive contre les Kurdes du Nord syrien. En effet, Erdogan veut les empêcher de constituer une région autonome le long de sa frontière et y installer les réfugiés syriens accueillis sur le sol turc depuis 2015. Or en Syrie, c'est désormais Poutine le maître du jeu. Un projet qui séduit une large partie de l'électorat turc avant l'élection présidentielle périlleuse de 2023.
Après négociations, la Turquie d'Erdogan valide enfin le principe des candidatures suédoise et finlandaise, lors du Sommet de l'OTAN à Madrid, en juin 2022.
Mais elle ménage également la susceptibilité de Vladimir Poutine à qui Ankara propose régulièrement de jouer les médiateurs, notamment en ouvrant des couloirs en mer Noire pour les céréales bloquées dans les ports ukrainiens.
En parallèle, la Turquie tisse sa toile d'influences sur plusieurs continents : en Afrique (Libye), au Moyen-Orient, se réconciliant notamment au printemps 2022 avec l'Arabie saoudite de MBS ; les relations étaient rompues depuis l'assassinat à Istanbul du journaliste Jamal Khashoggi par les services saoudiens.
Au-delà, la Turquie veut désormais s'affirmer comme puissance stratégique, à l'intersection des mondes occidental et oriental.

La Turquie de Recep Tayyip Erdogan : à l'intersection des mondes

→ Une géographie entre Europe et Asie

Par sa position géographique, la Turquie apparaît sur les cartes du monde comme un pont jeté entre l'Europe et l'Asie. La ville d'Istanbul, l'ancienne Constantinople romaine, est d'ailleurs située de part et d'autre du Bosphore, qui marque officiellement la frontière entre les deux continents. 95 % de son vaste territoire de 783 000 kilomètres carrés se situe toutefois en Asie, mais il place le pays au carrefour des mondes européen, méditerranéen, turcophone et arabe.

Or, depuis la fondation par Mustafa Kemal en 1923 de la République turque, qui succède à l'Empire ottoman, le pays a privilégié l'occidentalisation comme levier de sa modernisation, considérant l'héritage islamique responsable du retard des pays musulmans vis-à-vis de l'Occident. Après avoir aboli le califat en 1924, le leader nationaliste turc décide d'adopter l'alphabet latin pour écrire le turc, de reconnaître Israël dès 1949 et d'adhérer à l'OTAN en 1952, puis de se tourner vers l'Europe communautaire en construction.

Depuis l'accession au pouvoir en 2002 des islamistes modérés du Parti de la justice et du développement (AKP) dirigé par Recep Tayyip Erdogan, la Turquie connaît toutefois de profondes évolutions, notamment du point de vue de sa politique étrangère. Elle renoue en particulier avec le Moyen-Orient qu'elle a dominé presque cinq cents ans sous l'Empire ottoman.

L'on doit le renouveau de la politique étrangère turque à l'universitaire spécialiste des relations internationales devenu ministre, Ahmet Davutoğlu. Celui-ci considère que la Turquie doit tirer parti de sa position géographique stratégique entre Est et Ouest en développant de bonnes relations avec tous ses voisins, d'où son slogan « Zéro problème avec nos voisins ».

Cette nouvelle stratégie d'influence se déploie en priorité dans les anciens espaces ottomans (Afrique du Nord, Moyen-Orient et Balkans) et elle est donc rapidement qualifiée de « néo-ottomane ». Elle conduit au développement de relations économiques qui passent par la signature d'accords de libre-échange avec la plupart de ses voisins. Cette politique de bon voisinage, qui permet à la Turquie de renouer avec les États du Moyen-Orient, est toutefois mise à mal en 2011 avec les Printemps arabes, ce qui l'oblige à repenser ses ambitions.

→ Une nouvelle ambition de puissance

Ce projet politique ne comporte pas qu'une dimension régionale, il vise également à inscrire la Turquie dans la hiérarchie des puissances. Il contribue donc à l'extension de son réseau diplomatique qui, avec 239 ambassades et consulats, est devenu sous Erdogan le cinquième au monde. Ce réseau participe à la promotion de la langue et de la culture turque, ainsi qu'à la diffusion d'une aide au développement vers les pays les plus pauvres d'Afrique et d'Asie. Ce *soft power* se traduit aussi par la production de séries pour la télévision, dont elle est à présent le deuxième exportateur mondial derrière les États-Unis. Par ailleurs, la Turquie s'investit de plus en

LA TURQUIE, CARREFOUR ENTRE EUROPE ET ASIE

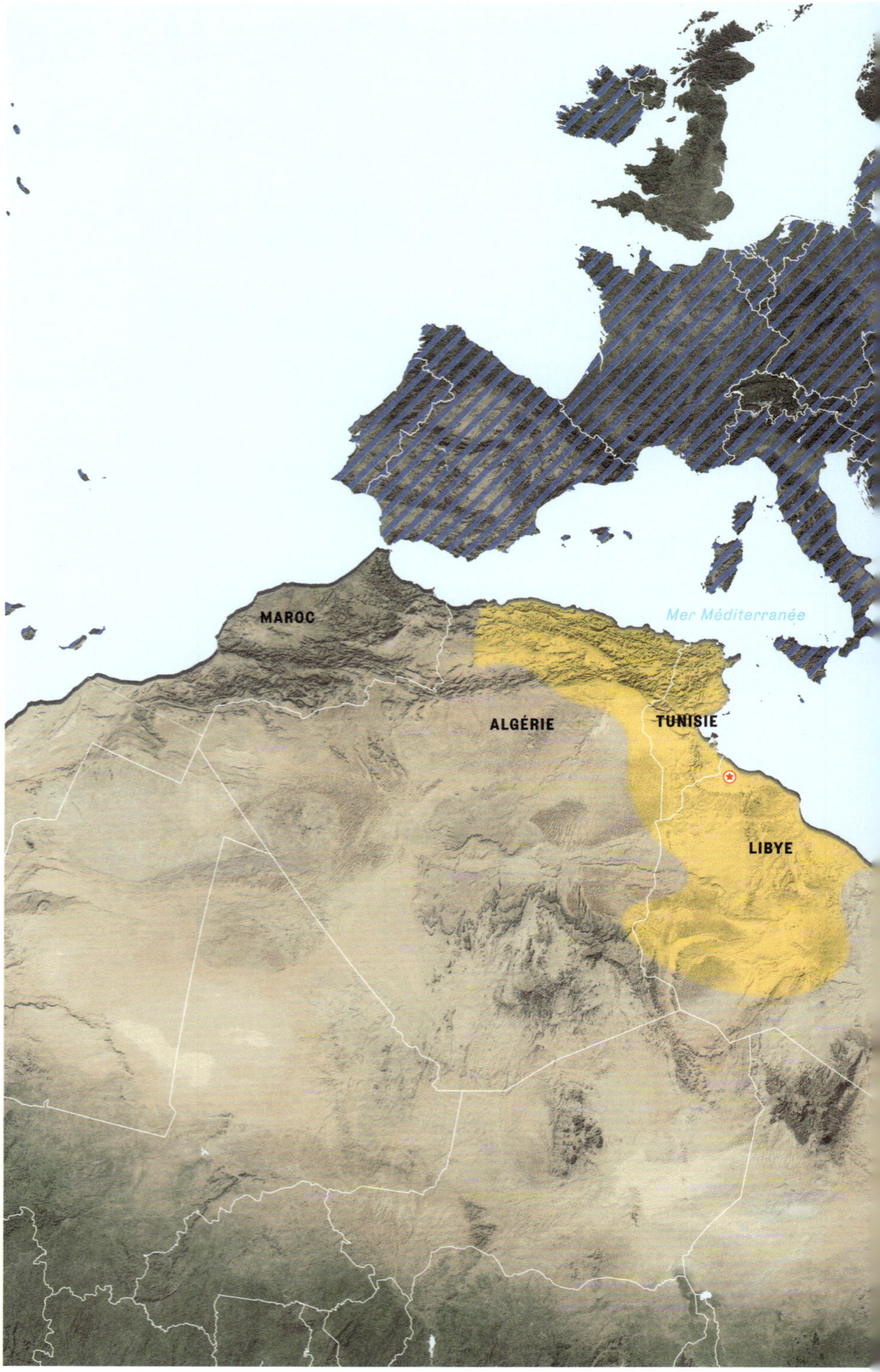

UKRAINE
MOLDAVIE
OUMANIE
RUSSIE
KAZAKHSTAN
KIRGHIZISTAN
CHINE
OUZBÉKISTAN
TADJIKISTAN
BULGARIE
Mer Noire
GÉORGIE
TURKMÉNISTAN
ARMÉNIE
AZERBAÏDJAN
ÈCE
TURQUIE
AFGHANISTAN
CHYPRE
DU NORD
SYRIE
IRAN
LIBAN
ISRAËL
PALESTINE
IRAK
PAKISTAN
JORDANIE
KOWEÏT
ÉGYPTE
BAHREÏN
QATAR
ARABIE
SAOUDITE
É.A.U.
OMAN
Mer Rouge
SOUDAN
ÉRYTHRÉE
YÉMEN
400 km
Extension maximale de l'Empire ottoman
Zone de peuplement kurde
Zone turcophone
Pays allié à la Turquie
Contentieux
Union européenne
Base militaire :
OTAN
Turque (existante ou en projet)

plus dans le cadre du G20, le club des puissances économiques mondiales, ou de l'Organisation de la Coopération islamique. Elle y promeut la solidarité islamique internationale, tant vis-à-vis des Rohingyas en Birmanie que des réfugiés syriens. Elle espère ainsi fédérer l'islam sunnite face à ses rivaux saoudien et égyptien en proposant un modèle d'islam politique modéré.

→ Le tournant stratégique de la guerre en Syrie

Au moment des Printemps arabes de 2011, la Turquie est considérée comme le modèle de référence de « démocratie musulmane ». L'AKP soutient les islamistes d'Ennahdha en Tunisie et les Frères musulmans en Égypte.

En Syrie, Ankara s'engage dès le début de la protestation aux côtés de l'opposition politique contre Bachar el-Assad. Mais elle va ensuite suivre son propre agenda, au moment où les États-Unis de Barack Obama rechignent à s'engager directement, alors même que la « ligne rouge » de l'usage d'armes chimiques a été franchie. Dès lors, Erdogan va défendre ses intérêts dans une guerre qui revêt plusieurs enjeux pour la Turquie :

- un enjeu migratoire : presque 900 kilomètres de frontières la relient à la Syrie. Plus de 3 millions de Syriens les traversent pour venir se réfugier sur son territoire, et dans l'autre sens, de jeunes fanatiques partent rejoindre les milices djihadistes de Daech ou d'al-Nosra ;
- un enjeu sécuritaire : entre 2015 et 2017, une vague d'attentats islamistes, dont certains attribués au Parti des travailleurs du Kurdistan (PKK), secoue le pays. Très inquiet de voir des zones kurdes autonomes à sa porte, qui pourraient redevenir une base arrière de la guérilla du PKK comme durant les années 1980, Erdogan lance à trois reprises, entre 2016 et 2018, des opérations militaires contre les zones kurdes d'Irak et de Syrie ;
- un enjeu géopolitique : après avoir frôlé la confrontation avec la Russie en novembre 2015, Erdogan fait volte-face, il accepte de s'allier avec le principal soutien du régime syrien. Résultat : il se retrouve à la table des négociations de paix réunies à Astana en 2017, aux côtés de l'Iran. En février 2020, toutefois, la volonté d'Ankara de se maintenir militairement à Idlib manque de dégénérer en un conflit ouvert avec Moscou, soutien indéfectible de Damas dans la reconquête de son intégrité territoriale. Si cela n'est pas advenu, c'est que la relation entre les deux États s'inscrit dans une coopération solide et multiforme depuis la fin de la guerre froide, en particulier au niveau commercial et énergétique. Moscou fournit à Ankara du gaz et du pétrole et elle construit à Akkuyu la première centrale nucléaire turque.

Malgré une divergence stratégique en raison de l'appartenance turque à l'OTAN, l'Iran est, de fait, un allié d'Ankara sur le terrain syrien. Pourtant, entre les deux pays, les relations sont avant tout économiques et basées sur du troc d'or en échange de gaz et de pétrole. Une manière de contourner l'embargo frappant l'Iran.

→ Un jeu complexe d'alliances

Ces revirements stratégiques expliquent également le rapprochement de la Turquie avec le Qatar, où Ankara a ouvert une base militaire en 2016. Mais ils ont aussi contribué à des tensions avec l'Arabie saoudite, les Émirats arabes unis et l'Égypte du maréchal al-Sissi. Ces pays sunnites conservateurs sont les ennemis jurés des Frères musulmans qu'Ankara a ardemment soutenus, que ce soit en Égypte, en Libye, en Tunisie ou au Maroc. L'assassinat, sur son sol, au consulat saoudien d'Istanbul, de l'opposant Jamal Khashoggi à l'automne 2018 est fortement dénoncé par le président turc, envenimant encore les tensions avec l'Arabie saoudite, jusqu'à la réconciliation du printemps 2022 entre MBS et Erdogan, sur fond de guerre en Ukraine.

Avec Israël, qui est pourtant un allié stratégique et militaire depuis les accords signés en 1996, c'est la défense affichée de la cause palestinienne, et notamment le soutien au Hamas, qui contribue à dégrader les rapports.

Quant à la relation avec le Caucase voisin, les choses sont plus complexes. La Turquie y soutient l'Azerbaïdjan turcophone pour contenir l'Arménie, avec qui les rapports restent bloqués en raison du génocide arménien de 1915. La campagne internationale pour la reconnaissance du génocide s'est intensifiée au cours de ces dernières années au grand dam des autorités turques, qui s'enferment de nouveau dans une position négationniste. Quant à la région azerbaïdjanaise autonome du Haut-Karabakh à majorité arménienne et occupée depuis la guerre de 1994 par l'Arménie, elle a été reconquise par Bakou à l'automne 2020 grâce à l'appui militaire de la Turquie.

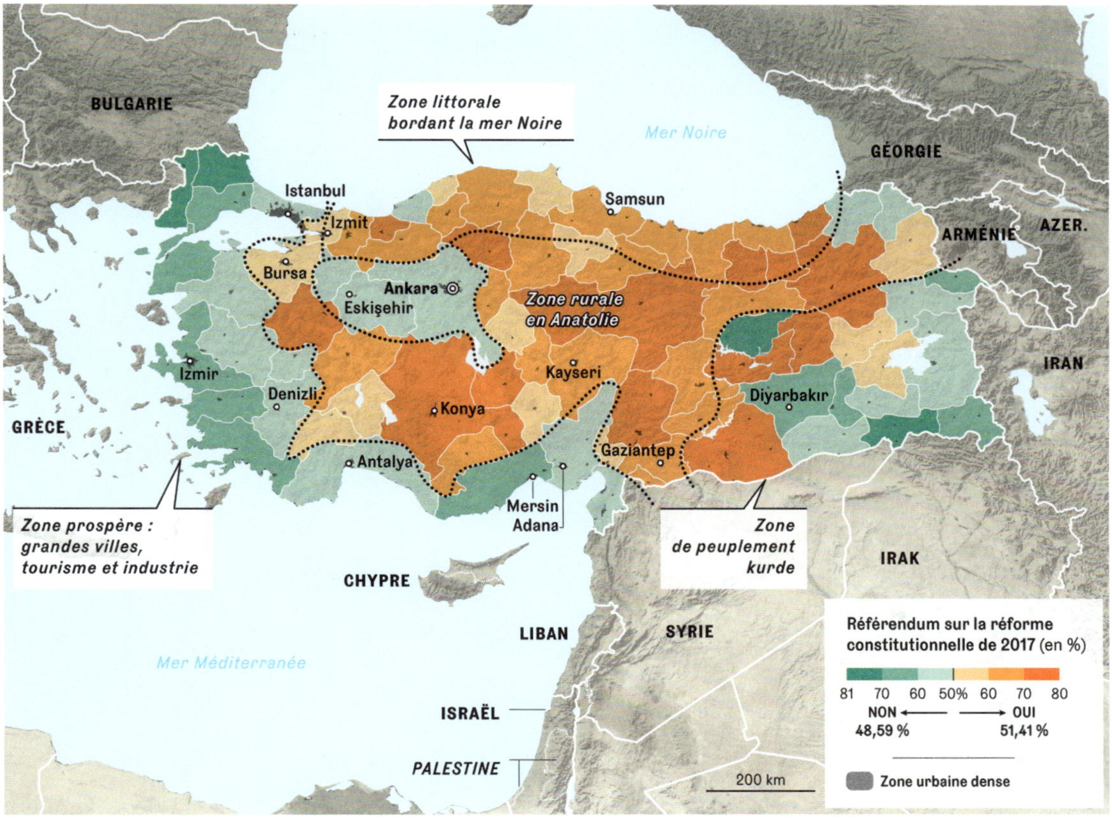

→ Une relation dégradée avec l'Occident

Ces velléités de puissance régionale de la Turquie au Moyen-Orient ont un revers. Elles fragilisent non seulement les relations de la Turquie avec l'Occident et l'Europe, mais elles sont aussi sources de tensions en Méditerranée orientale.

Bien que la Turquie soit membre de l'OTAN et l'un des piliers de la stratégie américaine d'endiguement pendant la guerre froide, les relations avec les États-Unis se sont dégradées au cours des dernières années. En 2003, Ankara avait interdit aux Américains ses bases aériennes de l'OTAN pour bombarder l'Irak. Pendant la guerre en Syrie, Erdogan a fustigé l'aide d'Obama aux Kurdes syriens contre Daech, puis il a reproché à Washington son refus d'extrader Fethullah Gülen, accusé d'être à l'origine du coup d'État de 2016. Enfin, le président turc a condamné le transfert de l'ambassade américaine de Tel Aviv à Jérusalem décidé par Donald Trump, tout comme le plan de paix pour le Moyen-Orient, jugé trop favorable à Israël. Provocation suprême d'Erdogan vis-à-vis de l'allié américain : l'achat par la Turquie du système russe S-400 de missiles de défense aérienne, pourtant incompatible avec les protocoles de l'OTAN.

Les relations avec l'Union européenne sont également devenues complexes. Les négociations d'adhésion à l'Union européenne ouvertes en 2005 sont au point mort depuis 2006, principalement en raison du différend sur Chypre dont la partie nord est occupée par la Turquie depuis 1974. Pour autant, l'UE comme la Turquie savent qu'elles sont liées par des échanges commerciaux, énergétiques, et surtout par le contrôle des flux de réfugiés en provenance de Syrie et du Moyen-Orient, encadré par l'accord migratoire conclu en mars 2016. Sans oublier les 6 à 7 millions d'immigrés d'origine turque vivant en Europe, qui représentent la première communauté étrangère de l'UE et sur lesquels Erdogan et son parti s'appuient de plus en plus pour gagner en influence.

UN PAYS POLITIQUEMENT DIVISÉ

La géographie électorale du référendum que le président Erdogan a organisé en avril 2017 dans le but d'instaurer un régime présidentiel et de lui permettre de se maintenir au pouvoir jusqu'en 2029 montre une Turquie divisée. C'est surtout la Turquie rurale du plateau anatolien qui a voté en faveur de cette réforme, tandis que la Turquie de l'ouest, urbaine, littorale, industrielle et prospère, l'a rejetée. L'Est anatolien, où vivent majoritairement des populations kurdes, a également voté contre.

RETOUR AU MOYEN-ORIENT

Remettant en cause sa nouvelle politique régionale néo-ottomane, les Printemps arabes ont aussi été des opportunités pour la Turquie. En Libye et en Syrie, la Turquie a su jouer de sa centralité et de ses alliances pour imposer la défense de ses intérêts. En Méditerranée orientale, l'enjeu des ressources gazières a ravivé les tensions sur les délimitations maritimes avec Chypre et la Grèce et conduit à des revendications maritimes en contradiction avec la convention du droit de la mer, dont elle n'est pas signataire.

Ces intérêts communs expliquent la retenue de l'Union européenne en Méditerranée orientale, alors que les tensions y sont croissantes depuis 2019.

→ Tensions en Méditerranée orientale

La découverte d'importants gisements gaziers en Méditerranée, notamment le gisement Aphrodite dans les eaux chypriotes, a réactivé le conflit avec Chypre et le contentieux plus ancien sur la délimitation des frontières maritimes avec la Grèce.

Au même titre qu'Israël et que l'Égypte, Chypre est devenue un acteur central pour l'exploitation et la distribution du gaz méditerranéen. Cela passe notamment par la construction d'un gazoduc Eastmed, projet mené avec Israël et la Grèce pour fournir les marchés européens.

Exclue de ce projet gazier et des négociations régionales, la Turquie adopte à partir de 2019 une position plus offensive. Elle empêche par exemple l'exploration et le forage par des compagnies européennes et américaines des zones maritimes de la République turque de Chypre du Nord, qu'elle considère comme lui appartenant.

Depuis l'entrée en vigueur de la convention de Montego Bay sur le droit de la mer en 1994, dont elle est non-signataire, la Turquie conteste à la Grèce le droit à délimiter sa zone économique exclusive (ZEE), estimant que cela conduirait à « l'emprisonner à l'intérieur de ses rivages ». Dans ce contexte de rivalités autour des ressources gazières, la Turquie se met à revendiquer une ZEE bien plus vaste (près de 460 000 kilomètres carrés) s'appuyant sur la doctrine de la « Patrie bleue » théorisée en 2006 par le contre-amiral Cem Gürdeniz. Celui-ci juge que l'application du droit de la mer, avec la mise en place d'une ZEE, doit être l'objet d'un accord bilatéral de délimitation. Instrumentalisée par Erdogan, cette doctrine a conduit à la signature en novembre 2019 d'un accord de délimitation maritime avec le gouvernement officiel libyen, en échange de son aide militaire. La Turquie remet ainsi en cause les ZEE grecque et chypriote et l'équilibre des puissances en Méditerranée orientale. Face à ces manœuvres turques, la France et l'Italie ont apporté leur soutien à leurs alliées grecque et chypriote.

Par son arsenal militaire, ses atouts économiques et ses 83 millions d'habitants, la Turquie d'Erdogan s'est imposée comme un acteur incontournable sur la scène moyen-orientale, mais aussi comme un interlocuteur avec lequel l'UE est obligée de traiter, en dépit de son manque de fiabilité. Cependant, la stratégie de la tension choisie par Erdogan a tendance à isoler la Turquie au niveau international, au moment où le pays doit affronter d'importantes difficultés économiques après la pandémie de Covid-19.

→ Ankara : un double discours ?

Lors du sommet de l'OTAN en juin 2021 – premier déplacement en Europe du président américain Joe Biden –, le chef de l'État turc a, comme souvent, joué sur plusieurs tableaux, revendiquant à la fois son ancrage dans l'alliance occidentale et une politique étrangère indépendante. La Turquie a notamment cherché à convaincre les Occidentaux qu'elle était la seule à contenir les ambitions russes en Syrie et en Libye particulièrement. Sauf que le discours anti-occidental que Recep Tayyip Erdogan vend à sa population le rend peu crédible.

Malgré tout, dans la foulée du sommet de l'OTAN de juin 2021, on constatait un « réchauffement » diplomatique entre États-Unis, Union européenne et Ankara, Bruxelles allouant de nouveau plus de 6 milliards d'euros pour aider les 3,7 millions de réfugiés syriens hébergés sur le sol turc.

La Turquie d'Erdogan : toujours habile pour tirer profit de sa position stratégique entre Europe et Asie, comme elle l'a de nouveau démontré dans le contexte de la guerre en Ukraine, en jouant à la fois de son statut de membre de l'OTAN, tout en maintenant les liens avec Vladimir Poutine, le rencontrant par exemple à Téhéran le 19 juillet 2022 puis à Sotchi le 5 août, pour évoquer notamment le dossier des céréales ukrainiennes bloquées par Moscou dans les ports de la mer Noire.

Destination 20

Jérusalem

Jérusalem, un centre de vaccination en janvier 2021. Avec une campagne précoce et menée tambour battant, Israël a fait rêver le reste du monde en avril 2021 en diffusant dans le monde entier des images de retour à une vie quasi normale. Fin du masque en extérieur, réouverture de tous les magasins, reprise de la vie culturelle et les rues de Tel Aviv reprenant leur atmosphère coutumière, trépidante et festive.
Une performance qui a renforcé le *soft power* du pays mais n'a pas suffi à conforter Benyamin Netanyahou. Au pouvoir depuis douze ans, celui-ci était contesté pour son populisme brutal et des affaires de corruption.
Une nouvelle page politique s'est en effet ouverte en juin 2021, l'ultradroitier nationaliste Naftali Bennett lui succédant au poste de Premier ministre. Il a ensuite été remplacé par le centriste Yaïr Lapid, dans un contexte de forte instabilité politique avec cinq élections entre 2019 et novembre 2022.
Durant cette période, on assiste aussi au réveil du conflit israélo-palestinien, avec une guerre-éclair de onze jours en mai 2021 entre le Hamas et l'aviation israélienne, causant morts et blessés dans les deux camps. Le conflit de « basse intensité » est revenu au premier plan de l'actualité internationale, notamment en mai 2022 après la mort de la journaliste américano-palestinienne Shireen Abu Akleh. Une enquête de l'ONU assure la responsabilité des forces de sécurité israéliennes.
En définitive, Israël n'a réglé ni l'instabilité de son système politique, ni son insécurité, aggravée par la coexistence en territoires palestiniens entre Fatah, Hamas et djihad islamique, lequel est soutenu par l'Iran, multiplie les attaques et s'oppose à toute négociation.
En parallèle, l'État hébreu a néanmoins réussi son pari de nouer, sous l'égide des États-Unis, de nouvelles relations avec une partie du monde arabe.
Enfin, après l'invasion russe, la population israélienne se mobilise fortement en faveur de l'Ukraine, tandis qu'Israël est un acteur énergétique (gaz) important pour les Européens.

Israël-Palestine : le dialogue au point mort

→ Naissance d'un État

L'État d'Israël se situe dans la partie orientale de la Méditerranée, inséré entre le Liban et l'Égypte. Il est bordé sur son flanc est par le Jourdain qui lui sert de frontière avec la Syrie et la Jordanie. Sa configuration territoriale est le résultat des longues négociations internationales qui ont accompagné, après la Seconde Guerre mondiale, la réalisation du projet sioniste. Elle reste toutefois inachevée, en raison des conflits qu'elle a engendrés.

Le 29 novembre 1947, l'ONU se prononce en faveur de la création de deux États indépendants, un arabe et un juif, dans la Palestine mandataire, ainsi que d'une zone au régime international autour de Jérusalem. Rejeté par les Arabes, ce plan conduit à la proclamation unilatérale d'Israël le 14 mai 1948 par David Ben Gourion, président du Conseil national juif, qui devient le Premier ministre du nouvel État. Pour les Palestiniens, cette date restera la *Nakba*, la « Catastrophe » en arabe, puisqu'elle a contraint à la fuite quelque 750 000 d'entre eux vers les pays voisins ou les territoires palestiniens sous contrôle arabe.

Dès le lendemain, la première guerre israélo-arabe éclate : les États arabes voisins (Égypte, Jordanie et Syrie) attaquent le nouvel État qui parvient toutefois à les repousser et à étendre ses frontières initiales prévues par le plan de partage. Il intègre ainsi à son territoire la partie ouest de Jérusalem. À l'arrêt des combats, en octobre 1949, la ligne de front, dénommée « ligne verte », fixe les limites entre Israël et les territoires où vivent les Arabes de Palestine. La Cisjordanie passe sous contrôle jordanien et Gaza sous administration égyptienne.

C'est la guerre des Six Jours, du 5 au 10 juin 1967, qui octroie au pays sa configuration territoriale et géopolitique actuelle. Face à l'Égypte, à la Syrie et à la Jordanie, Israël est victorieuse et conquiert de nouvelles zones : l'ensemble des territoires palestiniens de 1947, ainsi que le Sinaï pris à l'Égypte et le stratégique plateau du Golan à la Syrie. Humiliée, l'Égypte décide d'une revanche : ce sera l'offensive lancée avec la Syrie pendant les fêtes juives de Kippour, le 6 octobre 1973. Mais c'est une nouvelle défaite pour l'Égypte et cela la conduit à signer une paix séparée avec Israël en 1979. En échange, elle récupère le Sinaï, tout un symbole pour la région et le monde. C'est alors que s'amorce un processus de paix entre Israéliens et Palestiniens sous l'égide des États-Unis ; il se concrétise avec les accords d'Oslo en 1993.

L'espoir né de ce premier rapprochement entre les deux peuples est ruiné par l'attentat qui coûte la vie au Premier ministre israélien, Yitzhak Rabin, le 4 novembre 1995. En dépit des nombreuses tentatives de relance, les négociations n'aboutissent pas à la création d'un État palestinien. Le rapport de force inégal entre les deux camps, la radicalisation de certains groupes et partis, les attentats terroristes et la répression qui s'ensuit expliquent ce blocage. L'échec est également dû à l'accélération de la colonisation israélienne de la Cisjordanie, à la construction du mur et à la scission du mouvement palestinien, qui conduit à la prise de contrôle de Gaza par les islamistes du Hamas, après leur victoire électorale de 2007.

→ Un acteur mondial des nouvelles technologies

Dans son enveloppe territoriale internationalement reconnue, c'est-à-dire sans le Golan annexé ni Jérusalem-Est, l'État d'Israël couvre

LE PLAN DE PARTAGE DE LA PALESTINE

Le choix symbolique de la Palestine comme lieu d'implantation du peuple juif est décidé lors du premier congrès mondial sioniste réuni à Bâle en 1897. Il se trouve renforcé en 1917 par la déclaration du ministre des Affaires étrangères britannique, Lord Balfour, qui promet la constitution d'un foyer juif national en Palestine. Mais c'est à l'issue de la Seconde Guerre mondiale que le plan de partage de la Palestine, sous l'égide de l'ONU, aboutit à la naissance d'Israël, le 14 mai 1948.

aujourd'hui 20 770 kilomètres carrés pour une population de presque 9 millions d'habitants, dont 1,6 million d'Arabes. Sa capitale est Jérusalem, c'est là que siègent les principales institutions gouvernementales, dont le Parlement (la Knesset). Mais c'est Tel Aviv qui joue le rôle de capitale pour la communauté internationale, elle accueille par exemple les ambassades, à l'exception de celle des États-Unis qui a été transférée par Donald Trump en 2018 vers la ville sainte.

L'économie israélienne tire aujourd'hui sa croissance des hautes technologies (aéronautique, électronique, télécommunications, informatique, logiciels et biotechnologies), ainsi que du tourisme, de la finance et du gaz découvert au large de ses côtes. Le secteur de la high tech emploie presque 10 % de la population active, ce qui est l'un des taux les plus élevés des pays de l'OCDE. Il génère d'importantes exportations de services technologiques dans le domaine de la sécurité numérique, de la gestion de données ou du cyber. Des domaines que la pandémie de coronavirus n'a pas affectés, bien au contraire. Ainsi, malgré une des pires récessions de son histoire, la « start-up nation » semble mieux s'en sortir économiquement que les pays occidentaux. Le FMI table sur une croissance économique de 5 % en 2021, tandis que le chômage amorce une baisse au premier semestre 2021, alors qu'il avait atteint des taux records en 2020 avec 15,7 %, contre 3,8 % en 2019. Avant la crise sanitaire liée à la Covid-19, Israël avait un taux de croissance de 3,5 % en moyenne depuis 2000 pour un PIB par habitant de 44 000 dollars, équivalent à celui de la France ou du Royaume-Uni.

→ Une instabilité politique chronique

Cette vitalité économique explique la confiance des Israéliens dans la vaccination contre le coronavirus lancée à marche vive et de manière massive par le Premier ministre Benyamin Netanyahou. Elle ne doit toutefois pas occulter les difficultés sociales et politiques du pays.

À côté du secteur dynamique des hautes technologies, on trouve en Israël des secteurs peu productifs, où les salaires sont bas, si bien que le pays connaît de fortes inégalités. Presque un cinquième de la population israélienne vit sous le seuil de pauvreté, notamment les Arabes israéliens et les juifs ultra-orthodoxes.

Au niveau politique, l'instabilité est devenue chronique. Si la coalition portée par le Likoud de

ISRAËL, START-UP NATION

Si, lors de sa création, l'agriculture a été au centre de son développement économique avec ses fameux *kibboutzim*, Israël tire aujourd'hui sa croissance des hautes technologies (électronique, logiciels et biotechnologies). Un développement porté par ses start-up concentrées dans la Silicon Wadi. En 2019, 4,3 % du PIB israélien est consacré à la recherche et au développement (2e taux mondial). Le dynamisme de ce secteur explique la meilleure résistance de l'économie israélienne à la crise sanitaire.

LA PAIX SELON TRUMP

Netanyahou a remporté 52 sièges aux dernières élections de mars 2021, elle n'a pas atteint la majorité, replongeant pour la quatrième fois en deux ans le pays dans l'impasse.

Cette situation a finalement abouti à l'éviction de Benyamin Netanyahou et à la constitution d'un nouveau gouvernement dirigé par Naftali Bennett, à la tête d'une coalition inédite et hétéroclite, qui prend fin en juin 2022.

→ La paix selon Donald Trump

Au moment où Israël fête ses 73 ans, le pays apparaît sur la scène internationale comme le grand vainqueur de la bataille contre le coronavirus et semble en même temps sur la voie de la normalisation avec les pays arabes. Après l'Égypte (1979) et la Jordanie (1994), Israël a établi durant l'été 2020 des relations diplomatiques avec deux États du Golfe, les Émirats arabes unis et Bahreïn. Ces accords dits d'Abraham impulsés par les États-Unis ont été signés à la Maison Blanche le 15 septembre 2020. Ils ont été suivis d'une normalisation avec le Soudan et le Maroc quelques mois plus tard.

Les enjeux de ces accords sont multiples. Ils sont d'abord stratégiques : depuis la nucléarisation de l'Iran au début des années 2000, la République islamique est considérée comme la principale menace à la sécurité régionale par Israël, qui rejoint en cela la vision des États du Golfe, dont l'Arabie saoudite. Cette perception d'un ennemi commun a d'ailleurs contribué à un rapprochement officieux de leurs services de sécurité. Ensuite, ils perçoivent la politique interventionniste de la Turquie en Méditerranée orientale et en Syrie comme une forme d'expansionnisme très inquiétante. Enfin, ils considèrent les Frères musulmans comme un facteur de déstabilisation préoccupant. C'est le cas pour les régimes monarchiques du Golfe autant que pour Israël à travers le mouvement Hamas, qui en est issu. Les intérêts sont aussi militaires et, sur ce point, l'avantage est plutôt aux Émirats arabes unis qui pourront, grâce à cet accord, bénéficier des avions de chasse américains F35. Jusque-là, la politique des États-Unis en matière de vente d'armements dans la région avait toujours été d'avantager Israël. Enfin, les intérêts sont économiques. Les Émirats peuvent désormais accéder aux nouvelles technologies israéliennes bien utiles dans le domaine de la sécurité, et Israël diversifier son approvisionnement en pétrole. Cela favorise aussi le développement de liens touristiques

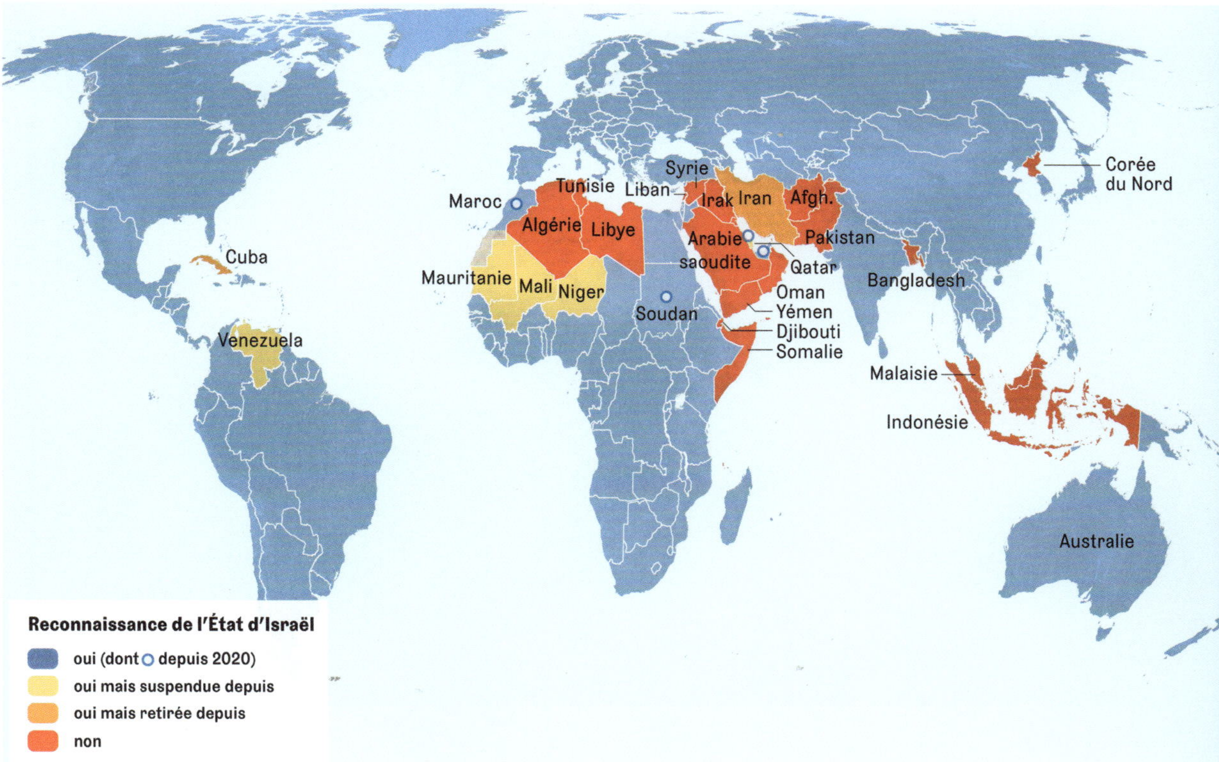

grâce à l'ouverture de liaisons aériennes entre Tel Aviv et Dubaï en novembre 2020 et avec Abu Dhabi début avril 2021.

Officiellement, l'accord entre les Émirats et Israël prévoit une suspension de l'annexion d'une partie de la Cisjordanie envisagée par Netanyahou. En réalité, ces accords traduisent la marginalisation de la cause palestinienne dans le monde arabe (et dans le monde en général), que le plan de paix du président Trump visant à régler le conflit israélo-palestinien en janvier 2020 n'a fait qu'acter. Ce plan conforte la vision sécuritaire israélienne portée par le Premier ministre Netanyahou, en permettant l'annexion des colonies israéliennes les plus peuplées de Cisjordanie (où vivent 428 000 personnes), de Jérusalem-Est et surtout de la vallée du Jourdain. Le résultat transformerait un futur État palestinien démilitarisé, et à la souveraineté limitée, en un ensemble de villes et de zones discontinues reliées par des ponts et des tunnels à la viabilité la plus incertaine, et sans Jérusalem pour capitale. Selon le politologue spécialiste de la région Jean-Paul Chagnollaud, ce plan apparaît comme un coup de force contre le droit international, car il viole toutes les résolutions du Conseil de sécurité, de la 242 (1967) à la 2334 (2016).

→ La fin de l'ère Trump-Netanyahou

Fin 2020, l'élection de Joe Biden a fait perdre au Premier ministre israélien un allié de poids en la personne de Donald Trump. En juin 2021, c'est au tour de Benyamin Netanyahou d'être évincé du pouvoir, mais avec un retour possible aux élections de novembre 2022. En parallèle, le conflit israélo-palestinien, qu'on disait de « second rang », est revenu à la une de l'actualité internationale, avec des affrontements meurtriers entre Hamas et armée israélienne et entre Palestiniens et colons israéliens en Cisjordanie. Pour les experts de la région, il n'existe à ce jour pas d'autre scénario que celui de la solution à deux États, à laquelle aucun des acteurs du dossier ne semble plus croire.

QUI RECONNAÎT ISRAËL DANS LE MONDE ARABO-MUSULMAN ?

Avec la signature des accords d'Abraham en 2020, Israël compte de plus en plus d'alliés parmi les États arabes du Golfe et du Maghreb. Ce processus largement impulsé par les États-Unis pourrait aussi concerner le Koweït, même si sa proximité avec l'Iran rend la perspective moins probable. Quant à l'Arabie saoudite, une normalisation des relations avec Israël est en discussion.

V. AFRIQUE

Le continent des possibles et des impossibles

Face aux crises, l'Afrique continue d'afficher ses contrastes, entre fléaux réels (instabilité politique, terrorisme, corruption, insécurité alimentaire...) et indicateurs prometteurs (taux de croissance, ressources, démographie, investissements étrangers...).
Si la crise liée à la Covid-19 a plongé l'Afrique dans une récession économique, le continent a également montré sa résilience. De fait, il n'y a pas une mais des Afrique(s). Des États émergents permettent de croire à la thèse « afroptimiste » d'un continent d'avenir comme l'a été l'Asie à la fin du XXe siècle. À l'inverse, certains pays s'enlisent dans les crises : au Maghreb notamment où les espoirs ont été trahis, dix ans après les Printemps arabes, ou dans l'espace saharo-sahélien avec la menace djihadiste.
En filigrane, l'Afrique devient l'un des terrains où se jouent les guerres d'influence des grandes puissances. La Russie notamment rêve de se substituer à la France comme puissance protectrice sur le continent, même si elle ne représente en 2021 que 1 % des investissements directs (mais 30 % des importations d'armes). En mars 2022, lors d'un vote à l'ONU pour condamner l'invasion russe de l'Ukraine, dix-sept pays africains se sont abstenus, Moscou capitalisant aussi sur le sentiment anti-Occident.

Destination 21

La Casbah d'Alger

La Casbah d'Alger est un site historique unique qui raconte à la fois l'Antiquité, l'Empire ottoman et la colonisation française. Personne ne la décrit mieux que l'historien Benjamin Stora : « Elle se déploie dans un entrelacs de petits immeubles, d'escaliers, de petits terrains vagues, d'appartements à moitié vides, de cours intérieures magnifiques dans leur fraîcheur, qui prennent autant de poids qu'une demeure baroque, hantée. [...] [Elle est] située à 118 mètres au-dessus du niveau de la mer, surpeuplée avec ses lacis de ruelles, d'escaliers et d'impasses. [C'est] le plus vieux quartier d'Alger, sa ville originelle, établie à l'intérieur des anciennes murailles turques avant l'arrivée française. »
Classée depuis 1992 au patrimoine mondial de l'Unesco, la Casbah raconte la complexité du passé algérien : elle a abrité les indépendantistes du FLN, puis, pendant la décennie noire, a servi de base arrière aux islamistes du FIS. Au printemps 2019, les manifestations anti-Bouteflika, le fameux mouvement du Hirak, convergent non loin de là, place des Martyrs, vaste esplanade en contrebas.
La Casbah d'Alger est un quartier aussi beau que délabré, pour lequel un budget a été théoriquement débloqué afin de réaliser des travaux de rénovation : quelque 170 millions d'euros. Mais le chantier est immense et le pays reste désorganisé. Régulièrement, des maisons s'effondrent et on ne compte plus les logements insalubres.
La Casbah d'Alger est, à l'image de tout le pays, dans l'attente d'une nouvelle ère. Car si l'Algérie en a fini avec les années Bouteflika, son nouveau président, Abdelmadjid Tebboune, ancien Premier ministre, ne répond pas à la soif de changement de la population algérienne dont près de la moitié a moins de 25 ans. Une jeunesse qui ne supporte plus la répression persistante à l'égard des leaders du Hirak et des autres contestataires du pouvoir.
Le 5 juillet 2022, l'Algérie a célébré les 60 ans de son indépendance : l'occasion pour le pouvoir en place de mettre en scène l'unité nationale, lors d'une grande parade, alors même que le mouvement populaire du Hirak rêve toujours d'une nouvelle ère démocratique avec un autre personnel politique.
Enfin, la guerre en Ukraine et les efforts de nombreux pays pour se passer des hydrocarbures russes bénéficient au régime algérien, courtisé plus que jamais pour son pétrole et son gaz.

Algérie : l'attente sans fin d'une nouvelle ère

→ Le plus grand pays d'Afrique

Avec une superficie de près de 2,4 millions de kilomètres carrés, l'Algérie est le plus grand pays d'Afrique et du monde arabe, depuis la fragmentation du Soudan en deux États. Sa population est de 42 millions d'habitants, à 99 % musulmane. Elle est en majorité arabophone mais un tiers est berbérophone (tamazight), bien que la part des Algériens qui se revendiquent d'une identité berbère soit plus importante encore (Kabyles, bédouins du Hamyan ou du Mzab, Chaouis, Touaregs...). La présence des Berbères dans la région est antérieure à la conquête arabe, et cela a de lourdes conséquences politiques.

En raison de son immensité, l'Algérie est dotée de milieux naturels très variés. Bordé par la Méditerranée, le nord du pays forme une bande côtière de 1 200 kilomètres de long et d'environ 100 kilomètres de large qui jouit d'un climat tempéré et regroupe presque 90 % des Algériens. Il s'agit d'une population urbaine qui vit essentiellement dans les trois grandes métropoles du pays : Oran, Alger – la capitale – et Constantine. Il existe deux autres milieux distincts : une zone de montagnes (Atlas tellien, Atlas saharien, Hoggar, Tassili des Ajjer) et de hauts plateaux semi-arides, puis le désert du Sahara qui recouvre les deux tiers du pays. Cette dernière zone octroie d'importantes richesses minières à l'Algérie, ainsi que des hydrocarbures.

→ Les hydrocarbures au cœur de l'économie

L'Algérie est d'abord riche par son sous-sol et s'est enrichie avec l'augmentation des prix du pétrole à partir de 1973. Les hydrocarbures représentent aujourd'hui 98 % des exportations du pays, et 60 % des recettes de l'État ; il s'agit de la principale « rente » de l'Algérie. Mais cette forte dépendance fragilise le pays face aux fluctuations des cours. De surcroît, la rente pétrolière est limitée dans le temps : les réserves estimées ne pourront assurer la production de pétrole qu'une vingtaine d'années et celle de gaz qu'une cinquantaine d'années. Malgré cette manne pétrolière, en raison d'une histoire politique chaotique, l'Algérie n'a pas vu son économie et son développement décoller.

→ Quelle politique depuis l'indépendance ?

L'Algérie est devenue indépendante après cent trente-deux ans de colonisation française et huit années d'une guerre sanglante. Les accords d'Évian mettant fin au conflit sont signés en mars 1962 entre la France et le Front de libération nationale, le FLN.

Le pays hérite alors d'une agriculture dynamique (vin, céréales, agrumes...) et d'un secteur pétrolier en développement qui représente déjà près de la moitié de sa production industrielle. Il dispose aussi d'infrastructures économiques de base. Mais le pays doit toutefois être repensé : il lui faut sortir de l'État colonial : une économie extravertie conçue par la métropole et en fonction du million d'Européens qui y vivaient. Et surtout, il faut bâtir un État et, pour reprendre l'expression de l'historien Benjamin Stora, « inventer » une Algérie.

Ben Bella, l'un des fondateurs du FLN et premier dirigeant de l'Algérie indépendante, fait le choix d'orienter le régime vers un « socialisme algérien » basé sur l'autogestion des entreprises, et érige le FLN en parti unique. Son ministre de la Défense, le colonel

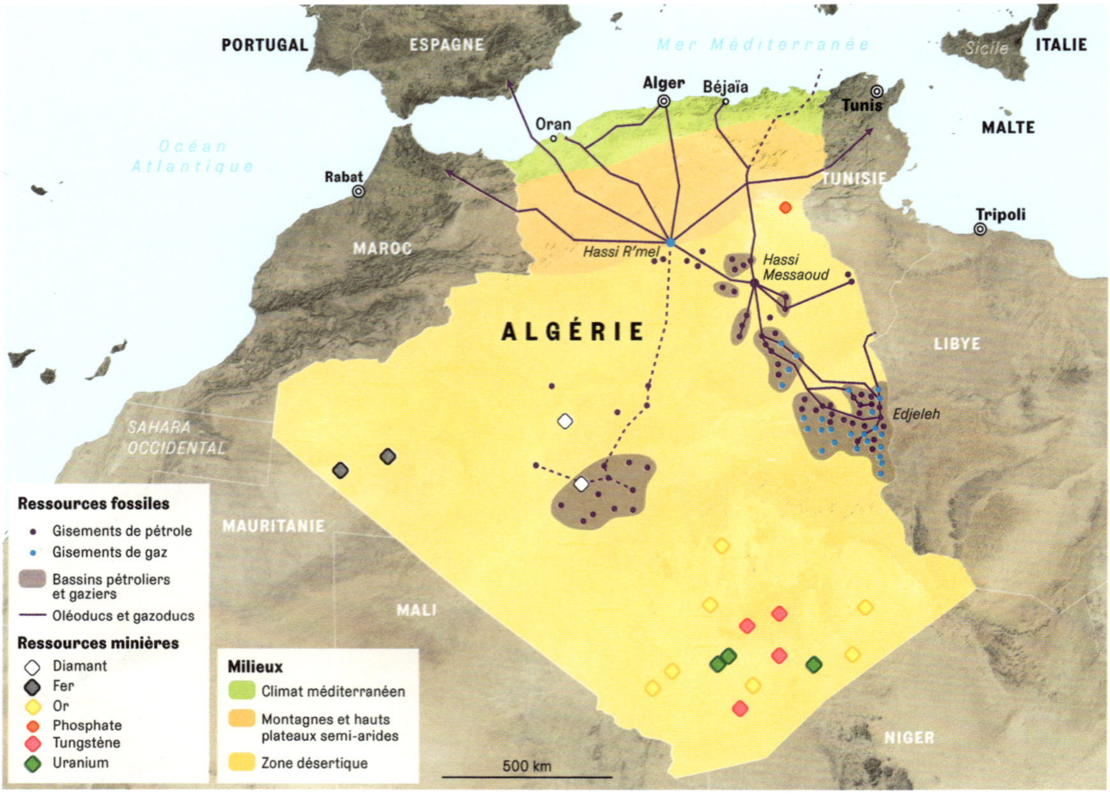

LES HYDROCARBURES, POINT FORT DU DÉVELOPPEMENT ALGÉRIEN

Alors que la frange côtière rassemble presque la totalité de la population algérienne, l'immense désert du Sahara offre au pays d'importantes richesses minières et des hydrocarbures. Afin de les exporter vers l'Europe, le pays s'est doté d'un réseau de pipelines et il a développé des infrastructures de raffinage et de liquéfaction le long de ses côtes. Des ressources aujourd'hui très convoitées en raison de la guerre en Ukraine.

Houari Boumediene, le renverse le 19 juin 1965. Après le coup d'État, le pouvoir est encadré par une structure administrative et militaire forte, l'économie est nationalisée sur le modèle soviétique. Une réforme agraire et une politique d'industrialisation financée par les hydrocarbures sont lancées, mais avec la promesse de redistribuer la rente issue de l'exploitation des ressources naturelles. Boumediene poursuit la coopération militaire avec l'URSS engagée dès l'indépendance, tout en devenant un des leaders du mouvement des non-alignés.

Non seulement le système politique que façonne Boumediene lui a survécu, mais également l'organisation industrielle du pays avec le complexe sidérurgique d'El-Hadjar (dans l'est du pays), le développement de la pétrochimie à Arzew ou des industries mécaniques dans la région d'Alger. C'est lui aussi qui fait nationaliser en 1968 le secteur de la distribution et de la commercialisation des produits pétroliers. En 1971, il étatise les sites pétroliers de Hassi Messaoud et gaziers de Hassi R'Mel restés aux mains des Français (Compagnie française de pétrole et Elf), conduisant à une crise diplomatique avec la France. Paris suspend notamment ses importations massives de vin algérien. La difficulté à trouver de nouveaux débouchés pousse Boumediene à l'arrachage de 40 % des vignobles, pourtant deuxième source de revenus en devises de l'État algérien après les hydrocarbures.

À la mort de Boumediene en 1978, c'est le candidat unique du FLN, Chadli Bendjedid, qui lui succède. Il entame une libéralisation modérée de l'économie pour en augmenter la productivité et poursuit une politique d'arabisation au détriment du français, du dialecte algérien et des langues berbères, suscitant une forte opposition des Berbères. Sa politique extérieure est marquée par la reprise du dialogue avec le Maroc, avec lequel l'Algérie était en froid depuis 1976 à cause du Sahara occidental, et par un rapprochement avec les puissances occidentales, États-Unis et France. En 1983, il est ainsi le premier chef de l'État algérien à venir en France, sur invitation de François Mitterrand. Enfin, il favorise l'intégration régionale du pays, en participant avec ses

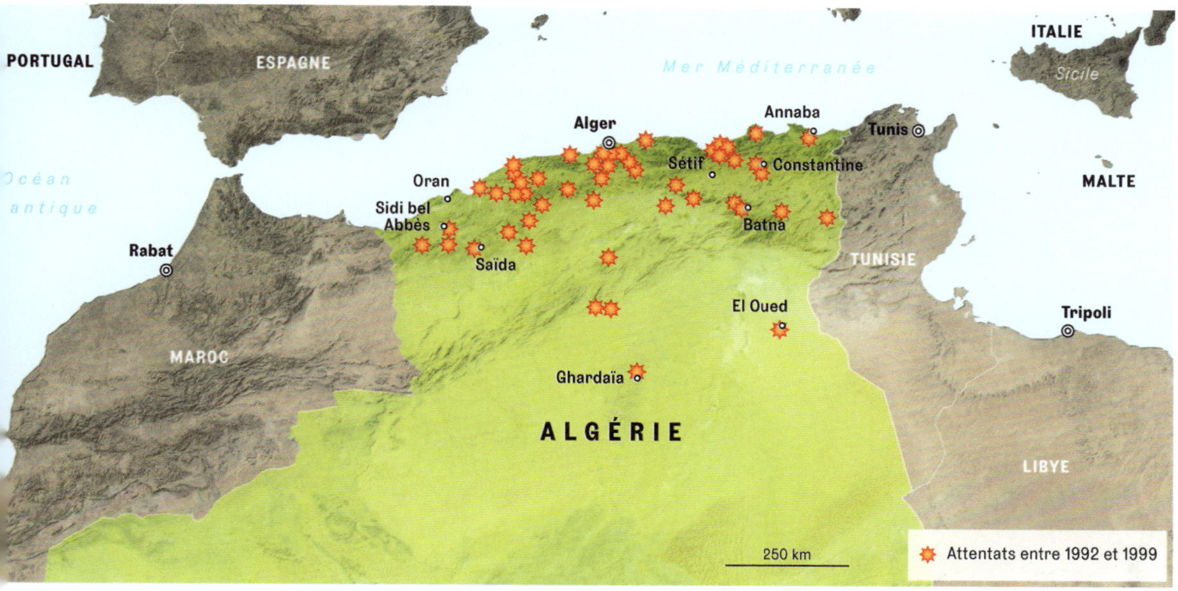

voisins marocain, libyen, mauritanien et tunisien à la création de l'Union du Maghreb arabe en 1989.

→ La décennie noire

Au cours des années 1980, l'Algérie est cependant frappée par une crise économique structurelle, renforcée par l'affairisme, la corruption et l'affaiblissement de la légitimité politique du FLN. Des oppositions sur la base ethnique (berbérisme) ou religieuse (islamisme) commencent à faire entendre leur voix. En 1986, la chute des cours du pétrole assèche les ressources nécessaires aux politiques de redistribution mises en place depuis l'indépendance, alors que la population a quasiment doublé depuis 1965. Cette situation alimente des déséquilibres urbains et le mécontentement de la jeunesse et des travailleurs. Tout cela amène à une série d'émeutes et de grèves qui culmine à l'automne 1988. Ce sont les premiers mouvements populaires depuis l'indépendance et le pouvoir y répond par la répression. Le régime finit par concéder de nouvelles libertés et s'ouvre au multipartisme. Ce multipartisme conduit à la percée du Front islamique du salut (FIS) lors du premier tour des élections législatives de 1991. L'armée décide alors d'interrompre le processus électoral et instaure l'état d'urgence. C'est l'étincelle qui va déclencher une guerre civile particulièrement meurtrière.

→ Les années Bouteflika

Dès lors, le FIS entre en insurrection contre le pouvoir. La guerre va durer dix ans et faire plus de 100 000 morts. En 1999, alors que le conflit s'apaise progressivement, Abdelaziz Bouteflika est élu président d'un pays traumatisé. Il met en place une politique de réconciliation nationale et amnistie les anciens belligérants de la « décennie noire ». Bouteflika contribue à rétablir une forme de paix et de stabilité, mais sans régler les problèmes structurels du pays.

Grâce à l'argent de la rente pétrolière, Bouteflika lance une importante réforme agraire visant à atteindre l'autosuffisance alimentaire du pays, ainsi qu'une politique de développement dans les secteurs de l'agroalimentaire, de la métallurgie, de l'automobile, de la mécanique et de l'électronique, ainsi que du tourisme. L'Algérie dispose en effet de tous les atouts pour devenir une destination touristique privilégiée. C'est pourtant loin d'être le cas, avec à peine 3 millions de touristes étrangers par an en moyenne au cours des années 2010, contre 10 millions pour le Maroc et 7 millions pour la Tunisie.

Dans tout le pays, la plupart des aménagements touristiques ont été stoppés par la guerre civile et le pays a longtemps été déconseillé aux voyageurs. À l'absence d'une véritable promotion de la destination s'ajoutent les difficultés pour obtenir un visa

LA GUERRE CIVILE

Entre 1992 et 1999, le conflit reste concentré dans le nord du pays, opposant l'État algérien à une multitude de groupes islamistes d'obédiences diverses. Ce conflit tragique fera entre 100 000 et 200 000 morts.

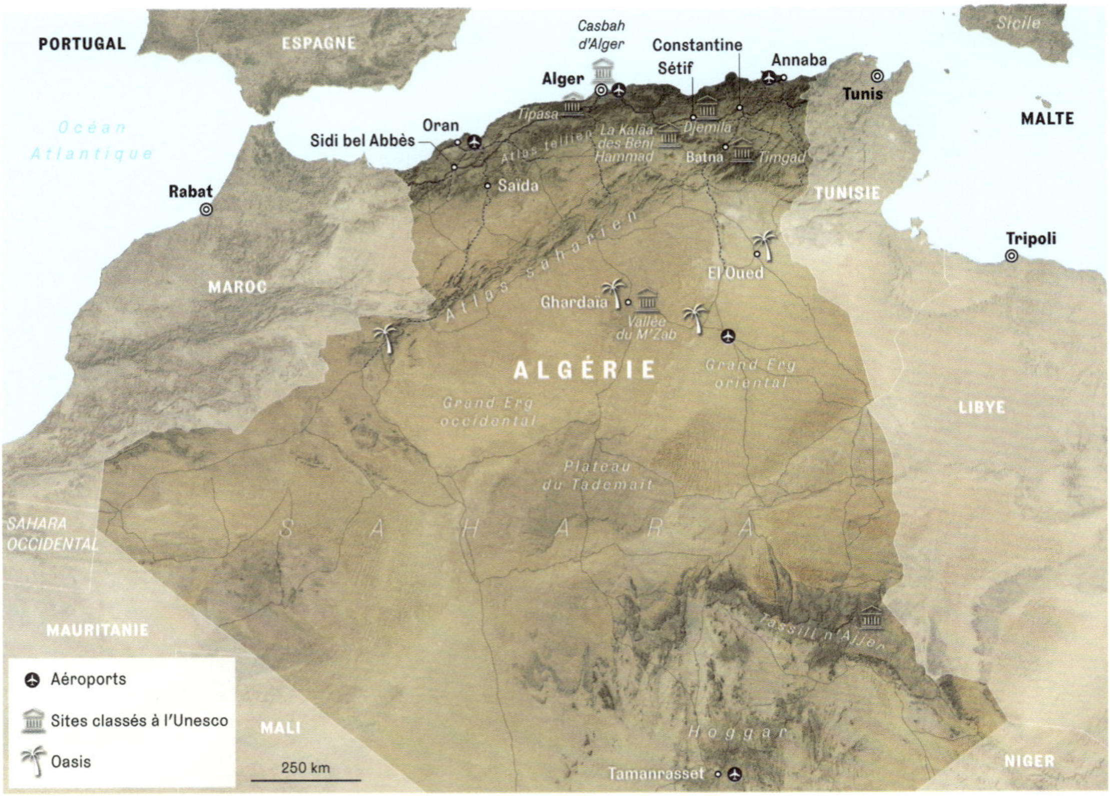

UN POTENTIEL TOURISTIQUE INEXPLOITÉ

L'Algérie dispose d'atouts touristiques indéniables, un littoral long de plus de 1 200 kilomètres et des paysages somptueux. On peut citer la vallée du Mzab, les massifs du Hoggar et le vaste désert saharien. Certains sites sont classés au patrimoine mondial de l'Unesco, comme l'antique cité romaine de Timgad ou les ruines de la première capitale des émirs hammadides, la Kalâa des Béni Hammad. On peut même y pratiquer le ski, comme à Chréa, surnommée le « Chamonix algérien » à l'époque coloniale.

algérien, le manque d'infrastructures touristiques, et aujourd'hui la crise sanitaire liée à la Covid-19.

→ Une mauvaise gouvernance

Une mauvaise gestion étatique explique les faibles résultats des réformes d'Abdelaziz Bouteflika. D'abord, la majorité des capitaux a été absorbée par le développement des infrastructures. Ensuite, il existe un conflit entre l'État et les grands entrepreneurs industriels : l'État a cherché à contenir l'essor du secteur privé, qu'il perçoit comme un concurrent à ses propres intérêts. De plus, le problème de la corruption en Algérie est massif, de l'évasion fiscale à la distribution clientéliste de la rente pétrolière. Enfin, pour favoriser son intégration internationale, le gouvernement algérien a baissé ses tarifs douaniers dans le cadre de ses relations avec l'UE et de la mise en place de la grande zone arabe de libre-échange, et en vue de son adhésion à l'OMC. Cette baisse des taxes douanières a eu pour conséquence de favoriser les importations massives et a entraîné la désindustrialisation du pays. Les secteurs économiques algériens ainsi soumis à la concurrence étrangère se sont trouvés fragilisés.

Ultime frein au développement : il existe en Algérie une loi relative aux investissements étrangers qui oblige tout investisseur à avoir un partenaire algérien majoritaire. Cette loi contraignante a eu un effet dissuasif et a empêché que la croissance économique soit forte. Ainsi, sur la période 2000-2010, la croissance de l'Algérie était en moyenne de 3 %, quand celle des pays émergents dépassait 5 %, voire frôlait les 10 % dans le cas de la Chine.

La guerre en Ukraine est à la fois une bonne et une mauvaise nouvelle pour l'économie algérienne : l'envolée des cours des hydrocarbures renfloue de fait les caisses de l'État mais pourrait stopper du même coup les efforts de diversification économique.

UN ENVIRONNEMENT INSTABLE

L'Algérie est située dans un environnement stratégique devenu plus instable depuis les Printemps arabes de 2011. À l'ouest, la frontière avec le voisin marocain est fermée depuis 1994, en raison du contentieux autour du Sahara occidental. Au sud, l'espace sahélien est devenu la zone d'activité des djihadistes d'AQMI et de Daech, alliés à des mouvements autonomistes touaregs. À l'est, la Libye post-Kadhafi reste soumise au jeu des puissances arabes, de la Turquie et des Européens.

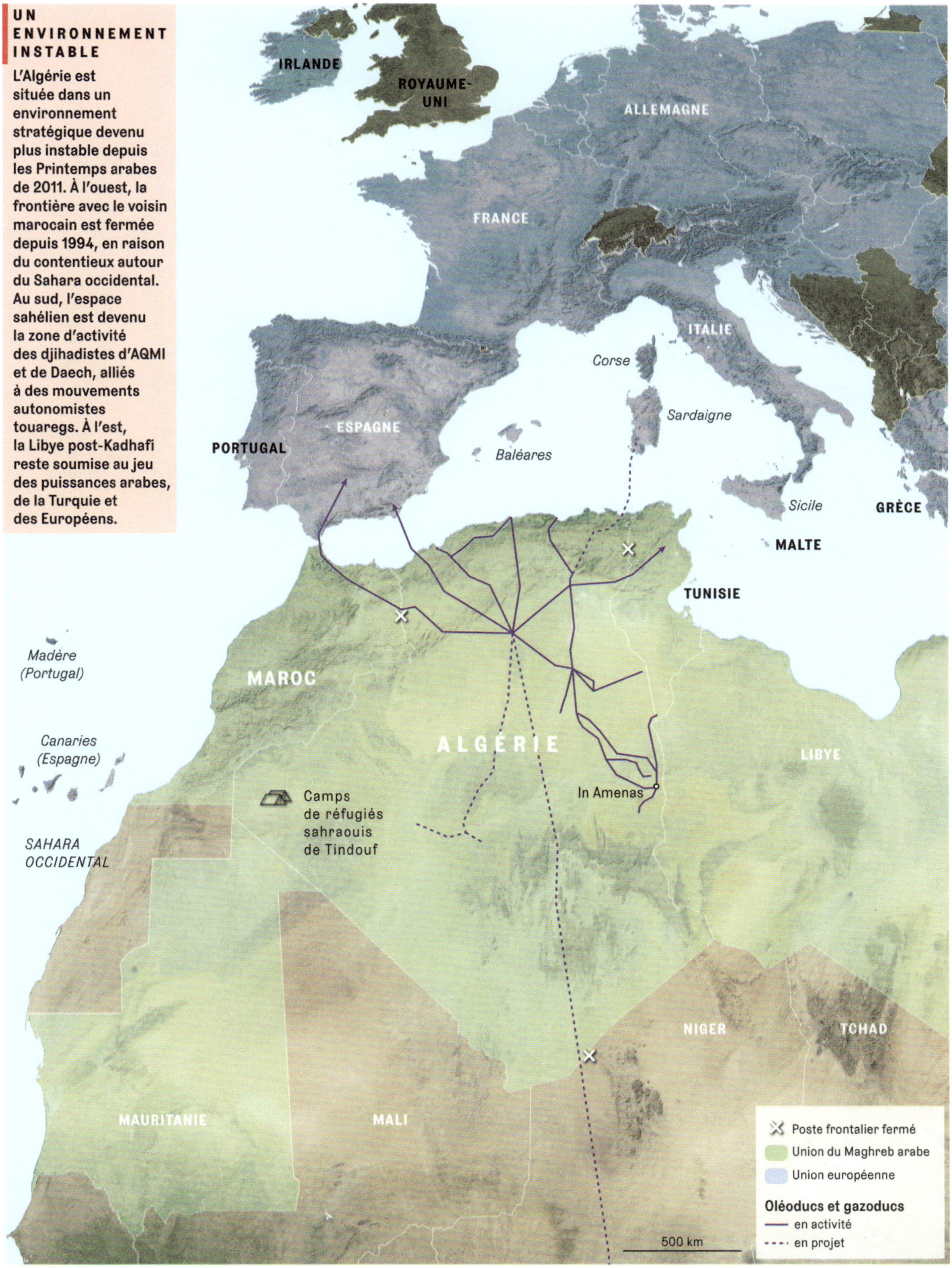

Destination 22

Sidi Bouzid

À Sidi Bouzid, ville de la Tunisie intérieure à quatre heures de route de Tunis, la capitale, tout le monde connaît le portrait de Mohamed Bouazizi qui orne toujours la façade de la poste. En décembre 2010, ce jeune père de famille, vendeur ambulant, s'était immolé par le feu pour protester contre la saisie de sa marchandise par la police. Un acte qui allait marquer le début de la révolution de Jasmin et un geste de désespoir contre la dictature des années Ben Ali, la pauvreté et la corruption qui minaient alors le pays. C'est le point de départ des Printemps arabes qui allaient embraser tout le Moyen-Orient, de la Libye voisine jusqu'à la lointaine Syrie.

Sidi Bouzid, où tout a commencé, donc : il s'agit là de « l'autre Tunisie », loin de la mer et des touristes. Dans cette région, si l'on se félicite des avancées démocratiques, on continue de déplorer la situation économique.

Fin 2019, le nouveau président de la République, Kaïs Saïed, a pourtant été plébiscité par la jeunesse populaire de ces zones marginalisées de la Tunisie intérieure. Il est ainsi arrivé au pouvoir en obtenant plus de 70 % des suffrages exprimés lors du second tour de l'élection présidentielle. Ce nouveau dirigeant est un personnage complexe, ancien professeur de droit, n'ayant ni parti politique ni réel programme. En janvier 2021, dix ans après les Printemps arabes dont elle fut à l'origine, la Tunisie reste secouée par une instabilité politique et des problèmes socio-économiques majeurs. La classe politique est plus fragmentée que jamais et l'urgence sociale est aggravée par les retombées dramatiques de la pandémie de Covid-19.

En juillet 2022, une nouvelle constitution est soumise à référendum, renforçant considérablement les pouvoirs du président Kaïs Saïed, au point de mettre en péril la démocratie tunisienne et de marquer un tournant dans l'histoire politique du pays, tandis que l'économie, très dépendante des importations de blé ukrainien, subit de plein fouet les effets de la guerre, fragilisant la population.

Tunisie : la démocratie en péril

→ Les deux Tunisie

Avec une superficie de seulement 163 600 kilomètres carrés, la Tunisie est le plus petit des États du Maghreb. Coincée entre les géants libyen – dix fois plus grand qu'elle – et algérien – près de quinze fois plus étendu –, la Tunisie fait figure de confetti territorial en Afrique du Nord. Et ce, d'autant plus que ses 11,5 millions d'habitants se répartissent très inégalement sur le territoire. Alors que le Sud désertique et les plateaux semi-arides du centre enregistrent de faibles densités, une étroite bande côtière de 1 200 kilomètres concentre la majorité de la population. On y trouve les principales villes du pays – parmi lesquelles sa capitale actuelle, Tunis – et les axes de transport les plus importants. C'est là aussi, sur ces longues plages de sable étirées au bord de la Méditerranée, qu'affluaient chaque année, jusqu'aux Printemps arabes, des millions de vacanciers. La Tunisie a développé depuis les années 1970 un chapelet de stations balnéaires dédiées au tourisme de masse, celles-ci ont d'ailleurs encore accentué les déséquilibres structurels entre littoral et arrière-pays.

La « Tunisie intérieure », pauvre et rurale, s'est toujours sentie délaissée par les centres de pouvoir situés sur la côte – à Carthage d'abord, dans l'Antiquité, puis à Tunis, dont les conquérants arabes ont ensuite fait leur capitale.

Au cours de la longue histoire du pays, les révoltes contre l'État central sont d'ailleurs systématiquement parties du centre-ouest, et le phénomène perdure jusqu'à nos jours. En témoigne Sidi Bouzid, ville de l'intérieur où a commencé en décembre 2010 le mouvement de contestation sociale qui allait embraser l'ensemble du pays, puis le monde arabe.

→ Du protectorat à l'indépendance

La « petite » Tunisie constitue de longue date un modèle d'inspiration pour l'ensemble du monde arabe. Dès le milieu du XIXe siècle, le pays forme une province autonome de l'Empire ottoman, dirigée par des beys largement tournés vers l'Occident. La Tunisie fut ainsi le premier pays musulman à abolir l'esclavage, à émanciper les Juifs et à se doter d'une Constitution de type parlementaire, en 1861. Mais son fort niveau d'endettement permet à la France coloniale, déjà présente en Algérie, de s'immiscer dans les affaires du pays. Elle va ensuite l'envahir sous prétexte d'incursions sur le territoire algérien et lui impose un « protectorat » en 1881.

La présence française en Tunisie prend fin en 1956, au terme d'une révolution nationale menée par les militants syndicaux de l'Union générale du travail, l'UGTT – toujours très active aujourd'hui –, venus soutenir le Néo-Destour, le parti indépendantiste dirigé par Habib Bourguiba. Le 25 juillet 1957, c'est lui qui abolit la monarchie du bey et devient le premier président de la République tunisienne nouvellement proclamée.

Pendant trente ans, de 1957 à 1987, Bourguiba modernise à tour de bras la société tunisienne. Il va notamment encourager la scolarisation des filles et accorder aux femmes des droits fondamentaux comme l'interdiction de la polygamie, de la répudiation et du mariage forcé, l'instauration du divorce à égalité entre époux et même, à partir de 1973, l'interruption volontaire de grossesse sans aucune restriction. Malgré ces avancées sociales majeures, le régime politique prend une tournure de plus en plus autoritaire, muselant l'opposition de gauche d'abord, puis islamiste, et s'appuyant massivement sur ses puissants services de sécurité.

→ Les années Ben Ali

C'est au sein de la police du régime qu'évolue la figure du général Zine Ben Ali, qui devient Premier ministre de Bourguiba, avant de renverser finalement son mentor le 7 novembre 1987. Ben Ali poursuit et accentue encore la politique répressive de son prédécesseur tout en libéralisant l'économie. Mais l'essentiel de la manne financière est accaparé par les familles liées au président, à commencer par celle de sa femme, Leïla Trabelsi. Et c'est cette corruption généralisée, conjuguée à l'omniprésence de la police, qui provoque finalement la révolution de Jasmin en 2011 et la chute du président Ben Ali.

Le départ forcé du président Ben Ali et de son clan, le 14 janvier 2011, met fin à près de vingt-cinq ans de dictature policière. La révolution ouvre aussi sur une période d'incertitudes et de troubles dont le pays ne s'est pas encore tout à fait remis.

→ La démocratie à l'épreuve

Instabilité politique, émergence du terrorisme islamiste et enlisement économique constituent les principaux obstacles que doit surmonter la Tunisie post-révolutionnaire. Le tout sur fond de renforcement des partis religieux hostiles aux évolutions sociales de l'ère Bourguiba.

Fer de lance de ce retour du religieux, le parti Ennahdha – le « mouvement de la renaissance » – s'affirme comme une force politique centrale de la nouvelle Tunisie. Né au début des années 1980, il n'est sorti de la clandestinité qu'à la chute du régime de Ben Ali. Il dirige même le pays entre 2011 et 2014, avant de devoir céder le pouvoir à son rival, le parti libéral Nidaa Tounes du défunt président Essebsi. À l'issue des élections du 6 octobre 2019, il domine encore le Parlement mais détient désormais moins du quart de ses 217 sièges. Et pour cause, les Tunisiens se détournent peu à peu des partis qui ont laissé la situation économique se dégrader à leurs dépens.

→ Une économie fragile

Fin 2010, avant la chute du régime Ben Ali, le chômage touchait 10 % de la population active ; au premier trimestre 2019, avant donc l'épidémie de Covid-19, il atteignait 15,3 % selon les statistiques tunisiennes officielles. Le chômage frappe principalement les jeunes (36 % des 15-29 ans en 2020), y compris les jeunes diplômés (28 %), et sévit plus particulièrement dans les gouvernorats du Sud, foyers des déçus de la révolution de 2011. Il y dépasse systématiquement les 20 % alors qu'il stagne autour de 10 % dans les régions plus privilégiées du Nord.

Cette fragilité économique conduit à une inquiétante « fuite des cerveaux » vers l'Europe ou la péninsule arabique pour les plus diplômés. Pour les autres, elle est responsable d'un recours massif aux filières migratoires clandestines : pour la seule année 2018, 6 000 Tunisiens ont été arrêtés en Italie alors que 7 200 ont été interceptés avant de franchir le détroit de Sicile. D'où, aussi, une augmentation sans précédent des flux de contrebande aux frontières avec l'Algérie et la Libye.

Ces importations illégales échappent bien sûr à l'impôt et minent la production nationale, notamment dans les secteurs clés du textile, des hydrocarbures – la Tunisie étant un petit producteur de pétrole –, des biens de consommation et de l'électroménager.

Une rétraction du tissu industriel d'autant plus dommageable pour l'ensemble du pays que les deux principaux moteurs de l'économie tunisienne – la production de phosphate et le tourisme – ont été fragilisés depuis 2011. L'exploitation du gisement de Gafsa-Redeyef-Metlaoui a été largement ralentie par les crises sociales postrévolutionnaires qui ont affecté, par ricochet, tout le bassin industriel de Sfax, principal débouché des phosphates de Gafsa.

La deuxième ville de Tunisie souffre aujourd'hui à la fois du chômage et de la pollution provoquée par ses usines chimiques mal entretenues. De plus, comme toutes les villes côtières, Sfax déplore le départ des touristes, principaux pourvoyeurs d'emplois dans le pays avant la révolution.

→ Tourisme et terrorisme

Après une phase de croissance continue dans les années 2000, le nombre de touristes étrangers a fondu après 2011 et surtout après les attentats djihadistes de l'année 2015. Le massacre de la plage de Sousse, le 26 juin 2015, qui suivait de peu l'attaque du musée du Bardo survenue le 18 mars dans l'enceinte du plus grand musée national, a brusquement mis en lumière l'autre défi majeur de la Tunisie actuelle : l'enjeu sécuritaire.

Entre 2013 et 2018, la Tunisie est le pays qui a fourni le plus grand nombre de combattants

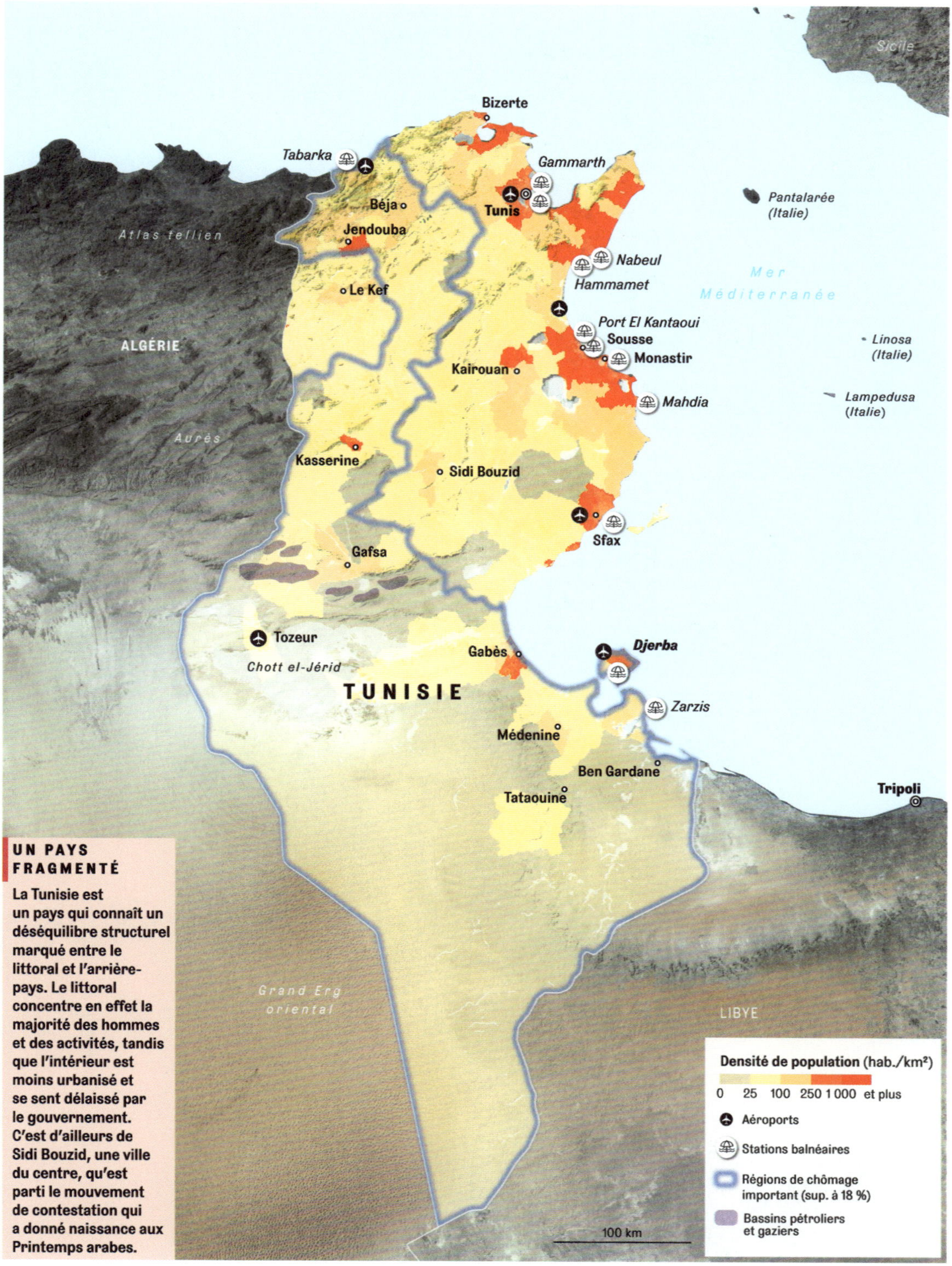

UN PAYS FRAGMENTÉ

La Tunisie est un pays qui connaît un déséquilibre structurel marqué entre le littoral et l'arrière-pays. Le littoral concentre en effet la majorité des hommes et des activités, tandis que l'intérieur est moins urbanisé et se sent délaissé par le gouvernement. C'est d'ailleurs de Sidi Bouzid, une ville du centre, qu'est parti le mouvement de contestation qui a donné naissance aux Printemps arabes.

LES PRINTEMPS ARABES

Début 2011, personne ne s'attendait à voir tomber, sous la pression populaire, le régime de Ben Ali en Tunisie, puis ceux de Hosni Moubarak en Égypte et d'Ali Abdallah Saleh au Yémen. En Syrie, le soulèvement contre Bachar el-Assad est devenu l'épicentre d'un conflit où s'expriment les rapports de force régionaux et internationaux, tandis qu'à Bahreïn il est maté par une intervention du voisin saoudien. En 2019, l'Algérie et le Soudan contestent les pouvoirs en place, contribuant à des transitions politiques encore inachevées.

à l'organisation État islamique (après la Russie) ; c'est elle qui détient aujourd'hui le record du nombre de djihadistes rapatriés de Syrie. Une menace intérieure d'autant plus inquiétante qu'elle s'exerce dans un contexte régional particulièrement instable. À l'est tout d'abord, depuis la chute de Mouammar Kadhafi en 2011, la Libye évolue en plein chaos, alors qu'à l'ouest, le départ du président Abdelaziz Bouteflika le 2 avril 2018 a plongé à son tour l'Algérie dans une crise profonde et durable.

→ La fin de l'exception tunisienne ?

À la différence de la Syrie, du Yémen ou de la Libye, la Tunisie n'a toutefois pas sombré dans la guerre civile après 2011. Le 13 octobre 2019, les Tunisiens ont élu à la présidence de la République un nouveau venu en politique, le professeur de droit constitutionnel Kaïs Saïed, écartant du pouvoir tant les islamistes d'Ennahdha que leurs rivaux libéraux de Nidaa Tounes, grâce au soutien de la jeunesse populaire des régions marginalisées du centre.

Au cours de l'année 2022, la dérive autoritaire du président Saïed se précise : dissolution du Parlement le 30 mars et nouvelle constitution approuvée par référendum en juillet, qui réduit les contre-pouvoirs. Ce nouveau régime présidentiel reste populaire, en dépit de ses atteintes à la liberté, médiatique notamment. Il se présente comme incontournable dans un contexte économique fragilisé par la Covid-19 (tourisme) et la guerre en Ukraine qui fait s'envoler l'inflation (énergies-aliments).

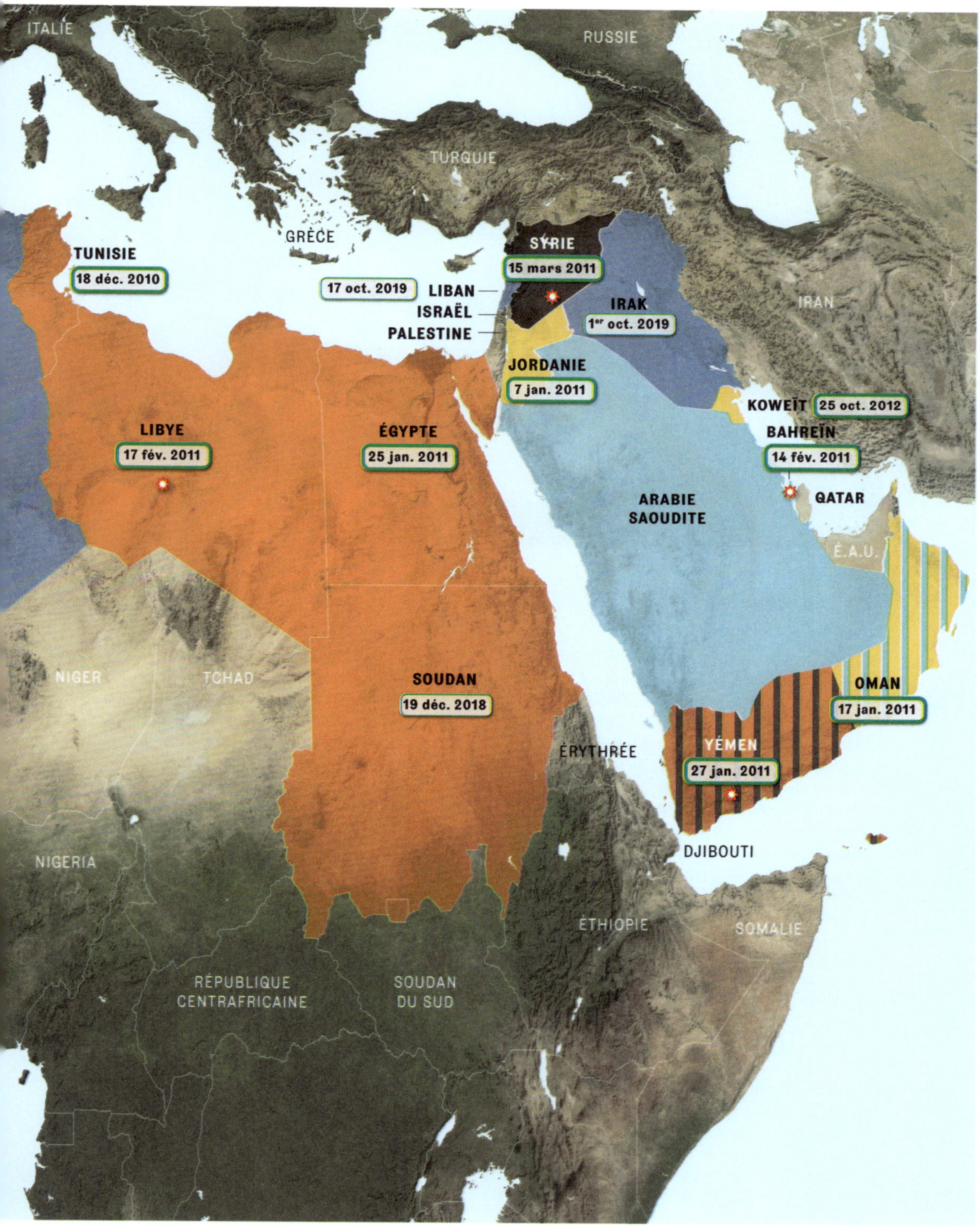
ITALIE
RUSSIE
TURQUIE
GRÈCE
TUNISIE
18 déc. 2010
SYRIE
15 mars 2011
17 oct. 2019
LIBAN
ISRAËL
PALESTINE
IRAK
1er oct. 2019
IRAN
JORDANIE
7 jan. 2011
KOWEÏT
25 oct. 2012
BAHREÏN
14 fév. 2011
LIBYE
17 fév. 2011
ÉGYPTE
25 jan. 2011
ARABIE
SAOUDITE
QATAR
É.A.U.
NIGER
TCHAD
SOUDAN
19 déc. 2018
OMAN
17 jan. 2011
ÉRYTHRÉE
YÉMEN
27 jan. 2011
DJIBOUTI
NIGERIA
ÉTHIOPIE
SOMALIE
RÉPUBLIQUE
CENTRAFRICAINE
SOUDAN
DU SUD

Destination 23

Addis-Abeba

Pour en finir avec la vieille image de l'Éthiopie affamée des années 1980, il faut aller à Addis-Abeba. La capitale éthiopienne compte aujourd'hui 5 millions d'habitants, abrite le siège de l'Union africaine et plus de cent ambassades et institutions internationales. Avant la crise de la Covid-19, les touristes du monde entier semblaient de plus en plus attirés par cette grande ville africaine pas comme les autres : on peut y visiter de nombreuses églises et admirer Lucy au Musée national de la ville, cette femme australopithèque de plus de trois millions d'années dont le squelette a été découvert dans les dépressions de l'Afar. La capitale éthiopienne est une ville qui valorise son passé légendaire, veut oublier le temps des famines et croit désormais en son avenir, qu'elle place principalement entre les mains des investisseurs chinois. Ce sont des entreprises chinoises qui ont financé, construit et qui gèrent aujourd'hui le métro inauguré en 2015, le premier d'Afrique subsaharienne. Addis-Abeba est la capitale d'un pays qui reprend des couleurs sous assistance chinoise et sous la houlette d'un nouvel homme fort, le Premier ministre Abiy Ahmed. En lançant des réformes et en signant un accord de paix avec l'Érythrée, ce dernier a suscité beaucoup d'espoirs (recevant même le prix Nobel de la paix en 2019), avant d'être rattrapé par la complexité de cette région du monde. Depuis novembre 2020, l'Éthiopie est de nouveau en guerre, avec la rébellion armée du Tigré, une région du nord du pays : le Front de libération du peuple du Tigré (FLPT) se bat contre le gouvernement d'Addis-Abeba, qu'il accuse de violations des droits de l'homme, de viols, de pillages et de possibles crimes de guerre. Le gouvernement éthiopien affirme de son côté que le FLPT a provoqué le conflit en attaquant les bases de l'armée au Tigré. Cette situation confuse en dit long sur les vieux démons d'un pays qui peine toujours à se pacifier. Une guerre qui, conjuguée aux effets de la Covid-19, pénalise un pays émergent prometteur, mais qui reste confronté à des défis importants : tensions ethniques, inégalités et dépendance vis-à-vis de la Chine.

Éthiopie : émergence économique, fractures ethniques

→ Le géant de l'Afrique de l'Est

L'Éthiopie se situe dans la Corne de l'Afrique ; ses voisins sont Djibouti, la Somalie, le Kenya, le Soudan du Sud, le Soudan et l'Érythrée, une ancienne province éthiopienne indépendante depuis 1993. L'Éthiopie a une superficie de plus de 1 127 000 kilomètres carrés, plus de deux fois la France, et compte environ 110 millions d'habitants, ce qui en fait le deuxième pays africain le plus peuplé après le Nigeria.

Le nom d'Éthiopie signifie en grec le « pays des visages brûlés », en raison de la peau noire de ses habitants. Il dériverait de « Habesha », mot sémitique ancien désignant les populations des hauts plateaux du massif éthiopien, qui a donné en français « Abyssinie », l'autre nom de l'Éthiopie.

→ Axoum et le mythe fondateur de la reine de Saba

La première forme d'organisation politique connue de l'Éthiopie remonterait au IIe siècle de notre ère, avec le royaume d'Axoum, nommé d'après sa capitale située dans la partie nord de l'actuelle Éthiopie (région du Tigré). Ce royaume, mentionné pour la première fois dans le récit d'un voyageur grec – le *Périple de la mer Érythrée* –, entretenait des relations commerciales avec l'Égypte et l'Empire romain au nord, mais surtout avec le pays de l'encens et de la myrrhe, de l'autre côté de la mer Rouge : l'Arabie du Sud (l'actuel Yémen). Ces échanges intenses entre les deux rives de la mer Rouge expliquent l'influence du judaïsme et de la mythique reine de Saba sur les traditions originelles de la monarchie éthiopienne.

La légitimité du pouvoir impérial éthiopien repose sur la légendaire rencontre de la reine et du roi Salomon à Jérusalem, qui aurait donné naissance à Ménélik, le premier roi de la dynastie salomonide (au Xe siècle avant J.-C.). Celle-ci régna sur l'Éthiopie pendant plusieurs millénaires, jusqu'au renversement du dernier empereur Hailé Sélassié par la junte militaire marxiste-léniniste en 1974. Les traditions issues de cette légende n'ont été écrites qu'au XIVe siècle, ses fondements restant par conséquent sujets à caution. Mythe ou réalité, la reine de Saba est mentionnée dans des récits bibliques et coraniques, mais rien ne prouve que le royaume de Saba se soit étendu au-delà de l'Arabie. Figure incontournable en Éthiopie, la reine de Saba atteste en tout cas d'attaches historiques anciennes entre l'Arabie du Sud et le plateau éthiopien.

Ses liens avec l'Empire romain ont aussi très tôt soumis le royaume d'Axoum à l'influence du christianisme. L'ancien empire revendique même d'être l'un des berceaux de la chrétienté. L'Éthiopie est évangélisée au début du IVe siècle et reste aujourd'hui majoritairement chrétienne. Au cours du XIXe siècle, c'est en raison de leur religion commune que les souverains chrétiens d'Éthiopie ont établi des relations privilégiées avec les États européens. Ils ont ainsi acquis des armes à feu, qui leur ont donné un avantage stratégique sur leurs adversaires, permettant au pays de ne pas être colonisé. Il finit tout de même par être occupé par l'Italie de Mussolini de 1935 à 1941, avant sa reconquête par les troupes franco-britanniques.

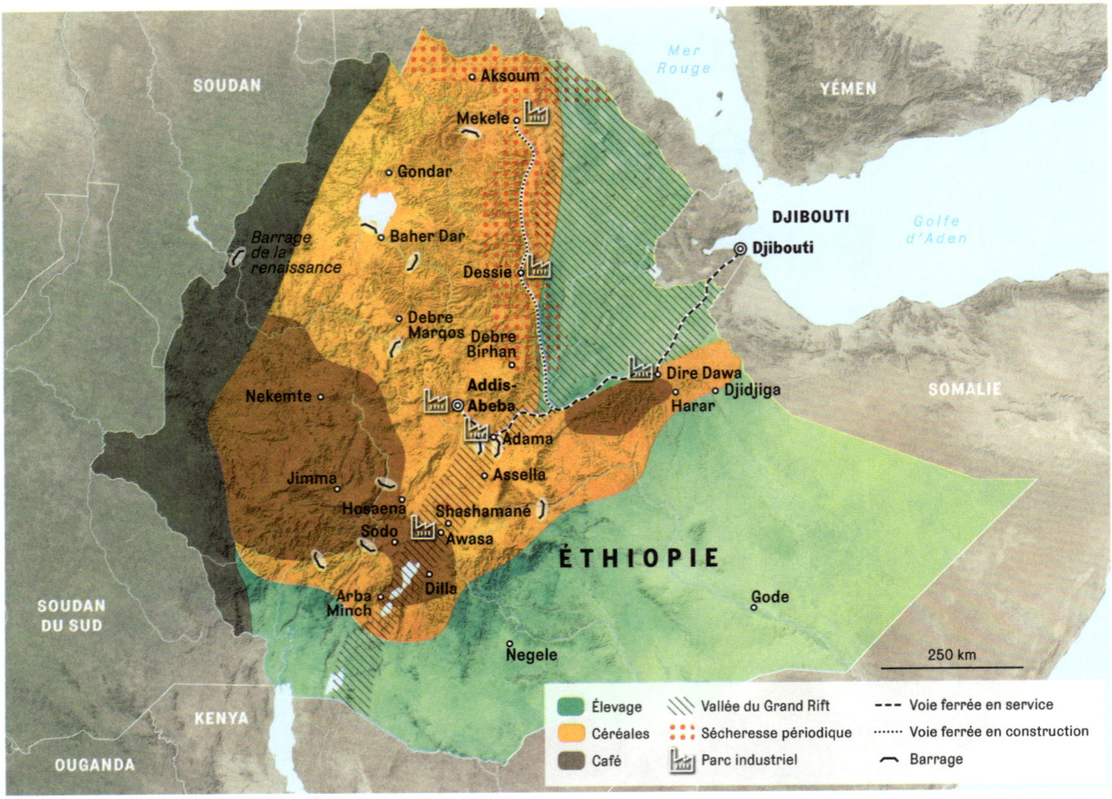

LE DYNAMISME ÉCONOMIQUE ÉTHIOPIEN

L'Éthiopie est un pays de montagnes et de hauts plateaux traversé par la faille tectonique du Grand Rift est-africain. Ces reliefs dotent le pays d'un climat tempéré favorisant une agriculture céréalière. Tandis que les plateaux du Sud abondamment arrosés sont dédiés au café, ceux du Nord connaissent des sécheresses périodiques et des famines dévastatrices comme en 1973 ou en 1984. Depuis les années 2000, le pays connaît une croissance économique portée par les investissements étrangers.

→ Hailé Sélassié, le dernier empereur

Couronné en 1930 « rois des rois » sous le nom de Hailé Sélassié Ier, Tafari Makonnen se lance, dès le lendemain de son investiture, dans un vaste programme de modernisation sociale et économique d'un pays encore largement féodal. Mais le succès de son entreprise est mitigé, notamment en matière de réformes agraires. Il promulgue des décrets pour abolir l'esclavage et inspire la rédaction de la première Constitution écrite du pays, octroyée en 1931 mais jamais appliquée. Durant son règne, les premières écoles, universités, le premier hôpital, la compagnie aérienne Ethiopian Airlines, la radio et la télévision ainsi qu'une armée moderne sont mis en chantier.

L'empereur Sélassié demeure toutefois une figure controversée dans son pays. Malgré une libéralisation du régime avec la nouvelle Constitution de 1955, le régime reste autoritaire et répressif : Hailé Sélassié concentre tous les pouvoirs et se montre incapable de porter secours aux victimes de la famine qui sévit alors dans le centre et le nord-ouest du pays en 1973-1974. Un reportage britannique le montre d'ailleurs en train de nourrir ses chiens avec tendresse au plus fort d'une famine qui fit plus de 200 000 victimes. Sa gestion catastrophique de la crise suscite un tel mécontentement populaire qu'il débouche sur une révolution soutenue par une junte militaire, qui le dépose le 12 septembre 1974. Dernier empereur du pays, il est l'une des figures majeures de l'Afrique du XXe siècle, tant par sa volonté de modernisation de l'Éthiopie au cours de son long règne de quarante-quatre ans, que par le rayonnement dont bénéficie alors le pays, autant au sein des nations africaines que sur la scène internationale.

→ Une nation garante de la paix et de la sécurité dans la région

Hailé Sélassié mène une politique étrangère particulièrement active. C'est à son initiative qu'est créée en 1963 l'Organisation de l'unité africaine (l'actuelle Union africaine), dont Addis-Abeba héberge le siège. En 1950,

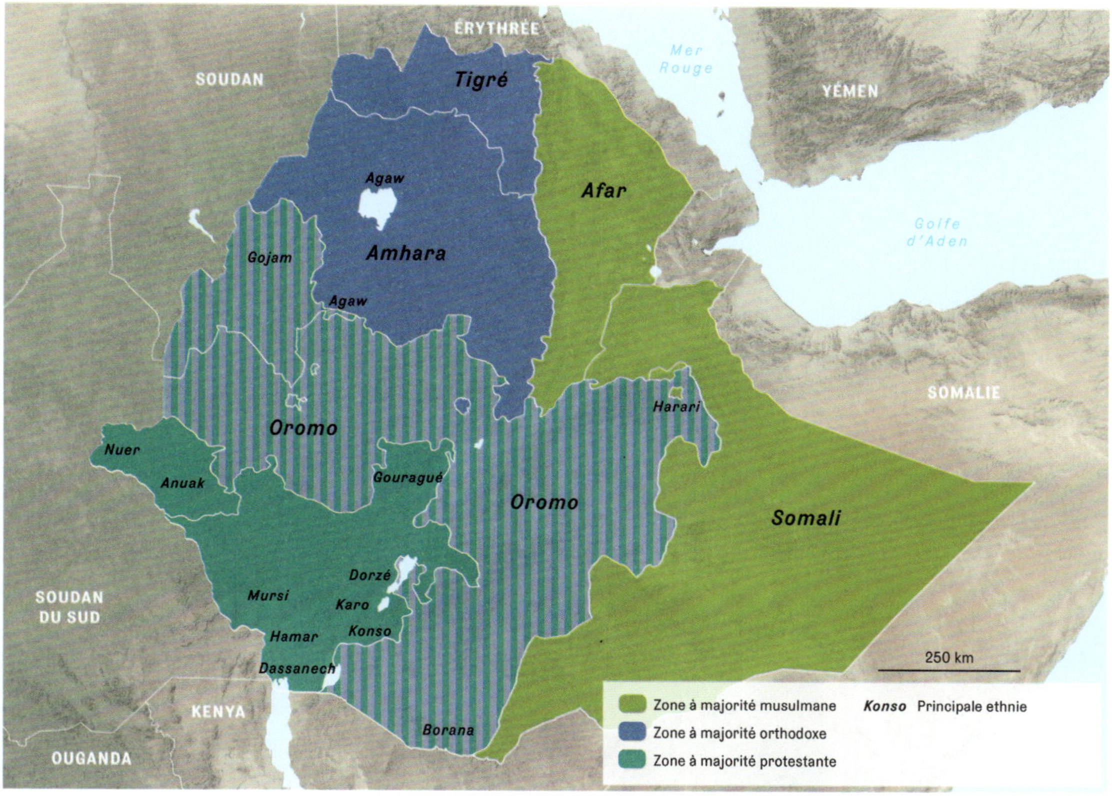

pendant la guerre de Corée, l'Éthiopie participe déjà à des opérations de maintien de la paix de l'ONU, puis de l'Union africaine. Elle fournit aujourd'hui des contingents en Somalie ou au Soudan. Elle joue aussi un rôle de rempart contre le djihadisme en Afrique de l'Est. Elle est devenue une terre d'accueil pour quelque 730 000 réfugiés des différents conflits régionaux (Somalie, Érythrée, Soudan et Sud-Soudan).

→ La parenthèse communiste

Avec le renversement de l'empereur Hailé Sélassié en 1974, le pays entre dans une nouvelle ère. La junte militaire au pouvoir, le Derg, est rapidement dirigée par Mengistu Haile Mariam. Son programme marxiste-léniniste est notamment basé sur la nationalisation de l'économie et la redistribution des terres. L'Union soviétique voit ce bouleversement d'un œil favorable. Elle espère que l'Éthiopie lui servira d'alliée géostratégique pour la navigation au large de la Corne de l'Afrique mais aussi de porte d'entrée pour étendre sa sphère d'influence sur le continent africain.

La consolidation du pouvoir de Mengistu sur l'Éthiopie est surnommée la « Terreur rouge ». La réforme agraire, en particulier, exacerbe les tensions avec la population éthiopienne. Celle-ci accepte mal une rhétorique communiste qui rompt avec des traditions religieuses très ancrées dans l'Histoire. Des dizaines de milliers de personnes sont tuées, accusées d'être contre-révolutionnaires, et l'extrême pauvreté s'étend. De plus, l'Éthiopie doit affronter la lutte des régions dissidentes. C'est le cas dans la région d'Ogaden, au sud-est du pays, que la Somalie menace d'envahir (guerre en 1977-1978). Dans le nord, une guérilla se développe, réclamant l'indépendance de l'Érythrée. La répression de l'armée éthiopienne est sanglante, grâce à l'aide cubaine et soviétique.

Les années 1980 sont marquées par une effroyable famine (1984-1985) et l'extension de la guérilla à la région du Tigré voisine. Une initiative commune, le Front démocratique révolutionnaire du peuple éthiopien (FDRPE),

LE FÉDÉRALISME ETHNIQUE

En raison de la diversité ethnique et religieuse du pays, l'Éthiopie est depuis 1995 une fédération d'États dont les frontières sont tracées sur des bases ethnolinguistiques. Aujourd'hui, environ 60 % de la population est chrétienne et une large majorité adhère à l'Église éthiopienne orthodoxe. Les minorités, dont les 33 % de musulmans éthiopiens, peinent à se faire entendre, contribuant à des confrontations régulières entre les deux communautés.

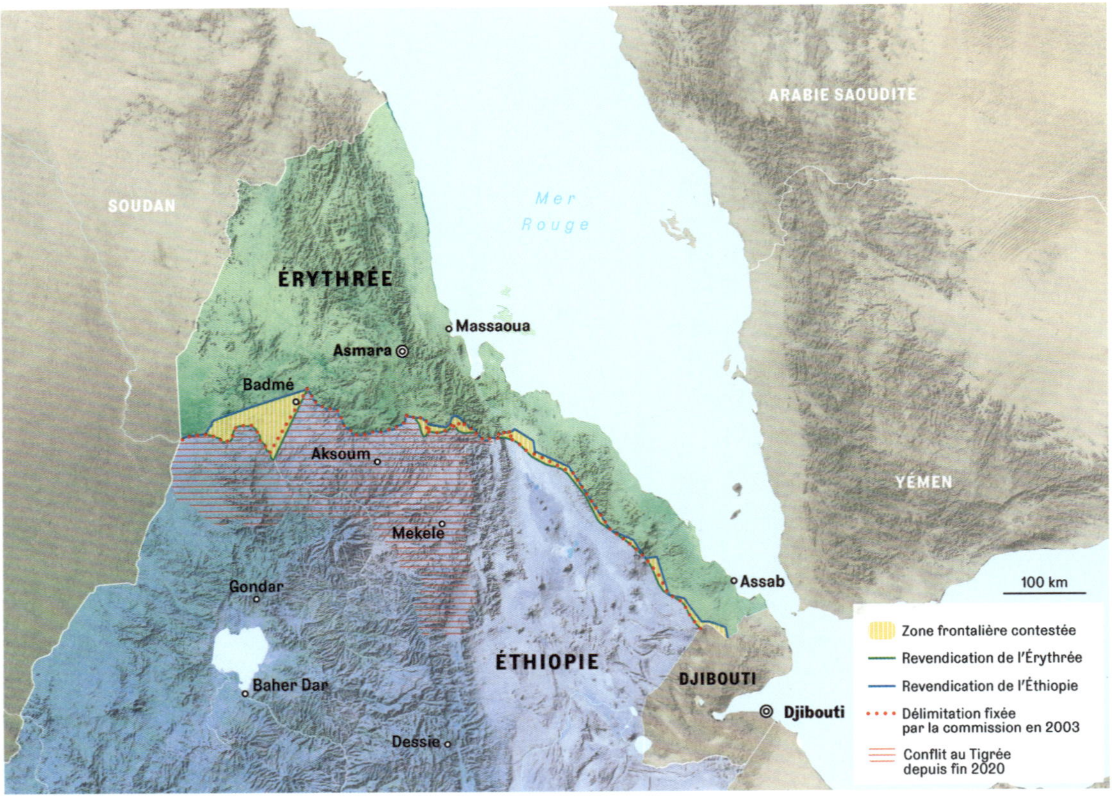

DE L'ÉRYTHRÉE AU TIGRÉ : D'UN CONFLIT À L'AUTRE

En 1945, lors du démantèlement de l'empire colonial italien, l'ONU statue en faveur de la « réunification » de l'Érythrée avec l'Éthiopie. Mais cet accord ne tient pas compte de la volonté d'autonomie des populations. Un mouvement séparatiste déclenche une rébellion et en 1993, après trente ans de guerre, l'Érythrée devient indépendante. La fixation de la frontière engendre alors de nouvelles tensions et le conflit ne sera réglé qu'en 2018.

est fondée en 1989. Le FDRPE prend le contrôle d'Addis-Abeba en mai 1991 alors que le régime de Mengistu touche à sa fin, lâché par l'URSS de Gorbatchev, en pleine recomposition. En 2006, Mengistu est reconnu coupable de génocide durant la « Terreur rouge ».

→ Des identités explosives

En 1992, le FDRPE remporte les premières élections multipartites de l'histoire du pays et porte au pouvoir son leader, Meles Zenawi. Devenu Premier ministre, ce réformateur gouverne d'une main de fer le pays pendant vingt ans. Le FDRPE est en fait dirigé par les Tigréens du Front de libération du peuple du Tigré (FLPT), et réunit quatre autres mouvements à base ethnique : oromo, amhara et les peuples du sud de l'Éthiopie. En 1995, Meles Zenawi instaure le fédéralisme ethnique afin de juguler les rivalités et tensions entre les différentes composantes de la population. L'Éthiopie est dès lors divisée en neuf régions établies sur des bases ethniques, disposant d'une large autonomie, jusqu'au droit de sécession.

→ Réformes et croissance économique du « Lion éthiopien »

Le 18 avril 2018, c'est un Oromo, l'actuel Premier ministre Abiy Ahmed, qui accède à la tête de l'État. Avec lui, le pays poursuit les réformes engagées et affiche un taux de croissance record pour la région et parmi les plus élevés au monde : 8,4 % au cours de la décennie 2000 et 9,7 % entre 2010 et 2018, alors que la croissance moyenne du pays atteignait 2,5 % au cours de la décennie 1990. Mais cette expansion rapide de l'activité n'a pas conduit à une élévation du niveau de vie : le PIB par tête reste faible (autour de 900 dollars américains en 2018) et l'inflation se maintient à un haut niveau, constituant un risque croissant pour la stabilité macroéconomique de l'Éthiopie.

Ces taux de croissance performants sont dus à une politique d'investissements gouvernementaux et d'investissements étrangers – notamment chinois, indiens et turcs – favorisés par des incitations fiscales. Ils profitent aux nouvelles infrastructures dans le transport, l'énergie ou encore le développement urbain, en particulier à Addis-Abeba, la capitale. La modernisation du pays est en marche. La plupart des capitales des neuf régions éthiopiennes connaissent aujourd'hui une croissance urbaine accélérée. De nouvelles voies ferrées et des parcs industriels ont été créés dans plusieurs régions du pays. Addis-Abeba est également devenu un hub aérien de premier plan, reliant les pays d'Afrique subsaharienne au reste du monde. Ce service est assuré par la flotte de la compagnie Ethiopian Airlines, qui ne cesse d'accroître son réseau tandis que l'aéroport de Bolé, aujourd'hui saturé, est en cours d'extension.

L'enseignement supérieur fait également l'objet d'un investissement public important, avec la création de plus d'une quarantaine d'universités depuis une dizaine d'années. Sur le plan agricole, le gouvernement éthiopien a initié en 2008 un programme de cession de terres aux investisseurs étrangers (coréens, saoudiens, indiens, chinois). Mais ces programmes de développement se font souvent au détriment de l'agriculture vivrière et des agriculteurs éthiopiens expulsés de ces terres. Les résultats de cette politique agricole tardent à se faire sentir et elle menace même la sécurité alimentaire du pays.

L'Éthiopie s'est aussi lancée dans le développement de grands barrages hydroélectriques. Le plus connu est le barrage de la Renaissance éthiopienne, en construction depuis 2011 sur le Nil bleu. Souvent désignée comme le château d'eau de l'Afrique, l'Éthiopie contrôle 86 % des eaux du Nil. Mais ce gigantesque chantier, qui réduit le débit du fleuve en aval, provoque des tensions avec les pays riverains – l'Égypte et le Soudan –, qui avaient jusqu'à présent la main sur la question du Nil.

Enfin, l'Éthiopie se positionne aussi comme défenseur du développement durable avec un objectif extrêmement ambitieux de réduction de 64 % de ses émissions de gaz à effet de serre d'ici 2030.

La relative réussite économique a provoqué un déficit budgétaire qui s'est légèrement creusé depuis 2018, et le pays connaît, selon le FMI, un risque de surendettement élevé. Les créanciers de l'Éthiopie sont le plus souvent chinois. Pékin investit massivement dans l'économie du deuxième pays le plus peuplé d'Afrique si bien qu'Addis-Abeba lui aurait emprunté plus de 12 milliards de dollars depuis 2000. Un chiffre qui ferait de l'Éthiopie le deuxième plus gros destinataire de prêts chinois vers l'Afrique, après l'Angola.

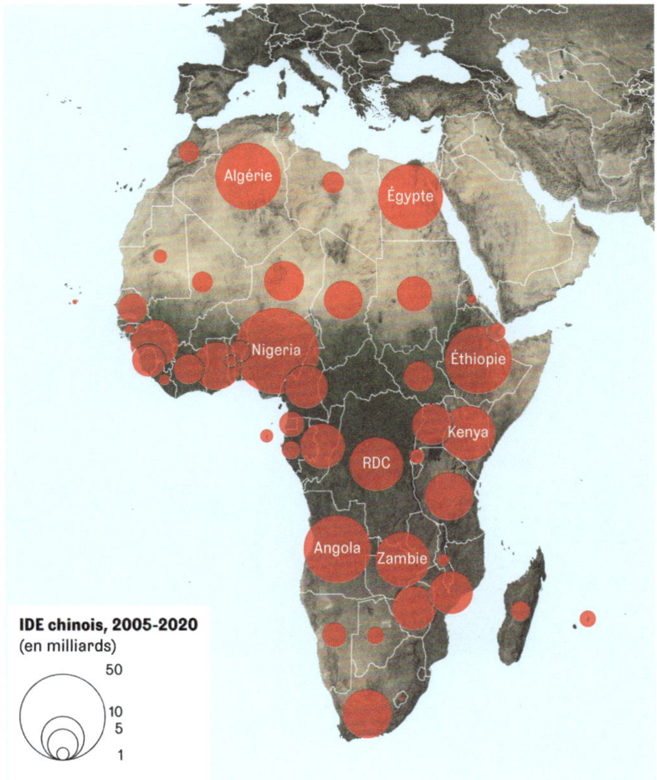

→ Le retour de la guerre

Quant à la situation politique, le Premier ministre Abiy Ahmed a d'abord joui d'une excellente réputation internationale. Ses réformes économiques et la stabilité retrouvée du pays, grâce aux accords frontaliers conclus avec l'Érythrée, lui ont valu de recevoir en décembre 2019 le prix Nobel de la paix. Mais depuis la fin 2020, le conflit qui oppose le gouvernement fédéral d'Abiy Ahmed aux forces tigréennes replonge le pays dans des tensions interethniques déstabilisatrices. Ainsi, l'économie s'est ralentie en 2021, affichant une croissance de 5,6 % contre 9 % en 2019. Cette fragilisation est amplifiée par des sècheresses qui menacent la sécurité alimentaire. Autant de défis à relever par le pouvoir en place s'il veut redevenir le symbole d'une Afrique qui s'en sort.

LA CHINAFRIQUE

Depuis 2009, la République populaire de Chine est le premier partenaire de l'Afrique. C'est pour répondre à ses besoins en énergie et en matières premières que Pékin s'est rapproché de l'Afrique dans les années 1990. La Chine finance aussi des infrastructures, des stades aux aéroports, et elle en profite pour vendre aux Africains des biens de consommation et d'équipement très bon marché. Les échanges commerciaux Chine-Afrique sont ainsi passés de 10 milliards de dollars en 2002 à 170 milliards en 2017.

Destination 24

Tombouctou

L'histoire de Tombouctou est riche et fascinante. Ancienne cité marchande prospère, Tombouctou a été un grand centre intellectuel de l'islam. Aux XVe et XVIe siècles, cette ville située aux portes du Sahara jouissait d'un rayonnement culturel et spirituel important. En 1988, Tombouctou a été inscrite au patrimoine mondial de l'Unesco pour protéger les manuscrits et les mausolées ancestraux de la ville. Nous sommes ici dans le Mali situé au nord du fleuve Niger, une région à majorité touareg qui se vit comme différente du Sud. Ce Nord malien, jadis prospère, est aujourd'hui menacé par le djihadisme. À Tombouctou, en juin 2012, des djihadistes démolissent une partie de ce patrimoine culturel inestimable, prenant le contrôle de la quasi-totalité du Nord-Mali. Ils coupent ainsi *de facto* le pays en deux, menaçant de progresser vers le sud et Bamako, la capitale. Ils sont repoussés en janvier 2013 par les armées française et malienne. Depuis, les attaques revendiquées par des groupes djihadistes (tels Boko Haram et les Chebab) se multiplient au Mali et dans toute la région. Et ce, en dépit de l'opération Barkhane (depuis août 2014) et de la coopération régionale instituée par le G5 Sahel (février 2014). En février 2022, la France et ses alliés actent leur départ du Mali, estimant que les conditions politiques, opérationnelles et juridiques ne sont plus réunies pour continuer les opérations Barkhane (France) et Takuba (quatorze pays européens). C'est un changement d'ère important qui s'opère dans une région marquée par de nouvelles influences étrangères, dont celle de la Russie (milices Wagner), proche du pouvoir militaire malien. La diplomatie française considère qu'elle « ne peut rester engagée aux côtés d'autorités de fait » dont elle « ne partage ni la stratégie ni les objectifs cachés ».

Pouvoir politique instable (deux coups d'État en moins d'un an), divisions ethniques sud/nord, menaces djihadistes et pauvreté endémique, le Mali est plus que jamais un cas d'école des maux du Sahel. Mali (août 2020 et mai 2021), Guinée Conakry (septembre 2021), Burkina Faso (janvier 2022)... en moins de deux ans, quatre présidents ouest-africains ont été renversés par des militaires. En février 2022, une tentative de coup d'État se solde par un échec en Guinée-Bissau. Des événements qui font reculer d'autant la démocratie sur le continent africain.

Mali : les maux du Sahel

→ Un pays dans l'ensemble sahélien

Situé en Afrique de l'Ouest, le Mali est l'un des plus grands pays du Sahel. Ce mot signifie « le rivage » en arabe : il s'agit d'une frange semi-aride qui borde le désert du Sahara, au nord, et s'étend jusqu'à la zone forestière, au sud. Il s'étire d'ouest en est sur 5 500 kilomètres et sur 500 kilomètres environ du nord au sud.

Totalement enclavé, le Mali partage ses frontières avec de nombreux pays ouest-africains : la Mauritanie, le Sénégal, la Guinée, la Côte d'Ivoire, le Burkina Faso, le Niger et, au nord, l'Algérie. Avec 1,2 million de kilomètres carrés, le territoire malien est grand comme deux fois la France mais il ne compte que 19 millions d'habitants. Une soixante d'ethnies cohabitent dans le pays, majoritairement des Bambaras, des Sénoufos, des Songhaïs, des Soninkés, des Dogons, des Peuls dans le sud du pays, des Maures et des Touaregs dans la partie nord. La population est musulmane à 95 %.

→ De l'Empire malien à la colonisation

La situation géographique du pays à la lisière du Sahara a longtemps été un atout. À partir du VIIe siècle, les villes de Tombouctou, Gao ou Djenné contrôlent en effet les routes caravanières reliant l'Afrique du Nord au reste du continent. Leur prospérité se fonde sur le commerce des esclaves, de l'or et du sel. On assiste alors à l'émergence de puissants empires qui, au Moyen Âge, rivalisent avec l'Europe par leur richesse et leur culture. Du XIIIe au XVe siècle, le richissime empire du Mali s'étend ainsi du sud du Sahara à la côte atlantique. Cet âge d'or prend fin lorsque les grandes routes du commerce mondial se déplacent vers les Amériques.

En 1895, le territoire malien devient la colonie française du Haut-Sénégal-Niger, au sein de l'Afrique-Occidentale française, avant d'être rebaptisée Soudan français en 1920. Les Français y développent les cultures irriguées du coton, dont les productions sont exportées vers la métropole, mais bâtissent peu d'infrastructures. Quand le pays acquiert son indépendance en 1960, il est l'un des plus pauvres d'Afrique. En outre, les Touaregs du Nord refusent l'autorité de Bamako et mènent une rébellion indépendantiste jusqu'à l'ouverture de négociations en 1992.

→ Le Mali depuis l'indépendance

De l'indépendance à 1991, année qui verra les débuts d'un pluralisme politique, le Mali a vécu sous deux régimes autoritaires : l'un de type socialiste (1960-1968), sous la direction de Modibo Keita, père de l'indépendance. L'autre de type militaire, quand Moussa Traoré prend le pouvoir, avant que celui-ci ne soit renversé en 1991. Le Mali accède alors, enfin, à la démocratie, avec l'élection d'Alpha Oumar Konaré en 1992.

Mais selon Issa N'Diaye, ancien ministre malien de la Culture et de l'Éducation (1991-1993), aujourd'hui professeur de philosophie à l'université de Bamako, « les séquelles de la dictature sont toujours visibles dans les institutions et le système de valeurs. Héritage de cette époque, la médiocrité l'emporte souvent sur la compétence et le mérite. La corruption est devenue la norme ». Selon lui, il plane aujourd'hui sur le Mali un désordre généralisé qui instille dans les esprits un besoin de pouvoir fort, un appel à un « modèle Kagame » (le président du Rwanda) pour redresser le pays. Les Maliens ont l'amer sentiment que les libertés démocratiques acquises il y a vingt-neuf ans ne veulent plus rien dire et qu'elles ne nourrissent personne, dans un contexte d'insécurité terroriste maximale.

→ Le fléau d'AQMI

Depuis le milieu des années 2000, la zone sahélo-saharienne est devenue le terrain de

LES DEUX MALI

Semi-désertique, le nord du Mali abrite une population avant tout nomade : des pasteurs arabo-berbères dont les plus connus sont les Touaregs. Leur zone de peuplement et de nomadisme dépasse largement les frontières étatiques maliennes. La moitié sud du pays est quant à elle appelée le « Mali vert ». Bénéficiant de la présence du fleuve Niger, elle est une importante zone agricole où vit la grande majorité de la population malienne et où domine la culture des céréales, du coton et de l'arachide.

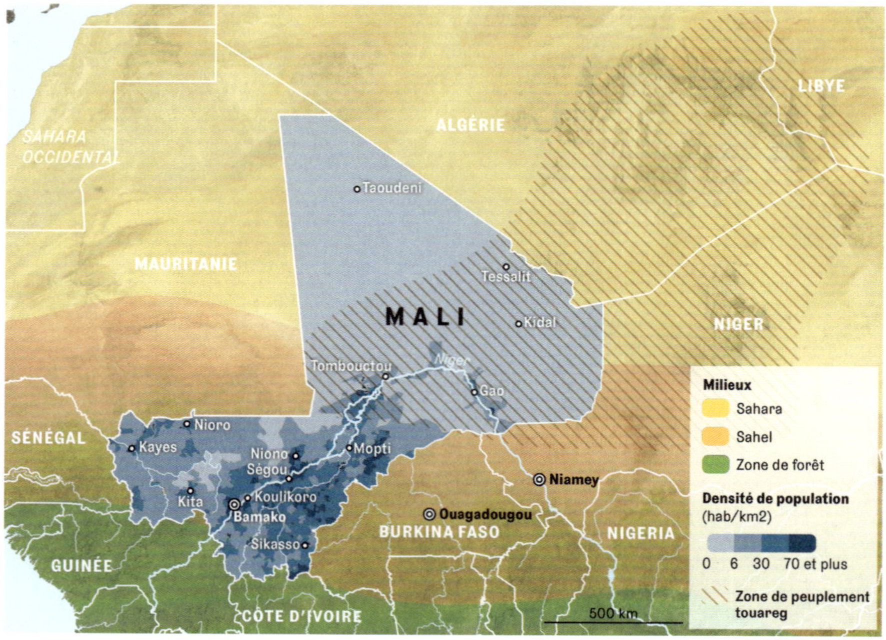

manœuvres de différents groupes rebelles touaregs et tchadiens. On y trouve également de nombreux mouvements islamistes, dont Al-Qaïda au Maghreb islamique, connu sous l'acronyme d'AQMI, qui établit son fief dans la région de Kidal, dans le nord-est du Mali, à la frontière avec l'Algérie. Ses combattants sont notamment des islamistes algériens ayant été chassés de leur pays après la longue et sanglante guerre civile des années 1990. Ces groupes profitent de la porosité des frontières, de divers trafics et des importants flux d'armements en provenance de la Libye depuis la chute du régime de Kadhafi.

À partir de ce sanctuaire malien, AQMI étend son rayon d'action du sud de l'Algérie à la Mauritanie et au Niger. Il apporte son soutien aux mouvements sécessionnistes touaregs, donnant naissance à un djihadisme spécifiquement malien au nord du pays : dans la région de Gao, avec Ansar Dine (les « partisans de la religion »), un groupe dirigé par un puissant chef touareg, Iyad Ag Ghali, autour de Kidal. On peut également citer le Mouvement pour l'unicité et le jihad en Afrique de l'Ouest (MUJAO), dominé, lui, par des Peuls.

Tous ces djihadistes financent leurs activités grâce aux multiples trafics qu'ils contrôlent dans la région (armes, cigarettes, migrants, drogues et prises d'otages). Par ailleurs, ils recrutent sans peine parmi une population très jeune et fortement touchée par le chômage. Le Mali fait partie des pays les moins développés au monde, classé en 2019 au 184e rang mondial sur 189 pour son indice de développement humain (IDH). Face à une situation économique très instable et à la défaillance de l'État central, une partie de la population malienne se rallie au discours religieux contestataire.

→ L'assaut djihadiste

En 2011, la chute du colonel Kadhafi et l'effondrement de la Libye provoquent l'étincelle qui met le feu à la poudrière malienne. Les armes affluent vers le nord du pays, renforçant les groupes djihadistes. Les rebelles touaregs du Mouvement national de l'Azawad (MNLA) profitent du désordre pour reprendre le combat. Début 2012, les islamistes radicaux et les combattants touaregs du MNLA font alliance. À la faveur des troubles politiques à Bamako et du renversement du président Amadou Toumani Touré par un coup d'État militaire, ils occupent en quelques semaines les principales villes du nord du Mali, dont Gao et Tombouctou. C'est là que des fanatiques détruisent une vingtaine de mausolées de saints musulmans vieux de plus de sept cents ans.

L'armée malienne est vite dépassée. Le Mali se retrouve coupé en deux, la partie nord du pays est contrôlée par les islamistes de l'Azawad et échappe alors à l'autorité de l'État malien. En janvier 2013, des pick-up chargés de djihadistes franchissent la ligne de front pour se saisir de la ville de Konna. Ils menacent désormais de descendre sur Bamako et de prendre le pouvoir au Mali.

→ L'intervention de la France

À l'appel des autorités maliennes, la France se décide alors à intervenir après avoir obtenu un mandat de l'ONU. L'opération Serval permet de stopper l'avancée des combattants islamistes qui sont progressivement chassés des villes du nord du Mali.

À partir d'août 2014, la mission Serval est remplacée par la force antiterroriste Barkhane. Avec 4 500 soldats, c'est alors la plus importante mission militaire de la France à l'étranger. À ces forces françaises viennent s'adjoindre environ 13 000 casques bleus de la mission des Nations unies, la MINUSMA, ainsi que des troupes de cinq pays africains. En février 2014, les chefs d'État du Mali, du Niger, de la Mauritanie, du Burkina Faso et du Tchad ont en effet fondé le G5 Sahel, une organisation dont l'objectif est de promouvoir la coordination entre ces pays sur les questions de sécurité et de développement. En 2017, le G5 Sahel se dote même d'une force militaire commune pour lutter contre le terrorisme, le crime organisé transfrontalier et le trafic d'êtres humains.

Cet imposant déploiement militaire et la signature de l'accord d'Alger avec la rébellion touareg en 2015 n'ont pourtant pas ramené la paix aux habitants du Mali qui continuent de subir des violences de tous ordres.

→ Violences intercommunautaires

Dans le centre du Mali, la violence djihadiste a entraîné par ricochet d'autres conflits. Face à l'incapacité de l'armée malienne à défendre les villages et au recul de l'État, des milices d'autodéfense communautaires ont pris les armes. Cela a déclenché un engrenage de massacres et de représailles entre les cultivateurs dogons et les éleveurs peuls. Ces conflits entre communautés interviennent dans un contexte de réchauffement climatique et de pression démographique, ce qui aggrave la compétition pour les terres et pour l'eau, des ressources de plus en plus rares dans un pays de plus en plus peuplé.

En outre, la contagion du djihad s'est étendue autour de la région « des trois frontières » (à cheval entre le Mali, le Niger et le Burkina Faso). Ainsi, le Burkina Faso et l'ouest du Niger sont désormais la cible régulière d'attaques terroristes. Pour contrer l'ennemi commun incarné par l'armée française, la nébuleuse djihadiste s'est unifiée. Les groupes de combattants sont aujourd'hui affiliés à Al-Qaïda (Groupe de soutien à l'islam et aux musulmans, JNIM) ou à Daech (État islamique au Grand Sahara, EIGS) et ils sèment la terreur dans les zones qu'ils contrôlent. La France déplore d'ailleurs de nombreuses pertes sur le terrain ; elle réfléchit à réorienter sa mission pour éviter l'enlisement.

Enfin, le sentiment d'insécurité, conjugué aux difficultés économiques persistantes que l'épidémie de Covid-19 aggrave, a conduit au coup d'État militaire contre le président Ibrahim Boubacar Keïta le 18 août 2020. En 2018, sa réélection avait déjà été remise en cause par l'opposition, mais c'est son refus de reporter les législatives d'avril 2020 qui a suscité une vague de contestation populaire appelant à sa démission. Le pays faisait alors face à un contexte sécuritaire particulièrement trouble dans plusieurs régions, et le chef de file de l'opposition venait d'être enlevé. Un coup d'État secoue de nouveau le pays fin mai 2021, conduisant aux départs des opérations Barkhane (France) et Takuba (quatorze pays européens).

→ La lutte contre le djihadisme, un défi global au Sahel

Le djihadisme au Sahel s'est enraciné dans la pauvreté et les luttes pour le pouvoir. Des réponses purement militaires ne sauraient donc suffire.

L'urgence est de créer des emplois car c'est l'absence d'horizon qui conduira les jeunes Sahéliens, faute d'alternative, à rejoindre en masse, comme le font les jeunes Afghans, les groupes djihadistes qui offrent des salaires attractifs et les seules perspectives d'ascension sociale. Il est aussi nécessaire de lancer d'ambitieux programmes de développement rural, ainsi que d'autres permettant de maîtriser la fécondité – qui est de l'ordre de 7,5 enfants par femme au Sahel – pour la ramener progressivement aux taux du Maghreb qui sont inférieurs à 2,5. Enfin, il faut consolider les appareils régaliens de ces pays sahéliens : armée, gendarmerie, police, justice, administration territoriale. Seule une organisation solide de l'État, avec des relais locaux, remis à niveau, est susceptible de stabiliser ces pays.

L'Afrique en proie au djihadisme ?

Le Sahel est devenu au cours de la dernière décennie la zone la plus conflictuelle du continent africain, gangrenée par le phénomène djihadiste. En 2021-2022, les États côtiers d'Afrique de l'Ouest sont touchés de plein fouet par le terrorisme : Bénin, Togo, Niger, Côte d'Ivoire et Burkina Faso… Le Nigeria et la Somalie sont eux aussi en proie à des mouvements islamistes nés sur le terreau de la misère ; et c'est aussi le cas du Mozambique, avec la prise d'assaut djihadiste de la province de Cabo Delgado.
À l'extrême nord-est du Nigeria et tout autour du lac Tchad, Boko Haram s'est implanté au sein d'une des régions les plus déshéritées et délaissées du pays, dans un contexte de corruption généralisée et de brutalité militaire. Fondé au cours des années 1990, ce groupe islamiste proche du salafisme cherche à faire appliquer la charia et s'attaque avant tout aux musulmans qui ne la respectent pas à la lettre. *Boko* signifie « l'école » – ici synonyme d'éducation occidentale d'inspiration coloniale – et *haram* signifie « illicite », ce qui montre le rejet de tout ce qui n'a pas trait à l'islam, dans un pays divisé religieusement entre un Nord à majorité musulmane et un Sud chrétien mais aussi animiste. L'organisation islamiste s'est rattachée en 2015 à Daech pour se donner une légitimité djihadiste et pour affronter la répression que lui fait subir le gouvernement fédéral du Nigeria.
Il a également fait de la terreur son mot d'ordre en multipliant les enlèvements de populations civiles et les attentats contre les forces de l'ordre. Son champ d'action s'étend désormais aux pays voisins (Cameroun et Tchad).
Au sud de la Somalie, pays en guerre depuis la chute de Siyaad Barre en 1991 et l'un des territoires les plus pauvres de la planète, ce sont les milices Chebab qui combattent pour prendre le pouvoir à Mogadiscio. Les Chebab prônent un islam particulièrement rigoriste et cherchent à empêcher l'instauration d'un État démocratique en Somalie sur le modèle occidental. Ils mènent des attentats réguliers contre l'armée somalienne depuis qu'ils ont été chassés de Mogadiscio en 2011 par la force de l'Union africaine en Somalie (AMISOM) et fragilisent le faible gouvernement somalien.
Ces milices ont prêté allégeance à Al-Qaïda en 2012, avant de se scinder entre les nationalistes et les partisans d'une révolution islamique mondiale. Ces derniers ont ainsi perpétré des attentats meurtriers dans les pays voisins – au Kenya en 2013, 2015 et 2020, à Djibouti en 2014 – et menacent la précaire stabilité régionale.

ISRAËL
ÉGYPTE
LIBYE
ARABIE SAOUDITE
É.A.U.
Suakin
SOUDAN
Faya
NIGER
TCHAD
ÉRYTHRÉE
YÉMEN
Abéché
Assab
N'Djamena
DJIBOUTI
BOKO
HARAM
ÉTHIOPIE
IGERIA
SOUDAN
DU SUD
RÉP. CENTRAFRICAINE
CAMEROUN
SOMALIE
CHEBAB
OUGANDA
Kampala
KENYA
GABON
CONGO
RDC
Nairobi

VI. DU MONDE D'AVANT

AU MONDE D'APRÈS

Avec la pandémie de la Covid-19, l'être humain du XXIe siècle s'est souvenu qu'il n'était pas invulnérable, comme avant lui les générations qui ont connu peste, choléra et grippe espagnole. Par ailleurs, le virus a agi comme un accélérateur de tendances déjà en germe dans le « monde d'avant ».

Dans le domaine des transports, le confinement planétaire a rendu possible le rêve de Greta Thunberg : un monde sans avion. Le rail, lui, poursuit son retour en grâce, pièce maîtresse dans la stratégie chinoise des routes de la soie, il est sans doute promis à un bel avenir dans le « monde d'après ».

Dans le secteur du numérique, les écrans ont envahi nos vies professionnelles, nos relations sociales « en présentiel » diminuent au profit du virtuel. Pendant ce temps, nos données personnelles se démultiplient sur la toile, rendant indispensables les dispositifs législatifs et les organismes de contrôle indépendants propres aux démocraties. Enfin, l'enjeu climatique s'impose comme préoccupation prioritaire chez les jeunes, dans les entreprises, les municipalités, chez les responsables politiques… Mais les changements de paradigmes demeurent trop lents tandis que le dérèglement climatique bouleverse déjà la vie de millions de personnes sur le globe.

Destination 25

Wuhan

C'est désormais l'une des villes les plus connues de Chine : Wuhan photographiée ici en mars 2020. Une ville industrielle, capitale de la province du Hubei, où les premiers cas de Covid-19 ont été enregistrés fin 2019, avant de contaminer le reste du monde. C'est ici que nous aurons vu pour la première fois des images de populations bouclées chez elles, surveillées étroitement par ces « comités de quartier » qui structurent en Chine la politique de surveillance généralisée. L'obsession du régime pour la stratégie zéro Covid entraîne de nouveaux reconfinements dont celui de Shanghai au printemps 2022, handicapant d'autant la reprise de l'économie mondiale.
La Covid-19 restera un moment de rupture du XXIe siècle ; de façon inédite, le monde s'est mis à l'arrêt : vie économique, sociale, culturelle sur pause, transports cloués au sol, frontières fermées... et gouvernances politiques mises à rude épreuve, confrontées à l'incertain, à la gestion des peurs et des défiances.
L'espèce humaine s'était certes déjà retrouvée impuissante face à un virus, mais c'est la première fois que l'on a choisi de privilégier la santé sur l'économie.
Enfin, qu'elle soit venue d'une chauve-souris, d'un pangolin, ou du laboratoire de virologie P4 de Wuhan, la Covid-19, comme presque tous les virus qui l'ont précédée, nous rappelle à la fois notre vulnérabilité mais aussi le pouvoir absolu de la science. Car début 2021, c'est la mise au point et la distribution d'un vaccin qui a permis, enfin, au monde d'espérer repartir, le virus laissant derrière lui un lourd bilan sanitaire, économique, social, politique...
La Covid-19 : un virus qui occupera désormais un chapitre important du grand livre de l'histoire des épidémies, lesquelles ont souvent en commun de provenir du monde animal et d'être finalement surmontées grâce à la science, non sans avoir au préalable perturbé profondément le fonctionnement des sociétés.
Dernier épisode, le 7 mai 2022 apparaît au Royaume-Uni l'épidémie dite de la variole du singe chez un individu de retour du Nigeria.

Épidémies : quand l'histoire se répète

→ La rougeole, première maladie transmise à l'homme

L'épidémie du coronavirus n'est pas la première épidémie que connaît le monde tant dans sa diffusion que dans son ampleur. Depuis que les êtres humains se sont sédentarisés, ils sont exposés à des maladies que leur proximité avec le monde animal a favorisées. Les archéologues ont identifié des traces laissant supposer que les toutes premières épidémies se sont produites, à partir du XIe siècle avant notre ère, dans le Croissant fertile, cet espace s'étendant de la Mésopotamie à la vallée du Nil, ainsi que dans la vallée du Gange, où sont nées les premières civilisations du monde. En développant l'agriculture et l'élevage par la domestication d'animaux jusqu'alors sauvages (poules, vaches, cochons...) et en construisant des cités, les hommes ont créé des conditions propices à la propagation d'agents infectieux, c'est-à-dire des micro-organismes, dont certains sont devenus pathogènes pour notre espèce. La rougeole est sans doute la plus ancienne des maladies mortelles et contagieuses transmises à l'homme lors de la domestication des bovins à la fin du mésolithique, près de 6 500 ans avant notre ère.

→ Quand la variole se diffuse au monde

La première épidémie à l'échelle mondiale, une pandémie donc, est celle de la variole, attestée au IVe siècle de notre ère en Chine. Elle atteint l'Inde et le pourtour méditerranéen au VIIe siècle, avant de se diffuser avec les armées musulmanes jusqu'à la péninsule ibérique et, de là, à la France. Aux XIe et XIIe siècles, le virus suit les croisés dans leurs allers-retours entre le Levant et l'Europe de l'Ouest et du Nord. Mais cette maladie caractérisée par des fièvres éruptives s'est longtemps dissimulée sous d'autres noms. La peste antonine qui a causé entre 5 et 10 millions de morts dans l'Empire romain entre 165 et 180 était en fait une épidémie de variole qui serait venue, selon les historiens, de Chine par les routes de la soie via la Mésopotamie.

Au XVIe siècle, ayant conquis toute l'Europe, la variole embarque vers le Nouveau Monde avec les marins espagnols et portugais. Avec la rougeole, entre autres, cette maladie décime les peuples amérindiens. Plus de 50 millions d'autochtones, 90 % de la population, meurent de ces maladies importées. La variole fut finalement une arme bien plus redoutable pour le conquistador Cortés que son armée et ses arquebuses pour conquérir l'Empire aztèque. Fait peu connu, les Européens importeront d'Amérique la syphilis, qui n'existait pas alors en Europe !

Les épidémies se diffusent non seulement par la guerre et la conquête, mais aussi et surtout par les échanges commerciaux et l'urbanisation, c'est-à-dire la circulation et la densité des populations. C'est le cas notamment de la peste.

→ Le fléau de la peste et du choléra

En raison de sa mortalité et de ses conséquences durables, la grande peste noire qui ravage l'Europe au Moyen Âge, entre 1347 et 1352, habite encore nos inconscients collectifs. Originaire d'Asie, probablement de la région du lac Baïkal, de la basse vallée de la Volga ou du Kurdistan, le bacille de la peste se loge sur les puces du rat noir qui grouille alors dans les villes. Sa propagation a été favorisée par la domination mongole sur l'Asie. Leur empire, qui couvre alors presque

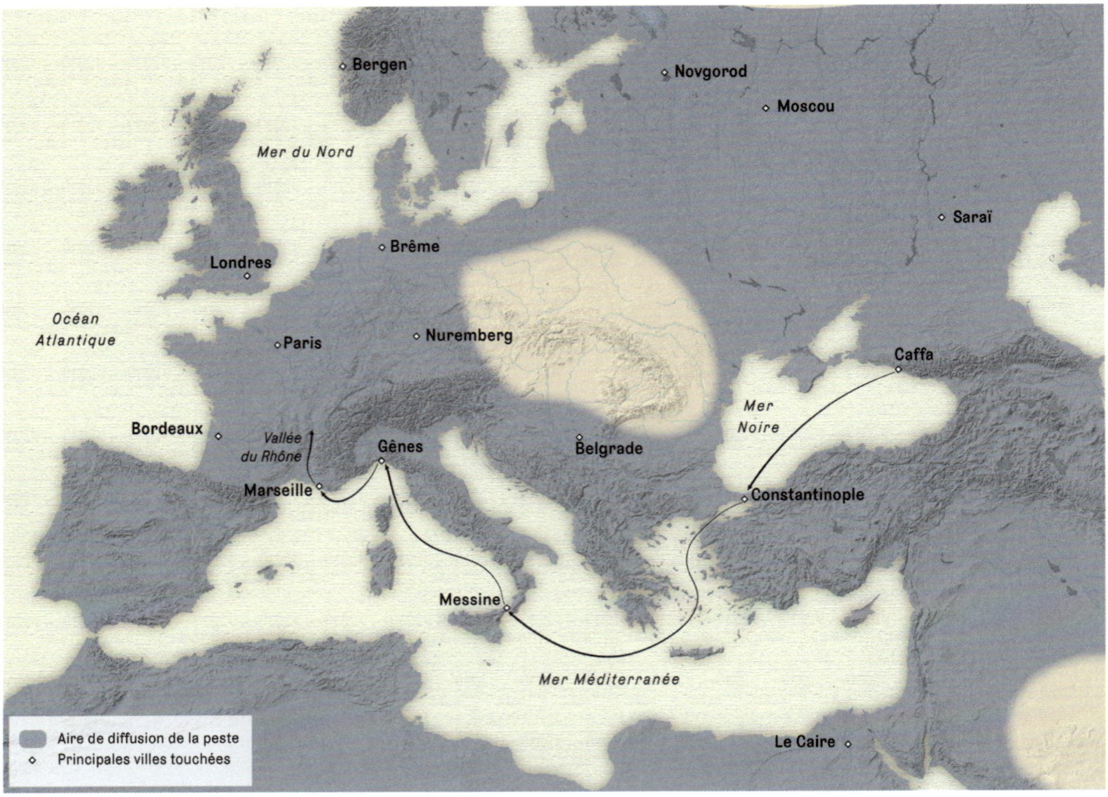

LA PROPAGATION DE LA PESTE NOIRE PAR LA GUERRE ET LE COMMERCE

Via les routes de la soie, la peste voyage avec les marchands et les armées mongoles. Mais c'est le siège, en 1346, du comptoir génois de Caffa qui conduit à la contamination de l'Europe. Un navire génois qui fuit Caffa chargé de marchandises et de rats va alors répandre la peste dans tout l'espace méditerranéen. La peste atteint Marseille en 1347 avant de remonter le Rhône et de gagner toutes les grandes villes d'Europe.

toute l'Asie continentale, du Pacifique à la Volga, a contribué à l'intensification des échanges entre l'Asie et l'Europe.

Introduite en Crimée par les troupes mongoles lors du siège du comptoir génois de Caffa de 1346, la peste se diffuse par les bateaux de commerce à l'Italie et à la France l'année suivante. Tout est alors tenté pour enrayer l'épidémie, qui touche d'abord les villes et que l'on croit due à la colère de Dieu : processions, prières, pénitences, puis contrôle des équipages et barrières sanitaires, mais rien n'y fait, les premières quarantaines n'étant mises en place qu'à partir de 1383 à Marseille. Quand l'épidémie de peste se dissipe, vers 1352, elle a causé 50 millions de morts en Europe, ce qui signifie que 30 à 60 % de la population a succombé. La société médiévale en sort traumatisée, et la peste, elle, n'est en rien éradiquée et se manifestera de nouveau en Europe et ailleurs dans le monde. Marseille est d'ailleurs infectée une dernière fois par la maladie en 1720.

En 1834, la cité phocéenne connaît une nouvelle épidémie, mais cette fois il s'agit du choléra, maladie liée à une bactérie qui tue par déshydratation et qui ravage la France depuis 1832. Originaire du Bengale, le choléra s'est propagé en quelques années jusqu'en Russie, suivant les échanges commerciaux et le mouvement des troupes britanniques depuis le sous-continent indien, avant de toucher toute l'Europe et le bassin méditerranéen. Le contrôle sanitaire aux frontières nationales mis en place dès 1831 ne parvient pas à freiner la contamination de la France par la vallée du Rhin et les côtes de la mer du Nord. La maladie entraîne la mort de plus de 100 000 personnes en quelques semaines, dont 20 000 Parisiens. Le corps médical est donc perplexe sur le mode de transmission du choléra et le débat fait alors rage entre « contagionnistes » et « anti-contagionnistes », qui soutiennent que la mise en quarantaine est inutile et ruine le commerce maritime. En 1883, le médecin allemand Robert Koch (1843-1910) clôt le débat en découvrant le bacille responsable de la maladie et le rôle de l'eau dans la transmission de la maladie. Il y aura au total sept pandémies de choléra de 1817 jusqu'au XXe siècle.

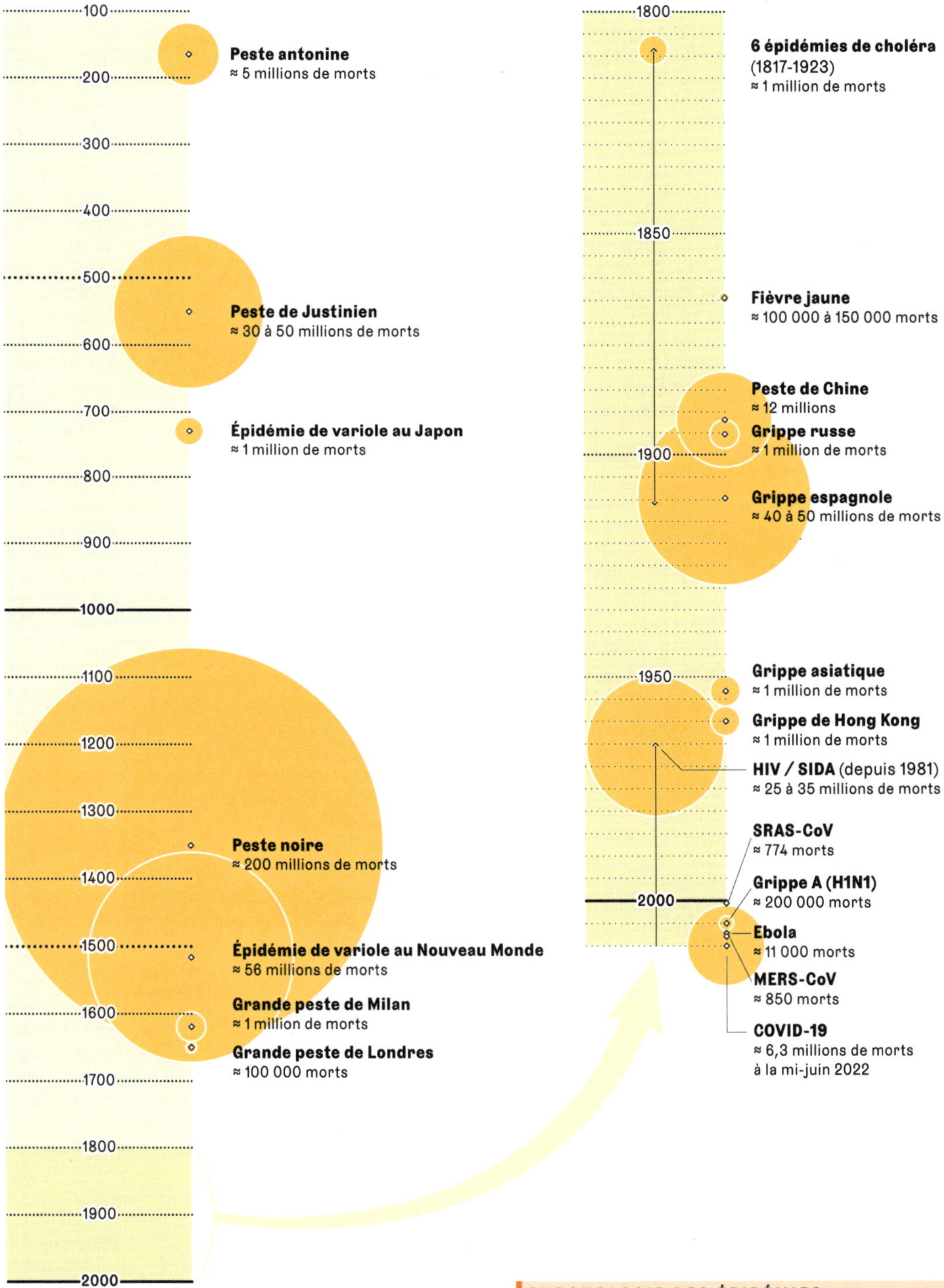

CHRONOLOGIE DES ÉPIDÉMIES
ET NOMBRE DE MORTS

→ Grippe espagnole ou américaine ?

La plus grande pandémie de l'histoire moderne est sans aucun doute la grippe dite espagnole, qui touche l'Europe et le monde au début du XXe siècle. Or, elle aurait en réalité été diffusée au moment de l'envoi de troupes américaines en Europe pour porter secours aux alliés français et anglais lors de la Première Guerre mondiale. Et de fait, si les premiers cas se déclarent en mars 1918 aux États-Unis, la grippe se déplace en Europe malgré le confinement de la population américaine et se propage dans les tranchées parmi les troupes, puis vers le reste des populations européennes. Il y a ainsi trois vagues jusqu'à l'été 1919. Elles provoquent une véritable hécatombe qui vient s'ajouter à celle des combats: l'estimation la plus basse du nombre de morts est de 50 millions de personnes, soit 5% de la population mondiale de l'époque, alors que la Grande Guerre a déjà fait environ 19 millions de victimes.

→ Mondialisation des échanges et des épidémies

La propagation des épidémies s'accompagne d'évolutions pour lutter contre les virus qui en sont la cause. Celles-ci sont d'abord liées aux progrès de la médecine et de l'hygiène à partir de la fin du XVIIIe siècle. Puis ce sont des découvertes de Louis Pasteur (1822-1895), de Robert Koch ou d'Alexandre Yersin (1863-1943), et le développement de vaccins et de traitements. Pour autant, aujourd'hui, épidémies et pandémies n'ont toujours pas disparu, elles semblent même voir leurs disséminations s'accélérer sous l'effet de l'intensification et de la mondialisation des échanges et des mobilités humaines.

C'est le cas, par exemple, d'une grippe aujourd'hui oubliée: la grippe de Hong Kong. Le virus, parti à l'été 1968 de la métropole chinoise (alors colonie britannique), caractérisée par une forte densité, fait le tour du monde en un an. Cette fois, le virus de la grippe profite du développement des transports aériens de masse et se répand par voie aérienne de Hong Kong à Taïwan, puis à Singapour et au Vietnam en guerre. De là, il est importé par les marines en Californie dès l'automne. À l'hiver 1969, la grippe atteint l'Europe, où elle sera particulièrement virulente. En France, elle tue plus de 30 000 personnes en quelques semaines, sans que d'ailleurs ni l'opinion ni les médias s'en émeuvent.

Dans les années 1980, c'est le sida qui fait renaître le spectre des pandémies. Cette fois, le virus est transmis par voie sexuelle et sanguine. Le VIH (virus de l'immunodéficience humaine) – un rétrovirus responsable du sida (syndrome d'immunodéficience acquise), stade final de la maladie – provient d'un virus infectant les grands singes du sud du Cameroun (chimpanzés et gorilles). À l'époque coloniale, il se développe dans l'actuelle République démocratique du Congo. Jusqu'aux années 1960, le virus reste cantonné à l'Afrique centrale. Ce n'est qu'avec sa propagation aux États-Unis, avant tout en Californie au début des années 1980, puis sa dissémination dans le monde entier, qu'il devient un problème mondial de santé publique et une préoccupation majeure pour l'Occident, qui se croyait alors définitivement à l'abri des épidémies.

En une quarantaine d'années, le sida a provoqué près de 33 millions de décès dans le monde. Toutefois, le développement de traitements et de soins efficaces, dont les trithérapies antivirales, et les campagnes de prévention et de diagnostic ont permis de freiner la pandémie et de faire de l'infection au VIH une pathologie chronique. Entre 2000 et 2019, les nouvelles infections ont ainsi diminué de 39% selon l'Organisation mondiale de la santé, grâce à la mise en œuvre de programmes nationaux et internationaux, et les décès liés au virus ont chuté de 51%.

Cependant, tous les virus ne provoquent pas des pandémies, loin s'en faut. En dépit de la mondialisation, certains se cantonnent, ou presque, à une zone géographique. C'est le cas d'Ebola qui sévit en Afrique de l'Ouest et centrale depuis 2014. L'épidémie a touché la Guinée, la Sierra Leone et le Liberia. Le virus est originaire de la République démocratique du Congo, où il est toujours actif. En cause, la déforestation qui a favorisé une fois encore les contacts entre les animaux sauvages, telles les chauves-souris, et les humains. Les systèmes de santé de ces pays d'Afrique en développement sont démunis face à ce virus extrêmement létal: Ebola tue un malade sur deux, et c'est justement cette forte mortalité qui en limite la propagation hors d'Afrique.

→ L'apparition des coronavirus

Au début des années 2000 apparaissent de nouvelles épidémies dues à des coronavirus (c'est-à-dire des virus entourés d'une couronne de protéines identifiés dans les années 1960),

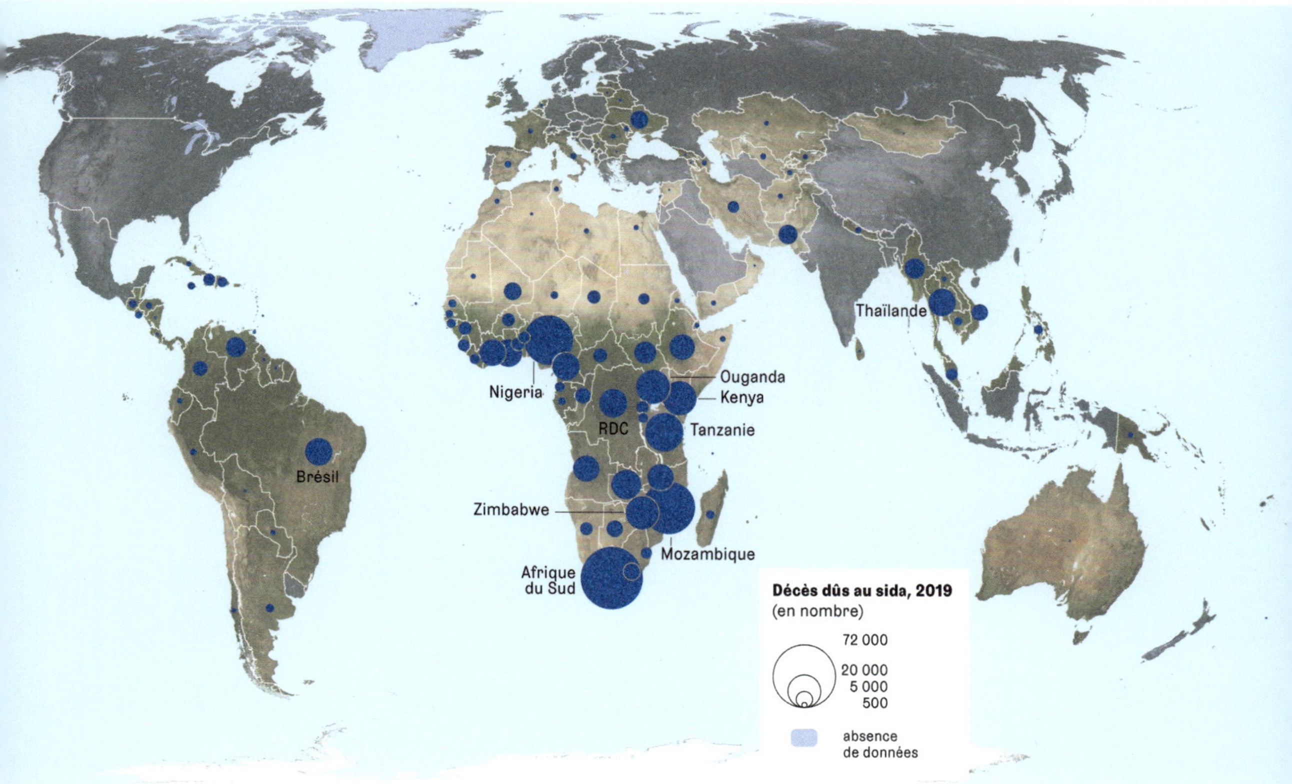

mais elles restent relativement localisées. La première épidémie de coronavirus, une forme très sévère de pneumonie dénommée SRAS (syndrome respiratoire aigu sévère), se répand au cours de l'année 2003 essentiellement en Asie (Chine, Hong Kong, Taïwan et Singapour). Dix ans plus tard émerge en Arabie saoudite un nouveau syndrome respiratoire aigu, bientôt baptisé MERS (*Middle East Respiratory Syndrome*). La grande majorité des cas est recensée en Arabie saoudite, avec quelques flambées aux Émirats et en Corée du Sud. Ce nouveau coronavirus (le sixième coronavirus humain) est faiblement contagieux, transmis aux humains par les dromadaires, qui eux-mêmes l'ont attrapé des chauves-souris.

Ces deux épidémies très surveillées par l'Organisation mondiale de la santé ont finalement fait peu de victimes. C'est la suivante, l'épidémie de Covid-19, transmise par le septième coronavirus humain, apparu en Chine en décembre 2019, que le monde entier connaît désormais. Cette pandémie a conduit au confinement de près de 4,5 milliards de personnes dans 110 pays au printemps 2020, à la fermeture des frontières des États et à la limitation du trafic aérien, afin d'en freiner la propagation.

Pour la première fois de notre histoire, le monde entier semble ainsi avoir privilégié la santé plutôt que l'économie. Pourtant, les conséquences économiques de cette mise à l'arrêt du monde sont encore d'une ampleur inconnue. La vaccination à grande échelle des populations apparaît comme la seule option possible pour un retour à la normale.

LE SIDA TUE D'ABORD EN AFRIQUE

Fin 2019, l'OMS estime à 38 millions le nombre de personnes vivant avec le VIH dans le monde. Près des deux tiers vivent en Afrique. Fin 2019, 68 % des adultes et 53 % des enfants porteurs du virus reçoivent un traitement antirétroviral à vie. Malgré ces progrès dans l'accès aux soins et aux traitements, ce sont encore environ 690 000 personnes qui sont mortes du sida en 2019, essentiellement en Afrique et en Asie, et 1,7 million de personnes qui ont été infectées.

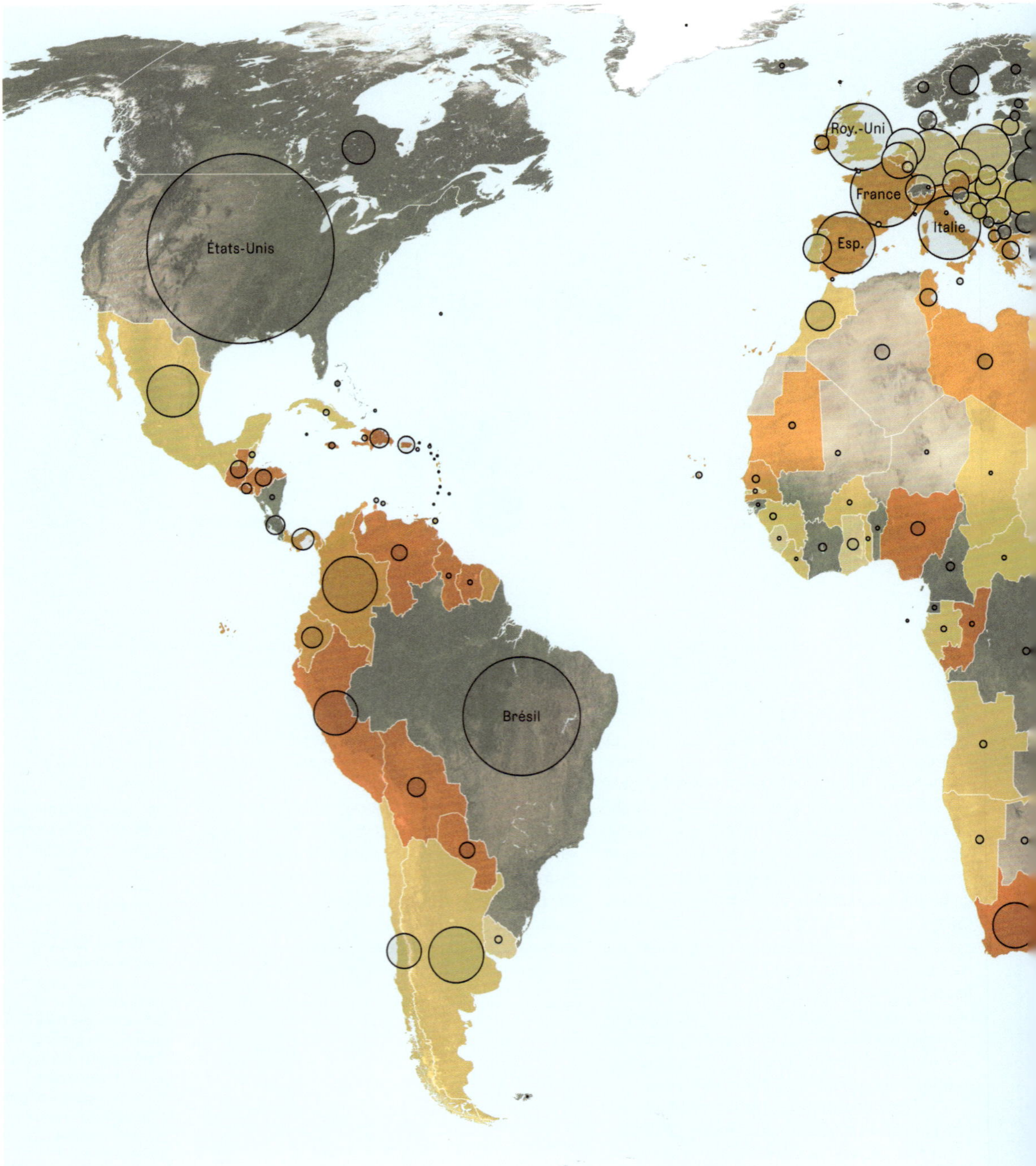

LA PANDÉMIE DE COVID-19

Partie de Wuhan en Chine, l'épidémie de Covid-19 se propage rapidement à l'ensemble de la planète. Se dessine alors une nouvelle carte du monde où les pays intégrés à la mondialisation sont les plus touchés : les États-Unis sont ainsi le pays le plus contaminé, suivis par les États européens. À l'inverse, Taïwan et la Corée du Sud ont su tirer les leçons du SRAS et du MERS et résistent mieux à l'épidémie, tandis que la Chine affirme l'avoir jugulée en trois mois.

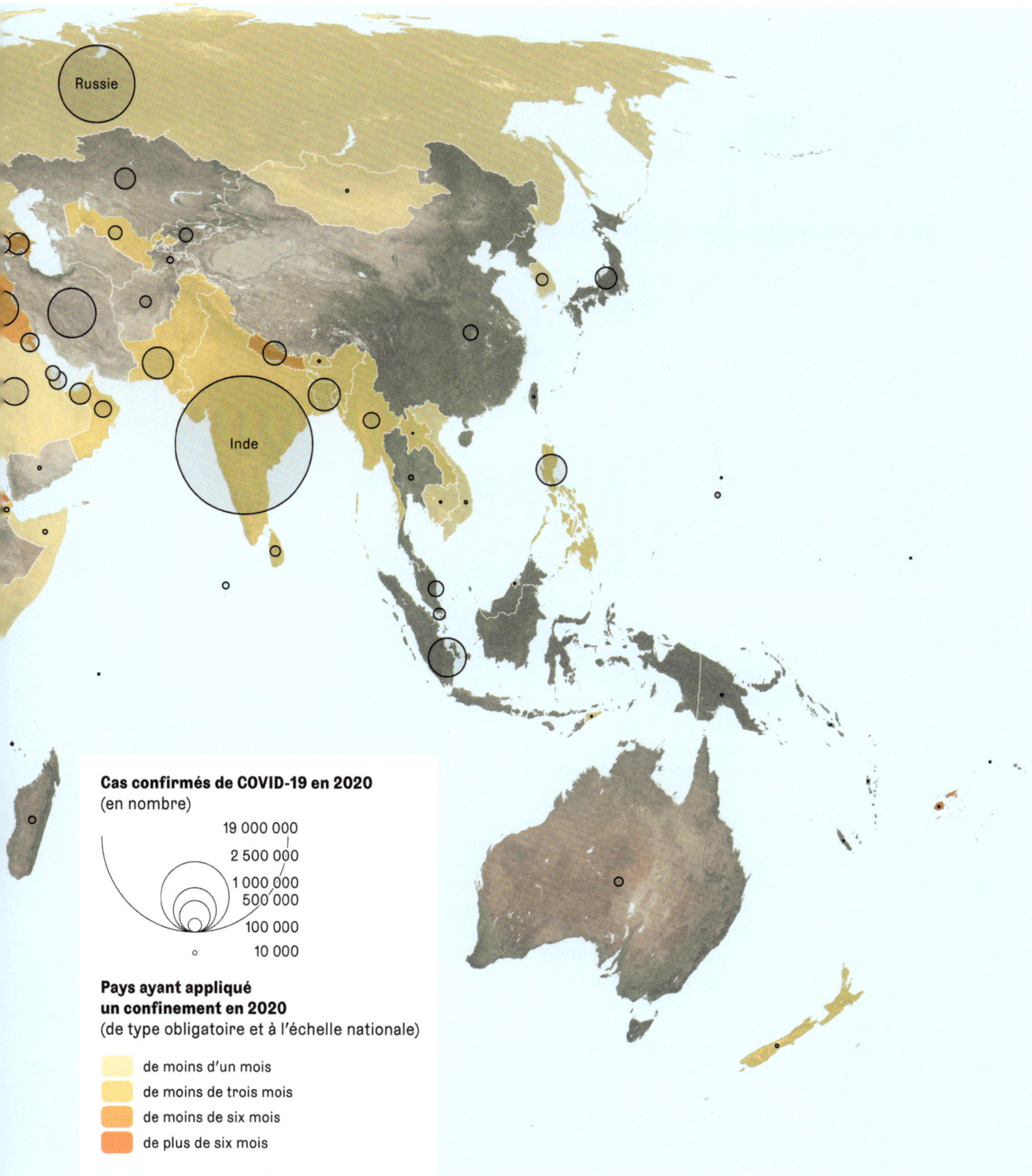
Russie
Inde
Cas confirmés de COVID-19 en 2020
(en nombre)
19 000 000
2 500 000
1 000 000
500 000
100 000
10 000
Pays ayant appliqué un confinement en 2020
(de type obligatoire et à l'échelle nationale)
de moins d'un mois
de moins de trois mois
de moins de six mois
de plus de six mois

Destination 26

Orly

C'est l'un des plus grands aéroports d'Europe : Orly, 31 millions de passagers en 2019, 250 000 décollages et atterrissages par an en moyenne. Orly avait été récemment rénové lorsqu'il a été décidé, le 1er avril 2020, pour la première fois de son histoire, de le fermer pour une durée indéterminée, seul Roissy restant ouvert. Pistes désertées et rangées d'avions cloués au sol : les riverains n'avaient jamais connu un tel silence et la pollution de l'air s'en est trouvée historiquement réduite. Orly a finalement rouvert ses portes le 26 juin 2020 pour les vols commerciaux, après presque trois mois de fermeture. Beaucoup d'aéroports ont connu des situations semblables et les grandes compagnies, Air France-KLM, Lufthansa, ont dû se résigner à laisser sur le tarmac 90 % de leur flotte.

Le manque à gagner se chiffre en milliards et contraint les États à voler au secours du secteur. Certaines petites compagnies ne s'en remettront pas. Les pourfendeurs de la pollution aérienne ont marqué des points durant ces mois de pandémie, tandis que de nombreuses entreprises ont découvert que certains voyages d'affaires pouvaient être remplacés par des visioconférences. Représentant 9 % du PIB mondial, l'industrie du tourisme, elle, est restée au point mort pendant de longs mois. Ces mois de pandémie ont aussi porté un coup d'arrêt à une autre industrie en croissance continue : celle de la voiture, industrie mondialisée par excellence, en pleine mutation, entre préoccupation environnementale et défi de la voiture autonome. Tandis que le train, plébiscité par les voyageurs qui redécouvrent les destinations dites de proximité à l'occasion de la pandémie, s'impose plus que jamais comme le moyen de transport d'hier et de demain : plus fiable et moins polluant que l'avion. La Chine, notamment, a fait du rail un élément clé de son grand projet des routes de la soie et investit massivement pour développer une infrastructure ferroviaire de pointe, partout dans le monde. Pour l'importation mais aussi l'exportation de marchandises vers l'Asie, le fret ferroviaire s'avère plus rapide que la voie maritime et moins cher que l'aérien.

Le train, mode de transport que l'on croyait dépassé, semble promis à un bel avenir.

Quels transports dans le monde d'après ?

Été 2022 : la crise sanitaire s'éloigne et, dans certaines régions du monde, le tourisme et le secteur aérien reprennent des couleurs. Pourtant, pendant presque deux ans, les déplacements de millions de femmes et d'hommes ont été mis en veille. Fin 2020, la plupart des compagnies aériennes voient une grande partie de leur flotte clouée au sol. En baisse de plus de 60 %, le trafic aérien mondial fonctionne au ralenti, et ce, alors qu'il a connu une croissance exponentielle au cours des cinquante dernières années. Celle-ci résulte essentiellement de la démocratisation du transport aérien, qui est devenu accessible aux classes moyennes des pays développés. Elle a conduit, dans les années 1990, à une réorganisation du trafic aérien autour de grands aéroports mondiaux, devenus des hubs, c'est-à-dire des plateformes de correspondance pour les passagers et d'échanges multimodaux pour les marchandises.

Ce système permet des économies d'échelle pour les compagnies aériennes, en optimisant le taux de remplissage des avions et en polarisant les flux aériens sur quelques méga-aéroports.

Ces hubs, qui cherchent à attirer un maximum de voyageurs en leur proposant toujours plus de correspondances, se livrent une guerre acharnée qui se traduit par une concurrence accrue entre compagnies aériennes et aéroports, devenus de véritables enjeux de puissance pour les États partout dans le monde.

En 2019, sur les dix plus importants aéroports internationaux du point de vue du trafic, quatre sont américains, dont le premier, Atlanta, avec un peu plus de 110 millions de passagers, deux sont européens, et quatre asiatiques. L'aéroport de Pékin se hisse alors à la deuxième place mondiale avec 100 millions de voyageurs, suivi de Los Angeles (88 millions) et Dubaï (86 millions). Ce classement montre que la croissance du trafic aérien s'est portée à partir des années 2010 sur l'Asie, en raison du boom démographique et économique de la région, l'Europe et les États-Unis étant déjà des marchés dit « matures », sans fortes prévisions de croissance.

→ Un trafic aérien de plus en plus asiatique

De deux hubs (Tokyo et Séoul) dans le top 20 des aéroports mondiaux en 2000, l'Asie est ainsi passée à partir de 2017 à neuf. Ces hubs sont situés en Inde, en Indonésie, à Singapour et surtout en Chine. Toutefois, comme aux États-Unis, la Chine est jusqu'ici dominée par des hubs avant tout domestiques qui permettent de desservir son immense territoire. Afin de mieux se connecter aux grands flux mondiaux, le pays a inauguré en septembre 2019 à Pékin un second hub aéroportuaire situé à Daxing, qui ambitionne d'accueillir 100 millions de passagers. Pékin rejoint ainsi le club des villes disposant de plusieurs aéroports internationaux. Autre signe de cette ouverture internationale de la Chine, la création en 2020 d'un nouveau hub à Chengdu, la capitale du Sichuan, connecté aux pays occidentaux ; sans oublier l'incorporation progressive de Hong Kong, huitième aéroport mondial pour ce qui est du trafic passagers et premier pour le fret, devant Memphis aux États-Unis et Shanghai.

C'est sans doute au Moyen-Orient que la rivalité entre plateformes aéroportuaires est le plus intense depuis une vingtaine d'années. En raison de sa position géographique entre l'Europe et l'Asie, la région a longtemps

CROISSANCE DES PASSAGERS DANS LE MONDE

Selon la Banque mondiale et l'Organisation de l'aviation civile internationale (OACI), le trafic aérien a plus que décuplé au cours des cinquante dernières années, passant de quelque 300 millions de voyageurs transportés en 1970, à plus de 4 milliards à partir de 2017. Mais les perspectives optimistes qui voyaient ce chiffre doubler d'ici 2050 n'avaient pas anticipé la crise sanitaire de la Covid-19, qui remet en cause cette croissance exponentielle.

Évolution du trafic aérien, 1970-2019
(en milliards de passagers)

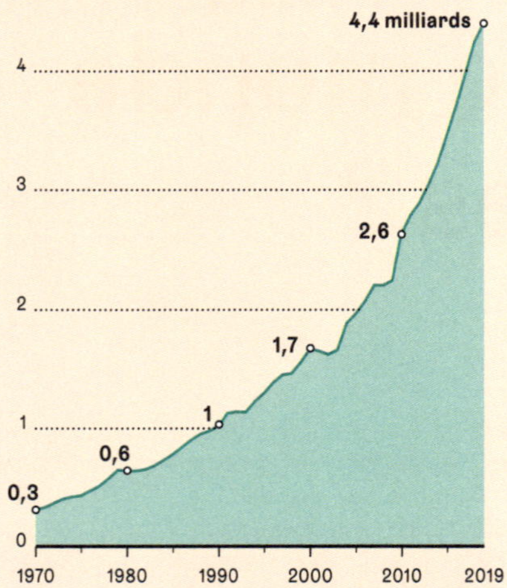

LE SYSTÈME DU HUB

L'organisation aérienne repose sur le système du *hub and spoke* (« moyeu et rayon ») avec des réseaux en étoile. Il consiste à faire converger des lignes secondaires vers un aéroport unique, une plateforme de correspondance offrant un nombre important de connexions. C'est le moyen le plus rationnel de desservir le plus grand nombre de destinations. Les hubs sont apparus aux États-Unis à la fin des années 1970 avant de se généraliser en Europe au début des années 1990.

été une terre d'escale pour les longs courriers, avant de devenir le lieu d'une concurrence à couteaux tirés entre États – et entre leurs compagnies aériennes respectives. Ces hubs du Moyen-Orient drainent en effet les flux de voyageurs d'Europe et d'Asie avant de les redistribuer vers les grandes destinations européennes (Paris, Londres, Francfort...) et asiatiques (Bangkok, Mumbai, Shanghai...) ou vers l'Afrique, l'Australie, voire l'Amérique.

→ Le hub de Dubaï : marqueur de puissance

Avant l'épidémie de Covid-19, l'aéroport de Dubaï, qui se classait à la quatrième place mondiale du trafic passagers, avec 86 millions de voyageurs en 2019, surpassait ses concurrents régionaux dans cette compétition entre hubs du Moyen-Orient. Doté des plus faibles réserves en pétrole des Émirats arabes unis, Dubaï s'est diversifiée très tôt dans le commerce, les transports, puis le tourisme. En 1985, l'émirat crée sa compagnie nationale, Emirates. Grâce à ses vols fréquents, à l'achat de gros porteurs américains et européens, à une politique de tarifs alléchants favorisée par des subventions d'État et des conditions de travail très libérales, elle a permis à l'aéroport de Dubaï en l'espace d'une décennie de tripler le nombre de ses passagers et de se hisser en 2015 à la première place devant Londres-Heathrow pour le nombre de passagers internationaux. En 2013, l'émirat ouvre un deuxième aéroport au transport de passagers, Al Maktoum, afin de soutenir son expansion économique et touristique, dans la perspective, notamment, de l'Exposition universelle de 2020, finalement reportée à l'automne 2021 en raison de la Covid-19. Ce nouvel aéroport est plus proche d'Abu Dhabi, capitale des Émirats et hub d'Etihad, sa compagnie nationale. Il est aussi très bien relié à Jebel Ali, huitième port mondial.

Mais Dubaï est concurrencée depuis quelques années par un autre hub qui tire profit de sa position entre Orient et Occident : Istanbul. Avec presque 65 millions de passagers en 2019, l'aéroport Atatürk est passé du trentième au quatorzième rang mondial en seulement huit ans, un record de croissance, et ce, malgré l'attentat terroriste de juin 2016. Depuis, cet aéroport a fermé, mais l'État turc mise à présent sur le nouvel aéroport d'Istanbul, inauguré en octobre 2018 sur la mer Noire, comprenant six pistes et proposant plusieurs

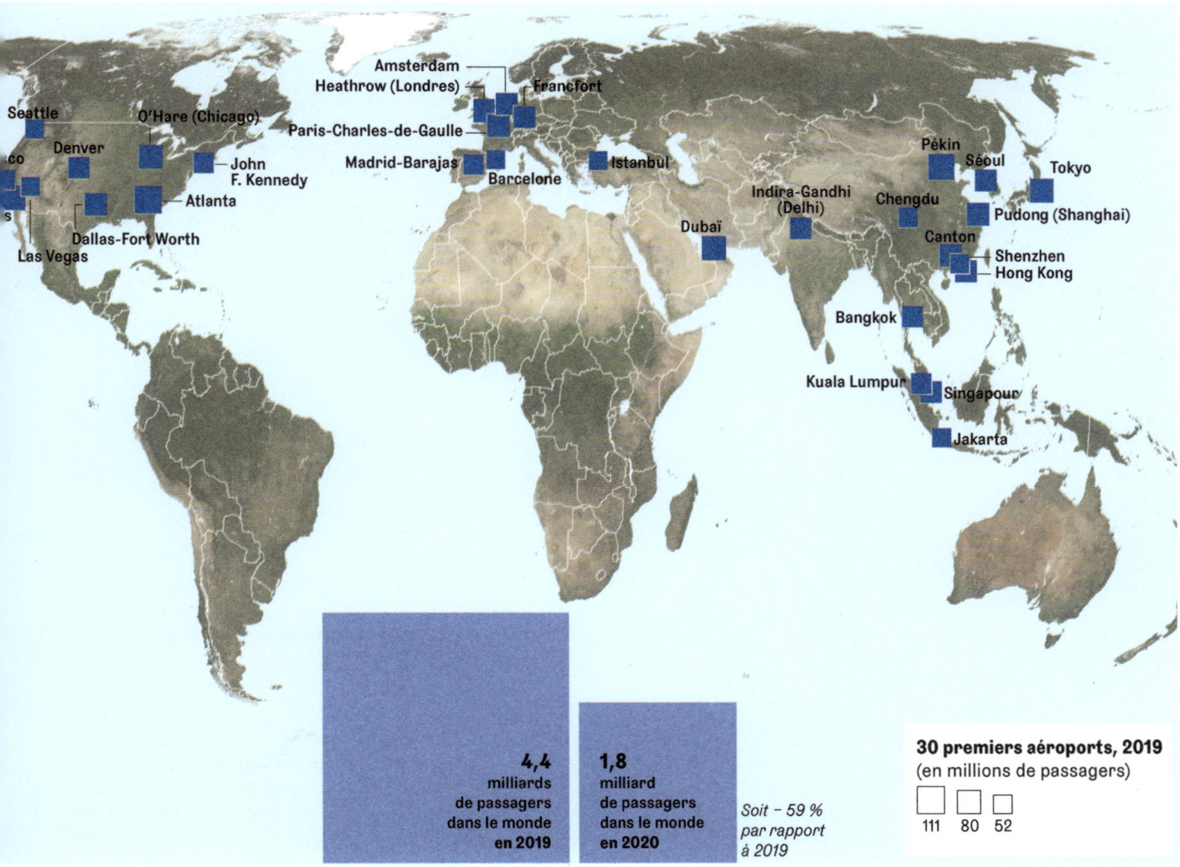

LES PRINCIPAUX HUBS AÉRIENS EN NOMBRE DE PASSAGERS (2019)

centaines de destinations. Pour le président Erdogan, il doit participer à l'émergence de la Turquie comme puissance régionale, avec le rêve de détrôner le premier hub mondial, Atlanta et ses 110 millions de passagers en 2019.

Talonnant Istanbul au quinzième rang mondial, le petit émirat du Qatar est lui aussi dans la compétition des hubs, grâce à l'aéroport Hamad et à sa compagnie nationale, Qatar Airways. Organisateur de la Coupe du monde de football en 2022, le pays ambitionne d'accueillir 50 millions de passagers. Malgré l'embargo aérien que lui ont imposé ses voisins – Arabie saoudite, Émirats, Bahreïn, Égypte et Yémen – entre 2017 et 2021 pour sa proximité avec l'Iran et son soutien présumé aux Frères musulmans, le hub de Doha s'est maintenu dans cette compétition globale, gagnant même trois places dans le classement du trafic de passagers internationaux par rapport à 2018.

→ À quand le décollage de l'Afrique ?

En Afrique, ces enjeux de puissance aéroportuaire n'en sont qu'à leurs débuts. Le ciel africain vient à peine d'être libéralisé par l'Union africaine en 2018, créant un marché unique ouvert à la concurrence, comme aux États-Unis il y a quarante ans, et dans l'Union européenne il y a trente ans. Les hubs y sont encore modestes et excentrés : le premier, Johannesburg (Afrique du Sud), compte 21 millions de passagers, les suivants sont Addis-Abeba (Éthiopie), Nairobi (Kenya), Le Caire (Égypte) et Casablanca (Maroc). Mais des évolutions sont en cours. Addis-Abeba, hub de la principale compagnie africaine, Ethiopian Airlines, est déjà connecté à une centaine de destinations, et concurrence Dubaï en Afrique subsaharienne.

En Afrique comme ailleurs, la reprise du trafic aérien est conditionnée à la sortie de la crise sanitaire liée au coronavirus, qui a fait

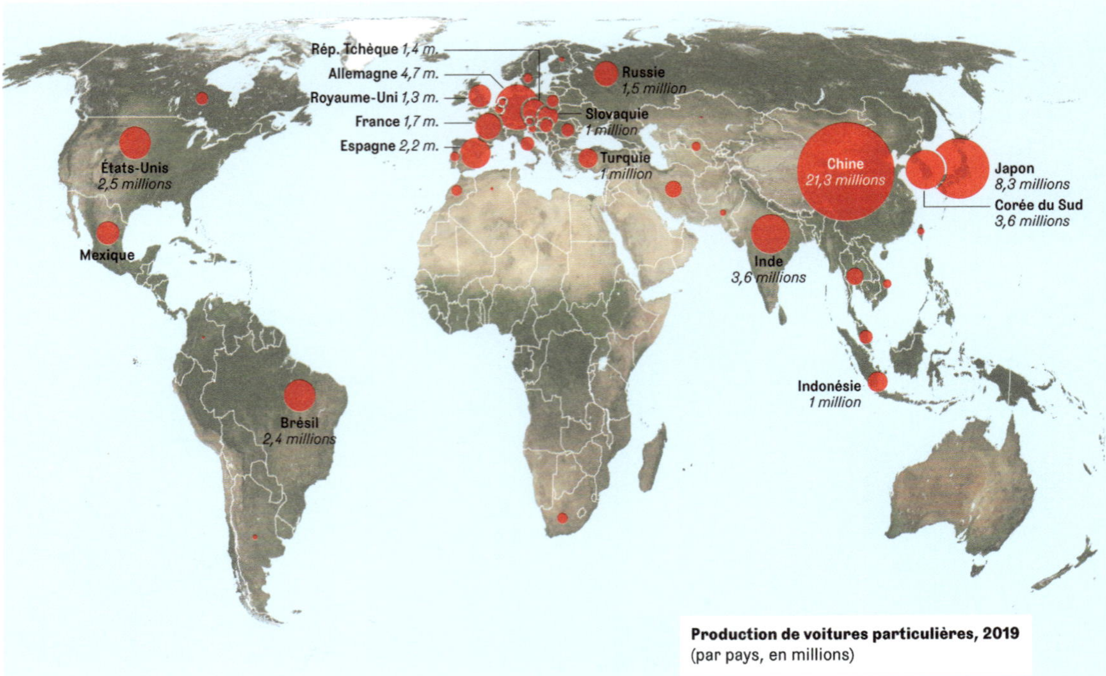

Production de voitures particulières, 2019
(par pays, en millions)

UNE INDUSTRIE AUTOMOBILE CONCENTRÉE

Aujourd'hui, huit pays répartis sur trois continents accueillent les dix plus grandes usines automobiles du monde si l'on considère la production annuelle. Derrière le site Hyundai d'Ulsan (Corée du Sud), on trouve celui de Fiat à Betim, au Brésil, et celui de Volkswagen à Wolfsburg, en Allemagne.

drastiquement chuter les flux aériens mondiaux. Un retour à une activité équivalente à celle de 2019 n'est plus envisagé qu'à l'horizon 2024, alors que certains experts se demandent si le trafic aérien n'a pas déjà atteint ce sommet à partir duquel il n'y aura plus de croissance (*peak plane*). Dans un contexte où l'on n'a cessé de souligner la pollution de ce mode de transport, le confinement a été l'occasion de privilégier les visioconférences aux voyages d'affaires et de réfléchir à la meilleure façon de voyager. L'avenir du secteur aérien pourrait donc dépendre aussi de sa capacité à se réinventer, peut-être grâce aux avions à hydrogène, plus propres, et qui pourraient faire leur apparition d'ici 2035.

→ L'industrie automobile sinistrée par le confinement

L'industrie automobile a été également très affectée par l'épidémie de Covid-19. En France, la vente de véhicules neufs a subi une baisse de 30 % au cours de l'année 2020 en raison du confinement. Acteur clé de l'économie mondiale, cette industrie représente à elle seule 9 % du commerce international et quelque 50 millions d'emplois directs et indirects dans le monde, de la fabrication des moteurs à la construction des routes. Dans les pays de l'Union européenne, par exemple, cela représente 13,8 millions de salariés, soit 6 % de la population active, c'est dire si cette activité est stratégique. Les gouvernements soutiennent donc le secteur automobile par des aides.

Au cours des deux dernières décennies, l'industrie automobile s'est profondément transformée en raison de l'internationalisation de son marché. Elle a multiplié alliances et rachats pour s'adapter aux récents bouleversements de la demande mondiale, et notamment à sa nouvelle clientèle asiatique, les Chinois étant devenus les premiers acheteurs mondiaux. Ainsi, le français Renault s'est allié au japonais Nissan avant d'acquérir ensemble le roumain Dacia, le coréen Samsung Motors, le russe Avtovaz, et de s'allier à un autre japonais, Mitsubishi. Ce faisant, le groupe français, fort de ses douze marques, s'est hissé au troisième rang mondial des groupes automobiles derrière Volkswagen et Toyota. Cette stratégie lui a permis des économies d'échelle, les mêmes pièces étant montées sur plusieurs modèles, vendus sur un maximum de marchés et adaptés localement. Par ailleurs, pour faire baisser les coûts de main-d'œuvre et éviter les taxes, les grands constructeurs ont délocalisé les usines hors de leurs frontières. Ainsi, en

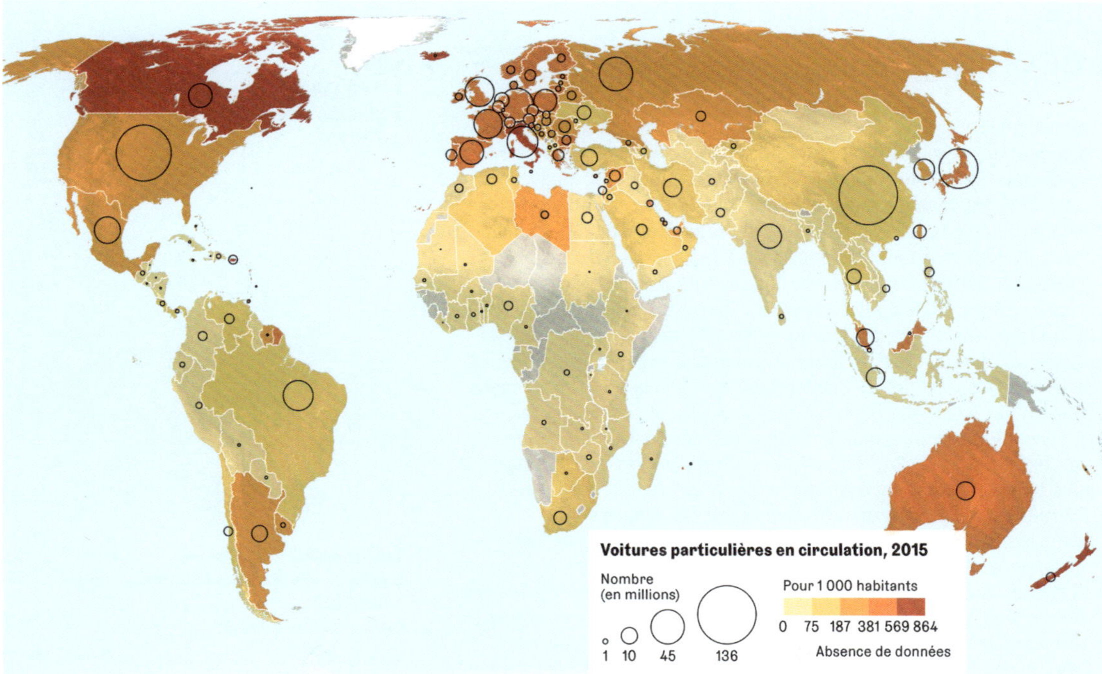

Europe, la production s'est en partie déplacée vers l'est, essentiellement en Slovaquie, en République tchèque et en Hongrie, ainsi qu'en Turquie et au Maroc.

→ Quelle voiture demain ?

En 2018, l'industrie automobile a représenté 9 % des émissions mondiales de gaz à effet de serre. Alors que la prise de conscience de l'urgence climatique devient mondiale, les nouvelles normes d'émissions de CO_2 obligent l'industrie à préparer le remplacement du moteur à essence ou Diesel. Cette mutation technologique aura nécessairement un impact social. En Allemagne, la grande puissance automobile européenne, les syndicats craignent la perte de dizaines de milliers d'emplois dans la prochaine décennie.

La voiture électrique demande en effet moins de main-d'œuvre que les modèles thermiques. La Chine a déjà une bonne longueur d'avance en la matière : les Chinois ont acheté plus de la moitié des véhicules électriques ou hybrides vendus dans le monde en 2018, et ils en produisent une grande partie. La Chine est également le premier constructeur mondial de batteries lithium-ion, devant le Japon et la Corée du Sud. Pékin a aussi la main sur un métal indispensable à la fabrication de ces batteries, le cobalt, grâce au contrôle d'importantes mines en République démocratique du Congo, le premier producteur de ce minerai. Quant à la voiture alimentée par une pile à hydrogène, qui ne produit ni déchets ni pollution liée à l'exploitation minière, sa fabrication nécessite une technologie encore coûteuse que ne maîtrise aujourd'hui que le Japon.

À l'horizon 2040, ces voitures forcément plus propres, ce ne sera pas nécessairement nous qui les piloterons. En Californie, la Silicon Valley est devenue l'épicentre de la recherche sur la voiture autonome, avec des collaborations entre les plus grands constructeurs mondiaux et les géants du numérique. Des expérimentations du véhicule autonome se multiplient à travers le monde : de Dubaï à Singapour en passant par Las Vegas, Hambourg ou Rouen, où un service de voitures électriques à la demande est en test.

Enfin, en juin 2022, l'Union européenne prend un engagement historique : les eurodéputés votent l'interdiction de la vente de voitures essence et diesel neuves, hybrides comprises, en 2035.

L'AUTOMOBILE À LA CONQUÊTE DE NOUVEAUX MARCHÉS

Il y a aujourd'hui plus de 1 milliard d'automobiles pour 7,5 milliards d'humains, et ce chiffre pourrait doubler d'ici 2050. Les Chinois sont les premiers acheteurs de voitures dans le monde et le parc automobile chinois a été multiplié par cinq en dix ans. Le pays produit maintenant près d'un tiers des véhicules construits chaque année au niveau mondial, devant l'Union européenne, l'Amérique du Nord, le Japon et la Corée du Sud.

Le train, une alternative écologique ?

Sous l'effet conjugué du *flygskam* (la « honte de prendre l'avion »), concept développé en Suède, et de la Covid-19, qui a mis à l'arrêt le secteur aérien, la considération environnementale, longtemps occultée, est davantage prise en compte. Le secteur aérien est pointé du doigt pour son rôle dans le réchauffement climatique, mais plus globalement on regarde de près le choix du mode de transport. L'empreinte carbone d'un avion est supérieure à celle d'une voiture, et quarante fois plus importante que celle d'un train. Les États redécouvrent donc les vertus du transport ferroviaire : fiable, maîtrisable par les États et garanti sans gaz à effet de serre. Bien avant la pandémie, la Chine misait déjà beaucoup sur le train et en a fait un élément central de son grand projet des routes de la soie. Ces routes incluent des voies ferroviaires qui relient la Chine à l'Asie du Sud-Est, l'Asie centrale, la Russie et l'Europe via une ligne de 11 000 kilomètres à travers les steppes du Kazakhstan. En mars 2014, le président Xi Jinping s'est d'ailleurs rendu dans le port de Duisbourg, en Allemagne, pour saluer l'arrivée du premier train chinois, parti de Chongqing seize jours plus tôt. À l'heure actuelle, le train ne concerne que 1,6 % des marchandises échangées entre l'Asie et l'Europe mais la voie ferroviaire connaît une forte croissance depuis que la Chine y investit, et devrait atteindre 8 % en 2030. Mais surtout, grâce à la conteneurisation, le train s'inscrit désormais dans une chaîne logistique globale de transports alliant voies terrestres et maritimes, par les ports. La Chine participe aussi au développement ferroviaire sur le continent africain. Elle a notamment financé la ligne reliant Addis-Abeba à Djibouti, où Pékin a inauguré sa première base militaire extérieure, et celle entre Mombasa et Nairobi. Au total, la Chine a réalisé depuis 2000 plus de 6 000 kilomètres de voies ferrées, auxquels s'ajoutent un kilométrage similaire de routes et une vingtaine de ports.

Partout dans le monde, sur fond d'enjeux climatiques notamment, on revisite les atouts du chemin de fer. Ainsi, à l'été 2022, le gouvernement allemand inaugure le billet mensuel à 9 euros qui permet, de juin à août, de circuler dans tout le pays sur les lignes régionales. La mesure ponctuelle s'inscrit dans une volonté de contribuer à la lutte contre le dérèglement climatique et contre la hausse des prix de l'énergie dans le contexte de la guerre en Ukraine. Un peu plus d'un million de kilomètres de voies ferrées sillonnent aujourd'hui la Terre, pour transporter marchandises et voyageurs. En nombre de kilomètres, c'est le réseau américain qui est le plus long, mais il est essentiellement consacré au transport de marchandises.

Pour ce qui est de la densité du réseau voyageurs, l'Europe est de loin le territoire le mieux desservi. Ce sont les Suisses qui utilisent individuellement le plus le train, avec en moyenne plus de 2 000 kilomètres parcourus par an et par personne.

Évolution du réseau ferré à grande vitesse dans le monde, 1964-2019
(en kilomètre cumulé)

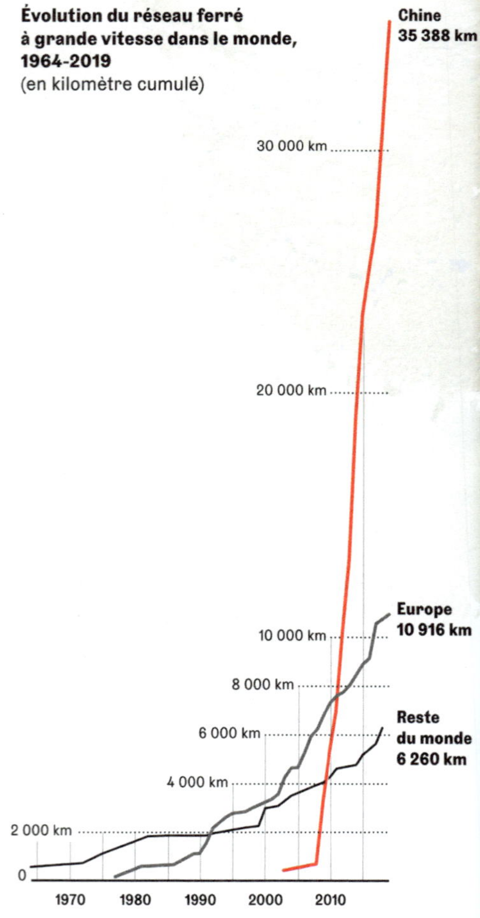

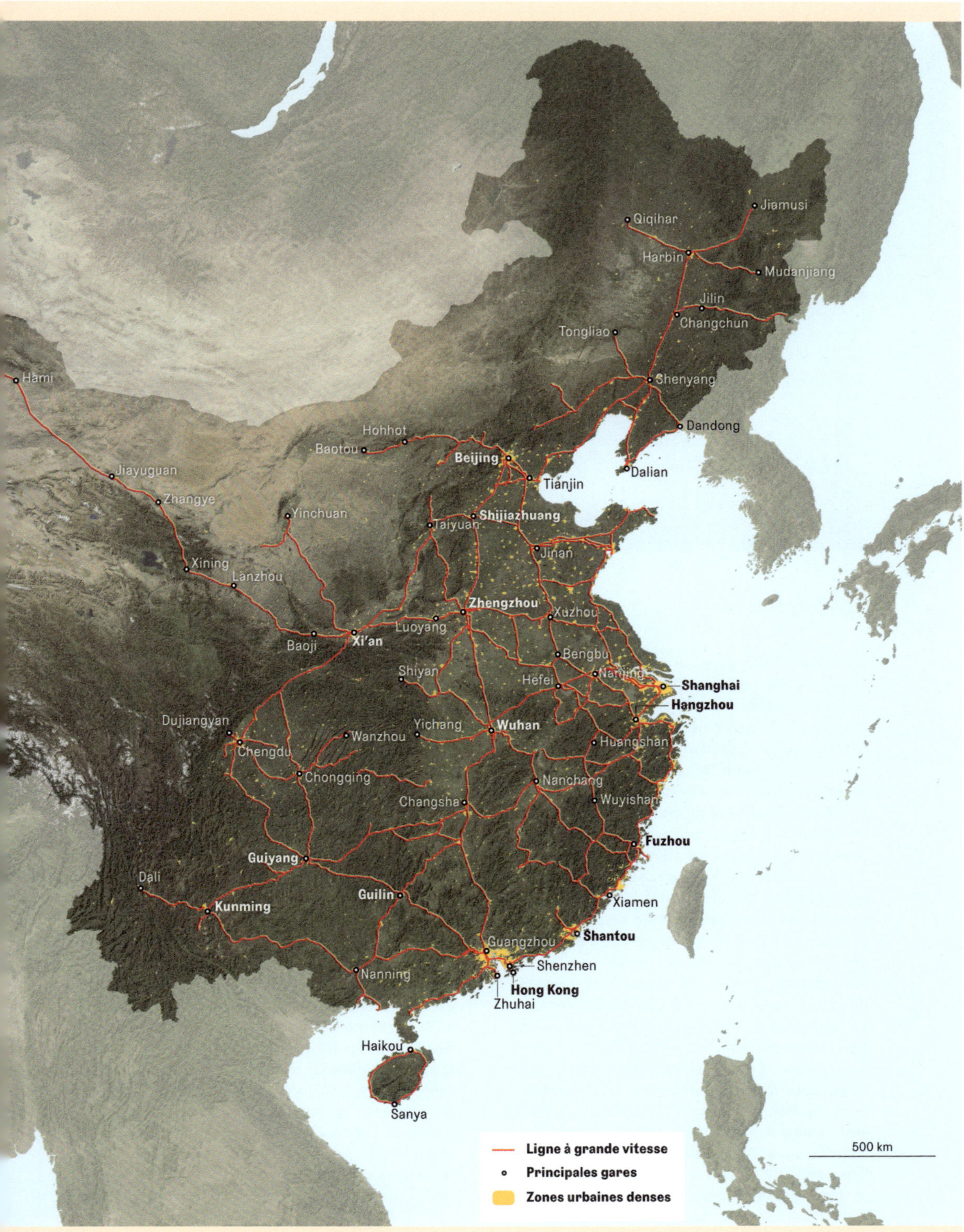
Qiqihar
Jiamusi
Harbin
Mudanjiang
Jilin
Changchun
Tongliao
Shenyang
Dandong
Dalian
Hami
Hohhot
Baotou
Beijing
Tianjin
Jiayuguan
Zhangye
Yinchuan
Shijiazhuang
Taiyuan
Jinan
Xining
Lanzhou
Zhengzhou
Xuzhou
Luoyang
Baoji
Xi'an
Bengbu
Shiyan
Hefei
Nanjing
Shanghai
Hangzhou
Dujiangyan
Yichang
Wuhan
Wanzhou
Chengdu
Huangshan
Chongqing
Nanchang
Changsha
Wuyishan
Fuzhou
Guiyang
Dali
Guilin
Kunming
Xiamen
Shantou
Guangzhou
Shenzhen
Nanning
Hong Kong
Zhuhai
Haikou
Sanya
Ligne à grande vitesse
Principales gares
Zones urbaines denses
500 km

Destination 27

Riyad

Novembre 2020, Riyad : à l'heure de la Covid-19, même les sommets du G20 se font en visioconférence. Tant pis pour l'Arabie saoudite, qui présidait ce sommet et avait projeté de recevoir en grande pompe les grands de ce monde dans sa capitale pour assurer la promotion du « nouveau » royaume saoudien. Lors de ce sommet virtuel a été formulée la crainte que la pandémie n'accentue un monde à deux vitesses, avec ceux capables de s'adapter à cette nouvelle vie numérique et les autres. Il faut dire qu'en 2020, cette invasion des écrans dans nos vies s'est accentuée comme jamais : télétravail, réunions et cours en ligne, voire retrouvailles amicales et familiales par écrans interposés.

Sans oublier, dans de nombreux pays, l'usage du smartphone pour contrôler les citoyens et l'évolution de l'épidémie, le fameux *tracking*. Nous avons dû nous convertir à marche forcée à de nouveaux outils, et les éditeurs de logiciels de collaboration à distance ont vu les usages se multiplier. Début mars 2020, Zoom (société américaine de services de téléconférence) a publié un chiffre d'affaires en hausse de 78 %. Une partie de ses serveurs est basée en Chine et des experts en sécurité soupçonnaient que le régime communiste puisse en intercepter les contenus. Face aux suspicions, l'entreprise a lancé une nouvelle fonctionnalité en avril 2020 grâce à laquelle les usagers ont désormais la possibilité de refuser le routage chinois.

Le secteur du numérique se retrouve ainsi au cœur d'enjeux multiples, à la fois économiques, sociétaux, politiques, sécuritaires et géopolitiques, qui bouleversent nos modes de vie et interrogent nos choix de société. Cyberespace, intelligence artificielle, 5G sont d'ores et déjà les grands terrains d'affrontement de ce monde mis à nu par la Covid-19 et, en la matière, Chine et États-Unis se livrent une bataille sans merci.

La Chine utilise notamment le concept de *smart cities*, villes intelligentes ou hyperconnectées, comme nouveau modèle de gestion urbaine qu'elle entend vendre au reste du monde. Pour cela, Pékin met en avant l'utilisation optimale des technologies pour la régulation des transports, la santé, la sécurité publique… et n'évoque qu'en filigrane l'enjeu dit « de contrôle social ».

De quoi nous inviter à ne jamais baisser la garde : à l'ère du big data, mieux vaut rester vigilants et exigeants quant à l'exemplarité démocratique de ceux qui nous gouvernent…

Nos vies sur écrans : nouvel enjeu géopolitique

→ Internet ou la mise en réseau de la planète

La création d'Internet dans les années 1980 contribue à une progressive mise en réseau du monde. Ce réseau mondial favorise la diffusion d'informations et de nouvelles idées aux quatre coins de la planète entre États, entreprises, institutions et individus qui l'ont massivement adopté. En 2020, on compte plus de 4,5 milliards d'internautes dans le monde, soit 57 % de la population mondiale, et plus de 1,6 milliard de sites sur la toile.

Pour garantir nos multiples connexions, les infrastructures principales d'Internet se trouvent sous les mers et les océans. Il s'agit de câbles au cœur desquels se trouvent des fibres optiques et des tenseurs en acier, protégés par de nombreuses couches d'aluminium et de plastique. Ces kilomètres de câbles enfouis au fond des océans permettent des communications ultrarapides entre les continents, mais ils nous rendent aussi potentiellement très vulnérables et génèrent des tensions et des rivalités, commerciales et géopolitiques.

→ Un réseau dominé par les GAFAM

Si le marché des câbles est tenu depuis les années 1990 par trois grands acteurs privés internationaux – le français Alcatel-Lucent, le suisse TE Subcom et le japonais NEC –, les géants du web sont, eux, tous américains : Google, Apple, Facebook, Amazon, Microsoft – les fameux GAFAM. Résultat, 80 % des flux de données transitent par les États-Unis selon la National Security Agency (NSA), la puissante agence responsable du renseignement d'origine électromagnétique – donc des écoutes des réseaux – et de la sécurité des systèmes d'information du gouvernement américain. Ces flux de données ont pour les États une importance stratégique incomparable, et ce bien avant la création d'Internet. Pour surveiller les données échangées dans le monde entier, la NSA a formé en 1955 une alliance avec ses homologues britanniques, canadiens, australiens et néo-zélandais, les Five Eyes (les « cinq yeux »). Une surveillance massive des communications mondiales révélée en 2013 par Edward Snowden, ex-informaticien de la NSA, qui explique comment ces écoutes sont rendues possibles grâce aux géants du Net.

→ Un enjeu de souveraineté ?

Face à cette hégémonie américaine, la Russie se trouve dans une situation particulière puisque seuls quatre câbles internationaux la relient au reste du monde et qu'elle dispose de ses propres acteurs d'Internet, comme Yandex et Vkontakt, plus faciles à contrôler par le pouvoir. Quant à la Chine, elle peut compter sur le câble Sea-Me-We 5 reliant l'Asie à l'Europe, achevé en 2016 par un consortium comprenant trois géants des télécoms chinois. Pékin, qui exerce un fort contrôle sur son Internet et le maintient quasiment isolé du reste du monde, cherche de plus en plus à étendre son droit de regard sur certains câbles stratégiques. L'opérateur de téléphonie chinois Huawei s'est ainsi mis à construire et à améliorer des câbles tous azimuts, comme au Groenland, aux Maldives, aux Comores, entre l'Afrique du Sud et le Royaume-Uni, et même entre le Brésil et le Cameroun. En dix ans, Huawei s'est hissé parmi les plus importants poseurs de câbles au monde. Or, le projet de construction d'un câble entre Sydney et les îles Salomon par la compagnie chinoise a été récemment rejeté par les autorités australiennes, qui craignaient une perte de souveraineté numérique.

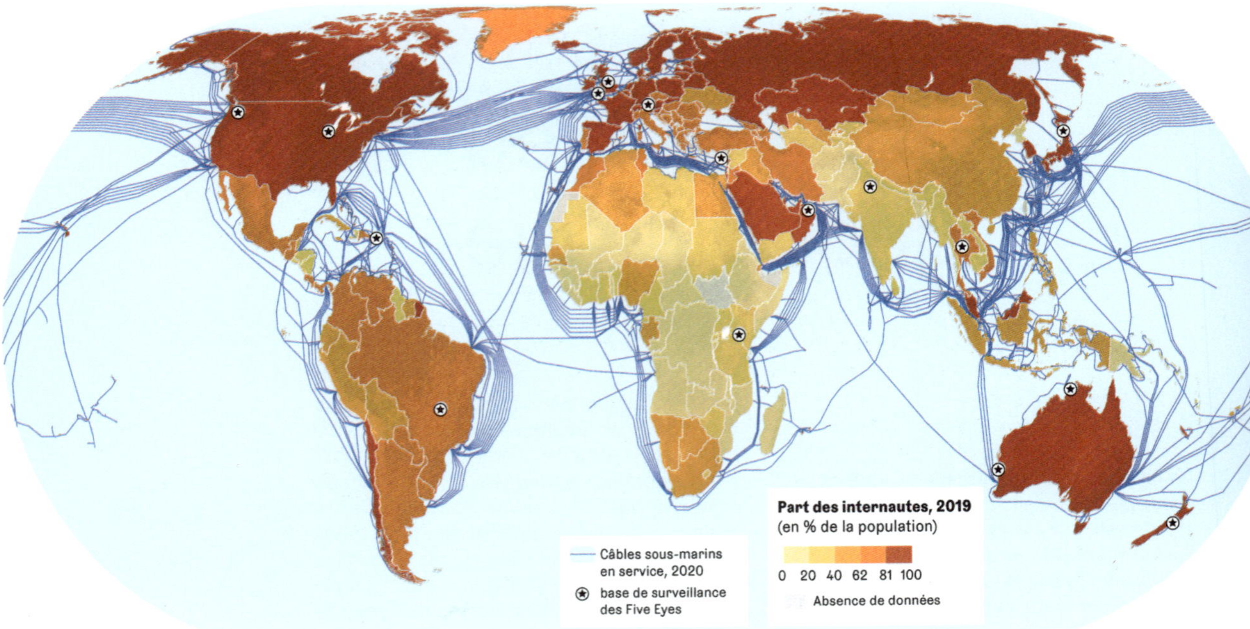

CÂBLES DANS LE MONDE ET NOMBRE D'UTILISATEURS

Aujourd'hui, plus de 1,3 million de kilomètres de câbles traversent nos océans, soit l'équivalent de 32 fois le tour de la Terre. Il y a eu un premier pic de pose de câbles lors de la bulle Internet des années 2000, et un deuxième est en cours. En 2016, 27 000 nouveaux kilomètres ont été installés, un chiffre qui a triplé en 2017. Les 428 câbles sous-marins actuels transportent 99 % de nos données numériques, tandis que moins de 0,4 % passe par les satellites. La plupart relient l'Europe, l'Amérique du Nord et l'Asie.

→ Big data : un nécessaire contrôle démocratique

Au-delà du contrôle des infrastructures de l'Internet, les États cherchent aussi à contrôler les données échangées sur ces réseaux. Big data et intelligence artificielle (IA) s'imposent donc comme le nouveau cocktail de pouvoir et, dans ce domaine, l'affrontement est quasiment bipolaire entre les États-Unis et la Chine. Dans ce face-à-face, on trouve surtout les géants privés du numérique qui financent l'IA : les fameuses GAFAM américaines et leurs équivalentes chinoises, les BATX (Baidu, Alibaba, Tencent et Xiaomi), qui ont comme particularité de s'être développés à l'ombre de l'État communiste.

Ces industries du numérique collectent à travers leurs activités principales (moteurs de recherche, vente en ligne, réseaux sociaux, téléphones mobiles et objets connectés) des milliards d'informations personnelles sur leurs utilisateurs. Or, ces données – les big data – sont la nouvelle matière première de l'intelligence artificielle, que les algorithmes sont désormais capables d'analyser. De fait, l'intelligence artificielle peut profiler automatiquement des millions d'individus, non seulement à des fins marketing (habitudes de consommation), mais aussi de renseignement (relations sociales, opinions politiques, voire caractéristiques biométriques). Elle peut même contribuer à définir des tendances sociopolitiques et à faciliter le contrôle des populations. Tout dépend alors de la nature du régime politique, des instances de régulation et des contre-pouvoirs mis en place pour fixer règles et limites à l'exploitation de ces données.

En France, par exemple, cette fonction est assurée par la Commission nationale de l'informatique et des libertés, la CNIL, et elle est complétée par un arsenal législatif « informatique et libertés ». Au niveau européen, le RGPD, soit le règlement général sur la protection des données, s'applique depuis 2018 à toute société ou personne qui collecte des données de résidents européens.

Aux États-Unis, la législation actuelle ne s'applique qu'aux données personnelles relatives à la santé, aux mineurs ou aux informations bancaires, là où il y a un vrai risque d'atteinte aux droits des individus. Depuis le scandale qui a touché Facebook et son fondateur Mark Zuckerberg (des data avaient été utilisées lors de l'élection présidentielle de 2016 pour orienter le vote de citoyens via des messages ciblés), le Congrès planche sur une loi fédérale s'inspirant du modèle européen, mais il se heurte à une forte résistance des GAFAM. Certains États, dont la Californie, ont déjà adopté une législation proche du

RGPD européen. Aucune réglementation démocratique n'existe en revanche pour protéger les citoyens chinois, soumis depuis 2018 au système de notation des citoyens appelé « crédit social », lequel a été amplifié pendant la pandémie.

→ Le duel technologique sino-américain

La guerre fait rage entre les géants du numérique. En témoignent début 2019 l'affaire Huawei, entreprise de téléphonie chinoise accusée d'espionnage industriel par les Américains, et la polémique autour de la diffusion de la 5G grâce aux services de cette même entreprise. Cette rivalité se matérialise également par le rachat quasi systématique par ces deux pays des start-up les plus prometteuses du secteur de l'IA partout dans le monde. En la matière, en 2017, les investissements chinois ont dépassé ceux des Américains, avec 31 milliards de dollars investis dans des entreprises étrangères contre 22 milliards. Comme le prédisait le président russe Vladimir Poutine en septembre 2017, « celui qui deviendra leader en intelligence artificielle sera le maître du monde ».

→ Le cyber, nouvel espace militaire ?

Considéré comme un espace de liberté et d'expression publique, le cyberespace, en permettant l'anonymat, présente aussi l'inconvénient d'être difficilement contrôlable et donc vulnérable. Il est ainsi devenu la cible de cyberattaques dès la fin des années 1980. En avril 2007, l'Estonie est le premier État victime d'une cyberattaque de grande ampleur contre ses sites gouvernementaux, qui paralyse les services publics et les médias estoniens pendant trois semaines. Il est alors difficile de déterminer l'origine de ces attaques car elles proviennent d'un réseau d'ordinateurs zombies, des « botnets » localisés dans plus de cinquante pays. Les soupçons se portent finalement sur la Russie voisine qui aurait lancé cette attaque pour s'opposer au déplacement du monument construit à Tallinn en l'honneur des soldats russes tombés lors de la Seconde Guerre mondiale, et ainsi soutenir la minorité russophone du pays. Mais cette attaque est aussi un moyen pour Moscou de marquer son opposition à l'entrée des trois pays baltes dans l'OTAN.

Au cours des années qui suivent, la multiplication de ces cyberattaques conduit la plupart des pays modernes à redéfinir leurs stratégies nationales. Ainsi, les États-Unis ont mis en place en 2009 un Cyber Command, c'est-à-dire un commandement militaire dédié au cyberespace, visant à mener les opérations tant offensives que défensives de l'armée américaine dans le cyberespace. En France, la loi de programmation militaire prévoit un budget « cyber » de 1,6 milliard d'euros, entre 2019 et 2025. L'armée française, qui ne comptait jusque-là que 3 000 « cyber-soldats », en recrute alors un millier supplémentaire.

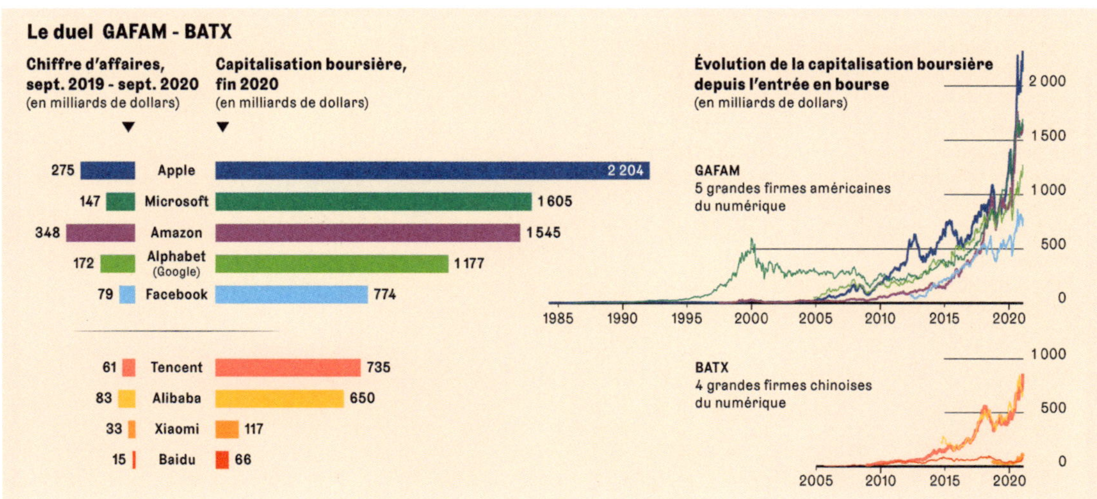

Le cyberespace : un nouveau champ de bataille

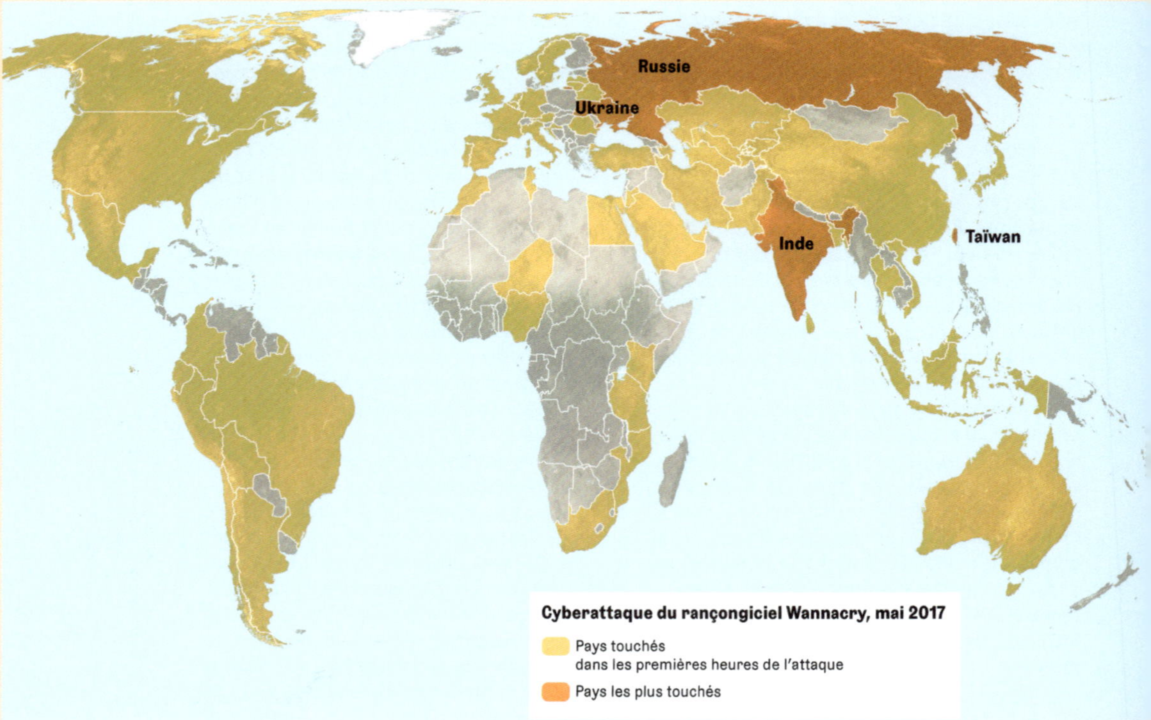

Au cours des quinze dernières années, les cyberattaques contre les États se sont multipliées à l'échelle de la planète. Sont souvent ciblés les administrations, les ministères, les hôpitaux, les hommes politiques...

La Russie semble s'être spécialisée dans la cyber-déstabilisation, comme elle l'a montré en Estonie et en Géorgie en 2008, ou lors de la campagne présidentielle américaine de 2016.

Quant à la Chine, elle est régulièrement dénoncée pour son activisme en matière d'espionnage industriel.

Par ailleurs, la Corée du Nord, l'Iran ainsi que des groupes terroristes comme Daech utilisent le cyberespace comme outil de propagande ou de sabotage.

Dans le camp démocratique, les États-Unis ont de leur côté déjà eu recours à des cyberattaques, comme celle lancée avec leur allié israélien en 2009 à l'encontre de l'Iran. Ainsi, démocraties et États autoritaires doivent désormais reconnaître le cyber comme nouvel espace géopolitique, vecteur de la « guerre hybride ». Ce concept récent mêle attaques contre les réseaux numériques, opérations de guerre électronique et de déstabilisation psychologique et l'utilisation de forces militaires irrégulières.

Ainsi, l'invasion russe de l'Ukraine est à la fois une « guerre à l'ancienne » et une « cyberguerre » : selon un récent rapport de Mandiant (entreprise américaine de cybersécurité), de nombreuses attaques et campagnes de désinformation émanant de groupes de hackers pro-russes, mais aussi chinois et iraniens, ont été relevées depuis le mois de février 2022, en particulier contre des sites de l'État ukrainien.

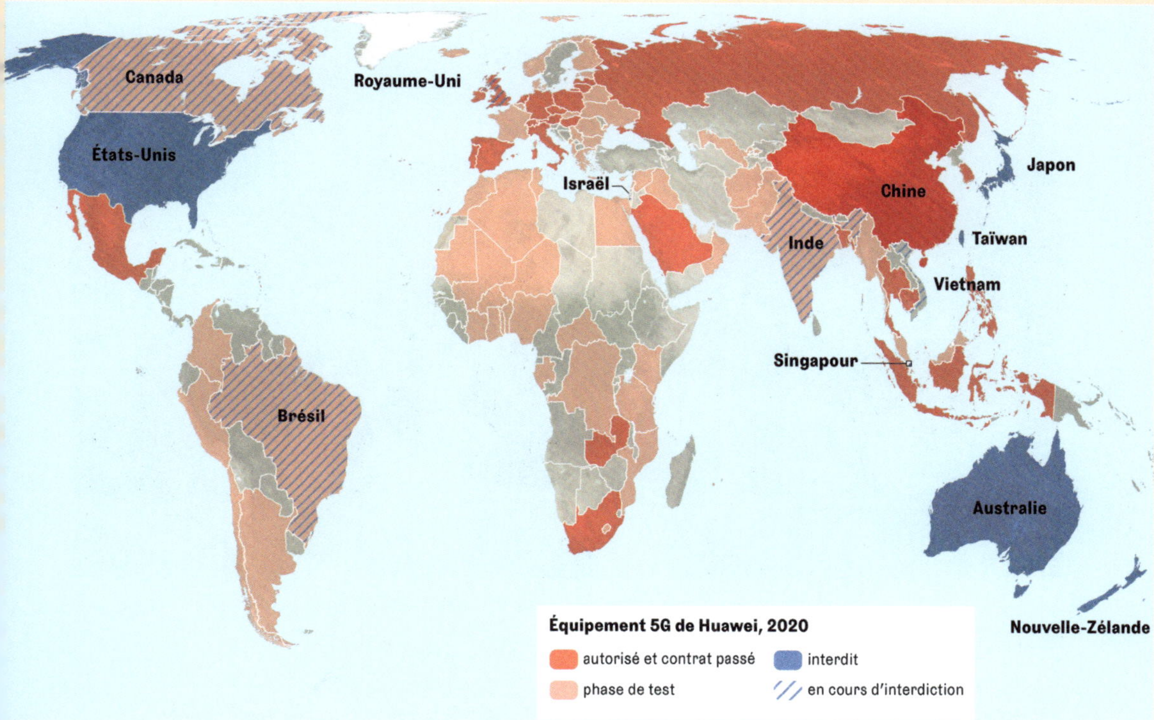

Dans ce contexte croissant de cyberattaques, les rivalités entre États se cristallisent aujourd'hui autour de la 5G, une technologie qui doit révolutionner nos sociétés toujours plus connectées en permettant l'interconnectivité des objets et des services. L'enjeu est autant technologique que stratégique : en Chine, la 5G est développée par le groupe Huawei, entreprise privée étroitement liée au régime communiste, ce qui suscite l'inquiétude des pays occidentaux. Aussi l'administration américaine tente-t-elle depuis 2018 d'affaiblir ce concurrent chinois redoutable et de convaincre ses partenaires d'interdire le développement de la 5G chinoise sur leur territoire. Toutefois, la Corée du Sud, qui, grâce à son entreprise Samsung, est aujourd'hui le pays le plus avancé dans le déploiement de la 5G, ne souhaite se brouiller ni avec son protecteur américain ni avec son grand voisin et client chinois. Quant à l'Europe, elle reste particulièrement divisée sur le sujet. Certains États membres se sont déjà lancés dans le développement de la 5G, tandis que d'autres souhaiteraient que l'OTAN et l'UE décident d'une position commune. La bataille du numérique est lancée, et elle sera longue, d'autant que l'Union internationale des télécommunications de l'ONU, qui impose les standards de demain, a pour secrétaire général un Chinois, Houlin Zhao, réélu pour un deuxième mandat de quatre ans fin 2018.

Destination 28

Montréal

28 septembre 2019, Montréal : des centaines de milliers de personnes défilent aux côtés de la jeune militante écologique suédoise Greta Thunberg, et le Premier ministre Justin Trudeau s'est joint à la marche. « Nous sommes en train de changer le monde », veut croire la jeune Suédoise à l'issue de l'une des plus importantes manifestations jamais organisées au Canada. Elle a eu lieu quelques jours après le désormais célèbre « Comment osez-vous ! » de la jeune égérie, lancé aux chefs d'État et de gouvernement réunis lors de l'assemblée générale des Nations unies.

Dans le monde entier et notamment en France, la préoccupation climatique mobilise les moins de trente-cinq ans. Selon une étude réalisée par le Credoc, le changement climatique était, en 2019, ce qui inquiétait le plus les jeunes Français, expliquant leur forte mobilisation lors des marches pour le climat mais aussi leur vote en faveur des partis écologistes aux élections européennes de mai 2019.

Pourtant, l'étude montrait aussi que « les comportements des jeunes au quotidien ne sont pas toujours plus écologiques que ceux de leurs aînés, et ils sont moins nombreux notamment à trier leurs déchets, à acheter des légumes locaux et de saison ou encore à réduire leur consommation d'électricité ». Les jeunes montrent, toujours selon l'étude, « un goût certain pour le shopping, les équipements et pratiques numériques, les voyages en avion et une alimentation peu durable ». Mais, dans d'autres domaines, ils ont des habitudes plus écologiques que leurs aînés, privilégiant par exemple dans le domaine de la mobilité vélo, covoiturage et transports en commun et, pour leurs achats, l'occasion, la location ou le troc plutôt que le neuf. Bref, une jeunesse qui identifie le mal mais ne se résigne pas (encore) à modifier en profondeur ses modes de vie, à l'image de ces gouvernements confrontés à une équation complexe : urgence climatique, contraintes économiques et acceptabilité des mesures prises.

En attendant, la prise de conscience est là, irréversible, et la nouvelle donne environnementale s'invite partout, dans la vie politique, économique, sociale, privée. Le 4 avril 2022, le dernier rapport du GIEC estime que pour rester sous un réchauffement global de 1,5 °C, il faut que les émissions de gaz à effet de serre mondiales atteignent un pic au plus tard d'ici 2025.

L'urgence climatique : le dérèglement, c'est maintenant !

→ Un dérèglement climatique qui s'accentue

L'année 2020 a été l'une des trois années les plus chaudes jamais enregistrées avec 2016 et 2019. Selon l'Organisation météorologique mondiale, la température moyenne sur notre planète a dépassé de 1,2 °C celle de la période de référence 1850-1900. La dernière décennie fait également partie des records, et l'on craint désormais que les températures de notre planète dépassent d'ici 2024 le seuil fixé par la COP 21 en 2015 d'une hausse contenue à 1,5 °C par rapport à l'ère préindustrielle. Depuis une vingtaine d'années, les événements climatiques extrêmes (canicules et vagues de froid records, tempêtes, tornades et cyclones dévastateurs, sécheresses et incendies, fonte des glaces...) se multiplient, et se caractérisent par des fréquences, une intensité et une ampleur inhabituelles.

→ Quand terres et mers se réchauffent

Sur tous les continents, les glaciers fondent d'ores et déjà sous nos yeux. En juillet 2022, le glacier de la Marmolada, le plus grand glacier des Alpes italiennes, s'est partiellement effondré, fragilisé par le changement climatique et des températures records. Dans le massif alpin du Mont-Blanc, la Mer de Glace a reculé de 120 mètres en un siècle, et le secteur touristique de toute la région en pâtit. En Islande, ce sont, selon les scientifiques, près de 11 milliards de tonnes de glace qui sont perdues par an. La masse de calottes glaciaires du Groenland et de l'Antarctique ne cesse, elle aussi, de diminuer depuis l'an 2000 et la banquise arctique fond de plus en plus rapidement depuis trente ans. En été, les températures de surface des mers y sont anormalement élevées, tout comme celles des terres du pourtour arctique. La petite ville russe de Verkhoïansk a ainsi vu le thermomètre atteindre les 38 °C en juin 2020, un record de chaleur historique jamais vu à cette latitude.

Conséquence de la fonte des glaciers et des calottes glaciaires, la mer monte. Une quinzaine de centimètres en un siècle et ce phénomène est en accélération depuis trente ans. Selon les climatologues du Groupe d'experts intergouvernemental sur l'évolution du climat (GIEC), le niveau des mers et des océans grimpe actuellement de 3 millimètres chaque année. Mais d'ici 2100, la hausse pourrait atteindre 30 centimètres dans le meilleur des cas et dépasser le mètre dans le pire.

→ Risque croissant de submersion

L'effet de domino de cette hausse du niveau des mers pèse dans le monde sur les régions côtières et les deltas fluviaux, qui hébergent 10 % de la population mondiale et vivent aujourd'hui sous la menace permanente de la submersion. C'est le cas notamment en Europe du Nord (Belgique, Pays-Bas) et en Asie, où se concentrent sur les littoraux et dans les deltas de fortes densités humaines et la plupart des mégapoles de plus de 10 millions d'habitants (20 des 34 mégapoles recensées par l'ONU en 2020). Ainsi, Mumbai, la capitale économique de l'Inde, qui compte 20 millions d'habitants et s'est développée sur une presqu'île, est désormais très vulnérable. Chaque année, pendant la mousson, les habitants des bidonvilles se retrouvent les pieds dans l'eau et craignent de perdre leur maison à chaque nouvelle intempérie. Le gouvernement local tente de freiner l'invasion marine en plantant des mangroves pour former une

LE BANGLADESH, ZONE INONDABLE

digue naturelle, mais sans garantie de succès.

Au Bangladesh, dans le delta du Gange et du Brahmapoutre, alimentés par les glaciers de l'Himalaya, la situation est encore pire. Étendues sur environ 100 000 kilomètres carrés, les terres de ce delta très densément peuplé (quelque 42 millions d'habitants) sont à plusieurs mètres sous le niveau de la mer. C'est notamment le cas de Dacca, la capitale du Bangladesh, et de Calcutta, la grande ville indienne voisine. La mousson entraîne des inondations et des remontées d'eau salée, ainsi que l'effondrement des sols, qui chassent, par millions, des villageois et les plus pauvres des urbains de leurs maisons de tôle. En 2020, 30 à 40 % du territoire du Bangladesh s'est retrouvé sous les eaux, et dans le golfe du Bengale, des îles ont purement et simplement disparu en raison de la montée des eaux.

Celle-ci pourrait d'ailleurs engendrer en Asie, selon les projections pour 2050, la perte de millions d'hectares de terres fertiles nécessaires à l'agriculture et à l'alimentation, et fortement endommager les grandes villes côtières asiatiques que sont Shanghai, Canton (Guangzhou) et Tianjin en Chine, ou Hô Chi Minh-Ville dans le delta du Mékong.

→ Des îles bientôt englouties ?

Les autres territoires particulièrement vulnérables à la montée des eaux sont bien évidemment les îles. Or, toutes ne présentent pas la même exposition au changement climatique et aux aléas qu'il génère sur les écosystèmes et les économies. Le risque est fonction de la morphologie et du relief : les îles basses et les atolls formés par des récifs coralliens sont de fait les plus en danger. Environ 4 millions de personnes y vivent, sur une étendue inférieure à 1 kilomètre carré et à une altitude ne dépassant pas 3 mètres.

Dans le Pacifique, le cas de l'archipel des îles Marshall est particulièrement inquiétant, les tempêtes et les inondations s'y multiplient et polluent les nappes d'eau douce. Mais c'est sur l'île Runit, dans l'atoll d'Enewetak, que la situation est le plus préoccupante, car s'y trouve un gigantesque dôme rempli de 88 000 mètres cubes de déchets radioactifs, laissés après les 67 essais atomiques américains menés dans les atolls de Bikini et d'Enewetak entre 1946 et 1958. Ce lieu de stockage, qui se voulait provisoire, repose à même le sol et commence à se fissurer. Il représente donc un risque croissant pour les habitants, alors que le site est dans une zone soumise aux tsunamis et aux tremblements de terre, sans que cela émeuve le moins du monde les États-Unis, qui ont refusé leur aide au gouvernement marshallien pour sécuriser le site.

Au-delà du cas des îles Marshall, en perturbant les écosystèmes, le réchauffement climatique menace la survie des récifs de coraux et contribue à l'acidification de l'océan, laquelle affecte la biodiversité et, par effet domino, la chaîne alimentaire jusqu'à l'homme. Il participe d'ailleurs en grande partie à ce qu'on appelle la sixième extinction de masse, la disparition en cours de centaines de milliers d'espèces végétales et animales partout sur la planète. On observe également la migration de certaines espèces animales qui fuient les températures trop élevées, avec des conséquences en chaîne sur les écosystèmes.

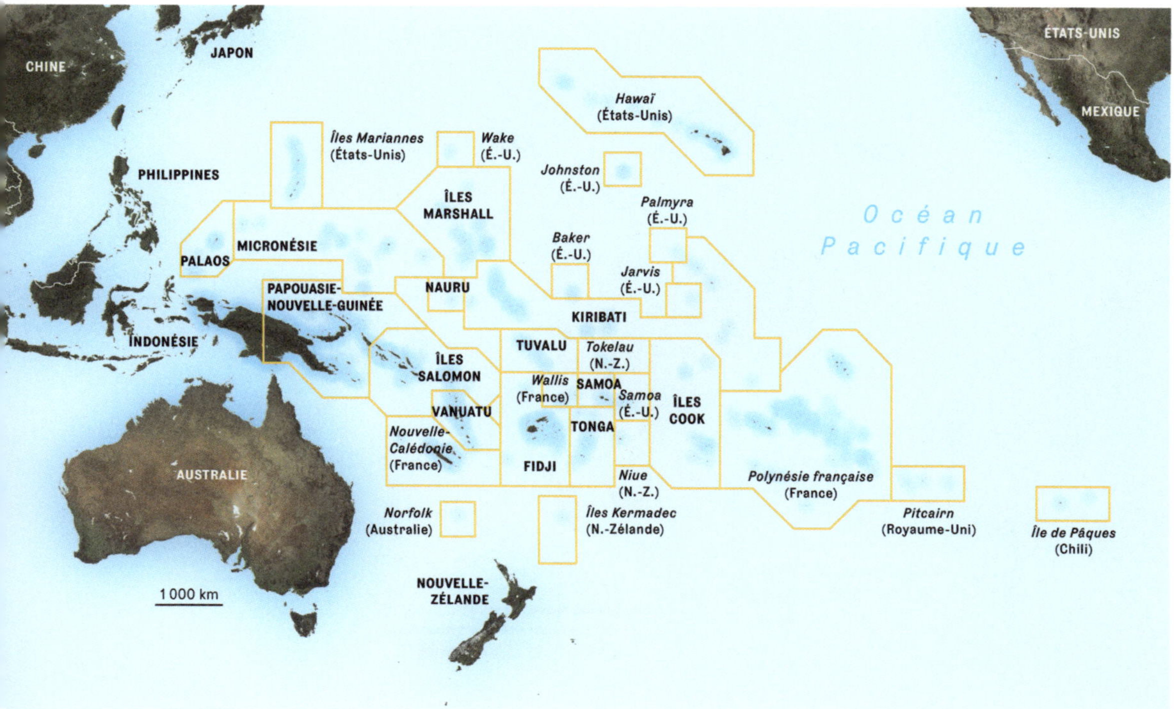

→ Des catastrophes naturelles plus fréquentes et plus intenses

Outre la hausse des températures, le changement climatique entraîne l'augmentation des phénomènes climatiques extrêmes en fréquence et en intensité, y compris dans les pays les plus développés. On se souvient de l'ouragan Katrina qui, en 2005, dévaste La Nouvelle-Orléans, faisant 1800 morts et des milliards de dollars de dégâts. En 2019, l'Australie connaît de gigantesques incendies provoqués par une vague de sécheresse et des températures records, qui tuent au moins un milliard d'animaux et ravagent plus de 12 millions d'hectares, soit l'équivalent en superficie des régions Nouvelle-Aquitaine et Pays de la Loire cumulées. En Europe, 2019 est aussi l'année des canicules : l'Allemagne, la France et les Pays-Bas ont connu des pics de températures estivales dépassant 40 °C. Ces épisodes caniculaires touchent régulièrement 30 % de la population mondiale, et affectent la santé de millions de personnes sur tous les continents.

Qu'on les nomme ouragans, tornades, cyclones ou typhons selon les régions du monde, les tempêtes se multiplient et s'intensifient depuis vingt ans. Parallèlement, l'entrée dans une ère de méga-feux semble se profiler, au vu de l'ampleur des incendies au cours de ces dernières années. C'est notamment le cas sur la côte ouest des États-Unis, en Australie, en Sibérie, ou en Amazonie brésilienne et en Indonésie, un phénomène grandement favorisé par la déforestation.

Avec le réchauffement global, certains endroits connaissent une hausse des précipitations, et d'autres une baisse qui provoque sécheresse et désertification. C'est le cas du pourtour méditerranéen, de l'Afrique australe et du Sahel. Depuis cinq ans, le sud du continent africain est touché par la sécheresse, qui a entraîné une baisse dramatique des récoltes. Début 2020, 45 millions de personnes étaient ainsi menacées par la famine au Zimbabwe, en Zambie, au Mozambique et à Madagascar.

Toutes ces catastrophes et ces dégradations causées par le réchauffement climatique engendrent des déplacements internes de populations. On estime qu'en moyenne chaque année environ 25 millions de personnes fuient leur domicile à cause de catastrophes naturelles (majoritairement climatiques), c'est presque trois fois plus que les déplacements liés aux guerres.

VERS LA DISPARITION D'ÎLES ET D'ARCHIPELS

L'Océanie et sa myriade d'États insulaires formés d'îles basses sont particulièrement vulnérables au réchauffement climatique. Le cas de l'archipel des îles Marshall (181 kilomètres carrés pour environ 76 000 habitants) est par exemple très préoccupant, la plupart des îles devenant progressivement inhabitables en raison des effets du réchauffement climatique. Les tempêtes et les inondations se multiplient et polluent les nappes d'eau douce.

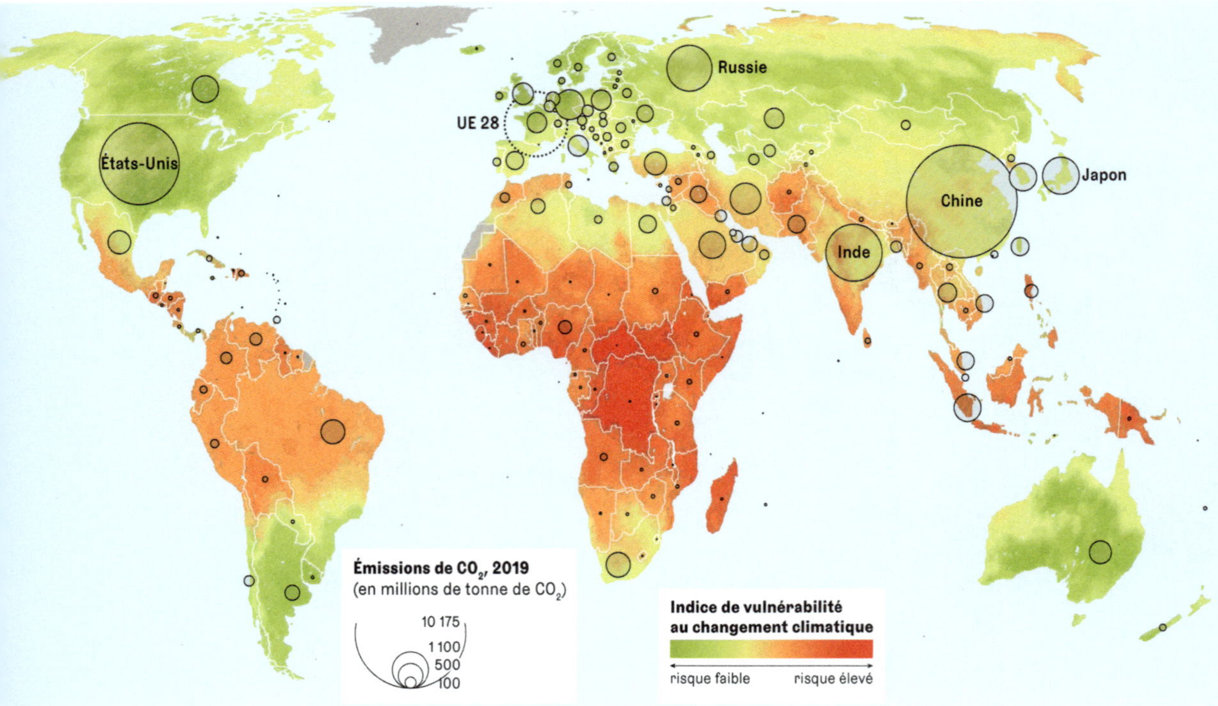

LES ÉTATS INÉGALEMENT VULNÉRABLES AU CHANGEMENT CLIMATIQUE

Il faut ajouter à ces déplacés à l'intérieur des États tous ceux qui quittent leur pays durablement, comme ces migrants africains qui traversent la Méditerranée au péril de leur vie, même si les causes des mouvements de populations sont complexes et mêlent souvent l'environnement, la politique et l'économie.

→ Une vulnérabilité différenciée selon les lieux

Face aux dérèglements du climat, tous les habitants de la Terre ne sont pas égaux. Le degré de fragilité est inversement proportionnel au niveau de développement des États. Les pays les plus exposés aux risques climatiques sont donc principalement situés en Afrique, en Amérique latine et en Asie du Sud et du Sud-Est. Les catastrophes climatiques y font des ravages, car elles se combinent à la pauvreté et au manque de structures sanitaires. Pourtant, la plupart de ces pays produisent peu de gaz à effet de serre (GES), mais subissent les conséquences des émissions des pays les plus développés, à savoir par ordre décroissant la Chine, les États-Unis, l'Union européenne à 28, l'Inde, la Russie, le Japon.

Toutefois, si l'on prend en compte les émissions de GES par habitant, c'est le petit Qatar qui arrive en tête, suivi des pétromonarchies du Golfe. Les États-Unis se placent quant à eux à la 12e position, au niveau de l'Australie, et le Canada et la Chine se situent au 39e rang, au niveau des pays de l'Union européenne.

De telles différences s'expliquent par une certaine prise de conscience dans plusieurs États qui ont mené des politiques et des actions ambitieuses en faveur du climat. Les pays scandinaves, avec en tête le Danemark, sont ainsi à la pointe sur les énergies renouvelables. La Suède a instauré dès 1991 une taxe carbone et s'est donné comme objectif de vivre sans énergies fossiles d'ici à 2030. Le Maroc a également une politique énergétique ambitieuse basée sur le développement de l'énergie solaire et éolienne. Quant à l'Inde, encore très dépendante au charbon, elle réalise des investissements massifs dans les énergies renouvelables.

D'autres acteurs, tels les entreprises et les villes, se sont également engagés dans la lutte contre le changement climatique. La Nouvelle Alliance verte formée par une centaine de métropoles dans le monde en témoigne. Parmi ces villes, une trentaine, dont

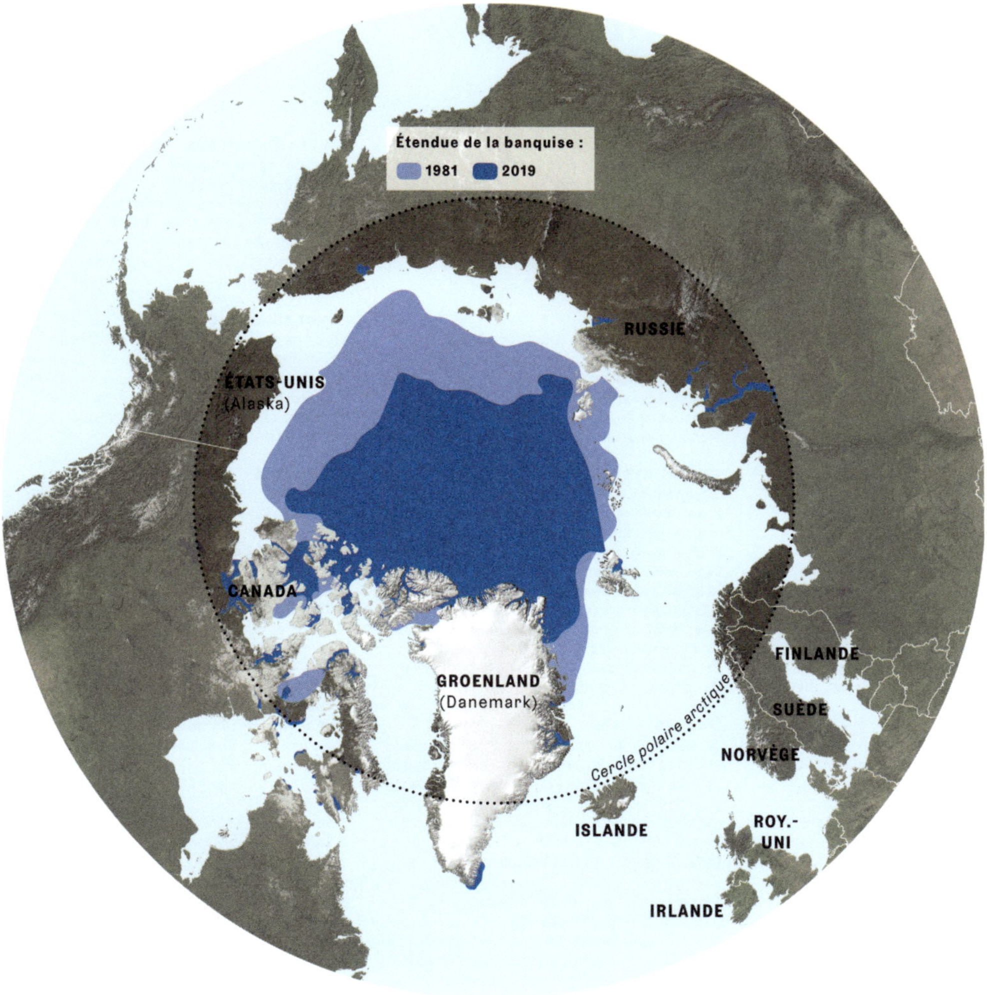

Paris, Copenhague, Athènes, Rome, Los Angeles, Toronto ou Stockholm, ont déjà réduit en moyenne de 22% leurs émissions, afin de remplir l'objectif des accords de Paris de contenir la hausse des températures à 1,5 °C d'ici la fin du siècle. Cela passe par la mise en place de bus propres, de pistes cyclables, la construction de bâtiments moins énergivores et la réduction des déchets. À San Francisco, plus de 80% des déchets sont réutilisés dans le cadre de la politique « zéro déchets ». Cet engagement des villes est crucial puisque les métropoles regroupent plus de la moitié de la population mondiale et qu'elles représentent plus de 70% des émissions de CO_2 au niveau planétaire.

Enfin, partout dans le monde, des citoyens se mobilisent pour que l'urgence climatique devienne une priorité. Même si l'accord de Paris de 2015 constitue une avancée primordiale dans la lutte des États contre le changement climatique, il reste encore un long chemin à parcourir. L'élection du démocrate Joe Biden est à cet égard une bonne nouvelle, marquant le retour des États-Unis dans cet accord et une rupture avec le climatoscepticisme du président sortant. Par ailleurs, les émissions de GES n'ont que faiblement augmenté en 2019 (+ 0,6%) et ont même baissé de plus de 5% en 2020 en raison du confinement.

Mais au rythme actuel de la décarbonisation du monde, l'objectif de limiter la hausse des températures sur Terre à 1,5 °C paraît de plus en plus difficile à atteindre.

L'ARCTIQUE EN PREMIÈRE LIGNE

C'est au niveau du cercle polaire arctique que le réchauffement climatique est le plus perceptible. Cette région « sentinelle » se réchauffe deux à trois fois plus vite que le reste de la planète. Au Groenland, la superficie de la banquise a perdu entre 3 et 4% par décennie, soit presque un demi-million de kilomètres carrés tous les dix ans.

Glossaire

5G
La 5G est la cinquième génération des systèmes de communication mobile. Mise au point à partir de 2015 mais seulement déployée depuis 2019, elle doit augmenter le débit de nos télécommunications, réduire le temps de latence, améliorer la fiabilité de nos réseaux et permettre le développement des objets connectés.

ATLANTISME
Doctrine géopolitique qui prône l'alignement entre l'Europe et les pays d'Amérique du Nord, États-Unis en tête. Elle est héritée de la guerre froide et de la menace émanant de l'Union soviétique. Après la chute de l'URSS, l'atlantisme reste un courant important des relations internationales, face aux ambitions russes et chinoises, particulièrement depuis l'invasion de l'Ukraine.

BIG DATA
Se caractérise par un immense volume d'informations, par la très grande variété de celles-ci et par la nécessité de les traiter en temps réel. Une nouvelle donne technologique qui trouve déjà des applications dans de nombreux domaines (politique, géopolitique, etc.), et qui pose la question du contrôle de ces données dans les pays non-démocratiques.

CHIISME
Second grand courant de l'islam après le sunnisme. Il est lui-même divisé en différentes branches (duodécimains, zaydites, ismaéliens…). Les 150 à 200 millions de chiites représentent 10 à 15 % des fidèles musulmans sur la planète.

DÉMOCRATIE
L'un des grands spécialistes français du droit constitutionnel, Georges Vedel, la définit comme un « exécutif appuyé sur la nation et contrôlé par une opposition parlementaire ». Cela revient à placer ce que Montesquieu appelait les « contre-pouvoirs » au cœur du jeu démocratique, le Parlement contrôlant l'action gouvernementale, tandis que la justice, la presse, les associations, toutes trois libres et indépendantes dans leurs modalités d'action, contribuent à cet équilibre des pouvoirs, fondant l'État de droit.

DÉMOCRATIE ILLIBÉRALE
Les gouvernements illibéraux se caractérisent par un respect apparent du jeu démocratique (recours aux élections), mais par une remise en cause d'autres principes communément associés à la démocratie tels que l'indépendance de la justice, la liberté de la presse ou le droit de manifester.

EURASISME
Doctrine géopolitique russe élaborée par Alexandre Douguine qui fait de la Russie et de certains des territoires habités par ses voisins (Turcs, Slaves, Grecs, Perses) un ensemble géographique commun, à part entière, dont Moscou serait le centre.

GUERRE HYBRIDE
Désigne les conflits qui ne correspondent pas aux catégories traditionnelles que sont la guerre conventionnelle (deux armées régulières qui s'affrontent), la guerre asymétrique (une armée régulière qui affronte une force irrégulière, comme une organisation terroriste) ou la cyberguerre (guerre numérique ayant pour cible des infrastructures plutôt que des personnes). On parle de guerre hybride lorsque les caractéristiques de plusieurs de ces catégories de conflits sont combinées.

INDO-PACIFIQUE
Espace géographique qui s'étend sur les océans Indien et Pacifique. Depuis peu, il est considéré comme une zone stratégique de premier plan, pour limiter l'influence de la Chine, avec les pays partenaires de l'Occident (Inde, Japon, Australie).

INTELLIGENCE ARTIFICIELLE
Correspond à l'ensemble des technologies qui permettent de simuler l'intelligence humaine. Ses applications sont multiples, de la reconnaissance faciale et vocale à la conduite sans pilote, en passant par l'optimisation des moteurs de recherche, et constituent un nouvel enjeu géopolitique.

ISLAMISME
Terme formé dans les années 1970 à partir du mot « islam » pour désigner les différents mouvements politiques pour lesquels le dogme musulman doit diriger l'action publique. En cela, les organisations islamistes se distinguent des courants de pensée qui considèrent que l'islam doit être circonscrit à la sphère privée.

MULTILATÉRALISME
Forme d'organisation des relations internationales qui repose sur le dialogue, la négociation et l'accord entre les différents acteurs de la politique mondiale. Il est rendu possible par l'existence et le respect des décisions prises par les organisations internationales.

PIVOT ASIATIQUE
Doctrine de politique étrangère définie par l'administration Obama en 2011. Elle consiste à réorienter l'activité diplomatique, économique et militaire des États-Unis autour de l'Asie, nouveau centre de gravité économique de la planète.

POPULISME
Renvoie à un système rhétorique qui consiste à opposer le peuple aux élites traditionnelles.

ROUTES DE LA SOIE (BELT AND ROAD INITIATIVE)
Les nouvelles routes de la soie sont un vaste projet économique et stratégique chinois dévoilé par le président Xi Jinping en 2013. Le nom fait référence aux routes commerciales historiques qui reliaient l'Europe à la Chine à travers l'Eurasie. Le projet initial consistait à développer un ensemble de liaisons maritimes et terrestres – et notamment ferroviaires – à travers tous les continents ; il englobe aujourd'hui d'autres ambitions de Pékin.

SOFT POWER
L'ensemble des outils de politique étrangère d'un État qui ne relèvent pas de la coercition, par opposition au *hard power* qui correspond au recours à la force militaire ou à la pression économique. Le *soft power* cherche à convaincre plutôt qu'à contraindre, par l'attractivité culturelle, le rayonnement scientifique, les capacités d'innovation ou la défense de certaines valeurs.

SUNNISME
Avec le chiisme, désigne l'un des deux grands courants de l'islam. Il représente aujourd'hui plus de 85 % des musulmans sur la planète et il rassemble plus d'1,5 milliard de fidèles.

Bibliographie

I. EUROPE. LE TEMPS DES CRISES

Eltchaninoff, Michel, *Dans la tête de Vladimir Poutine*, nouvelle édition, Actes Sud, 2022.
Goujon, Alexandra, *L'Ukraine. De l'indépendance à la guerre*, Le Cavalier bleu, 2021.
Kastouéva-Jean, Tatiana, *La Russie de Poutine en 100 questions*, Tallandier, 2020.
Mandraud, Isabelle, Théron, Julien, *Poutine. La stratégie du désordre*, Tallandier, 2021.
Tétart, Frank, Mounier, Pierre-Alexandre, *Atlas de l'Europe*, Autrement, 2021.
Van Renterghem, Marion, *Angela Merkel. L'ovni politique*, Les Arènes, 2017.
Zelensky, Volodymyr, *Pour l'Ukraine*, Grasset, 2022.

Sur la toile
Information et décryptage de l'actualité européenne: https://www.touteleurope.eu/

II. LES DEUX AMÉRIQUES AMERICA IS BACK ?

Badie, Bertrand, Vidal, Dominique (dir.), *Fin du leadership américain ?*, La Découverte, 2019.
Dabène, Olivier, *Atlas du Brésil*, Autrement, 2018.
Grillo, Ioan, *El Narco. La montée sanglante des cartels mexicains*, Buchet-Chastel, 2012.
Kandel, Maya, *Les États-Unis et le monde*, Perrin, 2018.
Nardon, Laurence, *Les États-Unis de Trump en 100 questions*, Tallandier, 2018.
« Venezuela 1998-2018 : le pays des fractures », *Les Temps modernes*, n° 697, mars 2018.
Théry, Hervé, « Le Brésil et la révolution géopolitique mondiale », *Outre-Terre*, n° 56, vol. 1, 2019.

Sur la toile
Pew Research Center, centre de recherches en sciences sociales américain : https://www.pewresearch.org/
Atlas Caraïbe: http://atlas-caraibe.certic.unicaen.fr/fr/

III. ASIE. L'ÉPICENTRE DU MONDE QUI VIENT

Argounès, Fabrice, *L'Australie et le monde. Entre Washington et Pékin*, Presses universitaires de Provence, 2016.
« L'Asie de l'Est face à la Chine », *Politique étrangère*, vol. 86, n° 2, été 2021.
Bondaz, Antoine, *Corée du Nord. Plongée au cœur d'un État totalitaire*, éditions du Chêne, 2016.
Bougon, François, *Hong Kong, l'insoumise. De la perle de l'Orient à l'emprise chinoise*, Tallandier, 2020.
Chol, Éric, Fontaine, Gilles, *Il est midi à Pékin. Le monde à l'heure chinoise*, Fayard, 2019.
Courmont, Barthélémy (dir.), *Géopolitique de la mer de Chine méridionale. Eaux troubles en Asie du Sud-Est*, Presses de l'Université du Québec, 2018.
Delamotte, Guibourg, *Le Japon dans le monde*, CNRS Éditions, 2019.
Ekman, Alice, *La Chine dans le monde*, CNRS Éditions, 2018.
Jaffrelot, Christophe, *L'Inde de Modi. National-populisme et démocratie ethnique*, Fayard, 2019.
Saint-Mézard, Isabelle, *Atlas de l'Inde*, Autrement, 2016.
Tréglodé (de), Benoît, Fau, Nathalie, *Mers d'Asie du Sud-Est*, CNRS Éditions, 2018.

Sur la toile
Asia Centre, les points de rencontre de l'Asie avec les grands enjeux globaux: http://centreasia.eu/

IV. MOYEN-ORIENT. NOUVEAUX MAÎTRES, NOUVEAUX ENJEUX ?

Balanche, Fabrice, *Atlas du Proche-Orient arabe*, Presses de la Sorbonne, 2012.
Baron, Xavier, *Histoire de la Syrie, de 1918 à nos jours*, Tallandier, « Texto », 2019.
Bonnefoy, Laurent, *Le Yémen. De l'Arabie heureuse à la guerre*, Fayard, 2018.
Conesa, Pierre, *Dr Saoud et Mr Djihad. La diplomatie religieuse de l'Arabie saoudite*, Robert Laffont, 2016.
« Israël, une démocratie en question », *Moyen-Orient*, n° 48, oct.-déc. 2020.
Lescure, Jean-Claude, *Le Conflit israélo-palestinien en 100 questions*, Tallandier, 2018.
Mardam-Bey, Farouk, Majed, Ziad, Hadidi, Subhi, *Dans la tête de Bachar al-Assad*, Actes Sud, 2018.
« Moyen-Orient, des guerres sans fin », *Questions internationales*, n° 103-104, sept.-déc. 2020.
Ockrent, Christine, *Le Prince mystère de l'Arabie. Mohammed ben Salman, les mirages d'un pouvoir absolu*, Robert Laffont, 2018.
Schmid, Dorothée, *La Turquie en 100 questions*, Tallandier, 2018.
Soubrier, Emma, « Les Émirats arabes unis à la conquête du monde ? », *Politique étrangère*, printemps 2020.
Tétart, Frank, *La Péninsule arabique. Cœur géopolitique du Moyen-Orient*, Armand Colin, 2017.

Sur la toile
Décryptages de l'actualité du Moyen-Orient: http://www.lesclesdumoyenorient.com
Comprendre le conflit syrien: https://www.leconflitsyrienpourlesnuls.org/

V. AFRIQUE. LE CONTINENT DES POSSIBLES ET DES IMPOSSIBLES

Ambrosetti, David, « L'Éthiopie : une volonté politique de fer aujourd'hui saisie par le doute », *Questions internationales*, 2018.
Belkaïd, Akram, *L'Algérie en 100 questions. Un pays empêché*, Tallandier, 2020.
Dubresson, Alain, Magrin, Géraud, Ninot, Olivier, *Atlas de l'Afrique*, Autrement, 2018.
« Géopolitique du Sahel et du Sahara », *Hérodote*, n° 172, vol. 1, 2019.
Normand, Nicolas, *Le Grand Livre de l'Afrique*, Eyrolles, 2018.
Pérouse de Montclos, Marc-Antoine, *L'Afrique. Nouvelle frontière du djihad ?*, La Découverte, 2018.
Serres, Thomas, *L'Algérie face à la catastrophe suspendue*, IRMC/Karthala, 2019.

Sur la toile
Centre d'études stratégiques de l'Afrique: https://africacenter.org/fr/

VI. DU MONDE D'AVANT AU MONDE D'APRÈS

Blanchon, David, *Atlas mondial de l'eau*, Autrement, 2013.
Doulet, Jean-François, *Atlas de l'automobile*, Autrement, 2018.
Duhamel, Philippe, *Géographie du tourisme et des loisirs*, Armand Colin, 2018.
Gemenne, François, *Atlas de l'anthropocène*, Presses de Sciences Po, 2019.
Gomart, Thomas, *Guerres invisibles. Nos prochains défis géopolitiques*, Tallandier, 2021.
Ockrent, Christine, *La Guerre des récits. Xi, Trump, Poutine : la pandémie et le choc des empires*, L'Observatoire, 2020.

Sur la toile
GRID-Arendal, ressources et cartes sur l'environnement: https://www.grida.no/
Centre Géode, géopolitique de la datasphère: https://geode.science/

WEBOGRAPHIE

IRIS : https://www.iris-france.org/
IFRI : https://www.ifri.org/
CERI : https://www.sciencespo.fr/ceri/fr
CERISCOPE : http://ceriscope.sciences-po.fr/
Fondation pour la recherche stratégique : https://frstrategie.org/frs/actualite
International Crisis Group : https://www.crisisgroup.org/
Geoconfluences, ressources de géographie : http://geoconfluences.ens-lyon.fr/
Geoimage du CNES (apprendre avec des photos satellites) : https://geoimage.cnes.fr/fr/

SOURCES CARTOGRAPHIQUES

Images satellites : PlanetObserver ; NASA Earth Observatory
Fonds cartographiques : Natural Earth
Réseau routier et ferré : OpenStreetMap
Zones économiques exclusives : Marineregions.org
Zones urbaines denses : Commission européenne, Global Human Settlement Layer
Réfugiés et déplacés : Haut-Commissariat des Nations unies pour les réfugiés (UNHCR)
Santé, Covid-19 : Organisation mondiale de la santé (OMS) ; Centre européen de prévention et de contrôle des maladies (ECDC) ; Coronavirus Resource Center de l'université Johns-Hopkins
Émissions de CO2 : Global Carbon Project
Câbles sous-marins : TeleGeography
Union européenne : Europa.eu
Pascal Buléon, Louis Shurmer-Smith, *Atlas transmanche*, Université de Caen Normandie, https://atlas-transmanche.certic.unicaen.fr
Revue *Moyen-Orient* et Magazine *Carto*, groupe Areion
Questions internationales, La Documentation française
Georges Duby, *Atlas historique mondial*, Larousse, 2003.

REMERCIEMENTS

Je voudrais d'abord dire ma gratitude à la direction d'Arte, qui accompagne le développement du « Dessous des cartes », à l'antenne, sur le numérique, en format hebdomadaire (le samedi à 19 h 30) et désormais quotidien (« L'Essentiel », du lundi au jeudi, 20 h 50) : Bruno Patino, Fabrice Puchault, Boris Razon, Marie-Laure Lesage, Rachel Adoul, Anne Pradel.

Un merci particulier à celle qui est arrivée en 2017 le même jour que moi dans les locaux du « Dessous des cartes », Angèle Le Névé, qui gère de main de maître la production d'une émission qui lui doit tant.

Merci aux autres camarades du quotidien à Arte Studio : Juliette Droillard, Pierre Simon, Alice Dossin.

Merci à notre talentueuse équipe :
- d'auteurs-réalisateurs : Pierre-Olivier François, Julien Le Bot, Judith Rueff, Julie Gavras, Benoît Laborde, Jean-Christophe Ribot, Frédéric Ramade, Frédéric Lernoud. C'est un bonheur d'écrire avec vous « Le Dessous des cartes » ;
- de graphistes : Mohammed Zemmar, Emmanuel Vincent, Pierre-Jean Canac, Arnaud Lamborion. Merci d'animer nos cartes avec autant de créativité et d'implication ;
- de cartographe : Guillaume Sciaux ;
- de géographes : merci à Guillaume Fourmont, du groupe Areion, notre conseiller scientifique.

Merci également à tous ceux qui constituent le grand réseau des « experts » du « Dessous des cartes » (« Leçons de géopolitique » sur arte.tv à travers de grands entretiens de décryptage).

Merci à Matthieu Valluet, qui a si bien fait évoluer la réalisation de nos plateaux, après avoir été mon complice de tournage dans tant de pays, entre 2008 et 2012, pour le magazine d'Arte « Global Mag ».

Merci à Christian Stonner, qui est bien plus qu'un traducteur..., et Andréa Schieffer, la voix allemande de nos émissions.

Enfin merci à nos éditeurs tenaces et encourageants, Xavier de Bartillat, Isabelle Pailler et Maëva Duclos.

Dépôt légal : octobre 2022
ISBN : 979-10-210-5462-2
Numéro d'édition : 4809
Imprimé chez Ebs bortollazzi, Italie